DEUTSCH-JÜDISCHE GESCHICHTE IN DER NEUZEIT

Herausgegeben
im Auftrag des Leo Baeck Instituts
von Michael A. Meyer
unter Mitwirkung von Michael Brenner

Band I

DAS GESAMTWERK

Band I
Tradition und Aufklärung
1600–1780

Band II
Emanzipation und Akkulturation
1780–1871

Band III
Umstrittene Integration
1871–1918

Band IV
Aufbruch und Zerstörung
1918–1945

DEUTSCH-JÜDISCHE GESCHICHTE IN DER NEUZEIT

Band I
Tradition und Aufklärung
1600–1780

Von Mordechai Breuer
und Michael Graetz

VERLAG C. H. BECK MÜNCHEN

Mit 53 Abbildungen
und 6 Karten

Die Deutsche Bibliothek – CIP-Einheitsaufnahme

Deutsch-jüdische Geschichte in der Neuzeit / hrsg. im Auftr. des Leo Baeck Instituts von Michael A. Meyer unter Mitw. von Michael Brenner. – München : Beck.
ISBN 3-406-39705-0
NE: Meyer, Michael A. [Hrsg.]
Bd. 1. Tradition und Aufklärung : 1600 – 1780 / von Mordechai Breuer und Michael Graetz. – 1996
ISBN 3-406-39702-6
NE: Breuer, Mordechai

ISBN 3 406 39702 6 für diesen Band
ISBN 3 406 39705 0 für die Gesamtausgabe

Satz: Fotosatz Otto Gutfreund GmbH, Darmstadt
Druck- und Bindearbeiten: Ebner Ulm
Gedruckt auf alterungsbeständigem,
aus chlorfrei gebleichtem Zellstoff hergestelltem Papier
Printed in Germany

Inhalt

Zweiter Teil
Jüdische Aufklärung
Von Michael Graetz

Anhang

Vorwort zu dem Gesamtwerk

Kurz nach der Gründung des Leo Baeck Instituts vor 40 Jahren erklärte sein zweiter Vorsitzender, Dr. Siegfried Moses, es sei das wichtigste Ziel des Instituts, eine umfassende Geschichte der deutschen Juden vorzulegen. Voller Optimismus nahm er an, man könne eine solche Darstellung einer Gruppe von Historikern innerhalb einer Frist von vier oder fünf Jahren anvertrauen. Tatsächlich verstrich mehr als eine Generationenspanne, bis das Ziel schließlich erreicht wurde, und immer noch nicht können die hier vorgelegten Bände den Anspruch darauf erheben, endgültig zu sein. Das Institut setzt in seinen Arbeitszentren in Jerusalem, London und New York und mit seiner Wissenschaftlichen Arbeitsgemeinschaft in Deutschland seine Forschungsarbeit fort, und auch andere Fachleute für die Geschichte der deutschen Juden, deren Zahl in Universitäten und Forschungsinstituten immer noch zunimmt, entdecken bisher unbekannt gebliebene Quellen und gewinnen neue Einsichten. Doch gerade die rasch wachsende wissenschaftliche Literatur auf diesem Gebiet – das wird immer deutlicher sichtbar – macht ein umfassendes Werk nötig, das den gegenwärtigen Forschungsstand wiedergibt und zugleich den Versuch unternimmt, ihn in eine lesbare Darstellung einzubringen.

Bereits 1972 versuchte Jacob Toury, Professor an der Universität Tel Aviv, eine ‹Gesamtgeschichte der Juden in Deutschland› zu initiieren. Sie sollte sich auf die Forschungen der beiden vorangegangenen Jahrzehnte stützen und zu einer neuen «Sicht der Entwicklung jüdischer Lebensformen in Deutschland» führen. Sein weit ausgreifendes Projekt, das der gesamten Geschichte der Juden in Deutschland gelten sollte, sah 9 Bände vor und mehr als 30 Mitarbeiter. Es konnte indessen zu diesem Zeitpunkt nicht verwirklicht werden. Vierzehn Jahre später schlug bei einem Treffen der Direktoren des Leo Baeck Instituts in New York die inzwischen verstorbene Professorin Lucy Dawidowicz ein ähnliches Gemeinschaftswerk vor, und damit kamen die Überlegungen in Gang, die dann zu dem hier erscheinenden vierbändigen Werk führten. Es greift einerseits räumlich weiter aus, indem es sich mit den Juden im deutschsprachigen Mitteleuropa befaßt, und konzentriert sich andererseits auf die Zeit nach 1600.

Drei Treffen von Beratern und Autoren, die in Jerusalem, New York und Berlin stattfanden, galten den Fragen, die ein solches Projekt aufwirft. Die oft sehr lebhaften Diskussionen mündeten schließlich in eine Gesamtkonzeption für die Geschichte, die von Anfang an ein Gemeinschaftswerk sein sollte.

Über einige Fragen einigten wir uns sehr schnell. Trotz der erdrückenden Realität des Holocaust, der die hier erzählte Geschichte auf tragische Weise beendet hat, waren wir darauf bedacht, unsere Darstellung nicht im Blick auf ihn anzulegen. Wir wollten nicht, daß uns auf diese Weise der Blick auf frühere Hoffnungen verstellt würde. Aber es sollte auch nicht verborgen bleiben, welche Rolle der Antisemitismus spielte, solange Juden in den deutschen Ländern lebten. Wir mußten erkennen, daß ein Grundmotiv unserer Darstellung der Weg von der Einbürgerung zur Ausbürgerung und dann zur Ausrottung sein würde.

Wir waren uns auch darüber einig, daß die deutsch-jüdische Geschichte ein Bestandteil der Geschichte des jüdischen Volkes wie der der Deutschen ist. Daher haben wir versucht, sie aus beiden Perspektiven zu schreiben. Die Beziehungen der deutschen Judenschaft zu den Juden in anderen Ländern brachen, obwohl sie zuweilen schwächer wurden und ambivalente Züge annahmen, niemals ab und erlebten auch Phasen der Intensivierung. Die Bindung der deutschen Juden an Deutschland wurde in dem hier dargestellten Zeitraum in dem Maße enger, in dem Emanzipation und Akkulturation voranschritten, und riß erst an seinem Ende ab. Am Anfang unseres Berichts stehen die Juden deutlich abseits von ihrer nichtjüdischen Umgebung: Ihre Geschichte verläuft in den überkommenen Bahnen. Dann, im 18. Jahrhundert, wird sie zur Geschichte der – politischen wie kulturellen – Integration in die deutsche Gesellschaft. Sie wird jetzt in hohem Maße eine Geschichte der Beziehung zu der sie umgebenden Welt.

Gewisse Meinungsverschiedenheiten gab es bei der Frage, wieweit das innerjüdische Leben dargestellt werden sollte, mit seinem Festhalten an religiösen und kulturellen Formen, die dann auf unterschiedliche Weise den modernen Gegebenheiten angepaßt wurden. Sollten wir uns vorzugsweise der jüdischen Gemeinschaft zuwenden – ihren religiösen, ideologischen und kulturellen Ausdrucksformen – oder eher einzelnen Juden, die wegen ihrer Rolle in der deutschen Geschichte wichtig wurden, auch wenn sie oft aufhörten, sich selber als Juden zu verstehen? Beides, so stellten wir schließlich fest, verlangte unsere Aufmerksamkeit. Die innere Geschichte des deutschen Judentums sollte stärkere Beachtung finden als bisher, aber zugleich mußte die außerordentliche Rolle, die Juden in der deutschen Kultur spielten, eingehend dargestellt und erklärt werden. Daher waren wir darum bemüht, die Gewichte der Darstellung gleichmäßig zu verteilen. Bei den Juden, die eine herausragende Stellung erlangten, galt unsere besondere Aufmerksamkeit ihrer jüdischen Identität, die ja in Resten selbst bei denen erhalten blieb, die ihr Judentum aufgaben und doch zumeist weiterhin als Juden angesehen wurden.

Bei unseren Beratungen beschlossen wir, daß acht Themen in jedem Band behandelt werden sollten: Demographie, politischer und rechtlicher Status, sozio-ökonomische Struktur der jüdischen Gesellschaft, Beziehungen zwischen Juden und Nichtjuden, jüdische Familie und Gemeinde, jüdische Religion und Kultur sowie schließlich der Anteil der Juden an der Gesamtgesellschaft und der allgemeinen Kultur. In unterschiedlicher Weise behandelt jeder Band diese Gegenstände. Wir waren auch darum bemüht, Themen, die bisher vernachlässigt worden waren, die nötige Aufmerksamkeit zuzuwenden: vor allem der Rolle der jüdischen Frauen und der der Landjuden, die in der von uns behandelten Periode die meiste Zeit über die Mehrheit der deutschen Judenschaft bildeten.

Die geographische Eingrenzung und die Periodisierung erwiesen sich als schwierige Probleme. Während am Beginn des behandelten Zeitraums die deutschsprachigen Juden im Heiligen Römischen Reich mehr oder weniger unter den gleichen Bedingungen leben, kann man im 19. Jahrhundert, je nach den Staaten, denen sie zugehören, unterschiedliche Entwicklungen ausmachen. Daher waren wir eine Zeitlang unsicher, ob wir unsere Darstellung nicht zumindest nach 1871 auf das deutsche Kaiserreich beschränken sollten. Aber wir meinten dann doch, wir sollten unsere Aufgabe weiter fassen. So haben wir die deutschsprachigen Juden des Habsburger Reiches im allgemeinen einbezogen, besonders wenn es um grenzüberschreitende Entwicklungen ging: um Bewegungen wie den Antisemitismus oder den Zionismus oder um die Teilhabe der Juden an der deutschen Kultur.

Obwohl sich einiges für einen Beginn der Darstellung mit dem Ende des Dreißigjährigen Krieges im Jahre 1648 oder der Ansiedlung von 50 aus Wien vertriebenen jüdischen Familien in der Mark Brandenburg im Jahre 1671 vorbringen ließe, setzt unser eigentlicher Bericht mit dem Beginn des 17. Jahrhunderts ein. Damals begannen bedeutsame demographische und politische Entwicklungen, die nach und nach das jüdische Leben aus mittelalterlichen Zuständen in moderne überführen sollten. Ein ausführlicher Prolog stellt die Hintergründe dieser Entwicklungen dar. Der erste Band endet mit dem Jahre 1780, also am Vorabend des langwierigen jüdischen Emanzipationsprozesses, der dann eine zentrale Rolle im zweiten Band spielt. Freilich sind die Grenzen zwischen den Bänden nicht scharf gezogen. Die jüdische Aufklärung, die um die Mitte des 18. Jahrhunderts einsetzte, endete nicht etwa im Jahre 1780. Wir haben daher ihrer späteren Stadien im ersten Band mit berücksichtigt und die historische Darstellung der jüdischen Kultur im nächsten Band mit Entwicklungen beginnen lassen, die im Gefolge der Aufklärung einsetzten, aber ihr nicht mehr unmittelbar zugehörten. In gleicher Weise haben wir uns in den anderen Bänden nicht strikt an die zeitlichen Grenzen gehalten, wo die Logik der Darstellung das Aufzeigen von Zusammenhängen über sie hinweg verlangte.

Bei den Anmerkungen haben wir uns auf ein Minimum beschränkt; sie weisen vor allem Zitate im Text nach. Die jedem Band beigegebenen Literaturhinweise sollen dem Leser einen kritschen Überblick über wichtige Werke der – meist aus jüngerer Zeit stammenden – Sekundärliteratur geben. Wer sich mit einem bestimmten Gegenstand eingehender beschäftigen möchte, findet hier Hinweise. Auf eine umfassende Bibliographie haben wir verzichtet.

Ein weiteres Resultat unserer Beratungen war, daß jeder Autor, auch wenn das Werk eine Gemeinschaftsarbeit ist, das Recht haben sollte, mit seiner Stimme zu sprechen, der Herausgeber also der Versuchung zu widerstehen hatte, einen einheitlichen Ton herzustellen. Das Ergebnis ist eine gewisse Vielfalt im Zugang zu dem jeweiligen Gegenstand und im Stil, aber, so hoffen wir jedenfalls, gleichwohl in sich stimmig. Obwohl uns bewußt war, daß wir auch die Aufgabe hatten zu erklären, waren wir darum bemüht, eine zusammenhängende Geschichte zu erzählen, die die Aufmerksamkeit des Lesers zu fesseln vermag.

Als Herausgeber möchte ich denen danken, die bei der Entwicklung und Ausführung dieses Projektes geholfen haben. Durch Vermittlung von Ernst Cramer kam ich sehr früh mit Wolfram Mitte in Berlin zusammen, der mir wertvolle Ratschläge gab. Auch Professor Henry Feingold, der Herausgeber des fünfbändigen Werks ‹The Jewish People in America›, ließ mich an seinen Erfahrungen teilhaben. Alle Mitglieder des wissenschaftlichen Beirats, deren Namen gegenüber dem Titelblatt aufgeführt sind, haben mir ihre Hilfe zuteil werden lassen, sei es als Ratgeber, sei es als kritischer Leser einzelner Manuskripte. Zwei von ihnen möchte ich mit besonderer Dankbarkeit erwähnen: Professor Jacob Katz und Professor Reinhard Rürup. Sie haben nicht nur viele Manuskripte gelesen und mit kritischen Hinweisen bedacht, vielmehr haben sie in allen Phasen des Projekts an seiner Entwicklung mitgearbeitet und waren mir bei der Erfüllung meiner herausgeberischen Arbeit ein großer Rückhalt. Gern danke ich auch im Namen der Autoren den folgenden Personen, deren jede neben den Mitautoren und Ratgebern wenigstens ein Kapitel mitgelesen haben, in manchen Fällen sogar beträchtlich mehr: Aryeh Segall, Amos Funkenstein, Jacob Toury, Jeffrey Sammons, Erik Lindner, Marion Kaplan, Werner T. Angress, Guy Stern, Yehoyakim Cochavi, Michael Brocke und Joseph Walk. Mein Dank gilt auch Ann Millin, die mit großer Gewissenhaftigkeit verschiedene editorische und technische Arbeiten ausgeführt hat.

Wir hatten das Glück, daß unser Projekt durch prominente Persönlichkeiten und wichtige Institutionen in Deutschland gefördert wurde. Vor allem dank den Anstrengungen unseres Koordinators Dr. Fred Grubel, der das Projekt von Anfang an durch alle seine Phasen steuerte, erhielten wir finanzielle Unterstützung, zuerst in Form einer Anfangsfinanzierung durch die Deutsche Bank, wo unser Anliegen von dem inzwischen verstorbenen Hermann J. Abs mit Nachdruck gefördert wurde, dann noch umfassender durch die Stiftung Volkswagenwerk und das Bundesministerium für Forschung und Technologie. Einen kleinen zusätzlichen Zuschuß gewährte die Memorial Foundation for Jewish Culture. Herr Gerald Meyer half uns großzügig mit seinem juristischen Rat.

Den größten Dank schulde ich Michael Brenner, der seit 1993 als mein Mitarbeiter an nahezu jeder Phase des Projekts mitgewirkt hat. Er war darüber hinaus für die Zusammenstellung der Illustrationen, die Anlage der Karten – die von Herrn John Hollingsworth von der Indiana University gezeichnet wurden – und für die Abfassung der Zeittafeln zuständig. Im Verlag C. H. Beck hat sich Ernst-Peter Wieckenberg des Werks besonders angenommen. Ihm ist auch die Übersetzung des Vorworts zu verdanken.

In der Einleitung zu einem seiner wissenschaftlichen Hauptwerke schrieb der Begründer der Wissenschaft des Judentums, Leopold Zunz, im Jahre 1845, er wünsche seinem Buch «nicht bloß nachschlagende sondern lesende Leser». Auch wir, die wir diese Geschichte verfaßt haben, hoffen, daß die Leser sich in die Bände vertiefen werden und daß sie aus ihnen ein reiches und bleibendes Bild von der deutsch-jüdischen Geschichte in der Neuzeit zu gewinnen vermögen.

Michael A. Meyer
Am ersten Tag des jüdischen Monats Schewat 5755
2. Januar 1995

Einführung

Geschichtsschreibung und Geschichtsbetrachtung sind möglich und sinnvoll nur im Rahmen einer historischen Zeiteinteilung und Periodisierung. Jedoch lassen sich Anfang und Ende eines Zeitalters kaum auf eine bestimmte Generation präzisieren, schon gar nicht auf ein bestimmtes Jahrzehnt. Die Aufteilung der Geschichte in Jahrhunderte ist ein künstlicher, nicht von der Geschichte selbst nahegelegter Vorgang, um den Ablauf der Geschichte besser zu erfassen und zu überblicken.

Im Bereich der jüdischen Geschichte im mitteleuropäischen Raum (hebr. Aschkenas) markieren die frühesten Erwähnungen von Juden und von Dokumenten jüdischen Inhalts den Beginn des Mittelalters. Schwieriger ist die Frage, wann das Ende des jüdischen Mittelalters anzusetzen sei. Charakter und zeitliche Abgrenzung des jüdischen Mittelalters sind oft untersucht worden. Darüber hinaus wurde die Frage aufgeworfen, inwieweit die in der allgemeinen Geschichtsschreibung gebräuchlichen Zeitbegriffe Mittelalter, Frühe Neuzeit und Neuzeit überhaupt auf die jüdische Geschichte anwendbar seien. Heinrich Graetz, der jüdische Historiker des 19. Jahrhunderts, stellte fest, die jüdische Geschichte kenne kein Mittelalter im negativen Sinn des Wortes, d. h. kein «dunkles Zeitalter» zwischen Antike und Neuzeit. Die spätere Forschung hat die Frage immer wieder aufs neue behandelt und ist zu keinem einstimmigen Ergebnis gekommen.[1]

Zwar verschloß sich in der Regel die Judenheit in Deutschland, im Gegensatz zu der in Spanien, einer Beschäftigung mit allgemeinen Wissenschaften (offensichtlich, weil sie sich von der christlich-theologischen Prägung vieler zeitgenössischen Wissenschaften abgestoßen fühlte), doch kann keinesfalls von einem kulturellen Rückschritt im aschkenasischen Mittelalter die Rede sein. Auf dem Gebiet des Torastudiums war das Mittelalter eine Blütezeit, und die jüdische Wissenschaft bezieht sich noch heute auf die Meisterwerke der Gelehrten dieser Epoche.

Auch in anderen Beziehungen war das aschkenasische Mittelalter eine Zeit des Aufschwungs. In erstaunlich kurzer Zeit wurde das aschkenasische Judentum, das bis Anfang des 11. Jahrhunderts nur eine unbedeutende Randstellung in der jüdischen Welt eingenommen hatte, zu einem wichtigen und einflußreichen jüdischen Zentrum. Es entwickelte einen Sondercharakter, der im wesentlichen in drei Bereichen seinen Ausdruck fand: Da war vor allem die Gemeindeorganisation, die sich frühzeitig auf eine Art ausbildete, wie sie bis dahin ohne Beispiel war. Wahrscheinlich ging sie aus einer Wechselwirkung zwischen jüdischer Siedlung und christlicher Stadt hervor. Damit verbunden war ferner die Entwicklung des aschkenasischen Brauchtums, das dieser Judenheit in religiös-kultureller Beziehung seine besondere Prägung gab. Schließlich war es die Heldengeschichte des *kiddusch haschem* (Heiligung des göttlichen Namens durch Opferung des Lebens bei Religionsverfolgungen), die dem aschkenasischen Judentum das Bewußtsein einer gewissen Vorrangstellung innerhalb der Diaspora verlieh.

Der Beginn der Frühen Neuzeit im Judentum des deutschsprachigen Raums ist hier zwar auf den Anfang des 17. Jahrhunderts angesetzt, doch ist damit keine starre Periodisierung beabsichtigt. Immerhin mehrten sich um die Wende vom 16. zum 17. Jahrhundert Anzeichen dafür, daß eine neue Zeit begann. Dies betrifft vor allem den politischen und demographischen Bereich. Eine Debatte über die «tränenreiche Konzeption» der mittelalterlichen jüdischen Geschichte, wie sie zwischen bedeutenden Forschern geführt wurde,[2] wäre bereits in bezug auf das 17. Jahrhundert gegenstandslos, und zwar schon deshalb, weil trotz anhaltender Judenfeindschaft der christlichen Gesellschaft das jüdische Leiden nicht mehr so im Mittelpunkt der jüdischen Existenz stand wie bis dahin. Positive Erscheinungen im politischen und wirtschaftlichen Leben der Juden sowie in der Struktur ihrer Siedlungen berechtigen zu einer historiographischen Zäsur. Etwas später, jedoch lange vor Beginn der Emanzipationsbewegung, zeigten sich Veränderungen auch im internen Leben der Juden. Daß es noch im 17. Jahrhundert eine ganze Reihe von Vertreibungen gab, ist in diesem Zusammmenhang nicht schwerwiegender als die Tatsache, daß auch im Zeitalter des Liberalismus Reaktionen und Rückschläge zu verzeichnen sind.

Zur Quellenlage der inneren jüdischen Geschichte im deutschsprachigen Raum ist zu bemerken, daß sich die aschkenasische Geschichtsschreibung des Mittelalters genaugenommen in Martyrologie erschöpfte. Von legendenhaften Berichten über die Einwanderung jüdischer Familien aus Italien nach Deutschland abgesehen, liegen an authentischen historischen Aufzeichnungen fast nur die Chroniken der tragischen Vorgänge zur Zeit der Kreuzzüge vor. Der aschkenasische Jude hat die mit Blut getränkten Erlebnisse seiner Gruppe auf vielfältige Weise verinnerlicht und war zu schriftstellerischer Mitteilung wenig geneigt. Jedoch ist die aus Hunderten von Einzelstücken bestehende religiöse Poesie jener Zeit beredter Ausdruck dieser Erlebnisse, und auch die reichhaltige *minhagim* (Brauchtums)-Literatur gilt mit Recht als Textgattung, die im Dienst des kollektiven jüdischen Gedenkens stand.[3] Historisch bedeutsame Mitteilungen enthält die große Anzahl der halachischen (religionsgesetzlichen) Entscheidungen (Responsa), die aus der Feder vieler mittelalterlicher und einiger frühneuzeitlicher Gelehrten erhalten sind. Die Benutzung dieser Rechtsquellen mit dem Ziel, historische Erkenntnisse zu gewinnen, ist freilich nicht unbedenklich; vor allem erhebt sich nicht selten die Frage, inwieweit der

Forscher berechtigt ist, die einmalige Situation, die dem Rechtsentscheid zugrunde lag, zu verallgemeinern. Selbst die Interpretation von Vorgängen, die dem Rabbiner zur halachischen Entscheidung vorgelegt wurden, sowie deren historische Bedeutung sind nicht immer eindeutig.

Weitaus reichhaltiger als die jüdischen Geschichtsquellen sind die nichtjüdischen. Das liegt vorrangig daran, daß ein großer Teil der mittelalterlichen und frühneuzeitlichen Nachlässe der Juden in den deutschsprachigen Ländern den Verfolgungen zum Opfer fielen, während amtliche Dokumente, in denen jüdische Belange erwähnt sind, bis heute noch zu Tausenden in den einschlägigen Archiven lagern. Der Strom dieser urkundlichen Quellen fließt um so reichlicher, je mehr wir uns dem Zeitalter der Aufklärung nähern. Es liegt in der Natur der amtlichen Schriftstücke, daß sie zum großen Teil Gesetze und Verordnungen enthalten, die das Reich, die Fürsten und die Städte erließen, um jüdische Angelegenheiten zu regeln. Bei dem Studium dieser Quellen fällt nicht selten auf, daß Unterschiede zwischen verschiedenen amtlichen Weisungen und Widersprüche namentlich zwischen den Verordnungen und deren Ausführung bestanden. Daß man innerhalb des deutschsprachigen Raums zu gleicher Zeit Juden verfolgte und duldete, sie ansiedelte und vertrieb, sie ausstieß und mit ihnen handelte, ihre Bibel heiligte und ihren Talmud verabscheute – das alles führte immer wieder zu widersprüchlichen Verlautbarungen und Handlungen den Juden gegenüber.

Die Inkonsequenz des staatlichen Verhaltens gegenüber den Juden wird besonders augenfällig mit dem Aufstieg des fürstlichen Absolutismus seit Beginn des 17. Jahrhunderts. Ohne Zweifel gab er den Anstoß zu einigen Veränderungen, durch die sich die jüdische Existenz in der Neuzeit von ihren spätmittelalterlichen Formen vorteilhaft unterschied. Erscheinungen wie die der Hofjuden, die durch ihre Stellung und ihre Tätigkeit vielfach wohltuend auf das Los ihrer Glaubensbrüder einwirken konnten, und der Landjudenschaften, in denen sich die in Hunderten von kleinen und kleinsten Orten verstreuten Juden in einer behördlich anerkannten Organisation zusammenzuschließen vermochten, erfordern daher die ihnen gebührende eingehende Würdigung. Vor dem Hintergrund solcher Besserungen fällt das starrsinnige Festhalten an Schikanen, mit denen man die Juden als kollektive Minderheit auch weiterhin drangsalierte, freilich um so mehr auf.

Eine Widersprüchlichkeit anderer Art kam im jüdischen Geistesleben dieser Epoche zum Ausdruck. Unter dem Einfluß der hier angedeuteten Veränderungen, unter denen der Zustrom vieler flüchtiger Gelehrter aus Polen-Litauen besonders hervorzuheben ist, entwickelte sich das Geistesleben zu neuer Blüte. Sie zeigte sich nicht nur daran, daß viele Lehrhäuser und Druckereien eröffnet wurden, sondern auch darin, daß das Interesse an Allgemeinwissen wuchs und eine neue geistige Aufgeschlossenheit im Studium und im Bücherschreiben sich einstellte. Zur selben Zeit jedoch und in dem

Maße, in dem der Absolutismus als Staatsform sich entfaltete, mehrten sich die Eingriffe der Herrscher in das interne Leben der Juden und namentlich in die Wirksamkeit der jüdischen Gerichte. Die Einengung der jüdischen Gerichtsbarkeit begrenzte die Anwendung des jüdischen Rechts und entzog ihm wichtige Gebiete des öffentlichen Lebens und der Wirtschaft. Die Folge war, daß einige Teile des jüdischen Rechts nicht mehr angewandt wurden – ein Vorgang, der bereits im Mittelalter eingesetzt hatte und der im Zeitalter der Aufklärung und später der Emanzipation noch viel bedeutungsvoller werden sollte.

Überhaupt ist zu betonen, daß die Wende zur Aufklärung und zur Moderne unter den Juden der deutschsprachigen Länder keine so plötzlich auftretende Erscheinung war, wie man gelegentlich meint. Viele Wege, die bereits im 17. und beginnenden 18. Jahrhundert in Wirtschaft und Literatur beschritten worden waren, führten im letzten Viertel des 18. Jahrhunderts in eine Richtung, die als Bewußtseinswandel bezeichnet werden kann. Dieser Wandel transformierte in steigendem Maß das jüdische Selbstverständnis von einer im Judentum wurzelnden, sich um das Judentum entwickelnden und an ihm orientierenden Daseinsform in eine, deren Brennpunkt ein Europäertum und später ein Deutschtum war. Dabei sollte man jedoch nicht vergessen, daß bis Ende des 18. Jahrhunderts und noch weit darüber hinaus der Kreis derjenigen, die sich dieses Wandels bewußt waren und ihn eifrig bejahten, anfangs verschwindend klein war und auch später nur einen Bruchteil der deutschsprachigen Judenheit ausmachte. Während des ganzen Zeitabschnitts, der in diesem ersten Band behandelt werden soll, stand der weitaus größte Teil der Juden im Bann der jüdischen Tradition und der überlieferten Religion.

Prolog
Das jüdische Mittelalter

Juden wohnten in deutschen Landen länger als in allen anderen Gegenden Europas, mit Ausnahme Italiens. Nachrichten über das hohe Alter jüdischer Siedlungen, die angeblich schon zur Zeit des Zweiten Tempels bestanden hätten, gab es in Deutschland wie auch in Spanien und anderswo; diese entsprangen aber lediglich der Tendenz, die Ansässigkeit der Juden zu legitimieren. Bezeugt sind ihre frühesten Siedlungen in Deutschland jedoch für die Spätantike (321 und 331 in Köln, vielleicht auch in Trier). Obwohl die Quellen in den nachfolgenden Jahrhunderten der Völkerwanderung und des frühen Mittelalters diese Siedlungen nicht erwähnen, ist ihre Kontinuität nicht ausgeschlossen. Jedenfalls wohnten vom Anfang des karolingischen Reiches (800) bis zur Vernichtung des deutschen Judentums im 20. Jahrhundert ständig Juden in Deutschland, wenn sie auch häufig ihren Wohnort wechseln mußten. So konnte hier eine jüdische Tradition und Kultur entstehen, die sich durch einen eigenen Charakter auszeichnete und sie von den übrigen Teilen des jüdischen Volkes unterschied. Seit etwa Ende des 11. Jahrhunderts wurde der Ausdruck «Aschkenas» als Bezeichnung für jene spezifisch nordwest- und mitteleuropäischen jüdischen Gemeinden gebräuchlich, zu denen in der frühen Neuzeit durch Vertreibung der Juden aus vielen deutschen Städten und Territorien auch mehrere norditalienische und alle osteuropäischen Gemeinden hinzukamen.

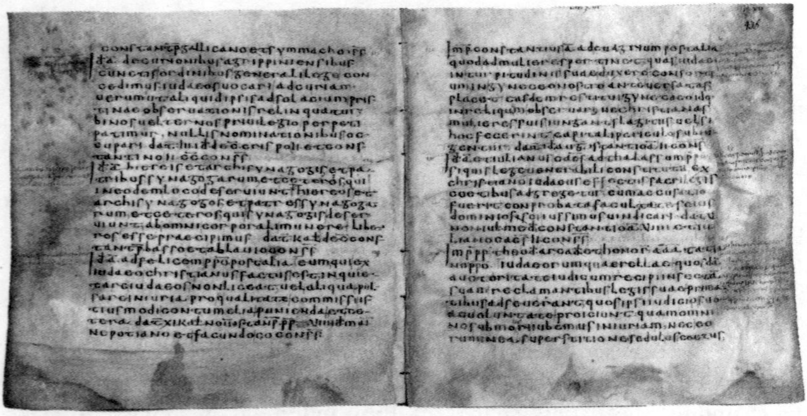

1 *Schreiben Kaiser Konstantins an die Dekurionen von Köln mit der frühesten Erwähnung jüdischer Siedlung in Deutschland (321)*

1. Anfänge jüdischer Siedlung

Die frühen jüdischen Siedlungen in Deutschland bildeten die erste Diaspora außerhalb der alten jüdischen Wohnstätten im Mittelmeerraum. Juden waren unter den ersten Kaufleuten, die im 8. und 9. Jahrhundert zwischen dem Rheinland und Böhmen sowie bis nach Polen und in die weiter östlich gelegenen Regionen ihre Waren beförderten. Über die Herkunft der Siedler am Rhein und an der Donau gibt es keine einstimmige Meinung. Höchstwahrscheinlich kamen sie zu einem Teil aus Italien, zum anderen aus Frankreich. Ihre Einwanderung setzte in größerem Ausmaß erst im 10. Jahrhundert ein, möglicherweise in Verbindung mit der Übersiedlung der Familie Kalonymos aus Lucca (Norditalien) nach Mainz, geleitet von Rabbi Moses ben Kalonymos (ca. 870–940).

Bis zum ausgehenden 11. Jahrhundert etablierten sich, zumeist um einige herausragende Großhändler- und Gelehrtenfamilien geschart, Gemeinden in den damaligen politischen und wirtschaftlichen Zentren entlang den Wasserstraßen Rhein (Köln, Bonn, Mainz, Worms, Speyer), Mosel (Trier, Metz), Main, Neckar, Donau (Regensburg), Elbe (Magdeburg), Saale (Merseburg, Halle), in Prag und in einer Reihe anderer Orte. Auch an der Kolonisierung des deutschen Ostens waren Juden beteiligt. Im Gegensatz zur christlichen Bevölkerung blieben die Juden im allgemeinen Stadtsiedler und waren fast ausschließlich in Bischofsstädten ansässig. Möglicherweise war es in diesen Städten leichter, ihnen eine Sonderstellung einzuräumen, da der Klerus dort bereits eine autonome Körperschaft bildete.

Die wirtschaftliche Tätigkeit der Juden bestimmte die Lage ihrer Wohnungen im Zentrum der Städte, an denen die Handelsstraßen vorbeiführten und wo die Nähe der Burg, der Kirche und des Rathauses Schutz bot. In Köln etwa stand das Rathaus im 11. Jahrhundert «*inter judaeos*» (d. h. etwa dort, wo viele Juden wohnten). Abgesonderte jüdische Viertel entstanden erst später: Juden wohnten mitunter außerhalb des vorwiegend jüdischen Wohnbezirks und christliche Bürger häufig innerhalb desselben. Auf die Entstehung der Judengassen und Judenviertel weisen topographische Bezeichnungen wie Judensteige, Judenhalde und Judenacker hin.

Im Vergleich zu den großen jüdischen Zentren im Orient, in Afrika und in Spanien waren die Gemeinden in Deutschland durchweg verhältnismäßig klein, und auch im Hoch- und Spätmittelalter zählte eine Großgemeinde selten mehr als 1000 Personen. Die Intimität, die die Gemeinden auszeichnete, trug wesentlich zu der Eigenart des aschkenasischen Judentums bei. In den 200 Jahren vor dem ersten Kreuzzug wuchs die jüdische Bevölkerung im christlichen Europa um das Sechs- bis Achtfache, eine Erscheinung, die hauptsächlich auf Einwanderung, in gewissem Maße wohl auch auf das Proselytentum (Bekehrung zum Judentum) zurückzuführen ist. Ende des 10. Jahrhunderts zählte die jüdische Bevölkerung in

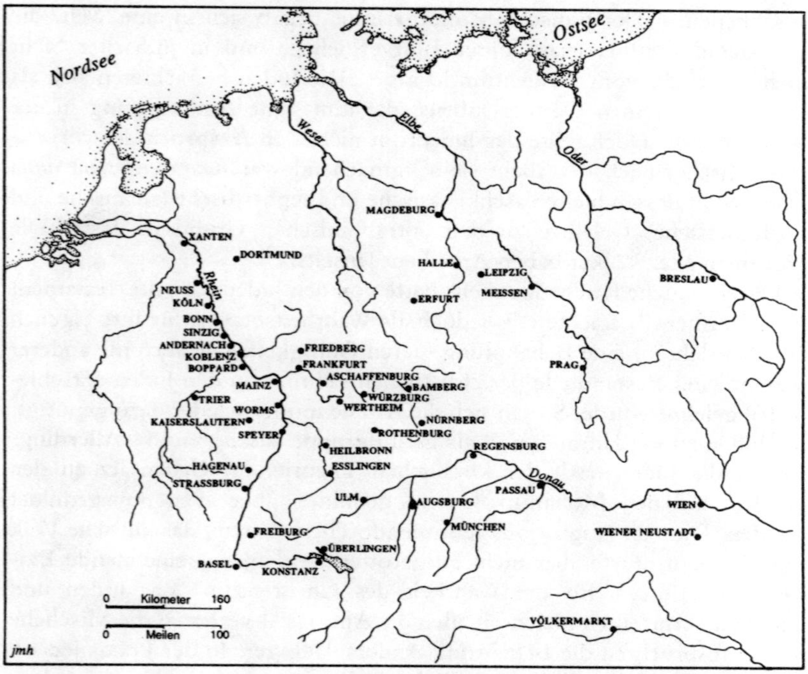

Karte 1 Jüdische Gemeinden in Mitteleuropa vor 1239

Deutschland zwischen 5000 und 10000 Personen, und ihre Zahl am Vorabend des ersten Kreuzzugs wird auf 20–25000 geschätzt. Die Bedeutung dieser Gruppe für die Gesamtjudenheit, deren Zahl während des Mittelalters, mehr oder weniger konstant, gewöhnlich auf eine bis anderthalb Millionen geschätzt wird, überstieg bei weitem ihr zahlenmäßiges Gewicht.

2. Kirche, Staat und Wirtschaft

Die Beziehungen zwischen den Juden Europas und ihrer Umwelt wurden im Mittelalter – und darüber hinaus – durch ihre religiöse Andersartigkeit bestimmt. Die Juden betrachteten ihre Zerstreuung nicht nur als einen ihnen durch wirtschaftliche und politische Bedingungen aufgedrungenen Zwang, sondern sie sahen in ihr einen tieferen religiösen Sinn. Die Zerstreuung bedeutete Sühne für vergangene Schuld, doch war sie ihnen zugleich auch Aufgabe: die Gotteswahrheit in der Welt zu verkünden und vorzuleben. Bereits im Talmud hieß es: «Der Heilige, gelobt sei er, hat Israel nur deshalb unter die Völker vertrieben, damit sich Proselyten ihnen anschließen.»[1] Der jüdische Monotheismus begab sich in eine Welt, die sich gerade erst langsam unter Blutvergießen, und in jüdischer Sicht nicht gänzlich, vom Heidentum lossagte. Die Juden betrachteten sich als Pioniere des reinen Gottesglaubens, die ihm seine Anerkennung in der Welt ebneten. Doch teilte das Judentum nicht den Anspruch der christlichen Kirche, nach der allein sie seligmachend war (*extra ecclesiam nulla salus*). Statt dessen hielten aschkenasische und sephardische (spanische und portugiesische) Gelehrte an dem altrabbinischen Grundsatz fest: «Die Frommen aller Völker haben Anteil am Jenseits.»[2]

Die christliche Kirche ihrerseits hatte von den Juden das Alte Testament übernommen, betrachtete es jedoch als Wahrheitsbeweis für ihre eigenen Glaubenslehren, eine Behauptung, deren Gültigkeit, wie auch die anderer wesentlicher Bestandteile der christlichen Lehre, von den Juden entschieden abgelehnt wurde. So sah sich die Kirche immer wieder dazu genötigt, die Juden zu verdammen und als Fremdgruppe auszugrenzen. Allerdings sollten die Juden nach der kirchlichen Theorie, im Gegensatz zu den Heiden und den Mohammedanern, geduldet, aber eben nur geduldet werden. Die von Augustinus stammende These lautete, das jüdische Volk müsse leiden, dürfe aber nicht ausgerottet werden, da seine elende Existenz der Beweis für die Wahrheit des Christentums sei. Juden und Christen verurteilten gleichermaßen die Apostasie, verboten die Mischehe und beanspruchten die Bekehrung Andersgläubiger. In der Praxis jedoch ging die offene Missionstätigkeit der Juden, von Kirche und Obrigkeit streng geahndet, immer mehr zurück. Die durch Speise- und Sabbatgesetze hervorgerufene gesellschaftliche Absonderung bewirkte eine Distanzierung der Juden von den Christen, die weniger der Ausdruck von Feindseligkeit gegenüber der nichtjüdischen Umgebung war als vielmehr der Wahrung ihrer traditionellen Eigenart und der Reinhaltung des eigenen religiösen Geistes dienen sollte. Mit wachsendem Nachdruck forderte auch die Kirche eine strikte Trennung von Christen und Juden. Seit der Wende zum 7. Jahrhundert, unter Papst Gregor I., verbot die Kirche den Juden, christliche Sklaven, Dienstboten und Ammen zu halten, forderte die Einengung ihrer Rechte unter Wahrung der Existenzberechtigung, schränkte ihr öffentliches Gebet ein und behinderte ihre Synagogenbauten. Ihren eigenen Mitgliedern untersagte die Kirche, mit Juden zu speisen und jüdische Ärzte zu konsultieren. Außerdem schärfte die Kirche der weltlichen Macht das Verbot ein, Juden in öffentliche Ämter zu berufen.

Trotz aller Gegensätze gab es bei den beiden Religionen viele Gemeinsamkeiten. Beide setzten dem Heidentum den Monotheismus entgegen. Es verbanden sie vor allem eine tiefe Gottesfurcht, der Glaube an Lohn und Strafe, Erlösung und ein Jenseits, sowie gewisse aus dem Alten Testament geschöpfte ethische Grundsätze. Daher war es auch möglich, daß im Laufe der Zeit die aschkenasisch-jüdische Kultur manches aus der christlichen Kultur, wissentlich oder unwissentlich, absorbierte.

Karl der Große (768–814) und seine Nachfolger übernahmen vom alten römischen Reich nicht nur dessen Machtanspruch, sondern auch das Christentum als Grundlage der Verfassung. Nur mit Hilfe des Christentums und der Kirche war es möglich, das große fränkische, später dann deutsche Reich zu beherrschen und ihm eine gewisse kulturelle Einheit zu geben. Dieser Rahmen schloß die Juden von vornherein aus. Auch das in den germanischen Staaten herrschende Prinzip des «persönlichen Rechts», demzufolge jedes Mitglied eines Stammes sein angeborenes Stammesrecht besaß, wurde nicht auf die Juden angewandt. Eher fielen sie, als einwandernde und umherziehende Kaufleute, unter das Fremdenrecht, doch auch da bildeten sie eine Ausnahmeerscheinung. Sie wurden ursprünglich überhaupt nicht mit einer einheitlichen Gesetzgebung bedacht, sondern mit Privilegien, die einzelnen Personen und ihren Angehörigen verliehen wurden. Durch das Privileg begab sich der Jude, keinem Stand angehörig und keiner lokalen oder regionalen Macht untertänig, unter den unmittelbaren Schutz des Herrschers, allerdings damit auch unter dessen Verfügungsrecht.

Das Außenseitertum der Juden wurde dann durch das Lehnswesen befestigt. Dieses gab dem Treueid des Vassallen bei der Landbelehnung die Form eines christlichen Schwurs und erschwerte dadurch den Juden den Landbesitz. In der feudalen Gesellschaft war für die Juden kein Platz vorgesehen. Daß sie sich dennoch in sie einfügen und in manchen Gegenden zu Bodenbesitz kommen konnten, bezeugt nur einmal mehr den häufigen Widerspruch zwischen Theorie und Praxis in der Judenpolitik. Die Unmöglichkeit für die Juden, einen christlichen Eid zu leisten, führte schließlich, neben anderen Beweggründen, zu einer besonderen Gesetzgebung. Für Prozesse zwischen Juden und Christen wurde der sogenannte Judeneid (*more judaico*) eingeführt, der wahrscheinlich bereits in Byzanz bekannt war. Er verband germanisch-christliches mit talmudischem Eidesrecht, um die Zuverlässigkeit des Schwurs zu sichern. Er wurde den Juden bis weit in die Neuzeit abverlangt, nahm vielfach widerliche Formen an und stellte eine eigentümliche Verknüpfung dar von «Judenrecht» (Staatsgesetze, die Juden betreffend) und «jüdischem Recht» (mosaisch-rabbinische Gesetze). In innerjüdischen Streitsachen gewährte Karl der Große den Juden eine weitgehende Gerichtsautonomie auf der Grundlage des jüdischen Rechts.

Aber Karl der Große erließ auch Sondergesetze, die die wirtschaftliche Tätigkeit der Juden einschränkten. So verbot er ihnen, mit Wein oder Getreide zu handeln, Münzen zu prägen und Kirchengut als Pfand zu nehmen. Dagegen verlieh sein Sohn, Ludwig der Fromme, einigen Juden sehr vorteilhafte Privilegien. Er verbot sogar, ihre Sklaven ohne ihr Einverständnis zu taufen, und setzte Judenmeister (*magistri judaeorum*) ein, die die jüdischen Kaufleute überwachen und schützen sollten. Wahrscheinlich handelte es sich bei diesen Kaufleuten um Hoflieferanten, dafür spricht, daß über die Verwendung von Juden im Dienst des kaiserlichen Hofes eingehende Berichte vorliegen.

Die Juden unterschieden sich im frühen Mittelalter von den meisten Christen durch ihre rege wirtschaftliche Tätigkeit, ihre wirksame Gemeindeorganisation und ihren relativ hohen Bildungsgrad. Die in der deutschen Geschichtsschreibung verwendete Bezeichnung «dunkle Frühzeit des Mittelalters» ist daher auf das jüdische Mittelalter ebensowenig anwendbar wie auf das Byzantinsche Reich. Die Lebenshaltung der jüdischen Kaufleute war durchweg großzügig. Jedenfalls ließen die vielen Hungerjahre des 10. und 11. Jahrhunderts kein Echo in den Quellen zurück. Aufgrund ihrer Erfahrung im Handel und ihrer Kenntnisse von Waren, Märkten und Geldverkehr, ihrer Sprachgewandtheit und nicht zuletzt der Zerstreuung ihrer Glaubensgenossen in der Welt nahmen die Juden einen hervorragenden Platz im Fernhandel ein, an dem sich auch andere Volksgruppen – darunter Griechen, Syrer, Ägypter, Friesen, Wikinger und Normannen – beteiligten. Typisch sind die Berichte über den jüdischen Kaufmann, der öfter ins Heilige Land fährt, von wo er kostbare und seltene Waren nach dem Abendland zu bringen pflegt, oder über Mohammedaner und Juden, die nach Prag kommen und von dort Mehl, Blei und Häute mitbringen.

So wichtig war die Rolle der Juden im damaligen Welthandel, daß in vielen Privilegien und Verordnungen Formulierungen wie *judaei et ceteri mercatores* (Juden und andere Kaufleute) vorkommen. Die folgenden Handelsgüter der Juden im Ost-West-Fernhandel werden in Responsen der babylonischen Talmudschulen erwähnt: kostbare Kleider, Gold, Perlen, Seide, Pfeffer, auch Getreide und Tiere, also vor allem Luxusgüter. Hinzu kam, wie wir aus anderen Quellen wissen, der Sklavenhandel. Die jüdischen Fernhändler spielten zur Zeit des Aufstiegs des arabischen Reichs und der dadurch verursachten Unterbrechung der Handelsbeziehungen zwischen dem christlichen Europa und dem muslimischen Osten eine wichtige vermittelnde Rolle, die das relativ günstige Verhältnis der Karolinger zu den Juden erklärt. Die jüdischen Siedlungen im Rheinland, an der Donau und in Prag waren Stationen auf einem für den Handel wichtigen Landweg.

Die meisten jüdischen Landbesitzer ließen ihre Felder durch nichtjüdische Pächter bestellen. Die Annahme liegt nahe, daß die Verbote, christliche Sklaven zu beschäftigen, eine weitere Verdrängung der Juden aus dem Landbesitz zur Folge hatte. So versuchten sie schon frühzeitig, sich Zugang zum Binnenhandel zu verschaffen, und auch der Geldhandel nahm bereits unter ihnen seinen Anfang, doch in über dreihundert rabbinischen Responsen vor 1096 findet sich kaum ein Jude, dessen Hauptbeschäftigung die Zinsleihe war.

Je mehr sich die Nachrichten über jüdische Siedlungen häufen, desto zahlreicher werden die Hinweise auf eine Verschlechterung ihrer Lage. Wenn ein Konzil in Mainz Ende des 9. Jahrhunderts beschloß, daß die Tötung eines Juden oder Heiden aus Haß Mord sei, so beweist das nur, daß dieses Urteil nicht selbstverständlich war. Zwar ist von einer Beschränkung des Judenrechts noch keine Rede, doch wurde in den Kreisen der Kirche ernstlich erörtert, ob ein jüdisch-christliches Zusammenleben erwünscht, ja ob es möglich sei. In den Jahren 937/939 schrieb Papst Leo VII. an den Mainzer Erzbischof, daß Vertreibung der Zwangstaufe vorzuziehen sei, falls Missionsversuche mißlängen. Die eschatologischen Erwartungen, die sich an das Jahr 1000 knüpften, verschärften die religiösen Gegensätze. In den Jahren 1008 bis 1012 kam es verschiedentlich zu Judenverfolgungen, darunter auch in Mainz, die wahrscheinlich durch die Nachricht aus Jerusalem ausgelöst wurden, daß die Araber die heilige Grabeskirche – angeblich auf Anstiftung der Juden – zerstört hätten. Als zu dieser Zeit ein hoher Würdenträger der Kirche zum Judentum übertrat, entschloß sich Heinrich II. im Jahre 1012 zur Vertreibung aller Juden aus Mainz, die sich nicht taufen ließen. Zwar konnten sie 1013 in die Stadt zurückkehren, doch ließ dieses Geschehen im Bewußtsein der Juden tiefe Spuren zurück. Es mehrten sich die Übertritte zum Christentum, und solche Fälle kamen sogar in den Familien der angesehensten Rabbiner vor. Unter den, vielleicht zwangsweise, Getauften befanden sich auch Söhne des größten jüdischen Gelehrten seiner Zeit, Rabbenu Gerschom aus Mainz, und seines Zeitgenossen, Rabbi Simon, dem nachgerühmt wurde, er habe sich um das Wohl der Gemeinden verdient gemacht.

Im 11. Jahrhundert erhitzte sich die religiöse Atmosphäre zusehends. Die wachsende Bedeutung des Martyriums Jesu für die christliche Religiosität und die zunehmend drastisch-anklagende Ausgestaltung seiner Leiden wirkten sich bald verheerend für die jüdische Bevölkerung aus. Mit vielen Klostergründungen und der Bildung neuer Mönchsorden erstarkte das Christentum in Westeuropa wie nie zuvor. Aus Cluny in Burgund drang der Ruf nach einer religiösen Reform der Klöster. Der Einfluß der «streitbaren» Kirche auf das Volk war mächtig, und immer deutlicher wurde ihre Tendenz, die Welt zu verkirchlichen.

Um dieselbe Zeit begann der Aufstieg des städtischen Bürgertums. Damit meldete sich der Machtanspruch neuer gesellschaftlicher und politischer Kräfte an, die auf das Schicksal der Juden großen Einfluß haben sollten. Zwischen den bisherigen Teilhabern der Macht, dem Kaiser, der Kirche und dem Adel, herrschten im letzten Viertel des 11. Jahrhunderts Spannungen: Der sich hinziehende Investiturstreit mit seinen vielen Begleitumständen und der lange Aufenthalt des Kaisers in Italien erzeugten in Deutschland eine Krisenstimmung, die eine Schwächung der kaiserlichen Macht, der örtlichen Obrigkeiten und der allgemeinen Sicherheit nach sich zogen. Als im Jahre 1084 ein großer Brand im Judenviertel zu

Mainz ausbrach, flüchteten viele Mainzer Juden aus Angst vor den Bürgern nach Speyer und gründeten dort zum ersten Mal eine jüdische Gemeinde.

Die hier andeutungsweise beschriebene politische Situation und ihre unterschiedlichen Auswirkungen in einzelnen Städten mögen erklären, warum gerade in jenen Jahren und dicht vor der Katastrophe des ersten Kreuzzugs Kaiser Heinrich IV. (1056–1106) den Juden in Speyer (1084, unter Vermittlung des dortigen Bischofs Rüdiger [Huozmann]) und Worms (1090) Privilegien gab, die für sie sehr vorteilhaft waren. Sie wurden von gewissen Abgaben befreit und erhielten ihre religiöse und rechtliche Autonomie weitgehend bestätigt. In Speyer wurde die Judensiedlung zu ihrem eigenen Schutz ummauert; in Worms kamen die Juden in den Genuß des «Hehlerrechts», wonach gestohlenes, jedoch in gutem Glauben gekauftes Gut nur gegen Ersatz des Kaufpreises dem bestohlenen Eigentümer zurückgegeben werden mußte. Einleitend erklärt der Bischof sogar, daß er die Juden nach Speyer in der Überzeugung verpflanze, dadurch «den Glanz des Ortes tausendmal zu vergrößern».[3] Auch Heinrichs IV. Verhalten gegenüber den Juden um die Zeit des ersten Kreuzzuges erklärt sich aus allgemeinen politischen Erwägungen. Hierzu gehören sein Souveränitätsanspruch und der Wunsch, die Autorität seiner Gegner einzuschränken, sowie das Bewußtsein seiner Verantwortung für die Aufrechterhaltung des Friedens und der Sicherheit im Lande. Für die Juden bezeugen die Privilegien ihre auch sonst oft dokumentierte Tendenz, sich zu ihrem Schutz möglichst auf eine zentrale Autorität zu stützen.

3. Frühaschkenasische Kultur und Gemeinde

In ihren Anfängen stand die aschkenasische Kultur gänzlich im Schatten der alten Kulturzentren im Orient und in Italien. Von ihnen übernahm sie das geistige Vermächtnis der jüdischen Spätantike: die Bibel mit ihrer aramäischen Übersetzung, die in Mischna und Gemara (den zwei Teilen des Talmuds) festgehaltene mündliche Lehre, den homiletischen Schatz der Midraschim, die ersten Kompendien des Religionsgesetzes, die Gebete und die religiöse Poesie. Bis gegen Mitte des 11. Jahrhunderts war bei einem Teil der prominenten Familien der Einfluß der alten palästinensischen Tradition im Gebetsritus und im Brauchtum bedeutend. Noch im Jahre 960 wandten sich die rheinländischen Juden an die «Gelehrten des Landes Israel» mit kasuistischen Fragen und wollten auch wissen, ob das Gerücht, der Messias sei gekommen, auf Wahrheit beruhte. Später wuchs das Gewicht der Überlieferungen aus dem Zweistromland. Stark war und blieb das von den Kalonymiden aus Italien mitgebrachte geistige Element, das in der religiösen Dichtung und in der Mystik seinen besonderen Ausdruck fand. Die Verbindung mit Italien, wie auch die Kontakte mit dem fränkischen Westen, erklären das Vorkommen romanischer Namen wie Leontin und Perigoros sowie lateinischer Vokabeln im aschkenasischen Dialekt, wie *oren* (beten) und *klamen* (protestieren).

Ungeachtet dieser starken Bande zu den verschiedenen Herkunftsländern kam es in den jüdischen Siedlungen in Deutschland zu einer weitgehenden geistigen Verselbständigung. Bei aller Anerkennung der Autorität der ausländischen Hochschulen war ein starker Drang zu selbständiger Forschung und Auslegung der halachischen Quellen vorherrschend. Dadurch, wie auch durch den Druck der äußeren Verhältnisse entstand ein religiöses Brauchtum, das gegenüber dem hergebrachten manches Neue aufwies und mitunter von der im babylonischen Talmud verankerten Norm abwich. Eine starke Verbundenheit mit der besonderen lokalen oder regionalen Tradition der religiösen Praxis blieb ein Merkmal der aschkenasischen Gemeinden, auch nachdem der babylonische Talmud der Gegenstand der Hauptbeschäftigung ihrer Gelehrten wurde. «Jüdischer Brauch ist heiliges Gesetz» wurde zu einem geflügelten Wort.

Die jüdischen Gemeinden sind nicht aus einem äußeren Zwang entstanden, sondern bildeten sich aus eigenem, innerem Antrieb, wahrscheinlich noch vor der Entwicklung der städtischen Gemeinden. Ein frei sich entwickelndes, im Judentum wurzelndes Leben war ohne eine Gemeinde undenkbar. Die Solidarität aller Glieder des jüdischen Volks, ihre gegenseitige Verantwortung für die Beobachtung des Religionsgesetzes, das tagtägliche öffentliche Gebet, die Verbreitung des Talmudstudiums, das autonome Gerichtswesen, die Schaffung und Instandhaltung einer Reihe von rituellen und sozialen Einrichtungen, ohne die eine jüdische Gemeinschaft ihren Charakter verlieren würde – all das machte die Gemeindebildung zu einer Lebensnotwendigkeit. Freilich gab es zu allen Zeiten eine beträchtliche Zahl jüdischer Familien, die vereinzelt oder in winzigen Gruppen in kleinen und kleinsten Orten lebten. Doch war dies nur möglich, wenn nicht allzu fern eine Gemeinde bestand, die ihnen das Fehlende ersetzte. Von außen wirkte nur ein Faktor auf die Gemeindebildung ein, der allerdings sehr wirkungsvoll war, nämlich die Verpflichtung zur Steuerzahlung. In der Regel machte der Fiskus die Gemeinde kollektiv verantwortlich für die aufzubringende Steuersumme und überließ ihr die Umlage auf die Gemeindemitglieder. Mit der Zeit wurde die Durchführung der Steuerzahlung zu einer der wichtigsten, freilich auch der schwierigsten Funktionen der Gemeinde.

Frühzeitig bildete sich eine Gemeindeverwaltung heraus, bestehend aus den *tuwej ha'ir* (Vertrauensmänner, *boni viri*) mit dem *parnass* (Vorsteher) an der Spitze und dem *schammasch* (Küster) als einem bezahlten Beamten. Ein beamtetes Rabbinat gab es lange Zeit in Deutschland nicht. Ebenso frühzeitig entwickelte die Gemeinde ein erstaunliches Maß an Autorität und Verwaltungskompetenz. Sie besaß Bannkraft über alle Neuansiedler, mittels derer sie verhindern konnte, daß unerwünschte Neuankömmlinge sich in der Gemeinde niederließen (*cherem hajischuw*). Ursprünglich war diese Macht ein Mittel zur Verhütung wirtschaftlicher Konkurrenz, doch wurde sie später mit der Sorge um Aufrechterhaltung des hohen moralischen Niveaus motiviert. So stimmte mitunter schon frühzeitig das Interesse der Obrigkeit, die Zahl der jüdischen Ansiedler zu beschränken, mit dem der ansässigen Juden überein. Auch die *ma'arufja* war eine Einrichtung zugunsten der Alteingesessenen. Sie gewährleistete die Monopolisierung einzelner Kaufleute in ihren Handelsbeziehungen zu gewissen christlichen Kunden, meistens Fürsten, Rittern und Klöstern. Der Ursprung des Wortes ist wahrscheinlich arabisch und bezeugt die Einführung von Handelsbräuchen aus dem Morgenland durch die Juden. Landesgesetze wurden seit jeher von den Juden anerkannt (*dina demalchuta dina*, d. h. das Recht des Staats ist Recht [auch für uns]), jedoch nur insoweit, als die Juden vor dem Gesetz der restlichen Bevölkerung gleichgestellt waren.

Die frühen aschkenasischen Gelehrten suchten die Autorität und Kompetenz der Gemeinden zu legitimieren und zu festigen. Eine oberste jüdische Landesbehörde, wie etwa in Mesopotamien den Exilarchen oder die Häupter der beiden zentralen Lehrhäuser (*ge'onim*), gab es nicht, und jede Gemeinde wachte beharrlich über ihre Unabhängigkeit. Die Gelehrten statteten die Gemeindeältesten, zu denen auch sie gehörten, mit dem Status eines kompetenten Gerichts hoher Instanz (*bejt din chaschuw*) aus und interpretierten die Pflicht jedes einzelnen, deren Autorität anzuerkennen und sich ihr zu beugen, als biblisches Religionsgesetz. Die Gelehrten selbst beteiligten sich an der Gemeindeverwaltung. Mit weitgehenden Kompetenzen ausgestattet, gaben sich die Gemeinden Satzungen und erließen Verordnungen (*takkanot*), die für alle ortsanwesenden Juden verpflichtend waren. Selbst durchziehende Juden, gegen die von einem Ortsansässigen eine Klage vorgebracht wurde, konnten vor dem Ortsgericht belangt werden (*cherem bejt din*). Bei Beschlußfassungen herrschte anfangs das Prinzip der Einstimmigkeit. Später kam das Mehrheitsprinzip auf, allerdings zunächst auf der Basis einer qualitativen Mehrheit, d. h. der Mehrheit der Alten und Angesehenen in der Gemeinde. Jedes einzelne Gemeindemitglied hatte das Recht, in dringenden Fällen – so etwa wenn ein Gericht unter den Drohungen eines mächtigen Beklagten sich dem Urteilsspruch zugunsten des Klägers entziehen wollte – den Gottesdienst zu unterbrechen und damit Druck auf die Ältesten und das Gericht auszuüben, ihm zu seinem Recht zu verhelfen (*ikuw hatefilla* oder *ikuw hakeria*).

Das zuletzt erwähnte Rechtsmittel, im Volksmund *klamen* (verwandt mit «reklamieren») genannt, erinnert daran, daß Rechtsbrüche in den kleinen Gemeinden nicht gerade selten waren. Tatsächlich handeln bereits die frühesten schriftlich tradierten Rechtsfälle von Friedensbrüchen und Gewalttätigkeiten, von Denunziation und Meineid sowie von Disziplinverweigerung gegen gültige Verordnungen. Die rabbinischen Gerichte im

11. Jahrhundert hatten gegen solch schwerwiegende Verfehlungen anzukämpfen wie gewaltsame Enteignung von Bodenbesitz, Leugnung der Kompetenz des Gerichts oder Auflehnung gegen die Autorität der Gemeindeverwaltung überhaupt. Es ist möglich, daß ein Teil dieser Erscheinungen mit dem Aufstieg begüterter Kaufleute zusammenhing, die ihre Verbindungen und ihren Einfluß ausnutzen konnten.

Da es kein Berufsrabbinat gab und die Gelehrten im Erwerbsleben standen, existierte keine Trennungslinie zwischen «Geistlichen» und Laien. Von allen jüdischen Ortsanwohnern wurde erwartet, daß sie sich sowohl am Studium wie auch am wirtschaftlichen und Gemeindeleben beteiligten, was auch tatsächlich bei der kleinen Zahl der frühen aschkenasischen Gemeinden durchführbar war. Dieses Zusammengehen von Studium und wirtschaftlicher Tätigkeit nährte ihr Bewußtsein um ihren Stellenwert als wichtiger Zweig der Judenheit und als Hüter einer eigenständigen Tradition, in der die Umsetzung der Lehre in das alltägliche Leben eine große Rolle spielte. Hinzu kam die Tatsache, daß ihnen fromme Gelehrte vorstanden, die, unabhängig von den in der damaligen jüdischen Welt als maßgebend anerkannten Leitern der babylonischen Hochschulen, zum Teil ihre eigenen Wege gingen und die rabbinische Literatur mit wichtigen Schriften bereicherten.

Eine beträchtliche Zahl von Gelehrten, deren Namen bekannt sind und die zum Teil rabbinische Schriften oder liturgische Dichtungen hinterlassen haben, wirkten im 11. Jahrhundert im Rheinland. Der größte unter ihnen war Gerschom ben Juda (950/960–1028), der nie anders als mit dem Titel *rabbenu* (unser Meister) genannt und mit dem seltenen Zusatz *me'or hagola* (Leuchte des Exils) ausgezeichnet wurde. Über seine Herkunft gehen die Meinungen auseinander, doch steht außer Zweifel, daß er den entscheidenden Teil seiner Lehrjahre und seines Wirkens in Mainz verbrachte, wo er auch starb. Er war es, der Mainz zu der damaligen Metropole des Judentums in Deutschland machte. Er bildete zahlreiche Schüler aus, von denen einige der Jeschiwa (Lehrhaus) in Worms vorstanden, deren Ruf so groß war, daß der später so berühmte Bibel- und Talmudkommentator Schelomo ben Jizchak (Raschi) aus Troyes dort einen großen Teil seiner Lehrjahre verbrachte.

Rabbenu Gerschom verfaßte einen Kommentar zum Talmud, hinterließ eine stattliche Anzahl von Responsen (rabbinische Rechtsgutachten) und war der Autor von religiösen Gedichten, die in die aschkenasische Liturgie aufgenommen wurden. Darüber hinaus leitete Rabbenu Gerschom in aktiver und zielbewußter Weise die kommunalen Angelegenheiten. Viele Verordnungen, die das öffentliche und private Leben betrafen und allgemeine Gültigkeit erlangten, wurden von ihm erlassen oder ihm von späteren Generationen zumindest zugeschrieben. Die berühmtesten, höchstwahrscheinlich auf seine eigene Initiative zurückgehenden Verordnungen betrafen das Verbot der Polygamie und das Verbot der der Frau

2 *Gedenkstein für Rabbenu Gerschom (ca. 960–1028) in Mainz aus dem 12. Jahrhundert*

aufgezwungenen Ehescheidung. Obwohl auch vorher die Vielehe nicht verbreitet war, bezeugen diese Verordnungen – selbst wenn man von einem Einfluß des christlichen Milieus ausgeht – den gesellschaftlichen Aufstieg der Frau, die bei der vielfachen Abwesenheit des im Fernhandel tätigen Mannes im Haus schaltete und im Wirtschaftsleben oft eine wichtige Stellung einnahm.

Für das Geistesleben der Juden im deutschsprachigen Raum war die liturgische Dichtung von hoher Bedeutung. Hierin kam all ihr Denken und Fühlen zum Ausdruck, auch hatte sie zentrale Bedeutung für das Gemeindeleben. Rabbi Simeon bar Isaak («der Große»), ein älterer Zeitgenosse Rabbenu Gerschoms in Mainz, war ein hervorragender Schöpfer dieser religiösen Gedichte (*pijjutim*). Sie drücken häufig die Leiden der Verfolgung aus und sind bis heute Bestandteil der aschkenasischen Liturgie.

In ihren *pijjutim* führten die Juden Zwiesprache mit Gott, baten um Vergebung und Erlösung, empörten sich gegen Haß und Verfolgung und appellierten an die himmlische Gerechtigkeit. Sie enthielten auch Belehrendes; zum Teil waren sie als Repertorium der religiösen Vorschriften für Sabbate und Festtage gedacht. Ihre poetische Form war entscheidend von der palästinensischen und italienischen Dichtung beeinflußt. Es gab bis zum 15. Jahrhundert kaum einen jüdischen Gelehrten in Deutschland, der nicht auch liturgische Stücke verfaßte, und viele der angesehensten Gelehrten amtierten als Vorsänger beim öffentlichen Gebet. Für sie war es eine Ehre, die Liturgie zu bereichern und die Leiden ihrer Zeit den kommenden Geschlechtern zu übermitteln.

4. Der erste Kreuzzug und die ihm folgenden Wandlungen

Während des 11. Jahrhunderts nahm die Zahl der christlichen Pilger aus den deutschen Ländern nach dem Heiligen Land zu. In den Jahren 1064–1065 unternahm ein Zug von 7000 bis 10000 Personen die Wallfahrt. In seiner Proklamation des ersten Kreuzzugs (1096) machte sich Papst Urban II. (1088–1099) somit Ideen und Bewegungen zu eigen, die bereits im Volk wirksam waren. Die Route der Kreuzfahrer von Frankreich bis ins Heilige Land folgte den großen Handelswegen und berührte daher die jüdischen Zentren. Die Juden wurden dabei die ersten Opfer ihrer Gewalt gegen die «Ungläubigen». «Wir gehen hinaus, um die Feinde Gottes zu bekämpfen, und hier in unserer Mitte leben die Erzfeinde und Mörder unseres Erlösers.»[4] Mit dieser Losung stürmten die Kreuzfahrer auf die Juden ein, die tragischerweise mit dem Jahre 1096 messianische Hoffnungen verbunden hatten. Die Ausschreitungen begannen schon in Nordfrankreich, doch fühlten sich die Mainzer Juden noch immer so sicher, daß sie auf warnende Stimmen, die sie aus Frankreich erreichten, antworteten:

«Wir sind euretwegen in großer Furcht. Was uns selbst betrifft, so brauchen wir uns nicht zu ängstigen.»[5]

Tatsächlich sollten sich aber die wahrhaft schrecklichen Szenen hauptsächlich in Mainz und im Rheinland abspielen. Die Juden dort waren zwar überrascht, doch zum Tod bereit. Ihre Peiniger verfuhren um so rücksichtsloser, als der Papst den Kreuzfahrern im voraus Sündenerlaß gewährt hatte. Vor die Wahl gestellt, die Taufe anzunehmen oder zu sterben, suchten viele Juden das Martyrium. Ungeachtet der uneingeschränkten Verurteilung des Selbstmords im jüdischen Gesetz starben sie lieber durch eigene als durch christliche Hand. Ihr Haß gegen den erbarmungslosen Feind verband sich mit religiöser Ekstase. So wurden die Opferstätten zu Orten der «Heiligung des göttlichen Namens» (*kiddusch haschem*). Im Geiste vereinigten sich die Todgeweihten mit den Heroen der jüdischen Martyrologie aus den Zeiten der Makkabäer und der Zerstörung des Zweiten Tempels. Am grausigsten war die Opferung der Kinder und Frauen, die vollzogen wurde als heilige Handlung, wie einst Abraham bereit gewesen war, seinen Sohn Isaak zu «binden» und zu opfern. Streng religionsgesetzlich war dieser Akt eigentlich unverzeihlich, doch wurde er gerechtfertigt durch die Gewißheit, daß Überlebende unweigerlich der Taufe zugeführt würden. Gerade weil es den Kreuzfahrern nicht um das Leben der Juden, sondern um ihren Glauben ging, opferten die Juden ihr Leben und das Leben ihrer Kinder und Frauen um des Glaubens willen.

Die Kirche selbst war für das Gemetzel nicht verantwortlich, und in nicht wenigen Fällen fanden Juden Zuflucht bei geistlichen Herren. Doch tat sie wenig, um die Verfolgung zu unterbinden. Nur Bischof Johann von Speyer handelte entschlossen und erfolgreich zur Rettung der Juden seiner Stadt. Die Städter beteiligten sich zwar im allgemeinen nicht an den Ausschreitungen, unternahmen aber kaum etwas, um die Juden zu schützen. Nicht selten versuchten die Juden, sich selbst mit der Waffe zu verteidigen, doch konnten sie nirgends die riesige Überzahl der Angreifer zurückschlagen. Der hebräische Chronist, Salomon b. Simon, in dessen Bericht übrigens viele Ähnlichkeiten zu den christlichen Chroniken auffallen, betont in diesem Zusammenhang, daß die jüdischen Kämpfer durch das viele Fasten geschwächt waren. Einzelne retteten dann doch ihr Leben durch eine Scheinbekehrung, und der Berichterstatter lobt ihre Entschlossenheit, sobald wie möglich zum Judentum zurückzukehren.

Wenn auch von einer vollständigen Vernichtung des rheinländischen Judentums keine Rede sein kann, so war die Zahl der Opfer doch beträchtlich. Es waren wohl 5000 Menschen, etwa ein Viertel der jüdischen Bevölkerung. Die größten Verheerungen erlebten Mainz (wo etwa 1100 von 1300 Seelen umkamen) und Worms, die Zentren der rabbinischen Gelehrsamkeit und der alteingesessenen Familien. Dort und auch anderswo wurden zahlreiche Handschriften vernichtet. Der Ausfall einer ganzen Generation von Gelehrten und der unwiederbringliche Verlust eines großen Teils des frühaschkenasischen Schriftguts machte die Verfolgung zu einem tiefen Einschnitt in der Geschichte des aschkenasischen Judentums und war eine der Ursachen für den geringen Einfluß der frühen Vertreter aschkenasischer Gelehrsamkeit auf das Werk späterer Generationen. Die Auswirkung des Geschehens auf das Selbstverständnis des aschkenasischen Judentums, auf sein Verhalten in Zeiten der Verfolgung, auf seine Überlieferung und sein Brauchtum war anhaltend.

Im Sturm des Kreuzzugs hat Heinrich IV. seine Judenpolitik als oberster Schutzherr der Juden fortgesetzt. Auf Bitten jüdischer Vorsteher hatte er schon frühzeitig an Fürsten in den betroffenen Gebieten, vor allem an Gottfried von Bouillon, den Heerführer der Kreuzfahrer, geschrieben und sie ersucht, die Juden zu beschützen. Im Jahre 1097 erlaubte der Kaiser den zwangsgetauften Juden, zum Judentum zurückzukehren. Ein Jahr später ordnete er eine gerichtliche Untersuchung über das den Mainzer Juden gestohlene Gut an, auf welches er als Schutzherr Anspruch erhob. 1103 brachte er den Landfrieden zustande, der die Juden und andere dessen bedürftige Gruppen unter besonderen Schutz stellte.

Die Ereignisse des ersten Kreuzzugs zeigen, daß zwischen der Judenpolitik der Kirche und der mit ihr keineswegs gleichlaufenden Judenpolitik der Krone einerseits und dem Fanatismus der Masse und der Mönche andererseits eine beträchtliche Divergenz bestand. Die Juden mußten erstmals lernen, daß der Schutz der Obrigkeit in Krisenzeiten dem der christlichen Nachbarn vorzuziehen sei, daß jedoch der Besitz von Privilegien keine ausreichende Garantie gegen eine tobende Volksmasse bot. Beispiellos in Deutschland war die Verstrickung des Schicksals der Juden in die allgemein-politischen Geschehnisse. Die von Papst Gregor VII. betriebene Bewegung für die Hegemonie der Kirche sah in Kaiser Heinrich IV. auch deshalb einen Feind, weil er den Juden Rechte verlieh, die die Kirche strikt ablehnte. Die Herrschaft über die Juden, sowohl in ihrer materiellen wie auch in ihrer symbolischen Bedeutung, war und blieb somit ein Gegenstand der Auseinandersetzung unter den weltlichen und geistlichen Herren.

Die Kreuzzugsbewegung hielt fast zweihundert Jahre lang an. Jede neue Welle (insbesondere in den Jahren 1146, 1189, 1204, 1217) bedeutete neues Leid und neue Opfer für die Juden. Die Preisgabe des eigenen Lebens, um der Taufe und dem Abfall vom Judentum zu entgehen, wurde zu einem so allgemeinen Vorgang, daß, wie ein Gelehrter sich ausdrückte, «selbst die Taugenichtse unter uns sich für *kiddusch haschem* erschlagen lassen, und kaum einer unter Tausend wird abtrünnig».[6] Das Leid, die Trauer und die Sehnsucht nach Erlösung hinterließen deutliche Spuren in der Liturgie und im Brauchtum. Lange Listen der Ermordeten wurden an bestimmten Sabbaten und Festtagen öffentlich verlesen (Memorbücher), zusätzliche Fasttage eingeschaltet, Trauerwochen alljährlich in Erinnerung an die Toten abgehalten, Klagelieder in der Synagoge rezitiert. Man nannte die Gemeinden seither «Heilige Gemeinden» und meinte damit wohl auch «Gemeinden der Heiligen», d. h. derer, die den Namen Gottes geheiligt hatten.

Die Geschehnisse des ersten Kreuzzugs prägten das Verhältnis der christlichen Umwelt zu den Juden nachhaltig. Nicht zu unterschätzen ist hierbei der psychologische Effekt der praktischen Schutzlosigkeit der Juden. Zum ersten Mal wurde der Masse der Bevölkerung bewußt, daß in ihrer Mitte eine Minderheit existierte, die nur allzu leicht verwundbar war und deren Eigentum – trotz des offiziellen obrigkeitlichen Schutzes – ohne größeren Widerstand geplündert werden konnte. Hinzu kam, daß das Aufblühen des Städtewesens und das allgemeine Bevölkerungswachstum (von acht auf fünfzehn Millionen bis Ende des 13. Jahrhunderts) zwar zu einer Zunahme der jüdischen Niederlassungen, aber auch zu einer Verschlechterung ihrer wirtschaftlichen Situation führten. Die Juden wurden von dem Fernhandel in den lokalen Kleinhandel und schließlich in die Pfandleihe abgedrängt.

Den größten Einfluß auf das christlich-jüdische Verhältnis während des 12. und 13. Jahrhunderts hatten indessen die religiösen Wandlungen innerhalb der christlichen Kirche. Unter dem Einfluß der kluniazensischen Bewegung und der neugegründeten Bettelorden der Franziskaner und Dominikaner verschärfte sich die Judenfeindlichkeit im Volk. In ganz Europa kam es nun zu inszenierten Disputationen zwischen jüdischen und christlichen Gelehrten, wobei der jüdische Gesprächspartner in eine Defensivstellung gedrängt wurde. Er saß gleichsam auf der Sünderbank. Hier ging es nicht mehr darum, Andersgläubige zu überzeugen, sondern ihnen unter Drohung die herrschende Religion aufzuzwingen. Seit dem 12. Jahrhundert häuften sich auch die verzerrenden bildlichen Darstellungen von Juden und Judentum in Kirchenbauten. Ein beliebtes Motiv war der Gegensatz zwischen der triumphierenden Ecclesia und der blinden, gedemütigten Synagoga mit gebrochenem Stab, gefallener Krone und verbundenen Augen. In zahlreichen Darstellungen der Kreuzigungsszene wurden die Juden – in mittelalterlicher Tracht, mit Hakennase und heimtückischer Miene – als Gottesmörder gebrandmarkt. Juden standen der christlichen Gesellschaft nun nicht mehr als Individuen, sondern als Kollektiv gegenüber. Der Jude wurde somit zu einem Stereotyp, seine Gestalt dehumanisiert und dämonisiert. Als hartnäckiger Gottesleugner gekennzeichnet, wurde er jetzt zur Inkarnation des Teufels, der zu jeglicher bösartigen, hinterhältigen und mörderischen Tat fähig war. Juden lebten jetzt im Schatten von Kathedralen, an deren Wänden sie als Mörder und Monster dargestellt waren.

Von der visuellen Dämonisierung der Juden durch die Kirche war es nicht mehr weit zur Herausbildung frei erfundener Beschuldigungen durch das Volk. Im 12. Jahrhundert kam zum ersten Mal der Ritualmordvorwurf auf, demzufolge Juden christliche Kinder töteten und ihr Blut für

3 *Ecclesia und Synagoga am Bamberger Dom (ca. 1230–1240)*

rituelle Zwecke benutzten. Die Ritualmordanklagen waren anfangs vor allem in England und Frankreich verbreitet, bald jedoch überwog ihre Zahl in Deutschland diejenige aller anderen Länder. Auf derselben Ebene war der Vorwurf der Hostienschändung, der die Entwendung und Entweihung einer christlichen Hostie durch Juden behauptete. Das Durchstechen der den Leib Jesus darstellenden Hostie sollte den immer von neuem versuchten Gottesmord der Juden symbolisieren. Diese Anschuldigungen verbreiteten sich während des 13. Jahrhunderts in immer stärkerem Maße, obwohl Päpste und Kaiser klarstellten, daß sie auf Phantasie, Lüge und Meineid beruhten.

Typisch war die Ritualmordbeschuldigung in Fulda 1235: Eine Getreidemühle brannte ab, und in Abwesenheit des Müllers und seiner Frau verbrannten deren Kinder. In der Stadt weilten gerade einige Kreuzfahrer, die das Gerücht verbreiteten, die Juden seien für diese Tat verantwortlich. In der Folge wurden 32 jüdische Männer und Frauen erschlagen und alle Juden im Reich unter den Verdacht gestellt, sie würden Ritualmorde begehen. Der in religiöser Hinsicht liberale Stauferkaiser Friedrich II. (1212–1250) ließ die Beschuldigung durch eine große Zahl von Fürsten, Klerikern und getauften Juden gründlich untersuchen, und das Resultat war der Freispruch der Juden.

Friedrich II. fügte dieses Urteil einem Privileg bei, das die Ausdehnung des Wormser Privilegs Heinrichs IV. auf sämtliche Juden Deutschlands bedeutete (1236). Friedrich nannte hier zum ersten Mal die Juden seine «Kammerknechte» (*servi camerae nostri*) und übernahm damit von der Kirche den Begriff der Judenknechtschaft (*perpetua servitus iudaeorum*), den Papst Innozenz III. im Jahre 1205 geprägt und Gregor IX. im Jahre 1234 in aller Form in das kanonische Recht aufgenommen hatte. Der führende Denker der Hochscholastik, Thomas von Aquin, hat dies dann in der zweiten Hälfte des 13. Jahrhunderts folgendermaßen formuliert: «Da die Juden ... durch ihre Schuld ewiger Knechtschaft verfallen sind, so dürfen die Landesherren ihnen ihren Besitz wegnehmen, wenn sie ihnen nur das zum Leben Nötige belassen.»[7] Im 4. Laterankonzil (1215) hatte Innozenz eine Reihe von Beschlüssen durchgesetzt, die die Isolierung und Demütigung der Juden zum Ziel hatten, darunter die Pflicht der Juden, sich in ihrer Kleidung kenntlich zu machen. Dies bedeutete in der Praxis das Tragen eines gelben Ringes oder ähnlicher Kennzeichen auf der Brust, sowie später des spitzen «Judenhuts».

Während bereits vor dem 4. Laterankonzil die besonderen fiskalischen Beziehungen der Juden zur kaiserlichen Kammer in Dokumenten erwähnt worden waren, war der Begriff der Knechtschaft neu. Statt seiner kirchlich-theologischen Begründung im kanonischen Recht ist im weltlichen ‹Sachsenspiegel›, einer im ersten Drittel des 13. Jahrhunderts verfaßten Aufzeichnung von Rechtsgewohnheiten und Rechtsregeln, zu lesen, der jüdische Geschichtsschreiber Josephus Flavius habe angeblich den Judenschutz von dem römischen Kaiser Vespasian als Lohn dafür erlangt, daß er dessen Sohn von der Gicht heilte. Diese Erklärung sollte den politischen Anspruch des mit dem Papst um die Macht ringenden Kaisers auf das «Judenregal» sowie auf die damit verbundenen Einnahmen rechtfertigen. Im Jahr 1275 ist die Kammerknechtschaft bereits eine voll ausgebildete Rechtsinstitution. So wird im damals erscheinenden ‹Schwabenspiegel› berichtet, Titus habe die gefangenen Juden der kaiserlichen Kammer in

4 Zwei Szenen aus einem zeitgenössischen Holzschnitt. Sie zeigen den angeblichen Erwerb einer Hostie und deren Schändung durch Juden in Passau (1470)

5 *Mönch und Jude bewaffnet zu Pferde (Aus dem Wolfenbütteler Sachsenspiegel)*

Rom als Knechte verkauft, und seitdem seien sie Knechte des Reichs unter dem Schutz des römischen Kaisers. Diese Gesetzessammlung enthält zahlreiche Verbote und Bestimmungen, die auch in den Konzilsbeschlüssen zu finden sind.

Ein wichtiger Begleitumstand der Einführung der Kammerknechtschaft war das Verbot für Juden, Waffen zu tragen (mit der Wirkung, daß sie in dieser Beziehung den Geistlichen und Frauen gleichgestellt wurden), während sie bisher mitunter, wie etwa in Worms, zur Verteidigung der Stadt herangezogen wurden. Das Waffenverbot bedeutete eine Minderung ihres rechtlichen und gesellschaftlichen Status. Überhaupt bedeutete die Kammerknechtschaft einen Rückschritt: Sie beschleunigte die Entrechtung der Juden und den Entzug ihrer Freizügigkeit. Aufgrund der Kammerknechtschaft mußten die Juden ihre Steuern an die kaiserliche Kammer abführen. Die Steuerliste der deutschen Städte aus dem Jahre 1241 belegt zum ersten Mal eine reguläre kaiserliche Judensteuer. So kam es zur «Verstaatlichung der Juden», durch die sich der Staat die wirtschaftliche Leistungskraft der Juden aneignete. Nach einer Schätzung bestritten die Juden im 13. Jahrhundert etwa 13 % der Einnahmen des Reichs und 20 % der Reichssteuer aus den Städten. Theoretisch beinhaltete die Kammerknechtschaft Intoleranz auf der einen Seite, Schutz und Betreuung auf der anderen. Friedrichs II. Judenpolitik hatte weniger mit Toleranz zu tun als mit Realpolitik. Während er in Sizilien die Juden zu staatswichtigen

Unternehmungen heranzog, entfernte er sie 1237 in Wien aus allen Ämtern, «weil sie zu ewiger Knechtschaft verurteilt sind».[8] Dagegen erließ Herzog Friedrich von Österreich im Jahre 1244 eines der liberalsten Judengesetze des Mittelalters. Es gab den Juden gleiche Rechte im Handel mit bestimmten Produkten, verbot ausdrücklich Zwangstaufen und gewährte weitgehende Autonomie in inneren Angelegenheiten. Dieses sogenannte «Fridericianum» wurde das Vorbild für viele Privilegien in Böhmen, Schlesien, Ungarn und Polen.

Mit der Kammerknechtschaft war dem König die Möglichkeit gegeben, das «Judenregal» an Territorialherren zu veräußern. Angesichts der Erstarkung der Territorial- und Stadtherrschaft gegenüber dem Reich gewann dieser Aspekt ständig an Bedeutung. Schon Kaiser Friedrich II. begann damit, 1298 übergab dann König Albrecht I. dem Erzbischof von Köln zum Dank für die Unterstützung bei seiner Wahl verschiedene Einkünfte und Ämter, darunter den Judenschutz seiner Stadt Dortmund. Doch nach der Verkündigung der Kammerknechtschaft erschienen die Juden nicht mehr in den Landfriedensgesetzen als zu schützende Personen. «Judenschutz» in der Praxis war kaum mehr als ein Deckmantel für rücksichtslose Ausbeutung.

Trotzdem stieg die Zahl der jüdischen Siedlungen, die sich zum Teil aus nur sehr wenigen Personen zusammensetzten, von etwa fünfzig in der Mitte des 12. Jahrhunderts auf etwa tausend innerhalb von zweihundert Jahren an. Hierbei ist eine geographische Verschiebung der Gemeinden nach Osten – vom Rheinland ausgehend vor allem nach Hessen, Franken und Österreich – zu beobachten. Die Zunahme jüdischer Siedlungen war bedingt durch Stadtgründungen im Zuge des Landesausbaus und die zunehmende Unabhängigkeit der Städte, die den Juden ein gewisses Maß an Sicherheit boten. Obgleich sie von Zünften und Gilden – und damit vom Handwerk und weiten Teilen des Warenhandels – ausgeschlossen waren, boten ihnen die Städte zumindest vorläufig ein weitgehend konkurrenzloses wirtschaftliches Betätigungsfeld, das sich vor allem auf Darlehensgeschäfte und Pfandleihe beschränkte.

Im 13. und 14. Jahrhundert erreichte die Geldleihe der Juden in Deutschland ihren Höhepunkt. Das Aufblühen des Städtewesens unter den staufischen Kaisern, die ständige Unsicherheit des Geldverkehrs, das unverläßliche Münzwesen sowie der Mangel an Bargeld machten jede wirtschaftliche Tätigkeit ohne verbreitetes Kreditwesen unmöglich. Die Kirche hatte wiederholt und unter schweren Strafandrohungen den Christen die Zinsleihe verboten. Im 13. Jahrhundert schließlich wurde das Zinsverbot zu einem Postulat der kirchlichen Wirtschaftslehre, formuliert wiederum durch Thomas von Aquin, der den Handel überhaupt als verwerflich erachtete. Seit dieser Zeit wurden Juden in zunehmendem Maße eingeladen, sich im Lande als Geldverleiher niederzulassen, und erhielten als Anreiz hierfür Steuererlaß im ersten Jahr, manchmal sogar für einige Jahre. Nicht nur in den Städten, sondern auch an vielen Marktplätzen mit kleinen und kleinsten jüdischen Gemeinden übten Juden die Funktion eines Geldverleihers gegen Pfand an Adelige, Geistliche und reiche Bauern aus der Umgebung aus. Diese wirtschaftliche Betätigung ermöglichte ihnen ein relativ gesichertes Einkommen, so daß trotz der vielen Steuern und Bedrängnisse nur wenige von ihnen Not litten und es eine verhältnismäßig geringe Zahl von Armen unter ihnen gab. Gleichzeitig jedoch erzeugte die Abdrängung der Juden in das verhaßte Gewerbe der Geldleihe eine wachsende antijüdische Stimmung in der Bevölkerung. Der «jüdische Wucher» wurde zu einem beliebten Thema der christlich-jüdischen Polemik. Insbesondere beschuldigte man die Juden, daß sie mit Vorliebe Kreuze, Kelche, Ornate und christliche Bücher zu Pfändern nähmen und daß sie übermäßig hohe Zinsen verlangten. Da es sich bei dem Beleihen von Pfändern oft um getarnten Kauf handelte, wurden Juden des verbotenen Handels mit gebrauchten Gütern, vor allem Kleidern, bezichtigt.

«Judaisieren» wurde gleichbedeutend mit «Geldgeschäfte machen» – so zuerst bei Bernhard von Clairvaux. Doch waren die Juden keineswegs die einzigen, die Geld gegen Zinsen verliehen. Die Lombarden taten sich darin in ganz Europa besonders hervor, und unter den angesehensten Geldverleihern waren Klöster, Kirchen, Stifte und Ordenshäuser. Die von der Kirche ausgesprochenen älteren Wucherverbote waren fast ausschließlich an die Adresse der Geistlichen gerichtet, die aufgrund ihrer Verwaltung von frommen Spenden vielfach große Geldgeschäfte unternehmen konnten. Die christlichen Geldverleiher, und besonders die Lombarden, liehen zu den gleichen Zinssätzen wie die Juden, ja oft zu höheren. Überdies war der Judenzins gesetzlich festgelegt, nicht etwa, um ein Übermaß zu verhindern, sondern im Gegenteil, damit sie möglichst viel Geld ansammelten, das man ihnen später wieder abnehmen konnte. Denn «[die Juden wurden im Mittelalter] benützt wie Schwämme, die man sich vollsaugen ließ, um sie dann auszudrücken».[9] Diejenigen die über den «Judenschutz» verfügten – die Könige und Fürsten –, betrachteten die Juden als ihre Agenten, deren sie sich nach Belieben zur Auffüllung ihrer eigenen Kassen bedienen konnten. In vielen Fällen wurden Juden oder sogar ganze Gemeinden eingesperrt, um von ihnen Geld zu erpressen. In diesem Zusammenhang ist die merkwürdige Tatsache erwähnenswert, daß das Vermögen eines Konvertiten (und solche gab es immer wieder) beschlagnahmt wurde, da dieser als Christ eigentlich keine Pfandleihe mehr betreiben durfte und der Fiskus sich selbst in einem solchen Fall schadlos halten wollte. Man mißtraute dem Neuling, argwöhnte heimliche Kontakte mit den früheren Glaubensgenossen und begegnete ihm mit allen möglichen Verdächtigungen.

Immerhin intensivierte die Einbindung der Juden in das Wirtschaftsleben der Stadt und des Landes auch die sozialen Kontakte zwischen Juden und Christen, eine Tatsache, die auch die wiederholten kirchlichen Verbote der Tischgemeinschaft bestätigen. Selbst ein gewisses Maß an kultu-

6 Bauer und jüdischer Geldverleiher am Rechenbrett (Holzschnitt aus d. J. 1531)

reller Annäherung ist nicht zu übersehen. Wenn der Minnesänger Süßkind von Trimberg (13. Jahrhundert) ein Jude war, was indessen nicht zweifelsfrei feststeht, so war er für diese Entwicklung symptomatisch. Trimberg, in der Manesseschen Liederhandschrift des frühen 14. Jahrhunderts mit dem gelben Judenhut dargestellt, sang in einem seiner Lieder von seiner Absage an die höfische Dichtung. Er werde sich fortan einen langen Bart wachsen lassen und nach alter Judensitte leben: in einen langen Mantel gehüllt, mit demütigem Gang:

ich wil in alter juden leben
mich hinnân fürwert ziehen.
mîn mantel der sol wesen lanc,
tief under einem huote
demüeteclich sol sîn mîn ganc,
und selten mê ich singe in hovelîchen sanc,
sîd mich die herren scheiden von ir guote.[10]

7 *Süßkind von Trimberg*
(Aus der Großen Heidelberger Liederhandschrift)

8 *Gebetsszene (Aus dem Machsor Lipsiae, 13. Jahrhundert)*

Ebenso ungeklärt wie die Herkunft Süßkinds ist die des anonymen Verfassers des ‹Dukus Horant› (‹Herzog Horant›). Diese aus dem Jahre 1382 stammende und zu Beginn dieses Jahrhunderts in Kairo aufgefundene Handschrift ist vor allem deshalb bemerkenswert, weil es sich dabei um das älteste in hebräischen Buchstaben abgefaßte Gedicht handelt, das in enger Beziehung zur deutschen Heldendichtung dieser Zeit steht und in reinem Mittelhochdeutsch geschrieben ist. Wenn auch nicht gesichert ist, daß der Verfasser des ‹Dukus Horant› ein Jude war, so zielte diese Handschrift zweifellos auf eine jüdische Leserschaft und bezeugt daher den Einfluß des mittelhochdeutschen literarischen Schaffens auf die jüdische Bevölkerung.

5. Blüte des aschkenasischen Geistes- und Gemeindelebens

Schon kurze Zeit nach dem ersten Kreuzzug waren die jüdischen Gemeinden wiederhergestellt, und es pulsierte frisches Leben in ihnen. Im Mittelpunkt der Gemeinde standen die Synagogen. Auf ihre Ausschmückung wurde großer Wert gelegt. Zweimal täglich versammelte sich die Gemeinde zum Gebet. Um die Beter zum Gottesdienst zu rufen, war ein «Schulklopfer» angestellt, der im Morgengrauen von Haus zu Haus ging, um die Schlafenden zu wecken. Das Nachmittag- und das Abendgebet gingen ineinander über. Doch Gebet und Studium (die Verbindung von beiden ergab die Bezeichnung «Schul» für die Synagoge) erschöpften keineswegs die Funktionen der Synagoge. Alle wichtigen Ereignisse in der

Gemeinde und in den Familien spielten sich dort ab. In ihr oder in einem ihrer Nebenräume tagten das rabbinische Gericht und die anderen Gemeindegremien; sie war der Schauplatz der alljährlichen Wahlen zum Gemeindevorstand, der Trauungen und Beschneidungen.

Auch die Elementarschule war zumeist im Synagogengebäude untergebracht. Auf kaum eine religiöse Pflicht wurde so streng geachtet wie auf die Schulpflicht der Kinder, freilich nur der Knaben, vom zartesten Alter an. Daher hatte die Feier des ersten Schultags ihren Platz unter den heiligen Bräuchen der jüdischen Festtage:

«Es ist der Brauch unserer Väter, daß man die kleinen Kinder am Wochenfest [zum ersten Mal] zum Lernen bringt, weil an ihm die Tora gegeben wurde. An diesem Tag bei Tagesanbruch bringt man die Knaben, indem man sie mit dem Mantel bedeckt, von ihrem Haus bis zur Synagoge oder bis zum Haus des Rabbiners. [Dort] setzt man sie auf den Schoß des Rabbiners, der mit ihnen zu lernen beginnt. Dann bringt man eine Tafel, auf der die hebräischen Buchstaben von Anfang bis Ende und in umgekehrter Reihenfolge verzeichnet sind. Auch stehen auf ihr [die biblischen Verse] geschrieben: ‹Die Tora hat uns Moses geboten›, ‹die Lehre sei meine Hauptbeschäftigung›, und ‹und Gott rief zu Moses›. Der Rabbiner liest dann jeden Buchstaben des Alphabets, und das Kind spricht es ihm nach, und ebenso ‹die Lehre sei› und ‹und Gott rief›. Dann bestreicht man die Tafel mit etwas Honig und das Kind leckt den Honig von den Buchstaben mit seiner Zunge ab.»[11]

Die relative Isoliertheit des aschkenasischen Judentums von den großen jüdischen Zentren des Orients machte nun einer sichtbaren Aufgeschlossenheit Platz. Bezeichnend für die vermehrten Kontakte war die Weltreise des Petachja aus Regensburg um das Jahr 1175. Von Prag aus reiste Petachja über Polen und die Krim nach Bagdad und Susa und kehrte über Palästina und Griechenland wieder nach Deutschland zurück. Seine Reiseaufzeichnungen vermitteln einen lebendigen Eindruck von der Vielfältigkeit jüdischen Lebens am Ende des 12. Jahrhunderts.

Auch die Lehrtätigkeit wurde bereits im 12. Jahrhundert wieder aufgenommen. Die alten Lehrhäuser erwachten zu erneuter Tätigkeit, und neue Mittelpunkte kamen hinzu. Während das Aufblühen der Jeschiwot in Frankreich mit der Gründung der ersten Universitäten zusammenfiel, gingen sie den Universitäten in Deutschland um einige Generationen voraus. In den rheinischen Hauptgemeinden Speyer, Worms und Mainz (bekannt unter dem hebräischen Akronym SCHUM) blühte das Talmudstudium, und dort versammelten sich mehrmals die Gelehrten und Gemeindevertreter, um über aktuelle Fragen zu beraten und Beschlüsse zu fassen. Andere bedeutende Gemeinden erstanden wieder in Köln, Bonn, Würzburg, Regensburg, Wien und Prag. Die Interpretation des Talmuds nach der Methode der Tossafisten breitete sich gleichzeitig zu Frankreich, möglicherweise schon früher, in Deutschland aus. Nach dieser Methode wurden der

9 *Lehrer und Schüler (spätes 14. Jahrhundert)*

Text sowie die halachischen (religionsgesetzlichen) Aussprüche fast aller Traktate des Talmuds aufs neue durchforscht und verglichen und Widersprüche ausgeglichen. Der Talmud besteht im wesentlichen aus einer unendlichen Reihe von Diskussionen, die auf einer strengen Logik beruhen. Diese «dialektische» Methode wurde also von den Tossafisten in geradliniger Fortsetzung weitergeführt. Abgesehen davon konzentrierte sich die wissenschaftliche Tätigkeit der Gelehrten auf die pragmatische Auslegung und Kodifizierung der Religionsgesetze sowie auf die Abstimmung des Brauchtums mit den talmudischen Rechtsvorschriften, eine Tendenz, die auch später für das aschkenasische Torastudium charakteristisch bleiben sollte.

Die weitgehende berufliche Beschränkung der Juden auf die Zinsleihe ermöglichte eine rege Entfaltung des Torastudiums. Ein oft zitierter Ausspruch des Rabbi Schalom aus Wiener Neustadt bezeugt die Art, wie man in den Kreisen der geistigen Elite über das Zinsleihgeschäft dachte: «Daß die Tora in Aschkenas mehr befolgt wird als in anderen Ländern kommt daher, daß man von den Nichtjuden Zinsen nimmt und keine [andere] Arbeit zu tun braucht, und so haben wir Muße, um die Tora zu studieren.»[12]

Kaum zwei Generationen nach der Katastrophe von 1096, die übrigens zeitlich ungefähr mit dem Ende des babylonischen Gaonats (d. h. der vom siebten bis zum elften Jahrhundert währenden Blütezeit der jüdischen Selbstverwaltung und der Lehrhäuser in Babylonien unter der Leitung der Ge'onim; Gaon = großer Gelehrter) und seiner Beherrschung des Geisteslebens in allen jüdischen Zentren der Welt zusammenfiel, stand die höhere Bildung unter den Juden bereits wieder in voller Blüte. Unter höherer Bildung ist hier jedoch fast ausschließlich die Auslegung und Anwendung des talmudischen Rechts, gefördert durch die Autonomie der jüdischen Rechtsprechung, zu verstehen. Religionsphilosophie und Profanwissenschaften, die im christlich-scholastischen Europa, im Gegensatz zur Kulturwelt des Islam, noch gänzlich in die christliche Lehre eingebunden waren, fanden in das aschkenasische Lehrhaus keinen Eingang, während sie in Spanien einen integralen Teil der jüdischen Kultur bildeten.

Die intensive, mitunter zugespitzt analysierende Beschäftigung mit dem Talmud ersetzte den Lehrern und Schülern das systematisch-wissenschaftliche Forschen auf anderen Gebieten. Für spekulative Theologie hatte man wenig übrig, auch nicht für eine allegorische Exegese der Bibel. Für den naiven Glauben und die ungelehrte Gottesliebe, denen ein hoher religiöser Stellenwert eingeräumt wurde, ist folgender Satz des großen Rabbi Meir von Rothenburg (ca. 1215–1293) bezeichnend: «Und ich frage nicht / Und ich grüble nicht – / Du bist [Gott] / Und keiner außer Dir.»[13] Mit Vorliebe vertiefte man sich in die Legendenwelt der *aggada* (der Frankfurter Rabbi Schimon Hadarschan hatte dafür im 13. Jahrhundert ein eigenes Kompendium, *Jalkut-Schimoni*, geschaffen), von der es nur ein kurzer Weg zur Mystik war.

Die jüdische Mystik kam mit den ersten Siedlern aus Italien nach Deutschland und wurde erstmalig durch die Schüler des Juda ben Samuel, genannt «der Fromme» (ca. 1150–1217), formuliert, unter denen Eleasar ben Juda aus Worms (ca. 1165–1230) der bedeutendste war. Die deutsch-jüdische Mystik war von Ekstase und Theosophie gekennzeichnet und erreichte nie die philosophische Tiefe ihrer spanischen Entsprechung. Die Engellehre spielte in ihr eine wichtige Rolle, ebenso wie die Traumwelt, die selbst auf halachische Entscheidungen einwirkte. Die Neigung zur Mystik war besonders ausgeprägt im Kreis der «deutsch-jüdischen Frommen» (*chassidej aschkenas*), deren Ursprung auf die Zeit vor den Kreuzzügen zurückgeht. Sie waren weder eine Sekte, die etwa eine Spaltung des Judentums verursacht hätte, noch eine klar umrissene Bewegung, sondern eher ein Personenkreis mit stark familiärem Einschlag, dessen Traditionen und Schriften die Volksreligiosität auf Jahrhunderte hin stark beeinflußte. Ihre mystische Literatur ist sehr reichhaltig und zum Teil nur in Handschriften erhalten. Bekannt sind vor allem das Juda dem Frommen zugeschriebene ‹Buch der Frommen› (‹Sefer chassidim›) und das Buch ‹Roke'ach› des Eleasar aus Worms.

Dieser Kreis mit Juda dem Frommen als Mittelpunkt stand in einem gewissen Gegensatz zu dem landläufigen Talmudismus, namentlich in seiner französisch-tossafistischen Prägung, den er andererseits doch selbst praktizierte. Er forderte vor allem zu einem bis zur Askese gesteigerten selbstlosen, ethischen Verhalten auf, das über die Normen des Toragesetzes hinausging und auch die Einstellung zur christlichen Umgebung betraf: Er mahnte zu einer unterschiedslosen Einhaltung moralischer Maßstäbe sowohl gegenüber Christen als auch gegenüber Juden. Dies war um so bemerkenswerter, als die Juden damals in Erinnerung an die an ihnen verübten Greueltaten oft einen tiefen Abscheu gegen das Christentum empfanden, die Vergeltung Gottes in messianischer Zeit erwarteten und manche symbolische Racheakte – wie etwa Ausspucken vor christlichen Heiligenbildern – begingen. Diese Einstellung hinderte sie jedoch nicht an einer partiellen Gemeinsamkeit des Glaubens und des Denkens mit ihren christlichen Nachbarn. So bestehen einige Parallelen zwischen den religiösen Vorstellungen der zur gleichen Zeit entstehenden Mönchsorden, besonders der Franziskaner, und der im ‹Buch der Frommen› überlieferten Tradition der *chassidej aschkenas*. Dies betrifft etwa die besondere Bedeutung von Askese und Martyrium, den Geisterglauben sowie die allgemeine Sozialkritik und den ethischen Kodex. Sowohl die *chassidej aschkenas* wie auch die Bettelorden waren der Überzeugung, neben den allgemeingültigen Religionsgesetzen größere Bürden auf sich nehmen zu müssen.

Die Bejahung einer volkstümlichen, den Normen der gelehrten Kreise nicht immer entsprechenden Frömmigkeit im ‹Buch der Frommen› wird durch folgendes für dieses Buch typische Beispiel bezeugt: «Wenn du in eine Gegend kommst, in der unwissende Menschen wohnen, und es herrscht Friede dort und Sättigkeit und niemand kommt dort zu Schaden, jedoch beschäftigt man sich nicht mit der Lehre, so wisse [das kommt davon] daß kein Gelehrter unter ihnen ist oder sonst jemand, der sie zurechtweisen könnte, denn es gleicht nicht wer aus Unwissenheit sündigt einem, der vorsätzlich sündigt, oder [es liegt daran], daß sie Wohltätigkeit üben oder daß Liebe unter ihnen herrscht.»[14]

Etwa gleichzeitig erstand der deutschen Judenheit mit Rabbi Meir von Rothenburg (ca. 1215–1293) eine weit über die Landesgrenzen hinaus wirkende Autorität auf dem Gebiet des jüdischen Gesetzes. Er war ein Schüler des in Böhmen geborenen Rabbi Isaac ben Moses aus Wien (ca. 1180- ca. 1250), des Verfassers eines der ersten großen halachischen Werke, die in Deutschland geschrieben wurden, des vierbändigen ‹Or saru'a› (‹Das ausgestreute Licht›). Manche Quellen deuten darauf hin, daß Rabbi Meir zum kaiserlichen Reichsrabbiner (Oberrabbiner für das ganze Reich) ernannt wurde. Er hinterließ zahlreiche Schriften, hauptsächlich zur Halacha (über 1000 Responsen und tossafistische Kommentare zu einigen Talmudtraktaten) sowie religiöse Dichtungen. Rabbi Meir übte einen entscheidenden Einfluß auf die Festlegung des aschkenasischen

10 Die Wormser Synagoge (12. Jahrhundert) mit separater Frauenabteilung aus dem 13. Jahrhundert (links)

Brauchtums aus und sorgte für die Erhaltung des Friedens und der Einheit in den jüdischen Gemeinden. Er bekämpfte soziale Ungerechtigkeiten, die in den Gemeinden eingerissen waren, und empfahl, nötigenfalls mit Hilfe der Obrigkeit Disziplinlosigkeiten zu verhindern.

Es war Meir von Rothenburg, der das bereits erwähnte Mehrheitsprinzip in den Gemeinden durchsetzte: Gemeindewahlergebnisse und Gemeindebeschlüsse traten nun aufgrund der einfachen Stimmenmehrheit und ohne besondere Stimmvorrechte der Gelehrten und Ältesten in Kraft. Die Umlegung der Steuer auf die einzelnen Gemeindemitglieder brachte oft Zwist in die Gemeinden, ebenso die Pflicht zur Auslösung von Gefangenen. In diesen und ähnlichen Fragen forderte er energisch die Wahrung der Gemeindesolidarität. Eine große Zahl hervorragender Schüler verbreitete seine Lehre im In- und Ausland, darunter Rabbi Ascher ben Jechiel (um 1250–1327), der nach seiner Flucht aus Deutschland in Spanien eine große Wirksamkeit entfaltete; Rabbi Mordechai ben Hillel (gest. 1298), Verfasser der in Aschkenas meistverbreiteten Kodifikation des Talmuds, sowie Rabbi Meir Hakohen, der erste aschkenasische Gelehrte, der Addenda zum großen Gesetzbuch (‹Mischne tora›) des Maimonides schrieb (‹Hagahot maimunijot›), die die Rechtsurteile des spanischen Gelehrten auf die aschkenasische Praxis bezogen.

Wie Ausgrabungen in Köln und andernorts bezeugen, erreichten in diesem Jahrhundert die Judenviertel in den großen Gemeinden ihre größte mittelalterliche Entwicklung, so daß man mitunter geradezu von einer «Stadt innerhalb der Stadt» sprechen konnte. Die Synagogen wiesen zum Teil einen kirchenähnlichen gotischen Baustil auf, so etwa die 1220 errichtete Regensburger Synagoge. Die meisten Synagogen hatten eine für Aschkenas charakteristische Abteilung für die Frauen. Diese «Frauenschul» war durch eine Wand vollkommen von dem Männersaal abgetrennt, und nur eine kleine runde Öffnung stellte eine Verbindung her. Die meisten Frauen konnten daher die Männer nicht sehen – und auch nicht gesehen werden –, und das in der Synagoge Gesprochene und Gesungene drang nur schwach zu ihnen. Deshalb war vielfach eine «Vorbeterin» da, die am Fenster saß und den Frauen die Gebete vorsprach und vorsang. Unter anderen Baulichkeiten sind das Ritualbad (*mikwe*), das allgemeine Badehaus, das Krankenhaus und das «Tanzhaus» für die Hochzeitsveranstaltungen zu erwähnen. Aus dieser Zeit stammen auch die ältesten erhaltenen illuminierten Handschriften, wie der zweibändige Wormser *machsor* (Feiertagsgebetbuch) aus dem Jahre 1272.

6. Verschlechterung der rechtlichen Lage, Verfolgungen und Vertreibungen

Während das geistige und gemeindliche Leben der Juden erstarkte, verschlechterte sich ihre politische Lage im Laufe der zweiten Hälfte des 13. Jahrhunderts. Dazu trugen die Friedlosigkeit und die Rechtsbrüche der Jahre des Interregnums (1254–1273) ebenso bei wie die Spannungen und Kämpfe in den Städten zwischen dem Patriziat und den Zünften. Hinzu kam eine neue Einstellung der Kirche zum Judentum. In der christlichen antijüdischen Polemik spielte zunehmend die Beurteilung jüdischer Texte eine Rolle. Während der Talmud bisher von christlicher Seite kaum Beachtung gefunden hatte, wurde er nun als Quelle jüdischer Fehlinterpretation der Bibel betrachtet. Vor allem christliche Wanderprediger, wie der Franziskaner Berthold von Regensburg, verdammten den Talmud als ketzerisches Werk und behaupteten, alle Juden seien zu Ketzern geworden.

In Deutschland zu leben sei «lebensgefährlich» geworden, schreibt ein Rabbiner um diese Zeit; jeder Fürst sei König, und niemand könne ihm Vorschriften machen.[15] An vielen Stellen in seinen Responsen nennt Rabbi Meir von Rothenburg die exorbitanten Steuern und Abgaben, die in zunehmendem Ausmaße verlangt und erpreßt wurden, kurzweg «Beraubungen». Als Juden begannen, Deutschland fluchtartig zu verlassen, erließ König Rudolf I. (1273–1291) ein Ausreiseverbot und schränkte damit erstmalig ihre Freizügigkeit ein. Rabbi Meir selbst wurde 1286 bei der

Grenzüberschreitung in Tirol, zusammen mit vielen anderen – anscheinend auf dem Weg ins Heilige Land – in Haft genommen und bis zu seinem Tode gefangengehalten. Unter Rudolf I. verlor der Begriff der Kammerknechtschaft sichtlich seine bisherige Gegenseitigkeit und verengte sich einseitig auf seine fiskalische Bedeutung.

Im Jahre 1298 kam es zu entsetzlichen Massakern, denen einige große und viele kleine Gemeinden zum Opfer fielen, darunter Würzburg, Nürnberg, Bamberg, Rothenburg und Heilbronn. Die politischen, sozialen, wirtschaftlichen und religiösen Wirren dieser Zeit trugen viel zum Ausmaß dieses tragischen Geschehens bei. Die zeitgenössischen Chroniken verbinden das Schicksal der Juden mit der im Volk immer wieder auftauchenden Anschuldigung, sie hätten sich an geweihten Hostien vergangen. Die örtliche Geistlichkeit spielte hierbei eine wichtige Rolle. Jedoch ist dieses Motiv nachweisbar als nachgeschobene Rechtfertigung von Verbrechen verbreitet worden, deren wahre Triebfeder schlechthin Beutegier war oder allenfalls Vernichtung von Schuldscheinen. Für die Christen entstand oft eine neue Einnahmequelle: Die Orte, an denen die angeblich von Juden durchstochene Hostie aufbewahrt wurde, wurden häufig für viele Jahrhunderte Wallfahrtsstätten, die Pilger aus allen Teilen des Reichs anlockten.

Eine solche Beschuldigung wegen Hostienfrevels bildete auch die Grundlage für die Verfolgung des Jahres 1298, die mit dem Namen ihres Anführers Rintfleisch verbunden wird. Ähnliche blutige Ausbrüche wiederholten sich mehrere Male in der ersten Hälfte des 14. Jahrhunderts, so etwa während der großen Hungersnot in Europa, 1315 bis 1317, und besonders in den dreißiger Jahren, als ganze Scharen von Bauern – genannt «Judenschläger» und angeführt von dem sogenannten «König Armleder» – in vielen Gegenden Süddeutschlands und Österreichs (mitsamt der Steiermark) die Juden überfielen. Hier und da versuchten die Städte, ihre jüdischen Einwohner zu schützen, doch sprach man im Ausland davon, Deutschland sei für die Juden ein «Land des Verhängnisses» geworden.[16]

Aus der Kammerknechtschaft entwickelte sich allmählich die folgenschwere Theorie, daß die Juden dem Kaiser mit Leib und Gut gehörten und dieser mit ihnen tun und lassen könnte, was er wollte. So formulierte es Kaiser Ludwig der Bayer (1314–1347), als er 1343 den Burggrafen von Nürnberg von seinen hohen Schulden an die Juden befreite. Ludwig war nicht der erste Kaiser, der den Schuldenerlaß gegenüber den Juden praktizierte und sich von den Schuldnern dafür bezahlen ließ, doch er war es, der diese Maßnahme planmäßig durchführte. Ein Jahr zuvor hatte er erstmalig eine hohe Kopfsteuer, den später sogenannten «güldenen Opferpfennig», von den Juden erhoben. Dieser jährliche Zins, in Höhe von einem Gulden, der von jedem Juden ab dem zwölften Lebensjahr und mit einem Vermögen von mehr als 20 Gulden verlangt wurde, war nicht nur eine bedeutende Einnahmequelle für die Kammer, sondern belegte ständig die

11 *Juden vor Kaiser Heinrich VII. im Jahre 1312*

direkte Abhängigkeit der Juden von der Krone. All diese Verfolgungen und Übergriffe demonstrierten der Bevölkerung, daß es durchaus möglich war, jüdisches Leben und jüdisches Vermögen ungestraft anzutasten.

Nach dem Tode Ludwigs kam es zu bürgerkriegsähnlichen Ereignissen, als einige Anwärter um die Kaiserkrone stritten. Der klügste, geschäftstüchtigste und zielsicherste unter ihnen, Karl von Luxemburg (Karl IV., 1346–1378), setzte sich mittels politischer Absprachen und bedenkenloser Geldversprechungen durch. Ehe ihm dies jedoch gelang, brach in ganz Europa eine entsetzliche Pestepidemie aus, der «Schwarze Tod» genannt. Zwischen einem Viertel und einem Drittel der europäischen Bevölkerung fiel in den Jahren 1348–1350 der Pest zum Opfer. Schon bei früheren Epidemien hatte man die Juden verdächtigt, sie hätten die Brunnen vergiftet, und im Jahre 1267 hatten Konzilien in Breslau und Wien den Christen verboten, bei Juden Lebensmittel zu kaufen, da diese wahrscheinlich vergiftet seien. Die Pest wurde nun den Juden in Deutschland zu einem fürchterlichen Verhängnis. Allerorts wurden sie der Brunnenvergiftung bezichtigt, und allein das Gerücht von dem Auftreten der Pest an einem Ort genügte, um die Verfolgung zu entfesseln. Daß auch die jüdischen Gemeinden von der Pest heimgesucht wurden und diese andererseits auch dort wütete, wo weit und breit kein einziger Jude wohnte, hatte keinerlei Einfluß auf die Verleumdung.

In vielen Städten waren die Massaker, die sich von Frankreich über die Schweiz nach Deutschland, Österreich und Osteuropa zogen, Teil einer

Aufstandsbewegung gegen das Patriziat. Die Geißlerbewegung, deren Anhänger meinten, das göttliche Strafgericht durch Selbstverwundungen und ekstatische Auftritte abwenden zu können, peitschte die Menge auf und hatte damit ihren Teil an den Massakern der Pestzeit. Vielerorts wurden nicht nur Juden der Brunnenvergiftung bezichtigt, sondern auch Geistliche, Kranke, Adelige, Krüppel, Fremde, Bettler – kurzum, jeder, der gerade verhaßt oder gemieden war. Die von der Gesellschaft ausgestoßenen Juden jedoch wurden in besonderem Maße als Verantwortliche für den Schwarzen Tod abgestempelt. Schon im September 1348 legten Juden am Genfer See unter Folter das Geständnis der Brunnenvergiftung ab. Den gefolterten Juden wurde in den Mund gelegt, daß das Ziel ihrer Verschwörung die Weltherrschaft sei. Sie hätten lange genug als Knechte gelitten und wollten nun einmal die Herren sein.

Inzwischen bedurfte der vorerst als «Gegenkönig» zu Ludwig dem Bayern aufgestellte Karl IV. großer Geldmengen für die Durchsetzung seiner Wahl zum König (Juli 1346) und für seine Krönung (November 1346). Die Juden sollten ihm hierzu als Mittel dienen. Er verdinglichte die Juden, betrachtete sie als Ware und veräußerte seinen Anspruch auf ihre Besteuerung. Während er in seinen eigenen Erblanden, so in Luxemburg und Böhmen, energisch und relativ erfolgreich für das Wohl der Juden sorgte, traf er mit zahlreichen Städten Deutschlands gegen hohes Entgelt Vereinbarungen dahingehend, daß er, für den Fall, daß Juden getötet würden, im voraus Straflosigkeit zusicherte.

In einigen großen Städten machten die Bürger ernsthafte Anstrengungen, die Juden zu retten. Dies gelang in Regensburg, wo Bürgermeister,

12 Darstellung der Judenverbrennung zur Zeit des Schwarzen Todes in einer zeitgenössischen Quelle

Rat und 254 prominente Bürger sich 1349 zur Verteidigung der Juden vereinigten. Andernorts, wie etwa in Frankfurt am Main, trafen die Städter zwar anfänglich Abwehrmaßnahmen, für deren Finanzierung die Juden aufkamen, und kämpften gegen die Geißler. Doch beteiligten sie sich wenig später an der Ermordung der Juden sowie an der nachfolgenden Plünderung der Judenhäuser. An vielen Orten setzten sich die Juden zur Wehr, denn im Gegensatz zu den Vorgängen während des ersten Kreuzzugs ließ man diesmal den Juden nur selten die Wahl der Taufe. Selbst getaufte Juden wurden verfolgt. So berichtete eine zeitgenössische Chronik: «Das bare Geld, das sie hatten ... das war auch das Gift, das die Juden tötete.»[17] Wenn die Verteidigung sich als aussichtslos erwies, steckten die Juden oftmals ihre Häuser an und verbrannten sich selbst in ihrer Synagoge.

Mindestens dreihundert Gemeinden wurden in dieser Zeit vernichtet, und die betroffenen Städte gelobten für alle Zukunft, keine Juden mehr zuzulassen. Jedoch verging nicht viel Zeit, bis die Städte nacheinander, trotz ihrer anderslautenden Beschlüsse, Juden wieder aufnahmen. Der Hauptgrund für diese Eile war die Dringlichkeit einer erneuten finanziellen Ausbeutung der Juden; denn die Städte waren durch den Kauf des zurückgebliebenen Besitzes vertriebener oder ermordeter Juden vom Kaiser und von den Fürsten in große Schulden geraten, und diese waren nach wie vor auf die Judensteuer angewiesen. Überdies bedurften die Städte dringend des Kapitals der Juden zum Wiederaufbau ihrer Wirtschaft. Die Überlebenden der jüdischen Gemeinden, zu einem beträchtlichen Teil Witwen und Waisen, kehrten, soweit sie nicht auswandern konnten, in die Städte zurück.

Mit der Wiederaufnahme der Juden begann ein neuer Abschnitt in ihrer politischen Geschichte in Deutschland, denn sie wurden meistens nur einzeln aufgenommen, und nur auf Widerruf. Die Aufenthaltserlaubnis wurde auf eine bestimmte Frist begrenzt. So setzte eine Binnenwanderung ein, in deren Verlauf sich der Schwerpunkt der jüdischen Siedlung vom Westen nach dem Zentrum und nach Osten Mitteleuropas verlagerte, wo die Neuankömmlinge bessere Bedingungen erwarteten. Nur in wenigen Orten, an denen vor der Pestzeit Juden wohnten, ist ihre kontinuierliche, gemeindlich organisierte Anwesenheit über die Verfolgungszeit hinaus nachgewiesen. Über die Hälfte der Siedlungsorte war im Spätmittelalter nur sporadisch oder gar nur vorübergehend von ein bis zwei jüdischen Familien bewohnt, und nur 24 Siedlungen zählten zwanzig Familien und mehr. Den Zurückgekehrten wurden bestimmte Wohnsitze angewiesen, mitunter in entlegeneren und schlechteren Wohngegenden als zuvor. Bisher hatten sie einen wichtigen Teil der Bürgerrechte, von den politischen abgesehen, genossen: Sie hatten dauerndes Aufenthaltsrecht, sie konnten Grundbesitz erwerben, und sie wohnten ohne Abgrenzung unter den übrigen Bürgern. Doch nun sank ihr gesellschaftlicher und bürgerlicher Status zu dem einer kaum geduldeten und nahezu entrechteten Randgruppe ab.

Die Städte trieben nach der Wiederaufnahme eine durchaus selbständige Judenpolitik – ein sicheres Zeichen für die Stärkung ihrer politischen Position innerhalb des Reichs. Die Beziehung des Kaisers zu den Juden änderte sich jedoch nicht grundlegend, und sie blieben formell seine Kammerknechte. Obgleich seine Macht über die Juden aufgrund des Einflusses der Städte nunmehr gemindert war, verlangte er die Hälfte der von ihnen an die Städte zu zahlenden Steuern. In den Jahren 1385 und 1390 erließ König Wenzel (1378–1400) gegen hohe Summen all jenen, die von Juden Geld geliehen hatten, ihre Schulden und brachte damit zum Ausdruck, daß er immer noch oberster «Schutzherr» der Juden sei. Allerdings verursachte dieses Vorgehen im Kreditwesen ein solches Chaos, daß Wenzel und sein Nachfolger Ruprecht (1400–1410) versprechen mußten, keine Schuldentilgung mehr vorzunehmen – und auch dafür ließen sie sich bezahlen. Außerdem verlangten Wenzel und seine Nachfolger besondere Abgaben bei außerordentlichen Anlässen, wie etwa bei Krönungen, dem Hussitenkrieg und den Konzilien zu Konstanz und Basel.

Während des gesamten Spätmittelalters bildeten die Judensteuern den größten Teil der Einkünfte der kaiserlichen Kammer. So unentbehrlich waren sie, daß, als Anfang des 15. Jahrhunderts die Dortmunder Juden sich weigerten, den Goldenen Opferpfennig zu entrichten, die Stadt in die Reichsacht getan und erst, nachdem die Juden gezahlt hatten, aus der Acht entlassen wurde.

Die Steuerforderungen wurden immer unerträglicher. Zu den gewöhnlichen Steuern kamen Sondersteuern hinzu, und gleichzeitig wurde das Zinsleihgeschäft immer schwieriger. Die stets drohende Gefahr der Schuldentilgungen erhöhte das Risiko beim Geldverleih und daher den Zinssatz, und das steigerte wiederum den Judenhaß in der Bevölkerung – eine Verkettung, aus der es kein Entrinnen gab. Die Geldhändler unter den Städtern mehrten sich und verdrängten die Juden, die sich mit kleinen Pfandleihen an Bürger, Handwerker und Bauern begnügen mußten. Dies wiederum verschärfte die Judenfeindschaft unter den Bürgern, zum Teil auch, weil der Pfänderverkauf der Juden mit dem Kleinhandel konkurrierte. Doch war der Judenhaß vor allem eine Folge der unaufhörlichen antijüdischen Agitation, die von der Kirche und ihren Wanderpredigern ausging.

Hierbei spielte der Kampf gegen die Hussiten (1419–1436), der in Böhmen in blutigen Kriegszügen ausgetragen wurde, aber auch weite Landstrecken in Deutschland in Mitleidenschaft zog, eine wichtige Rolle. Obwohl auch die Juden vielerorts unter diesem Kampf zu leiden hatten, bezichtigte man sie der Mitschuld an der Ausbreitung der hussitischen Ketzerei, und seit den Konzilien zu Konstanz (1414–1418) und Basel (1431–1449) verschärfte sich die Haltung der Kirche zu den Juden. Deren angebliche Verbindung zu den Hussiten war ein Anlaß zu der grausamen Judenverfolgung in Wien 1420/1421 (Wiener *gesera*), bei der auch die

13 «Judensau» an der Stadtkirche zu Wittenberg (14.–15. Jahrhundert)

Bezichtigung der Hostienschändung mitspielte. Damals nannte man in jüdischen Kreisen Wien die «Blutstadt» und Österreich das «Blutland». Ein weiterer Ausdruck der in diesem Jahrhundert um sich greifenden und von der Kirche genährten Judenfeindschaft war die zunehmende Zurschaustellung abscheuerregender Judenbilder an Kirchenbauten, wie der «Judensau» an der Stadtkirche in Wittenberg im 14.–15. Jahrhundert (in anderen Städten bereits im 13. Jahrhundert) sowie in regelmäßig auf offenen Plätzen oder in weiten Kathedralen vor riesigen Zuschauermengen aufgeführten geistlichen und weltlichen Schauspielen. Besonderer Beliebtheit erfreuten sich vielerorts Passionsspiele, die die Juden als grausame Folterer Jesu und als im Bund mit dem Satan stehende Gottesmörder darstellten. Diese, auch vor den brutalsten Szenen nicht zurückschreckenden Schauspiele hatten ihren festen Platz im Leben der mittelalterlichen Stadt. Sie erstreckten sich oft über mehrere Tage und zogen die betreffenden Städte völlig in ihren Bann.

Das Baseler Konzil beschloß 1434, man solle die Juden zwingen, Missionspredigten anzuhören. Als der Papst den Franziskanermönch Johannes von Capistrano entsandte, damit er gegen die Hussiten aufträte, hetzte der fanatische Wanderprediger in Bayern, Schlesien und Mähren so erfolgreich gegen die Juden, daß Hunderte von ihnen getötet und vertrieben wurden (Breslau 1453). Diese «Judengeißel» wurde von der Kirche heiliggesprochen. Im Denken und Wirken des Kardinals Nikolaus von Kues (1401–1464) wurde die Dynamik des Judenhasses auch in der höheren Geistlichkeit sichtbar. Nikolaus, den Ernst Cassirer mit dem Titel «erster moderner Denker» beehrte, schrieb in seinem Buch ‹De pace fidei›, er glaube an einen Frieden aller Religionen in der Welt, da jede von ihnen einen Teil der göttlichen Wahrheit widerspiegele. Lediglich das Judentum schloß er ausdrücklich hiervon aus. Schon vorher hatte Nikolaus auf der Bamberger Synode 1451 einen Beschluß durchgesetzt, in dem die strenge Einhaltung der Bestimmungen des 4. Laterankonzils und eines Verbots jüdischer Zinsgeschäfte verlangt wurden. Zwar wurde dieses sogenannte Judendekret, soweit es das Wirtschaftsleben betraf, auf Druck des Kaisers von Papst Nikolaus V. wieder aufgehoben, doch verfehlte es nicht seine Wirkung auf das Volk.

Dieser Kaiser, Friedrich III. von Habsburg (1440–1493), war auch anderweitig auf den Judenschutz bedacht (Spötter nannten ihn *rex judaeorum*), doch gab er amtlich der Kammerknechtschaft eine radikale Definition, die die zeitgenössische Stellung zu den Juden treffend charakterisierte: Jeder römische Kaiser «ist berechtigt, kraft alten Brauchs entweder die Juden zu verbrennen oder sie gegen ein Drittel ihres Vermögens zu begnadigen».[18] Damals mehrte sich wiederum die Ritualmordpropaganda. Aufgehetzt von den Predigten des Franziskaners Bernardino da Feltre, beschuldigte man im Jahre 1475 in Trient die aus dem deutschsprachigen Mitteleuropa eingewanderten Juden des Mordes an einem christlichen Knaben, Simon von Trient, dessen Leiche neben dem Hause des Gemeindeältesten aufgefunden worden war. Fünfzehn Juden wurden hingerichtet, die anderen wurden vertrieben. Ein Jahr darauf gestand ein Christ, daß er das Kind getötet habe. Die örtlichen Kleriker veranstalteten dennoch einen Propagandafeldzug, in dessen Verlauf Chroniken und Bilder von dem angeblichen Ritualmord an Simon von Trient in ganz Deutschland verbreitet wurden. Der Papst sprach schließlich das Kind selig, und die mit der Ritualmordlegende verbundene alljährliche religiöse Zeremonie in Trient wurde erst 1965 abgeschafft. Da einer der angeklagten Juden unter der Folter in seinem «Geständnis» einige Regensburger Juden als Mitschuldige angegeben hatte, ließ der Bischof von Regensburg diese verhaften und foltern. Kurz vorher wurde unter dem Eindruck der Hetzpredigten des Dominikaners Peter Schwarz (Nigri) das gesamte Vermögen der jüdischen Einwohner Regensburgs beschlagnahmt. Nur durch das energische Eingreifen des Kaisers konnte eine weitere Tragödie verhütet werden. Doch verlangte er von der jüdischen Gemeinde für seinen Schutz 10000 Gulden und von der Stadt eine Buße von 8000

14 Jude in Deutschland vor seinen ausgeraubten Schatztruhen (ca. 1450)

Gulden, mit der Erlaubnis, diese ebenfalls von den Juden zu kassieren. Erst 1480, als es der verarmten Gemeinde gelungen war, diese Summen abzuzahlen, wurden die eingekerkerten Juden freigelassen.

So lebten die Juden im 15. Jahrhundert in dauernder Unsicherheit, und die Notwendigkeit einer plötzlichen Flucht stand ihnen ständig vor Augen. Eine der größten rabbinischen Autoritäten der Zeit, Rabbi Jakob ben Moses Halewi Mölln, erlaubte daher, wenn Gefahr drohte, das sonst verbotene Tragen von Geldmünzen am Sabbat,[19] und sein Amtsbruder, Rabbi Israel Isserlein, schrieb: «Wir sind heutzutage unstetig und ständig auf Wegen, und haben kaum feste Wohnplätze.»[20]

Die schwere Last der Besteuerung veranlaßte viele Juden, aus Deutschland zu fliehen. Sie wanderten zunächst überwiegend nach Oberitalien, im Laufe des 15. Jahrhunderts wuchs dann der Strom der Auswanderer nach Litauen und Polen, später auch nach dem Osmanischen Reich. Doch die wichtigste Veränderung innerhalb des deutschen Judentums wurde durch die Binnenwanderung hervorgerufen. Der kleine Mittelstand und die Zünfte waren zu einer politischen Macht in den Städten geworden und stießen sich wirtschaftlich scharf an den Juden. Immer stärker wurde daher der Drang in den Städten, die Juden zu vertreiben, doch mußten darüber mit dem Kaiser und den Territorialherren langwierige Verhandlungen geführt werden. Zu ihrer Rechtfertigung brachten die Städte die verschiedensten Argumente vor, sowohl religiöse als auch wirtschaftliche, gesellschaftliche, politische

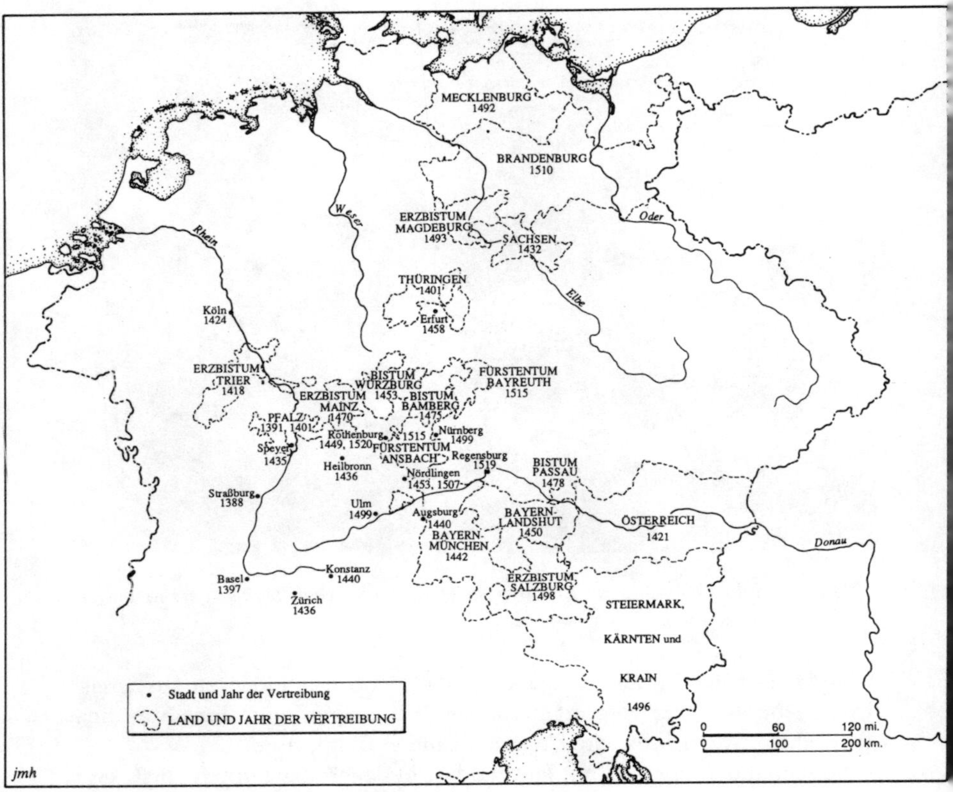

Karte 2 Vertreibungen der Juden aus Städten und Ländern des Reichs

und polizeiliche. Schließlich wiesen im Laufe des 15. Jahrhunderts fast alle größeren Städte und viele der größten Territorien ihre Juden aus. Die Austreibungen wurden nicht überall radikal durchgeführt. Eine einheitliche, das ganze Reich erfassende Aktion gegen die Juden, so wie sie in England, Frankreich und Spanien unternommen worden war, war in Deutschland wegen seiner territorialen Zersplitterung unmöglich. Ein einheitliches Judenschutzrecht für das gesamte Reich gab es nicht, jedes Territorium hatte seine Besonderheiten. Die vertriebenen Juden nahmen oft in kleinen reichsgräflichen oder reichsritterlichen Territorien in Vorstädten und im nächsten Dorf ihre Zuflucht und erhielten auch beschränkte Aufenthaltsgenehmigungen in unweit gelegenen Städten. Das ermöglichte es ihnen, sich mit dem Zwischenhandel zwischen Stadt und Land zu beschäftigen. So wurde fast überall das Judenregal der Städte gegenstandslos, und die Juden kehrten unter die Rechtshoheit der Landesherren zurück.

Die einzigen städtischen Judengemeinden, die nicht vertrieben wurden, waren die in Frankfurt am Main, Worms und Friedberg. Dort und anderswo zwang man die Juden in ein mehr oder weniger abgeschlossenes Viertel, in das an ungünstiger Stelle oder am Rande der Stadt errichtete Ghetto. Als erste wurden die Frankfurter Juden im Jahre 1462 in ein abgeschlossenes Viertel verwiesen, und die Stadt verlieh ihnen einen kollektiven «Schutz», die sogenannte «Judenstättigkeit». Entscheidender noch als die Entwicklung in den Städten war die Verdrängung der Juden auf das Land und ihre Zerstreuung in Hunderten von Dörfern, in denen meistens nur ganz wenige Juden zusammenlebten. Ohne den Schutz der Stadt, jedoch auch frei von Angst vor Ausschreitungen städtischer Volksmengen, waren sie auf die Gunst vieler großer und kleiner Herren angewiesen. Das Landjudentum sollte von nun an für Jahrhunderte den

15 Illustration aus einem Gebetbuch: Auszug aus Ägypten. Im Hintergrund eine mittelalterliche deutsche Stadt. Möglicherweise Anspielung auf eine Judenvertreibung.

Kern des deutschen Judentums bilden und seinen Charakter bestimmen. Ohne ständige Berührung mit der geistigen und sozialen Dynamik der Stadt hielt es über viele Generationen an seinen Traditionen und seinem besonderen Gepräge fest.

7. Innerjüdisches Leben im späten Mittelalter

Die Verarmung der Juden machte sich auch im Innern der Gemeinden bemerkbar. Die uns erhaltenen Nachrichten über das jüdische Geistesleben im 14. Jahrhundert sind, wohl wegen der furchtbaren Brände und Zerstörungen während der Pestjahre, die viele Handschriften und Dokumente vernichteten, spärlicher als in den unmittelbar vorangehenden und nachfolgenden Jahrhunderten. Zweifellos war das Torastudium angesichts der unaufhörlichen Verfolgungen in einem Niedergang begriffen, der ebenso wie das Geistesleben im christlichen Europa durch den Schwarzen Tod noch verschlimmert wurde. Dennoch kennt die Geschichtsschreibung der rabbinischen Literatur selbst aus dieser Zeit hervorragende Persönlichkeiten, darunter Rabbi Moses aus Zürich, den Verfasser des umfangreichen sogenannten ‹Zürcher Semak› (Glossen zu der Gesetzessammlung ‹Semak› des Rabbi Isaak aus Corbeil), und Rabbi Alexander Süßlin Hakohen (Erfurt und Frankfurt am Main), Verfasser der Glossen ‹Aguda› zu verschiedenen Traktaten des Talmuds. Sie verzeichnet auch eine Reihe von jüdischen Gelehrten aus Deutschland, die in der zweiten Hälfte des Jahrhunderts einige Jahre lernend und lehrend im Heiligen Land verbrachten und zum Teil dort blieben. Vom ausgehenden 14. Jahrhundert an lebten die talmudischen Hochschulen in Deutschland, Österreich und Böhmen wieder auf. Eine stattliche Anzahl von Gelehrten lebte in den Gemeinden, darunter große Persönlichkeiten wie Rabbi Jakob ben Moses Halewi Mölln (Maharil genannt, 1360–1427) in Mainz, Rabbi Jakob ben Juda Weil (gest. vor 1456) in Augsburg und Erfurt sowie Rabbi Israel Isserlein (ca. 1390- ca. 1460) in Maribor (Marburg, Steiermark) und Wiener Neustadt. Diese und einige andere Rabbiner taten sich durch ihre Responsensammlungen hervor.

Die Aufzeichnung aschkenasischer Bräuche findet in einer Zeit statt, in der auch in der christlichen Stadt die Kodifizierung des Alltagslebens und des Brauchtums weit verbreitet ist. Die *minhagim*-Literatur, die der jüdischen religiösen Kultur im Deutschland des 15. Jahrhunderts ihr geistiges Gepräge gab, trug wesentlich zur Stabilisierung der aschkenasischen Tradition sowie auch später zur allgemeinen Kodifizierung der Halacha im 16. Jahrhundert bei. Hier ist die Bedeutung des bereits erwähnten Maharil hervorzuheben. Er maß dem Brauchtum einen hohen Stellenwert im Alltagsleben, in der Gemeinde und im Ritualgesetz bei und galt als derjenige, der den aschkenasischen Synagogengesang festlegte und ihm Dauer verlieh. Maharil, ein führender Rabbiner seiner Gemeinde, der dieser niemals die Anforderungen zumutete, die er sich selber auferlegte, war ein väterlich sorgender Meister der vielen Schüler seiner Jeschiwa (Tugenden, die auch den jüngeren Rabbi Israel Isserlein auszeichneten). Seine volkstümliche Gestalt blieb den nachfolgenden Generationen unvergeßlich.

Am Rande dieser Hauptströmung des Geisteslebens, die sich trotz mancher neuen Züge nicht wesentlich von den bisher für das aschkenasische Judentum typischen Traditionen unterschied, erschien erstmals eine philosophische Richtung, die sich neben dem Talmudstudium mit den Grundfragen der Religion und des Glaubens beschäftigte. Ihr wichtigster Vertreter war Rabbi Jomtow Lipmann-Mühlhausen (Thüringen, später Prag, gestorben 1421). Sein Hauptwerk ‹Nizzachon› (‹Disputation› oder auch ‹Triumph›), in dem er sich mit den Herausforderungen des Christentums und der Philosophie auseinandersetzte, sollte später eine Reihe von christlichen Humanisten und Hebraisten beschäftigen. Außerdem machte sich eine kabbalistische Richtung bemerkbar, unter deren Werken diejenigen des Rabbi Seligmann Bing aus Bingen und Oppenheim herausragten. So bahnte sich im 15. Jahrhundert eine gewisse geistige Aufgeschlossenheit an, die später Früchte tragen sollte.

Zu dieser Zeit gewann auch die westjiddische («jüdisch-deutsche») Umgangssprache eine Bedeutung, die sie ehedem nie gehabt hatte. Das hatte sicher etwas zu tun mit dem Verfall der Kenntnisse des Hebräischen und des hebräischen Schrifttums. Halachische Vorschriften, etwa die zum rituellen Schlachten, erschienen in Westjiddisch, und Gerichtsverhandlungen wurden zunehmend in dieser Sprache geführt und protokolliert. Zur selben Zeit wuchs eine westjiddische Literatur heran, die Bücher der Bibel, wie etwa das Estherbuch, und fromme Erzählungen paraphrasierte. Auch Teile der Liturgie erschienen nun in westjiddischer Übersetzung, während Lieder in Westjiddisch entstanden und bei Festlichkeiten nach volkstümlich-deutschen Melodien vorgetragen wurden. Viel mehr als früher kamen auch westjiddische Vornamen, wie Meisterlein, Seligmann und Süßlein in Gebrauch.

Im Gemeindeleben zeigten sich ebenfalls erhebliche Veränderungen. Schon früher hatten Gemeinden sich einen Rabbiner gewählt, der für alle religiösen Belange zuständig sein sollte, doch diese Tendenz zum Berufsrabbinat wurde nun sichtbar stärker. Sie wurde durch eine neuartige Gepflogenheit der Talmudschulleiter gefördert, ihren fortgeschrittenen Schülern eine förmliche, beglaubigte Ordination zu erteilen. Es mag sein, daß die Vernichtung fast einer ganzen Generation von Gelehrten die Schaffung eines beamteten Rabbinats zu einer Notwendigkeit gemacht hatte, doch spielten auch andere Ursachen mit. Die Verarmung unter der jüdischen Bevölkerung ließ es nicht mehr zu, daß in anderen Berufen Tätige nebenher auch noch ehrenamtlich die rabbinischen Funktionen ausübten. Die jungen Gelehrten waren darauf angewiesen, sich von dem

Rabbineramt zu ernähren, sei es durch den Bezug eines festen Gehalts, sei es durch Vergütungen für religiöse Dienstleistungen. Diese Entwicklung war einer Hebung des Rabbinerstandes nicht förderlich. Die Institutionalisierung des Rabbinats führte dazu, daß die persönliche Befähigung des Rabbiners weniger als bisher ins Gewicht fiel. «Die Ordinierten sind viele, doch die Wissenden sind wenige», klagte Israel Isserlein.[21]

Wesentlich für die Herausbildung des Berufsrabbinats war auch die seit Ende des 14. Jahrhunderts zunehmende Neigung der Territorialherren, sich in das Rabbinerwesen und überhaupt in die Selbstverwaltung der Gemeinden einzuschalten. Immer stärker wurde die Tendenz zur Einengung der gemeindlichen Autonomie. Rabbiner, Gemeindeälteste sowie nichtjüdische «Judenrichter» wurden immer häufiger von den Behörden ernannt. Dieses Vorgehen war – sieht man von dem allgemeinen Zug zur Entrechtung der Juden und dem wachsenden Streben der Landesherren nach Macht ab – vor allem durch den Wunsch motiviert, die Juden rücksichtsloser als zuvor finanziell auszubeuten. Nur die Rabbiner besaßen die Banngewalt, durch deren Instrumentalisierung die Herrscher Steuer- und Geldstrafzahlungen erzwingen konnten. Dies war wiederum eine der Ursachen dafür, daß im 15. Jahrhundert öfter als zuvor Klage über Rabbiner geführt wurde, die den Bann über Gemeindemitglieder aussprachen und ihnen Geldstrafen auferlegten.

Diese Erscheinung war eng verbunden mit vielfältigen sozialen Krisen in den Gemeinden. Ähnlich wie in der christlichen Gesellschaft traten neue Laienkreise auf, die die kommunale Führung an sich zu bringen suchten. Schon früher hatte es Laienvorsteher (*parnassim*) gegeben, die, obzwar sie keine Rabbiner waren, gelegentlich den Titel «Judenbischof» führten. Nun aber kam vielerorts eine Schicht von Laienvorständen in den Gemeinden auf, die aufgrund der Zeitumstände wenig Tora gelernt hatte. Es bildeten sich Laiengerichte, vor denen Zivilsachen verhandelt wurden. Da der Abstand zwischen Rabbinern und Laien immer größer wurde, entstanden mitunter Spannungen, die sich mit Getöse entluden und vor Verleumdungen und Handgreiflichkeiten nicht haltmachten.

Auch unter den Rabbinern selbst gab es Kompetenzstreitigkeiten und Rivalitäten, die ihr Ansehen schwächten und mitunter dazu führten, daß Studenten in den Jeschiwot sich ihren Meistern widersetzten. Hinzu kamen Kontroversen über neuartige und sehr zugespitzte Methoden der talmudischen Textexegese (*pilpul, chilluk*), die man zum Teil nach den Gemeinden benannte, in deren Talmudschulen sie gepflegt wurden («Regensburger», «Nürnberger» etc.)

Zu der geistigen Polarisierung von Gelehrten und Laien gesellte sich eine in der bisher mehr oder weniger homogenen aschkenasischen Gesellschaft unbekannte sozioökonomische Polarisierung von reich und arm hinzu. Gegenüber einer Mehrheit von Gemeindemitgliedern, die ihren Lebensunterhalt immer schwerer erwarb, bereicherte sich eine dünne

16 Gelehrte Diskussion unter deutschen Juden um 1460

Schicht von Großverdienern, die gute Verbindungen zu Behörden und einflußreichen Bürgern hatte und diese zu ihrem Vorteil, oft auch zum Nachteil der Gemeinde, ausnutzte. Außerdem zeigte sich an der zunehmenden Zahl der Ehescheidungen eine gewisse Lockerung der Familienbande. Versuche, wie der des Rabbi Seligmann Bing, die Disziplin in den Gemeinden durch einheitliche und autoritative Auslegung der alten *takkanot* wiederherzustellen und damit die Religionspraxis überhaupt zu festigen, scheiterten an dem Widerstand von Rabbinern und Gemeindevorstehern. Rabbi Moses Minz, ein Schüler Isserleins, nannte seine Zeitgenossen «ein Geschlecht, das seine Richter richtet», doch auch er selbst lehnte den Plan Rabbi Seligmanns ab.[22]

Im jüdischen Alltagsleben gab es aber auch weiterhin, trotz der Gefahren und Bedrückungen von außen und der inneren Disharmonie, viele Anzeichen von Lebensbejahung und Interesse an weltlichen Angelegenheiten. Die *minhagim* des Maharil spiegeln Freude an Genuß und Prunk, wie etwa bei Hochzeiten, wider. Musik war ein selbstverständlicher

Bestandteil von Hochzeitsfeiern und anderen Festlichkeiten. Juden tauschten untereinander ihre Meinungen über Neuigkeiten und «Politik» aus aller Welt aus. Oftmals kam es bei Vergnügungen auch zu Kontakten zwischen Christen und Juden. In den zeitgenössischen Responsen finden sich etwa Hinweise auf Juden, die sich unter den Zuschauern von Pferderennen befanden, was bedeutet, daß es selbst in einem Zeitalter gespannter Beziehungen zu keiner vollkommenen Trennung kam.[23]

8. Humanismus und Reformation

Der Anbruch einer neuen Zeit, in der sich so viele bewußt und entschlossen vom Mittelalter abkehrten, bedeutete vorerst keine wesentliche Änderung in der Einstellung zu den Juden. Für die Humanisten galt das Wort des Erasmus von Rotterdam: «Wenn es christlich ist, die Juden zu hassen, sind wir dann nicht alle Christen im Übermaß?»[24] Und darin ging er seinen Kollegen voraus. Der Fürstbischof von Trient, der den Justizmord an den Juden seiner Stadt mitinszenierte, hatte eine hervorragende humanistische Bildung genossen und war mit vielen führenden Humanisten befreundet. Der berühmte Humanist Willibald Pirckheimer war als Mitglied des Magistrats von Nürnberg mitverantwortlich für die Austreibung der Juden aus seiner Stadt. Und im Jahre 1497 berichtete ein Reisender aus Frankreich, daß in Deutschland die gesetztesten Männer in Aufregung gerieten, wenn die Rede auf die Juden und ihren Wucher komme. Merkwürdigerweise erforschten dieselben Humanisten das hohe Alter und die Sagen um die Judensiedlungen in Deutschland und Österreich. Unter Erasmus' Losung *ad fontes* («zu den Quellen») und im Zuge des neuerweckten Interesses für die Sprachen des Altertums wandten sie sich auch den kulturellen Überlieferungen des Judentums zu. So hatte das Baseler Konzil 1434 die Einführung des hebräischen Sprachunterrichts an den Universitäten beschlossen. Doch geschah dies weniger aus Interesse für die Juden, als vielmehr zum Zweck der Polemik gegen das Judentum.

Nur ganz wenige christliche Hebraisten sprachen sich für eine humanere Behandlung der Juden aus, und unter diesen ragte Johannes Reuchlin (1455–1522) hervor. Zwar war auch er kein Judenfreund, doch wurde er als Jurist und aus Liebe zu Recht und Gerechtigkeit in gewisser Beziehung ein Fürsprecher der Juden. In seinen Schriften tadelte er in althergebrachter Weise die mit Blindheit geschlagenen Juden, jedoch gedachte er mit ehrenden Worten seines Hebräischlehrers Jakob Jechiel Loans aus Mantua, des Hofarztes Friedrichs III. und des ersten Juden, der von einem Kaiser des Reichs zum Ritter geschlagen worden war. In Rom studierte Reuchlin Hebräisch bei dem bedeutenden Bibelexegeten Obadja Sforno. Pico della Mirandola unterrichtete ihn in der Kabbala und übertrug auf ihn die Überzeugung, daß diese den Beweis für die Göttlichkeit der christlichen

הגדה הפסח

Ritus et celebratio phase iu deoꝝ/cum orationibus eoꝝ/ ꝛ benedictionibus mense ad litterã interp̃tatis/cum omĩ obseruatione vti soliti sũt suũ pasca extra terrã ꝓmissionis sine esu agni pascalis celebrare Per egregiũ doctorem. Thomã murner ex hebreo in latinũ traducta eloquium

17 *Der Sederabend des Pessachfestes in einer lateinischen Haggada aus dem Jahre 1512*

Lehre liefere. Sein Hebraismus hatte tiefreligiöse Wurzeln, glaubte er doch in den Klängen des Hebräischen die Stimme Gottes zu vernehmen.[25] Die Vertreibung der Juden aus Spanien und ihre Verfolgung in Deutschland bedauerte er vor allem aus Sorge um die Erhaltung der hebräischen Sprache und der Bibelforschung.

Reuchlin vertrat seine Meinung öffentlich in seiner Verurteilung der Beschlagnahmung aller hebräischen Bücher der jüdischen Gemeinden in Frankfurt am Main, Worms und einigen anderen Städten. Diese Aktion war durch den konvertierten Juden Johannes Pfefferkorn (1469–1522/23) initiiert worden, der seinem Haß gegen seine früheren Glaubensbrüder dadurch Luft machte, daß er mit Hilfe seiner dominikanischen Ordensbrüder in Köln in den Jahren 1507 bis 1509 Kampfschriften veröffentlichte. Darin wandte er sich hauptsächlich gegen die Bücher der Rabbiner und behauptete, daß die Juden sich bekehren würden, wenn man ihnen ihre Bücher wegnähme. Als direkte Folge ließ Kaiser Maximilian I. (1493–1519) alle Bücher der Juden beschlagnahmen, wogegen der Kurfürst von Mainz protestierte. Mit Zustimmung des Kaisers holte er Gutachten einiger Universitäten und Gelehrten ein, darunter auch das Reuchlins. Dieser war der einzige, der das Vorgehen Pfefferkorns verurteilte. Er trat ein für den Anspruch der Juden auf jene Bürgerrechte, die den Schutz des Eigentums, die körperliche Unversehrtheit und die freie Religionsausübung betrafen. Daher protestierte er gegen die willkürliche Beschlagnahmung ihrer Bücher und empfahl, nur solche Bücher zu verbrennen, die nachweisbar Blasphemien enthielten.

Dagegen wandten sich nun die Dominikaner, und beide Seiten äußerten ihre Meinung in einer Reihe von Flugblättern. Reuchlin wurde als Judenfreund bezichtigt und der Ketzerei verdächtigt. 1513–1514 kam es zu Prozessen gegen ihn in Mainz und Rom, die Sache zog sich hin, bis Papst Leo X. schließlich im Jahre 1520 Reuchlins Kampfschrift gegen Pfefferkorn zusammen mit Luthers Schriften verdammte. Die Reuchlin-Affäre war kein Konflikt zwischen Humanisten und Scholastikern, wie Ulrich von Hutten in seinen Dunkelmännerbriefen vorgab, denn zu Reuchlins Feinden zählten auch Humanisten. Selbst Erasmus war der Meinung, daß es besser sei, das Alte Testament zu vernichten, als daß um der Bücher der Juden willen der Friede der Welt gebrochen werde. Die Gefahr, in die Reuchlin sich begab, macht verständlich, daß andere hervorragende Hebraisten, wie etwa sein Schüler Sebastian Münster (1489–1552), sich vom Verdacht des Judaisierens durch demonstrativen Judenhaß reinigen wollten. Ein weiterer Schüler Reuchlins, der Nürnberger Reformator Andreas Osiander (1498–1552), war einer der ganz wenigen Gelehrten, die die Juden gegen unberechtigte Anklagen verteidigten. Er veröffentlichte nach 1529 eine, freilich anonyme, Widerlegung der Ritualmordbeschuldigung.

Trotz dieser vereinzelten Verteidigungsschriften war die antijüdische Stimmung so heftig wie kaum je zuvor. Die Druckkunst ermöglichte eine weite Verbreitung von Hetzschriften und Flugblättern. Zwischen 1492 und 1519 wurden die Juden aus Mecklenburg, Brandenburg, Württemberg, Kärnten, der Steiermark und Salzburg ebenso vertrieben wie aus den Städten Magdeburg, Halle, Nürnberg, Colmar, Oberehnheim, Regensburg und Rothenburg ob der Tauber. In den Jahren 1515 und 1516 wurde ein ernsthafter Versuch unternommen, sie aus dem ganzen Rhein-Main Gebiet oder sogar aus dem ganzen Reich zu vertreiben. Er scheiterte jedoch an dem Interessenkonflikt zwischen Kaiser, Fürsten und Ständen. 36 jüdische Märtyrer aus der Mark Brandenburg wurden 1510 in Berlin wegen angeblicher Hostienschändung verbrannt, obwohl der Bischof rechtzeitig über die Unwahrheit der Anschuldigungen informiert worden war. Ein ähnlicher Vorfall ereignete sich 1529 in Pösing bei Preßburg (Bratislava). In der Zwischenzeit hatte der Bauernkrieg 1525 in Südwestdeutschland die Juden in schwere Mitleidenschaft gezogen. Sie wurden für das Elend der Bauern und Handwerker verantwortlich gemacht, doch das hinderte Erasmus nicht daran, sie zu beschuldigen, sie seien an dem Bauernaufstand mitbeteiligt, weil sie das Christentum haßten.

In dieser Situation erstanden zwei Persönlichkeiten, die die deutsche Judenheit vor Schlimmerem bewahrten: Rabbi Josef ben Gerschon, genannt Joselmann oder Josel von Rosheim im Elsaß (um 1478–1554), und Karl V., römisch-deutscher Kaiser von 1519 bis 1558. Joselmann war ein Gelehrter, der auch als Richter am jüdischen Gericht amtierte. Schon früh setzte er sich für jüdische Angelegenheiten im Elsaß ein und wurde 1510 zu einem der Vorsteher der Juden seines Bezirks gewählt. Seit dieser Zeit gab es kaum eine Vertreibung oder Verfolgung zwischen Rhein, Main und Donau, bei der er nicht für die Rettung seiner Glaubensbrüder tätig war. Sein unablässiges Wirken für das Wohl der jüdischen Gemeinden ist sowohl in amtlichen Schriftstücken als auch durch seine eigenen Aufzeichnungen reichhaltig dokumentiert. In einer Reihe von Audienzen bei Karl V., die zumeist anläßlich der Anwesenheit des Kaisers bei den Reichstagen stattfanden, erwirkte er Schutzbriefe und Privilegien. Im Bauernkrieg gelang es ihm durch geschickte Verhandlungen mit den Aufständischen, nicht nur jüdische, sondern auch städtische Interessen mit Erfolg zu vertreten. Im Jahre 1551 verhandelte er mit den Herzögen von Bayern und Württemberg, um den Durchzug vertriebener Juden zu ermöglichen. Es war das erste und auf lange Zeit einzige Mal, daß sich alle jüdischen Gemeinden in Deutschland durch eine einheitliche Leitung bei Verhandlungen mit Reichs- und Landesfürsten vertreten ließen.

In all diesen Jahren war die Politik des Reichs und der Länder beherrscht von der Glaubensspaltung, die durch die Lehre Martin Luthers und seine Forderung nach einer Reformation der Kirche hervorgerufen wurde. Mit politischer Klugheit und Diplomatie verstand es Josel, diese Situation zugunsten einer Milderung des jüdischen Schicksals zu nutzen. Politisch stand er zum Kaiser und zu dessen Programm einer Aufrechterhaltung der

18 Josel von Rosheim (Aus einem zeitgenössischen antijüdischen Flugblatt)

katholischen Glaubenseinheit im Reich, schon deshalb, weil die Juden sich von dem Verdacht reinigen mußten, sie seien mitverantwortlich für die Ausweitung der Reformation. Sein realpolitisches Verständnis wurde auf dem Reichstag zu Regensburg 1532 offenbar, als er die Nachricht bekam, daß Salomo Molcho, der zum Judentum zurückgekehrte Initiator einer messianischen Bewegung, im Anzug war. Sofort verließ Josel die Stadt, um den Eindruck zu vermeiden, er sei an Molchos umstürzlerischer Mission beteiligt.

Wie vorsichtig er als jüdischer Staatsmann sein mußte, sollte er am eigenen Leib erfahren. 1535 wurde er vom Reichskammergericht zu einer Geldstrafe verurteilt, weil er sich in einer Eingabe an dieses Gericht als

«Regierer der gemeinen Jüdischheit» bezeichnet hatte. Der Titel war jedoch nicht mehr als eine deutsche Übertragung des hebräischen Titels, den die Gemeinden ihm und auch anderen Vorstehern gewöhnlich beilegten: *parnass umanhig*. Er hatte bei Josel seine besondere Berechtigung, denn er war führend und beratend auch innerhalb der Gemeinden in allen Teilen des Reichs tätig, wie etwa in Prag, wo er 1534 einen schweren Parteienstreit schlichtete. Auf dem Reichstag in Augsburg 1530 legte er Verordnungen (*takkanot*) vor, die auf einer Versammlung der Gemeindehäupter unter seiner Leitung beschlossen worden waren und die vor allem Mißstände im Handel und Umgang mit der christlichen Bevölkerung abstellen sollten. Im einzelnen sahen diese Verordnungen unter anderem Beschränkungen in der Zins- und Pfandnahme vor sowie die Verpflichtung der Gemeindeältesten, christlichen Klägern gegen Juden zu ihrem Recht zu verhelfen. Darüber hinaus bat Joselmann in seinen Eingaben, die Juden überhaupt von dem «schweren Joch» des Zinsgeschäftes zu befreien.

Josel war zwar kein «Humanist», doch hatte er sich einiges von den Humanisten seiner Zeit angeeignet. Der Wert des Menschen als solchen und die Gleichheit aller Menschen, Juden und Nichtjuden, werden in seinen Eingaben wiederholt betont, und auch sein freies und sicheres Auftreten hat etwas vom Geist der Zeit. Seine Aufzeichnungen zeugen sowohl von seinem politischen Verständnis als auch von seiner tiefen Religiosität. Er war die ideale Verkörperung des *schetadlan* (Fürsprecher), in einem Maße, das wohl von keinem anderen erreicht wurde. Auch als Disputant trat Joselmann hervor. Auf dem Augsburger Reichstag 1530 disputierte er auf Befehl des Kaisers und in dessen Anwesenheit vor einer kaiserlichen Kommission mit dem Konvertiten Antonius Margarita. Margarita, Abkömmling einer prominenten Rabbinerfamilie, hatte im Jahre der Disputation eine Schmähschrift gegen die Juden, ‹Der gantz Jüdisch glaub›, veröffentlicht. Joselmann ging aus dieser Disputation als Sieger hervor, und Margarita wurde aus der Stadt verwiesen. Den hessischen Gemeinden, die der Landgraf zwingen wollte, die Predigten evangelischer Geistlicher anzuhören, sandte er eine «Trostschrift», in der er ihnen Ratschläge gab, wie sie den Angriffen christlicher Theologen begegnen sollten.

Kaiser Karls V. Judenpolitik war nach seiner allgemeinen Tendenz ausgerichtet, die alten Reichstraditionen zu erneuern. Anläßlich seiner Krönung und auch später bestätigte er die «alten Rechte und Privilegien» der Juden, so etwa das Privileg Friedrichs II. aus dem 13. Jahrhundert, das die Juden durch den Begriff der «Kammerknechtschaft» unmittelbar dem Kaiser unterstellte. Auf dem Reichstag zu Augsburg 1530 ließ er sich von Josel überzeugen, daß das hartnäckige Gerücht, die Juden leisteten den Türken bei ihrem Einzug in Europa Vorschub, grundlos sei, und bekräftigte ihre Rechte aufs neue. Je lauter die Stimmen der Judenfeindschaft im protestantischen Lager erklangen, desto mehr trat Karl – wenn auch nur

Der gantz Jüdisch glaub
mit sampt ainer gründtlichen vnd war-
hafften anzaygunge / Aller Satzungen / Ceremonien /
Gebetten / haymliche vnd offentliche Gebreüch / deren sich dye
Juden halten / durch das gantz Jar / Mit schönen vnd ge-
gründten Argumenten wyder jren Glauben. Durch
Anthonium Margaritham Hebrayschen Leser
der Löblichen Statt Augspurg / beschri-
ben vnd an tag geben.

M. D. XXX.

19 *Titelblatt von Antonius Margarita, ‹Der gantz Jüdisch glaub›*

gegen hohe Zahlungen – für die Rechte der Juden ein. Das Speyerer Privileg von 1544 war das günstigste, das den Juden des Reichs je gewährt worden war. Insbesondere wurde ihren Synagogen Schutz zugesagt, Vertreibungen wurden verboten, ebenso die Ritualmordbeschuldigung; das Tragen des Judenzeichens wurde ihnen außerhalb des Wohnorts erlassen. Außerdem wurde ihnen wegen der erzwungenen wirtschaftlichen Beschränkungen ein höherer Zinsfuß als den Christen gewährt. Zwar fehlte dem Kaiser und seinen Nachfolgern die Macht, die Durchführung dieses Privilegs im ganzen Reich zu erwirken, doch deutete es auf eine jüdische Existenzmöglichkeit in Deutschland hin, für die in dieser Form noch kurz zuvor keine Hoffnung bestanden hatte.

In der Tat bedeutete die Regierungszeit Karls V. insofern eine Wende für die Juden, als in ihrem Verlauf die Entwicklung des Heiligen Römischen Reichs Deutscher Nation zum Rechtsstaat in eine bedeutsame Phase eintrat. Die allgemeine Rechtspflege unterlag einer zunehmend durchgreifenden Kontrolle. Die Herrscher, die sich in wachsendem Maß von Juristen beraten ließen, sahen allmählich die Juden nicht mehr als rechtlose Geschöpfe an, die der Willkür ihrer Umgebung ausgesetzt sein sollten, sondern als Menschen, die das Recht auf Duldung hatten, wenn auch nicht mehr als das. Josel führte einen langwierigen Prozeß gegen die Stadt Colmar, die widerrechtlich ihre Juden vertrieben hatte und ihnen die Rückkehr verwehrte. Der Prozeß war zwar erfolglos, doch die Tatsache, daß dieser und andere ähnliche Prozesse stattfanden, bezeichnete eine grundsätzlich neue Rechtsbeziehung des Staats zu den Juden. Ein neuer Rechtsstatus der Juden wurde allmählich anerkannt, und er beruhte in wachsendem Maß auf den Judenordnungen, die seit Anfang des 16. Jahrhunderts von Landesherren erlassen wurden und einen großen Teil der Rechte und Pflichten der Juden genau umschrieben. Aufgrund dieser Gesetze konnten Juden ihr Recht am Reichskammergericht suchen, und zuweilen sogar mit Erfolg. In keinem Fall wurde ihnen dieser Weg verwehrt.

Vor dem Hintergrund dieser Entwicklung mutet die Einstellung Martin Luthers gegen die Juden wie ein Anachronismus an. Luther veröffentlichte bald nach seinem ersten Auftreten eine Schrift, ‹Das Jhesus Christus geborner Jude sey› (1523), die so großes Aufsehen erregte, daß binnen kurzer Zeit neun Auflagen und zwei lateinische Übersetzungen von ihr gedruckt wurden. Sie war einerseits als Anklageschrift gegen die römische Kirche gedacht und andererseits als Versuch, die Juden zur Bekehrung zur wahren, d. h. reformierten Kirche zu überreden. Der Eindruck, den Teile der Schrift hinterlassen mochten, daß Luther eine humane und gerechte Behandlung der Juden um ihretwillen propagierte, war durchaus nicht beabsichtigt. Das Thema Juden und Judentum gehörte bei ihm ganz und gar in den Bereich der christlichen Theologie und Mission. Seine Erwartung, die Juden würden massenhaft und spontan die Wahrheit seines «reinen» Christentums anerkennen und damit seinen Reformbestrebungen Legitimation verleihen, wurde bitter enttäuscht.

Die Reihe seiner unverhüllt judenfeindlichen Schriften eröffnete Luther im Jahre 1538 mit dem Sendschreiben ‹Wider die Sabbather›, in dem er die Juden beschuldigte, sie seien verantwortlich für das Anwachsen der ketzerischen Sekten im Christentum, wie etwa der Wiedertäufer und der judaisierenden Gruppen in Mähren, die sich beschneiden ließen und den Sabbat statt des Sonntags heiligten. In den vierziger Jahren folgten dann andere Schriften und Predigten, die vor Judenhaß fast überquollen, wobei man freilich beachten muß, daß die Sprache damals allgemein rüde und gewalttätig war. Von der Theologie ging Luther zu ihrer praktischen Umsetzung über. In seiner Schrift ‹Von den Juden und iren Lügen› (1543) wandte er sich zwar gegen eine physische Vernichtung der Juden, forderte aber dazu auf, ihre Synagogen und Häuser zu verbrennen, ihre Bücher zu konfiszieren, ihren Rabbinern das Lehren zu verbieten, ihre Bewegungsfreiheit auf das schärfste zu beschränken und sie statt des Wuchers zu schwerster und erniedrigendster körperlicher Arbeit zu zwingen.

In Kontrast zu diesen Äußerungen hatte Luther in seiner Frühschrift betont, daß man unter dem Druck der römischen Kirche «mit den Juden gehandelt hätte, als wären es Hunde und nicht Menschen». Hat also Luther zwischen 1523 und 1543 seine Haltung gegenüber den Juden radikal geändert? Die Meinungen hierüber gehen auseinander. Sicher ist, daß seine theologische Grundthese im Hinblick auf die Juden sich nicht geändert hat. Diese war, daß die Juden, seit sie Jesus verstoßen hatten, als Juden unrettbar des Heils verlustig gegangen seien. Ihre Weigerung, sich dem wahren, reformierten Christentum anzuschließen, schien ihm endgültig ihre unheilbare Verderbtheit zu bestätigen, so daß er «mit gutem Gewissen an ihnen verzweifeln» mußte,[26] was dann zu jener Wende in seinem Umgang mit ihnen führte.

Freilich waren seine Ausfälle gegen die Juden im Ton nicht viel roher als die gegen das Papsttum und den katholischen Klerus; seine allgemeine Unduldsamkeit und Erregbarkeit wuchsen im Alter. Die drohende Türkengefahr und der weitverbreitete Verdacht, die Juden würden die Christen an die Türken verraten, mag hierbei auch eine Rolle gespielt haben. Wie dem auch sei, die Wirkung, die von Luther und seiner Bewegung ausging, hat das Schicksal der Juden in Deutschland, zumindest in den protestantischen Ländern, entscheidend beeinflußt und hat bis zur Aufklärung und oftmals noch darüber hinaus eine vorurteilsfreie Beziehung zu ihnen nicht aufkommen lassen. Seine Schriften, Äußerungen und sein öffentliches Wirken gaben den alten stereotypen Vorstellungen und Anklagen über Jahrhunderte hinweg Nahrung.

Die judenfeindlichen Schriften Luthers gewannen bald Einfluß auf die Politik. Kurfürst Johann Friedrich von Sachsen, Luthers Beschützer, untersagte 1537 den Juden die Ansiedlung und sogar die Durchreise durch

20 Titelblatt einer der antijüdischen Schriften Luthers

das Land. Zwei Jahre später erließ Landgraf Philipp «der Großmütige» von Hessen eine Judenordnung, der alle späteren hessischen Judenordnungen bis kurz vor der Emanzipation nachgebildet waren. Unter anderem verbot sie, neue Synagogen zu errichten, führte die Zwangsmissionspredigten ein und erschwerte den Juden ihr Auskommen durch eine Reihe von wirtschaftlichen Beschränkungen. Die treibende Kraft hinter diesen Gesetzen war der protestantische Theologe und enge Mitkämpfer Luthers, Martin Bucer (1491–1551), dessen «Ratschlag» an den Landgraf noch viel weiter ging und ein Verbot des Talmuds beinhaltete.

Nur einzelne der großen Reformer sprachen sich weniger haßerfüllt über die Juden aus. Philipp Melanchthon (1497–1560), ein Schüler und Großneffe Reuchlins, erhob seine Stimme gegen die Ritualmordbeschuldigung; der humanistische Reformer Wolfgang Capito (1478–1541) setzte sich wiederholt für die Juden ein. Dabei muß auch hervorgehoben werden, daß die Reformation an sich und die gänzlich neue Situation, die sie hervorrief, einige für die Juden günstige Auswirkungen hatten. Der interkonfessionelle Kampf unter den Christen lenkte die Aufmerksamkeit von den Juden ab, und diese standen von nun an als religiöse Minderheit nicht mehr allein; ihre Forderung nach Toleranz teilten sie mit vielen anderen. Außerdem bewirkte die zunehmende Hochschätzung der hebräischen Bibel unter den Reformierten ein positives Interesse für das Judentum. Doch bei all dem blieb die antijüdische Stimmung der lutherischen Reformation konstant.

Trotz der scharfen antijüdischen Gesetze, die Papst Paul IV. in seiner Bulle *Cum nimis absurdum* (1555) verkündete, waren die Lebensbedingungen der Juden in den katholischen Gebieten mitunter besser als in den protestantischen. Johannes Eck (1486–1543) – Luthers katholischer Gegenspieler – hatte in seinem ‹Judenbüchlein› (1541) zwar ganz ähnliche Anfeindungen gegen die Juden laut werden lassen wie Luther, doch forderte er im Gegensatz zu dem Reformator, man solle sie weder berauben noch vertreiben, sie weder zu niederen Arbeiten zwingen noch in ihre Gesetze und Bräuche intervenieren.

Der «Augsburger Religionsfriede» von 1555, der bestimmte, daß Untertanen dem Bekenntnis des jeweiligen Landesherrn zu folgen hätten (*cuius regio, eius religio*), ein wichtiger Grundsatz der Religionspolitik Luthers, bedeutete im Kern eine große Gefahr für die Juden. Jedoch wurde dieser Grundsatz in den meisten deutschen Staaten nicht konsequent durchgeführt. Die katholische Restauration (Gegenreformation), getragen namentlich von dem neugegründeten Jesuitenorden und seinen Institutionen, stärkte die Macht der habsburgischen Kaiser und mittelbar dadurch den Schutz der Juden vor Willkür. Die den Juden günstige Politik Karls V. war am wirksamsten im Elsaß, dem Sitz der vorderösterreichischen Regierung, wo Karl V. 1548 einen Befehl an die elsässischen Städte Rosheim und Türckheim erließ, ihre Juden zu schützen. In

Böhmen und Mähren, insbesondere in Prag, fanden zwar unter dem Vorwand, die Juden hätten geheime Verbindungen zu den Türken, einige Vertreibungen statt, doch waren dies vorübergehende, unter dem Druck der Bürger vorgenommene Maßnahmen. 1577 versprach Kaiser Rudolf II. (1576–1612) den Juden Böhmens, sie nie wieder zu vertreiben. Trotz dieser relativen Verbesserung erschien Zeitgenossen außerhalb Deutschlands die Situation der deutschen Judenheit auch weiterhin als besonders prekär. So schrieb man damals in der polnischen Judenheit, daß der Judenhaß in Deutschland viel größer sei als in anderen Ländern.[27]

9. Die jüdische Gemeinde im 16. Jahrhundert

Das geistige und gesellschaftliche Leben der Juden im deutschsprachigen Raum des 16. Jahrhunderts weist Zeichen einer Abwendung von mittelalterlichem Gedankengut auf und repräsentiert in vielerlei Beziehung den Anbruch einer neuen Epoche. Die Tatsache, daß so viele christliche Gelehrte die hebräische Sprache und Literatur bei Juden studierten, wurde in jüdischen Kreisen wohl bemerkt und führte persönliche Beziehungen von einer Art herbei, die bisher äußerst selten gewesen war. Josel von Rosheim war mit dem Reformator Wolfgang Capito befreundet und hörte sich einige seiner Predigten an. Seine Kenntnis der christlichen Gelehrtenwelt machte es ihm möglich, bei dem Erscheinen von Luthers judenfeindlichen Schriften zu erklären, nie seien von einem Gelehrten solche die Tyrannei und Gewaltmaßnahmen gegen die Juden fordernden Worte gehört worden, wie sie Luther geschrieben habe.[28] Die Unterweisung von Nichtjuden in der jüdischen Lehre, die wie bereits erwähnt, bei Humanisten nun öfter zu beobachten war, war nach dem jüdischen Religionsgesetz durchaus nicht unbedenklich,[29] daher ist die Vermutung nicht von der Hand zu weisen, daß man in jüdischen Gelehrtenkreisen zumindest erwartete, der geistige Kontakt werde auch zu einer Minderung der religiös-politischen Spannungen führen.

Als dann Luther eine, zumindest scheinbar, jüdischen Religionsvorstellungen näherstehende Form des Christentums propagierte und zuerst mit seiner «judenfreundlichen» Schrift an die Öffentlichkeit trat, waren die Juden vollends von der messianischen Bedeutung des Geschehens überzeugt. Luthers Hoffnung auf ihre Massenbekehrung stand die Erwartung der Juden gegenüber, die durch die Reformation sich zunächst andeutende Annäherung führe zu der geweissagten Anerkennung des Judentums in der Welt. Die Juden wurden zwar enttäuscht, als die judenfeindlichen Schriften Luthers erschienen, doch die messianische Erwartung hielt weiterhin an. Mußte nicht jeder Vernünftige einsehen, wie die Wahrheit des Judentums die Kontinuität und Einheit des jüdischen Volkes bewahrte, während die Christen mit Leichtigkeit ihre Religion wechselten, sich in

21 Tracht der Wormser Juden (mit gelbem Ring) im 16. Jahrhundert. Der Geldbeutel weist auf Geldgeschäfte hin, der Knoblauch (hebräisch «schum») spielt auf die Herkunft aus den «Schum»-Gemeinden Speyer, Worms und Mainz an. (Aus dem ‹Thesaurus picturarum› des Markus zu Lamm)

Glaubensgemeinschaften zersplitterten und einander in blutigen Religionskriegen bekämpften?[30]

Bereits zu Beginn des an messianischen Regungen im Judentum so reichen 16. Jahrhunderts entstand auch unter den deutschen Juden große Aufregung, als in Istrien Ascher Lemmlein als Messias gefeiert wurde (1500–1502). Im Zusammenhang mit der messianischen Bewegung war ein deutlicher Zug zur Kabbala festzustellen. Um die Jahrhundertmitte wirkte als Vorsänger in Frankfurt Rabbi Naftali Hirz Treves, dessen kabbalistische Auslegung des Gebetbuches, ‹Dikduk tefilla› (Tiengen 1560), die Zunahme dieser Tendenz bekundete. Auch in anderen Richtungen differenzierte sich das vormals fast ausschließlich rabbinisch orientierte aschkenasische Geistesleben. Elia Levita (1468/69–1549) aus Neustadt bei Nürnberg machte sich in Italien einen Namen als Hebraist, befreundete sich mit bekannten christlichen Humanisten, verfaßte eine große Anzahl sprachwissenschaftlicher Bücher und druckte verschiedene seiner Schriften zwischen 1540 und 1544 in Isny, darunter auch wichtige und erstmalige Drucke in westjiddischer Sprache. Josel von Rosheim

verfaßte ethische Kompendien, die sich zum Teil auf spanisch-jüdische Moralphilosophie stützten.

Schon hatte auch das hebräische Druckwesen in den deutschsprachigen Ländern Fuß gefaßt, und Juden aus Deutschland trugen zur Verbreitung des hebräischen Druckes im Ausland bei. 1512 wurde die erste hebräische Druckerei in Prag eröffnet, und um dieselbe Zeit begann das hebräische Druckwesen in deutschen Städten, vorerst gefördert durch das Interesse christlicher Humanisten. Die Baseler Talmudausgabe von 1578–1581 diente als Vorlage für viele spätere Drucke im In- und Ausland. Wie in anderen Kreisen, so auch unter den Juden, förderte der Buchdruck das volkstümliche Schrifttum. Die westjiddische Literatur blühte auf, nicht nur in deutschsprachigen Ländern, sondern auch in den Gemeinden jüdischer Emigranten aus Deutschland in Italien und Polen. Abgesehen von Erbauung und Belehrung bot sie Zerstreuung, so eine westjiddische Bearbeitung deutscher Heldensagen.

Die überragende rabbinische Persönlichkeit im Reich war Rabbi Juda ben Bezalel (ca. 1525–1609), genannt Maharal und im Volksmund bekannt als «Der Hohe Rabbi Löw». Er entstammte einer Wormser Familie, studierte in Polen und amtierte als mährischer Landesrabbiner in Nikolsburg (Mikulov). Nach 1573 wohnte und lehrte er, mit kurzen Unterbrechungen, in Prag. Maharal war der erste aschkenasische Gelehrte, der nicht nur die rabbinische Literatur bereicherte, sondern in einer Reihe von Schriften planmäßig seine Auffassung der jüdischen Religionsphilosophie und Ethik darstellte. In der mittelalterlichen jüdischen Philosophie und Kabbala bewandert, schrieb er jedoch als durchaus selbständiger Denker. Sein Einfluß auf seine Zeitgenossen sowie auf die jüdische Nachwelt war bis in die Neuzeit beträchtlich. Seine Verbindung von Philosophie und Mystik weist auf eine gewisse Verwandtschaft mit anderen Renaissancedenkern hin. So wie etwa in seinem Buch ‹Be'er hagola› (‹Brunnen der Zerstreuung›) weicht seine rationalistische Auffassung vieler talmudischer Legenden von der in Aschkenas herkömmlichen erheblich ab und ist bedingt durch seine grundsätzlich wissenschaftliche Beurteilung des Naturgeschehens. Spuren des Renaissancedenkens finden sich auch in den gesellschaftskritischen Passagen seiner Schriften. Er übte scharfe Kritik an dem in Aschkenas üblichen Unterricht, der die Knaben zum Talmud hinführe, noch bevor sie die Bibel beherrschten. Die Talmudhochschulen bezichtigte er der übertriebenen Beschäftigung mit sophistischen Auslegungen (*pilpul*), die von Scharfsinn und Ruhmsucht, jedoch nicht von Wahrheitsliebe zeugten. Seine geschichtsphilosophische Auffassung des Exils und der Erlösung sowie der Stellung des jüdischen Volkes unter den Nationen hat auf spätere jüdische Denker befruchtend gewirkt. Die Volkslegende, die ihm die Erschaffung eines Golems zuschrieb, bezeugt auf ihre Weise, welchen Rang man ihm beimaß.

Maharals Denkart fiel in Prag auf fruchtbaren Boden, hatte sich doch dort seit dem 14. Jahrhundert eine wissenschaftlich aufgeschlossene Tradition erhalten. Der gelehrte und philosophisch gebildete Talmudist Abraham Horovitz (ca. 1550–1615) hatte in jugendlichem Eifer öffentlich gegen den Posener Rabbiner protestiert, der in einer Predigt die Philosophie des Maimonides verketzert hatte. Um Maharal bildete sich ein großer Kreis gleichgesinnter Genossen und Schüler. Rabbi Mordechaj Jaffe (ca. 1535–1612), ein gebürtiger Prager, amtierte dort zu verschiedenen Zeiten als Leiter einer Jeschiwa und Oberrichter. Neben seinem großen talmudischen Wissen hatte er sich in Polen und Italien Kenntnisse in jüdischer Philosophie und Kabbala angeeignet, wovon einige seiner zahlreichen Werke zeugen. Mit Maharal bekämpfte er den einseitigen *pilpul*. Rabbi Jomtow Lipmann Heller (1579–1654) aus Wallerstein im Fürstentum Ansbach, ein Schüler des Maharal und Mitglied des Prager Rabbinats, verfaßte unter dem Einfluß seines Lehrers einen Kommentar zur Mischna, der von Rabbi Jehuda Ha-Nassi (2. Hälfte des 2. bis Anfang des 3. Jahrhunderts) redigierten Gesetzessammlung der mündlichen Lehre. Dieser Kommentar fand eine weite Verbreitung und zeugt von dem ausgedehnten Wissen des Verfassers.

David Gans (1541–1613) aus Westfalen wurde in Prag durch seine chronographischen und astronomischen Werke berühmt. Seine jüdische Chronik und Weltchronik, ‹Zemach David› (1592), für die er ausgiebig deutsche Chroniken benutzte, verrät in vielerlei Beziehung die Einwirkungen des humanistischen Zeitgeistes. Auch Maharals älterer Bruder, Chajim ben Bezalel (um 1520–1588), Rabbiner in Friedberg, verdient hier Erwähnung. Er verfaßte unter anderem eine hebräische Grammatik und betrat damit ein Gebiet, das bisher im aschkenasischen Judentum vernachlässigt worden war. Es ist bezeichnend, daß damals in den Prager hebräischen Druckereien eine beträchtliche Zahl philosophischer und allgemeinwissenschaftlicher Schriften erschien. Diese Aufgeschlossenheit des Prager jüdischen Gelehrtenkreises steht wohl im Zusammenhang mit der Tatsache, daß Kaiser Rudolf II. Prag zu seiner Residenz und damit zu einer Weltstadt machte, in der eine weitgehende religiöse Toleranz herrschte, von der auch die Juden profitierten. Die Gemeinde der Prager «Judenstadt» vertrat die Juden des Reiches am Kaiserhof.

Dem regen geistigen Leben in Prag stand in den meisten anderen Regionen der deutschsprachigen Länder ein Rückgang des Torastudiums entgegen. Mit der Vertreibung fast aller alten großen Gemeinden verschwanden auch die meisten Lehrhäuser und rabbinischen Gerichte, und die wenigen Rabbiner von Rang klagten über die «geistige Leere», die in den kleinen Dorfgemeinden herrschte.[31] Der Strukturwandel in der inneren Verwaltung der Gemeinden – im 15. Jahrhundert noch begleitet von starken Erschütterungen – war im 16. Jahrhundert eine vollendete Tatsache. Das Regiment in den kleinen Gemeinden lag fest in der Hand der *parnassim*. Diese wurden in der Judenordnung Josels von Rosheim (1530) als Träger der Autorität und der Bann- und Strafgewalt in der Gemeinde erwähnt. Die traditionelle Unabhängigkeit der Gemeinden voneinander wurde dadurch noch erhöht, und in diesem Zusammenhang beschloß eine Rabbiner- und Vorsteherversammlung in Worms 1542, die ausschließliche gerichtliche Zuständigkeit einer Ortsgemeinde für sämtliche ihrer Mitglieder noch mehr als früher zu stärken.

Solche Rabbiner- und Gemeindevorsteherversammlungen fanden des öfteren statt, doch hatten sie zumeist regionalen Charakter. Die Erstarkung der Landesherrschaft in den Territorien und der traditionelle Partikularismus des aschkenasischen Judentums erschwerten einen organisatorischen Zusammenschluß aller Gemeinden im ganzen Reich. Daran änderte auch die Ernennung von Reichsrabbinern nichts. Die Institution des Reichsrabbinats, an der vor allem der kaiserliche Fiskus interessiert war, ist für das 15. und 16. Jahrhundert dokumentiert und erlosch mit dem Tod des letzten Reichsrabbiners, Rabbi Jakob ben Chajim, in Worms um 1574. In der Zwischenzeit hatten die jüdischen Gemeinden das Frankfurter Rabbinatsgericht mit seinen Beisitzern (*benej jeschiwa*) praktisch, wenn auch nicht formell, für ganz Deutschland als zuständig anerkannt.

Schwere Konflikte in den Gemeinden waren keine Seltenheit. So brachen beispielsweise in Prag heftige Streitigkeiten um die Wahl der Vorsteher aus, die schließlich den Kaiser bewogen, eine neue Wahlordnung durch die Rabbiner dreier anderer Großgemeinden ausarbeiten zu lassen, die oligarchische Tendenzen in der Gemeinde unterbinden sollte.

10. Ausklang und Ausblick

Eine der entscheidenden Veränderungen in der jüdischen Bevölkerung im 16. Jahrhundert war ihr rapides Wachstum. Bereits in der ersten Hälfte des Jahrhunderts wuchsen die beiden größten Gemeinden des Reichs in einem im Mittelalter nicht gekannten Maß. Im Prager Ghetto verdoppelte sich die Zahl der Juden von 600 im Jahre 1522 auf 1200 im Jahre 1541, und im Frankfurter Ghetto stieg sie von 250 (1520) auf 900 (1569). In Breslau blieb ein Zuzugsverbot in Kraft, doch mehrten sich die Fälle, daß der Rat Juden vorübergehend als Meßgäste und dann auch zu anderen Zeiten aufnahm. Auch Neuansiedlungen von Juden fanden vielerorts statt. Zum Teil geschah dies auf Initiative der Landesherren – so etwa in den Territorien des Bischofs von Hildesheim und des Erzbischofs von Köln, freilich nicht in den beiden Städten selbst. In Wien dagegen entwickelte sich im Laufe des 16. Jahrhunderts allmählich wieder eine jüdische Gemeinde. Auch in Mainz (1583) sowie in Metz (1564–1567) wurden Juden wieder aufgenommen. In Metz erstand aufs neue eine jüdische Gemeinde, nachdem das Territorium des Bistums, das bis dahin zum Oberrheinischen Reichskreis gehört hatte, 1592 an Frankreich gekommen war. Doch gehörte diese bedeutende Gemeinde auch weiterhin für lange Zeit zum Kulturkreis der deutschen Gemeinden.

Die Erstarkung der Territorialherrschaft führte bereits im 16. Jahrhundert dazu, daß Juden mit gewissen Aufgaben betraut wurden, die den Unterhalt des fürstlichen Hofes und die Sicherung des Staatshaushalts betrafen. Einer der ersten solcher Hoffaktoren – allerdings noch kein «Hofjude» im vollen Sinn dieser Bezeichnung – war Michel von Derenburg, der Geschäftsbeziehungen zu einigen deutschen Fürsten pflegte und zwischen 1543 und 1549 als Hoffaktor des Kurfürsten Joachim II. von Brandenburg fungierte. Die Gefahren, die das Leben eines jüdischen Hoffaktors bedrohten, wurden an dem Schicksal des Berliner Münzmeisters Lippold deutlich, der nach dem plötzlichen Tode des Kurfürsten im Jahre 1573 hingerichtet wurde, weil er seinen Herrn angeblich vergiftet hatte. Besser erging es Mordechaj Meisel in Prag (1528–1601), der im Jahre 1593 von Rudolf II. in Anerkennung seiner Verdienste ein Sonderprivileg erhielt. Jedoch wurde sein ganzes Vermögen nach seinem Tode mit der Begründung beschlagnahmt, es gehöre seinem kaiserlichen Herrn, da Meisel kinderlos war.

22 *Folter des Münzmeisters Lippold (23. Januar 1573)*

Die Rechtssicherheit der Juden war also weiterhin, und blieb noch lange, von den Interessen der Fürsten abhängig. Juden wurden geduldet, soweit sie sich «wohlverhielten», keinen großen Unwillen bei den Christen erregten und dem Herrscher Nutzen brachten. Das änderte nichts an ihrer gesellschaftlichen Isolierung. In der Vorstellung der christlichen Umwelt hatten die Juden die Gestalt eines verachteten und gefürchteten, kaum noch menschlichen Wesens angenommen. Das Rätsel ihres zähen Überlebens und ihrer standhaften Weigerung, sich zu bekehren, fand für viele in der alten Legende vom Ewigen Juden seine Lösung, so etwa in der anonymen ‹Kurze[n] Beschreibung und Erzählung von einem Juden namens Ahasver› (1602). Dieser Ahasver kann nicht sterben und ist aus Strafe für die Kreuzigung des Erlösers dazu verdammt, ewig herumzuwandern und dadurch überall die Wahrheit der christlichen Überlieferung zu bezeugen. «Jetzt töten und quälen sie uns nicht mehr, sondern vertreiben uns nur» – so sagte Maharal in einer Predigt 1592, kurz nachdem Kaiser Rudolph ihn in einer Audienz empfangen hatte.[32] Man kann wohl sagen, daß diese Worte die jüdische Erfahrung der Welt am Ende des 16. Jahrhunderts wiedergaben.

Doch es kündigte sich eine neue Zeit an. Die Vertreibungen der Juden wurden seltener und vereinzelter, die Kirche verlor langsam ihre herrschende Position in den die Juden betreffenden Angelegenheiten, und es schien nun eine bessere Zukunft für Juden in Mitteleuropa anzubrechen.

Im Osten erstarkte das polnische Judentum mit seiner Vierländerversammlung, seinen Lehrhäusern, denen zum großen Teil Angehörige von aus Deutschland vertriebenen Emigrantenfamilien vorstanden, und seinem sich kräftig heranbildenden eigenständigen *minhag* (Brauchtum). Man begann damals, zwischen «deutschem» und «polnischem» *minhag* zu unterscheiden.[33] In Deutschland selbst behauptete sich das alte aschkenasische Judentum mit seinen althergebrachten Riten, Gebräuchen und Traditionen.

Erster Teil

Frühe Neuzeit und Beginn der Moderne

I.
Anbruch der frühen Neuzeit

Gegen Ende des 16. Jahrhunderts setzte eine neue Periode jüdischer Ansiedlung in Städten und Territorien ein, aus denen sie vorher vertrieben worden waren oder in denen es früher kaum Juden gegeben hatte. Die sich durchsetzende absolutistische Staatsidee und Staatsform wirkte sich auf die Existenz der Juden in der Neuzeit aus. So mußten die Juden schon in den ersten Jahren des neuen Jahrhunderts zu ihrer Bestürzung erfahren, daß der neuzeitliche Staat nicht mehr wie früher gewillt war, die Gestaltung ihres innergemeindlichen Lebens ihrer fast ausschließlichen Selbstbestimmung zu überlassen. Die starke Stellung des Monarchen und der Fürsten gegenüber den Ständen, die in der Staatslehre des späten 16. Jahrhunderts bereits eine wichtige Rolle spielte, sollte die Staatsführung freimachen von den Forderungen der Kirchen, der Macht der Tradition und den herkömmlichen Kompetenzen. Die Probleme der Glaubensspaltung suchte man durch Verlagerung auf das weltliche Recht zu lösen. All das wies den Weg sowohl zur Toleranz als auch zum Aufstieg des Hofjudentums und der vom Landesherrn anerkannten und überwachten Landjudenschaften, zweier neuzeitlicher jüdischer Lebensformen und Erscheinungen, die sich bereits im 16. Jahrhundert abzuzeichnen begannen.

Die politische und wirtschaftliche Lage der Juden änderte sich in ganz erheblichem Maße. Eine gewisse Bereitschaft zur Duldung Andersgläubiger war den europäischen Staaten durch die Reformation aufgezwungen worden und nahm im Westfälischen Frieden (1648) die Form eines international verbrieften Religionsfriedens an. Diese Toleranz bezog sich zwar formell nur auf christliche Minoritäten, doch kam sie auch den Juden zugute. Es zeigten sich auch vermehrt Anzeichen einer gewissen Eingliederung der Juden in das allgemeine Leben. Dies trat besonders deutlich im wirtschaftlichen Bereich zutage. Dafür zwei Beispiele: Jüdische Besucher der Leipziger Messe, die allerdings diskriminierenden Bestimmungen unterworfen waren, wurden schon 1598 erwähnt; und in dem Privileg des Königs Matthias (1611–1619) im Jahre 1611 für die Juden in Prag und ganz Böhmen finden wir zum ersten Mal eine Beschreibung von Waren, mit denen Juden hausieren durften; bisher war es ihnen bestenfalls erlaubt, ihre Pfänder zu veräußern. Auch auf geistig-kulturellem Gebiet ist um diese Zeit eine relative Aufgeschlossenheit festzustellen, die für das aschkenasische Judentum des Mittelalters alles andere als charakteristisch war und sich erst im 16. Jahrhundert anbahnte.

Die Geschichte der Juden im Reich tritt also um die Jahrhundertwende in eine neue Phase. Es gab nach dem Ende des Dreißigjährigen Krieges

(1648) keine wichtigen neuen Entwicklungen, die nicht schon lange vor dem Krieg begonnen hatten. Dagegen bedeutete zweifelsohne für das osteuropäische Judentum die Mitte des 17. Jahrhunderts eine Umbruchzeit, gekennzeichnet durch die Pogrome des Chmielnicki-Aufstandes (1648–1649), bei dem viele jüdische Gemeinden zerstört wurden, und den schwedisch-polnischen Krieg (1654–1660), der den Juden in Polen noch weitere Leiden zufügte. Fortan verläuft die Geschichte der Juden im Alten Reich in vielfacher Beziehung getrennt von der Geschichte der Juden in Osteuropa, im Osmanischen Reich und in den Mittelmeerländern.

1. Die Lage am Anfang des 17. Jahrhunderts

Infolge der Vertreibungen des 15. und 16. Jahrhunderts aus fast allen Städten ließen sich die meisten Juden in vielen kleinen Orten nieder, in denen oftmals nur zwei bis drei jüdische Familien wohnten. Viele der winzigen Duodezstaaten, der Reichsritterschaften und kleinen Reichsstände hatten ihnen diese Zuflucht aus finanziellen Motiven gewährt: Die Abgaben der Juden waren für die Staatskasse dieser Herrschaften ein wichtiger Faktor. Seit dem Ende des 16. Jahrhunderts setzte eine neue Phase jüdischer Wanderungen in Deutschland ein, jedoch diesmal in erster Linie nicht infolge von Vertreibungen und Verfolgungen, sondern motiviert durch die Suche nach besseren Lebensbedingungen.

Die Bildung einer jüdischen Gemeinde in der Hofmark Fürth war typisch für die Art, wie sich Juden unter gewissen günstigen Konstellationen an Orten neu- und wiederansiedeln konnten, die eine erfreuliche demographische und ökonomische Entwicklung nahmen. Dort hatten sowohl der Markgraf von Ansbach als auch die Dompropstei Bamberg landesherrliche Rechte, und auch die benachbarte Reichsstadt Nürnberg konnte durch den Grundbesitz ihrer Bürger ihren Einfluß geltend machen. Im Jahre 1528 nahm der Markgraf zunächst zwei Juden auf sechs Jahre auf. Dem folgte im Jahre 1556 die Dompropstei mit der Aufnahme eines Juden, und 1573 ließ sie sich das Recht der Judenaufnahme in Fürth durch kaiserliches Privileg bestätigen. Die energischen Proteste des Nürnberger Rats waren all diesen Schritten gegenüber erfolglos. Im Jahre 1582 hatte Fürth bereits 200 jüdische Einwohner. Die Entwicklung der Hofmark zur Stadt war zu keinem geringen Teil mit diesem Zuzug verknüpft. 1607 wurde ein jüdischer Friedhof angelegt, und 1617 wurde die erste Synagoge errichtet.

Zu den Städten, deren Herrschaft sich zwei Autoritäten teilten, gehörten auch Öttingen im Ries und Glogau in Schlesien, und auch dort wurde der Wiederaufbau jüdischer Gemeinden durch gegensätzliche Ansprüche und Interessen streitbarer Obrigkeiten begünstigt. Bezeichnend auf andere Weise war die Aufnahme von zehn jüdischen Familien durch den Grafen

23 *Das Innere der Synagoge zu Fürth (1705)*

von Hanau in seine Residenzstadt im Jahre 1602. Dies geschah gleichzeitig mit der Aufnahme einiger Calvinisten, in der Erwartung, daß beide Gruppen den Handel und die Manufaktur in der Stadt fördern würden. Allerdings bemühte sich der Graf zunächst, die Juden dadurch zu bekehren, daß er sie zwang, an einer unter seinem Vorsitz tagenden, wohlvorbereiteten Religionsdisputation teilzunehmen. Als jedoch die Bekehrungsversuche scheiterten, gestattete er die Errichtung einer Judengasse mit einer Synagoge. Auch den Warenhandel erlaubte er den Juden, mit geringen Einschränkungen. Offensichtlich erwartete sich der Graf Gewinn durch die Nähe des jüdischen Handelszentrums in Frankfurt am Main.

Bezeichnend für den Anbruch einer neuen Zeit war die Aufnahme von Juden in vielen Orten Norddeutschlands, darunter solchen, in denen sich im Mittelalter gar keine oder nur sehr wenige Juden angesiedelt hatten. So entstanden wieder Gemeinden in Orten wie Hildesheim, Halberstadt, Minden und Essen, und es bildete sich eine Reihe neuer Gemeinden in Westfalen. In Hannover ordneten die Landesherren im 16. Jahrhundert wiederholt die Ausweisung der Juden an, hatten aber damit wenig Erfolg, offenbar dank dem Schutz der Stadt. Seit 1588 jedoch verkehrte sich die Situation ins Gegenteil, und die Juden durften bis in das 19. Jahrhundert nur in einem Vorort wohnen, der nicht der Stadt Hannover, sondern dem Herzog unterstand. Anders waren die Bedingungen, die es den Juden gegen Ende des 16. Jahrhunderts ermöglichten, sich in Altona anzusiedeln, wo im Mittelalter keine jüdische Gemeinde bestanden hatte. Hier galt das Wort des Königs von Dänemark, der die Oberhoheit über die Stadt innehatte, und dieser öffnete ihre Tore den Juden. Im Jahre 1641 erließ dann König Christian IV. ein Generalprivileg, in dem er den Juden gestattete, ein regelrechtes Gemeindeleben zu entfalten.

Auch Hamburg hatte im Mittelalter keine jüdische Gemeinde, und auch hier nahm die jüdische Ansiedlung gegen Ende des 16. Jahrhunderts ihren Anfang, als eine wachsende Zahl von Marranen (Nachkommen zwangsweise getaufter Juden), die aus Portugal ausgewandert waren, dadurch die Aufenthaltserlaubnis in der Stadt erlangten, daß sie sich als Christen ausgaben. Sie waren zum großen Teil wohlhabende Kaufleute mit weitverzweigten Handelsbeziehungen und übten auch handwerkliche Berufe aus, insbesondere solche, die mit dem Brasilienhandel in Zusammenhang standen, z. B. die Zuckersiederei. Die Stadt hatte daher ein starkes wirtschaftliches Interesse an ihrer Aufnahme. An der Gründung der Hamburger Bank (1619), einer der ersten in Europa, waren die «Portugiesen» vorrangig beteiligt. Mit jedem neuen Zuzug dieser Einwanderer wuchsen die ausländischen Handelsverbindungen der Stadt. Ebenso wurden seit 1601 Juden im benachbarten Wandsbek aufgenommen, als man dort sah, welchen Nutzen sie der Stadt Hamburg brachten. Als im gleichen Jahr den Marranen zeitweise die Auswanderung aus Portugal und Spanien gestattet wurde, wuchs die Zahl dieser Einwanderer, und im Jahre 1646 wurden die «portugiesischen» Familien in Hamburg auf hundert geschätzt. Im geheimen errichteten sie drei Betstuben und um diese herum drei Gemeinden, die sich 1652 vereinigten. Der Senat der Stadt hatte ihnen die Niederlassung nur gegen hohes Entgelt und für lange Zeit nur unter der Bedingung erlaubt, daß sie jegliche gemeinsame Religionsausübung unterlassen würden. Unter dem Druck wirtschaftlichen Interesses jedoch verzichtete er später auf diese Bedingung.

Viel weniger als der Senat war die Hamburger Bürgerschaft bereit, sich mit einer ständigen jüdischen Einwohnerschaft abzufinden. Sie fürchtete Konkurrenz und stand unter dem Einfluß der lutherischen Geistlichkeit, deren militante Intoleranz sich auch auf Katholiken und sogar Calvinisten erstreckte und während langer Jahre in Hetzpredigten von der Kanzel zum Ausdruck kam. Zwar behielt der Senat in einem hartnäckigen Kampf mit der Bürgerschaft die Oberhand, doch sahen sich die Juden ständigen Angriffen der Bürger ausgesetzt. Aus diesem Grund nahm eine Anzahl portugiesischer Familien in Hamburg im Jahre 1622 ein vom dänischen König angebotenes Privileg an, sich in Glückstadt (Holstein) niederzulassen. Dennoch verdreifachte sich die Zahl der portugiesischen Juden in Hamburg von 1623 bis 1663. Während dieser Zeit siedelten sich auch die ersten aschkenasischen Juden in Hamburg an, und zwar zunächst als «Diener der portugiesischen Nation». Sie kamen aus Altona herüber, auf der Flucht vor kaiserlichen, später vor schwedischen Truppen, und wurden wiederholt ausgewiesen. Erst Anfang des 18. Jahrhunderts wurden die «deutschen» den «portugiesischen» Juden in Hamburg gleichgestellt.

Ganz anders waren die Umstände, unter denen sich zu Anfang des 17. Jahrhunderts eine zunächst sehr kleine, doch wohlorganisierte jüdische Gemeinde in Wien bilden konnte. Infolge einer Judenpolitik des Hauses Habsburg, die dauernd zwischen Ausbeutung und Ausweisung schwankte, war die Zahl der jüdischen Familien in Wien im Jahre 1601 auf zwölf gesunken. Bis 1614 stieg sie wieder bis auf 44 an. Die meisten Mitglieder der Gemeinde waren «Hofbefreite» oder deren Angestellte, und als solche durften sie ein eigenes Gemeinwesen entwickeln. Sie wirkten als Großkaufleute und Hoflieferanten und besaßen Privilegien, die sie fast mit dem christlichen Adel gleichstellten. Sie wurden mit ihrem ganzen Hausgesinde von allen Abgaben an Stadt und Land befreit, mußten zwar in einem Ghetto wohnen – «Judenstadt» genannt (die spätere Leopoldstadt) –, das durch eine Fallbrücke von der Stadt getrennt war, doch durften sie dort Häuser kaufen und bauen und unterstanden allein der Gerichtsbarkeit des Oberhofmarschalls. Da ihre wirtschaftliche Tätigkeit eng mit der Staatsverwaltung verknüpft war, konnten sie sich an allen Orten, wo der Kaiser Hoflager hielt, frei bewegen. Durch ihre Mittel wurde es der kleinen Gemeinde schon damals möglich, regelrechte religiöse Institutionen zu errichten und zu erhalten. In mancher Beziehung kann die Wiener Gemeinde als der Prototyp einer Gemeinde gelten, die aus dem Kern einer wohlhabenden und dem Hof des Herrschers nahestehenden Familie entstand. Diese Erscheinung sollte bald im ganzen Reich keine Seltenheit sein.

Auf das Wachstum der wenigen Großgemeinden, deren Bestand seit dem Mittelalter durch keine längere Vertreibung unterbrochen wurde, ist bereits am Ende des Prologs hingewiesen worden. In Prag wohnten schon um 1600 schätzungsweise etwa 6000 Juden. Obwohl ein großer Brand im Jahre 1689 alle 318 Häuser des Ghettos völlig vernichtete und viel Unglück über die Familien brachte, wurde die «Judenstadt» bald wiederhergestellt, und 1702 lebten in Prag wieder 11517 Juden, 28,9% der Gesamtbevölkerung. Während der ganzen frühen Neuzeit war die Prager Judenstadt bei weitem die größte aschkenasische jüdische Gemeinde in Europa. Sie betrachtete sich als Hauptstadt des europäischen Judentums. Das Frankfurter Ghetto beherbergte im Jahre 1600 etwa 2200 jüdische Seelen, und die Zahl der Häuser in der Judengasse war von 14 im Jahre 1496 auf nunmehr 197 angestiegen. Die jüdische Gemeinde in Worms zählte um die Mitte des 16. Jahrhunderts 300 Seelen und 650 im Jahre 1610. Sowohl in Frankfurt als auch in Worms machten die Juden rund 11% der Bevölkerung aus. Diese relativ starke Konzentration, die auch in manch anderen Orten und Gebieten anzutreffen war, darf nicht darüber hinwegtäuschen, daß gegenüber der Gesamteinwohnerzahl im Reich, die um 1600 auf 18 bis 20 Millionen geschätzt wird, der Bevölkerungsanteil der Juden verschwindend gering war. Außerdem darf nicht übersehen werden, daß der Großteil der Juden auch weiterhin kleine und kleinste Orte bewohnte.

Eine größere Judenvertreibung aus einem ganzen Territorium fand am Anfang des 17. Jahrhunderts zwar nur in Baden statt (1614). Dennoch lebten die Juden immer noch an vielen Orten mit dem ständigen Gefühl der Unsicherheit und Unstetigkeit; das Schwert der Vertreibung hing drohend über ihren Köpfen bei jeder notwendigen Erneuerung der Privilegien. Der Herzog von Braunschweig-Wolfenbüttel verordnete im Jahre 1590 eine Vertreibung der Juden aus seinen Ländern, zu denen auch die Juden in Halberstadt gehörten; allerdings führte er diese Maßnahme nicht rigoros durch und ermöglichte ihnen 1594, aufgrund wiederholter Rekurse des Kaisers, die Durchreise und später vielen die Rückkehr. Noch bezeichnender für die neue Zeit war die Vertreibung der Juden aus Hildesheim. Nachdem dies im Jahre 1595 geschehen war, wandten sich die Juden beschwerdeführend an das Reichskammergericht, und dieses machte die Vertreibungsorder rückgängig (1601). 1609 wurden die Juden abermals aus Hildesheim vertrieben, weil man ihnen die Schuld an der Einschleppung der Pest beigemessen hatte, doch bald darauf wurden sie wieder aufgenommen. Aus Günzburg im Burgau wurde die jüdische Gemeinde, ein Mittelpunkt für die Judenschaft in Südwestdeutschland, im Jahre 1617 vertrieben, und auch anderen Gemeinden dieser Gegend drohte ständig dasselbe Schicksal. Auch gab es ganze Länder, wie Mecklenburg, in denen noch im 17. Jahrhundert keine Juden wohnen durften. In Niederschlesien gewährte nur Glogau und in Oberschlesien nur Zülz den Juden dauerndes Aufenthaltsrecht. Aus allen anderen schlesischen Landen wurden die Juden 1582 durch kaiserliches Edikt ausgewiesen. Während des schwedisch-polnischen Krieges flüchteten viele polnische Juden nach Schlesien, ihre Niederlassung wurde 1655 auf Befehl des Kaisers Ferdinand III. «in allen Orten des Hertzogthumb Schlesien verstattet».[1]

Die Lage der Juden im Reichsgebiet war also vorerst noch sehr uneinheitlich, und aus den hebräischen Quellen jener Zeit spricht vielfach noch eine deutliche Ungewißheit über ihr künftiges Schicksal. Was das Wohnrecht der Juden in deutschen Städten damals und noch auf lange Zeit bedeutete, erhellt sich aus ihrer Rechtslage an einem in mancher Beziehung typischen Ort wie Worms. Dort galten die Juden weder als Bürger noch als Beisassen (mit Aufenthaltsrecht, aber ohne Bürgerrecht), sondern als «Hintersassen» (Einwohner mit zeitlich bedingtem Aufenthaltsrecht), später auch als «Leibeigene» der Stadt. Doch besaßen sie einen Rechtsstatus, der, so gering er war, durch das Nebeneinander der drei Schutzherren Kaiser, Bischof und Stadt abgesichert wurde.

2. Die Ereignisse in Frankfurt am Main

Das 17. Jahrhundert begann für die Juden in Deutschland mit einem Ereignis, das ihnen schlagartig und peinvoll zu Bewußtsein brachte, daß eine neue Epoche für sie begonnen hatte. Zur Herbstmesse 1603 in Frankfurt am Main trafen sich die Vorstände einer größeren Zahl von Gemeinden aus dem Süden und Westen des Reiches, um darüber zu beraten und zu beschließen, wie man gewisse Mängel im öffentlichen Leben der Gemeinden beheben könne. Unter den 26 Teilnehmern an der Beratung, die ihre Beschlüsse unterschrieben, befanden sich sieben bis acht Rabbiner, die übrigen waren Laienvorsteher. Den ersten Platz unter den Beschlüssen der Versammlung nahm die autonome jüdische Gerichtsbarkeit ein. Wie bei vielen ähnlichen Anlässen wurden die Glaubensgenossen aufs eindringlichste ermahnt, entsprechend dem Religionsgesetz ihre gegenseitigen Streitigkeiten nicht vor die weltlichen Richter, sondern nur vor die rabbinischen Gerichte zu bringen. Zuwiderhandelnden drohten schwerste Verwarnungen und empfindliche Strafen. Zur Erhöhung der Wirksamkeit der autonomen Rechtsprechung wurden fünf rabbinischen Gerichten – in Frankfurt, Worms, Friedberg, Fulda und Günzburg – regionale Zuständigkeit sowie die Kompetenz von Appellationsgerichten erteilt.

Des weiteren beschloß die Versammlung die Errichtung eines Fonds für intern-jüdische Zwecke durch allgemeine Besteuerung: Jeder Jude sollte monatlich für je 100 Gulden seines Vermögens einen Pfennig zahlen. Das Vermögen sollte von einem Ausschuß anerkannt ehrbarer Männer eingeschätzt und die Steuer an bestimmte Stellen geschickt werden, die sich in vier der obengenannten Gemeinden (außer Fulda) sowie in Mainz, Bingen, Hamm, Schnaittach und Wallerstein (Ries) befanden. Die Versammlung erinnerte ferner an das Verbot des Genusses von Wein, den Nichtjuden hergestellt hatten, und von Milch, die nicht unter genügender ritueller Aufsicht gewonnen war, warnte vor Verkehr in Wirtshäusern, erneuerte das Verbot, mit falschen oder minderwertigen Münzen oder mit gestohlener Ware zu handeln, und verfügte die Beschränkung von Aufwand für modische Kleidung. Schließlich erließ die Versammlung eine Anzahl Verordnungen im Bereich des Rabbinats: Rabbinatskandidaten sollten nur durch drei dazu befugte Rabbiner ordiniert werden; die Aufsicht über das Schächtwesen sollte verschärft werden; der Druck neuer Bücher sei nur mit Approbation von drei Rabbinern erlaubt; es sei Rabbinern verboten, sich in die Angelegenheiten auswärtiger Gemeinden einzumischen; Bannverhängungen aus dem Ausland seien ungültig. Die Versammlung forderte alle Rabbiner in Deutschland auf, die Beschlüsse mit zu unterschreiben und sie öffentlich in allen Synagogen anzuschlagen.

Einem jüdischen Denunzianten, der als Metzger ritualwidriges Schächten vorgenommen hatte und deshalb von der Gemeinde entlassen worden war, war dies eine willkommene Gelegenheit, sich an der Gemeinde zu rächen. Er verschaffte sich eine Abschrift der Beschlüsse und zeigte die Unterzeichneten bei den Behörden an, sie beabsichtigten eine hochverräterische Verschwörung gegen Kaiser und Reich. Durch geschickte Intrigen gelang es dem Denunzianten, die Kurfürsten von Mainz und Köln zu mobilisieren, und diese leiteten namens des Kaisers ein Verfahren gegen die Frankfurter Gemeinde ein. Kaiserliche Kommissare klagten die Juden bei der Stadt an, sie beabsichtigten die Autorität des Kaisers zu schmälern und hätten sich damit der Verschwörung und Majestätsbeleidigung schuldig gemacht. Die Anklage erregte ungeheures Aufsehen. Die Protokolle der Versammlung und andere Dokumente der Gemeinde wurden beschlagnahmt. In der Anklageschrift wird betont, daß die Einberufung der «Synode» an sich schon als ein Verbrechen gegen Kaiser, Reich und Kirche anzusehen sei, ebenso wie die Banngewalt, das rabbinische Strafgericht, die innere Besteuerung und die angeblich neuen Verordnungen über Moral und Religion. All das waren Kompetenzanmaßungen, die im Widerspruch und in Konflikt mit der allgemeinen territorialstaatlichen Entwicklung standen, denn ganz ähnliche Kompetenzen hatten auch den Ausbau der Landesherrschaft im 16. Jahrhundert gekennzeichnet.

In ihrer Verteidigungsschrift beteuerten die Juden ihre Unschuld und betonten, daß sie aus uralter Erfahrung annehmen konnten, ihre Versammlung und ihre Beschlüsse würden vom Kaiser mit Wohlwollen aufgenommen werden. An einer solchen Zusammenkunft war tatsächlich nichts Besonderes. In Ermangelung einer jüdischen Zentralbehörde im Reich fanden seit jeher von Zeit zu Zeit Versammlungen statt, bei denen sich Vertreter der Gemeinden über laufende Fragen und Probleme berieten und darüber Beschlüsse faßten, die als *takkanot* (Verordnungen) veröffentlicht wurden. 21 Jahre vorher, im Jahre 1582, hatte eine Versammlung getagt, die zum Teil ganz ähnliche Beschlüsse gefaßt hatte. Die in Frankfurt versammelten Vertreter hatten wahrlich keinen Grund zur Annahme, daß ihr Unternehmen vom Magistrat der Stadt und vom kaiserlichen Hof anders als mit Verständnis und Sympathie beurteilt werden würde, hatten doch die Obrigkeiten solche sogenannten «Synoden» in der Regel schon deshalb begünstigt, weil sie im Hinblick auf eine reibungslose Eintreibung der Steuern und Abgaben ein Interesse an der Leistungskraft der jüdischen Selbstverwaltung hatten. Wie sich jedoch herausstellte, lag hier, was die kaiserliche Regierung betraf, ein folgenschwerer Irrtum vor. Der Frankfurter Rat erklärte zwar die Beschlüsse für harmlos, doch der Hauptankläger, der Kurfürst-Erzbischof von Köln, ließ nicht locker; er wollte von den Juden möglichst viel Sühnegeld erpressen, und das sollte ihm auch schließlich gelingen. Bedeuteten doch die Beschlüsse, besonders in ihrer den Behörden zugänglichen deutschen Übersetzung, auch eine augenscheinliche Herausforderung der Fürsten, Herren und Obrigkeiten in ihren territorialstaatlichen Rechtsansprüchen. Die Verhandlungen zogen sich viele Jahre hin, und erst 1623 wurde die Sache beigelegt: die Gemeinde zahlte dem Erzbischof von Köln seine «großen Auslagen».

Wenn auch von einer «Verschwörung» keine Rede sein konnte, so liegt doch die Vermutung nahe, daß die Initiatoren der Frankfurter Beschlüsse sich der Tragweite und der möglichen politischen Provokation wohl bewußt waren. Davon zeugt ihre ausdrückliche Erklärung, daß es keinesfalls beabsichtigt sei, die Autorität der Regierung zu mindern; in deren Händen verbleibe die oberste Gewalt über die Juden. Inhaltlich unterschieden sich die Beschlüsse nur wenig von den vielen in früheren Jahren erlassenen *takkanot*. Gegen viele der Mängel und Verstöße, die zu den Frankfurter Beschlüssen Anlaß gaben, hatten bereits Josel von Rosheim und die von ihm einberufene Versammlung angekämpft. Aber die Frankfurter Versammlung hatte offensichtlich mehr im Sinne als eine bloße Hebung des religiösen und moralischen Lebens. Sie wollte eine straffere innere Leitung des Gemeindelebens, vor allem durch eine Regelung des Rabbinats und des rabbinischen Gerichtswesens sowie durch ein gewisses Maß an organisatorischer Koordinierung aller Juden in Deutschland herbeiführen. Es ist ausgeschlossen, daß ihr irgendwelche politischen Ziele vorschwebten, doch war es nicht schwer, die Stärkung der rabbinischen und gemeindlichen Autorität als einen Eingriff in die kaiserliche Machtsphäre zu betrachten. Die regionalen Rabbinatsgerichte, die von der Versammlung vorgesehen waren, befanden sich zwar alle in freien Städten oder in reichsunmittelbaren Territorien, wahrscheinlich um eine Einmischung in die Autorität der Territorialherren zu vermeiden, und das in ihnen niedergelegte Territorialprinzip war ganz offensichtlich von den Entwicklungen im Reich beeinflußt. Jedoch war gerade dies geeignet, Verdacht bei den obersten Behörden des Reichs zu erwecken.

Das gerichtliche Verfahren des Staats gegen die «Rabbinerverschwörung» änderte schlagartig die politische Lage der Juden als religiös-ethnischer Minderheit. Nach 1603 wurde keine Landessynode mehr abgehalten, und im Jahre 1659 scheiterte ein letzter Versuch, eine Beratung von Rabbinern aus dem ganzen Reich in Hanau durchzuführen. Ein Zusammenschluß aller Juden im Reich in der Form eines Personenverbandes war dem Prinzip des Territorialstaats zuwider, und in Zukunft betrachteten sich die Juden in Deutschland mehr und mehr als den einzelnen Territorien angehörig und nicht dem Reich. Nur in den Reichsstädten und in seinen Erblanden hatte der Kaiser noch Machtprärogative über die Juden. Den Juden wurde nun klar, daß die ihnen im Mittelalter gewährte Autonomie ihres gemeindlichen und religiösen Lebens nicht mehr der Theorie und Praxis des Territorialstaats entsprach. Dieser Staat war nur bereit, ein gewisses Maß an Toleranz auch den Juden gegenüber gelten zu lassen, wenn ihm dies in politischer und wirtschaftlicher Beziehung nützlich erschien. So gesehen begann hier eine Entwicklung, die geradlinig zur Judenpolitik der Aufklärung und des Liberalismus führte und somit das Ereignis des Jahres 1603 als einen Wendepunkt in der Geschichte der deutschen Judenheit erscheinen läßt.

Jenes Ereignis erhöhte das Gefühl der Unsicherheit bei den Juden, während andererseits der Druck einer kaiserlichen Kommission und das Fehlen des kaiserlichen Schutzes die Bevölkerung zu Aggressionen einlud, die nicht lange auf sich warten lassen sollten. Wie oben erwähnt, sahen sich die Gemeindevertreter in Frankfurt veranlaßt, dem Handel mit schlechten und falschen Münzen in aller Schärfe entgegenzutreten. Diese Münzen überschwemmten den Markt, und allgemein beschuldigte man dafür die Juden, insbesondere Mitglieder der Frankfurter und Wormser Gemeinden. Die Beschlüsse der Frankfurter Versammlung zeigen, daß diese Beschuldigung, die den Zorn der Bevölkerung hervorrief, zum Teil berechtigt war. In vielen Fällen wurden damals Juden wegen Münzvergehen bestraft. Doch die allgemeine Verstimmung unter der Frankfurter Bevölkerung hatte tiefere Gründe, die mit den Juden wenig zu tun hatten. Die freie Reichsstadt Frankfurt wurde von einer patrizischen Oligarchie regiert, die die Zünfte grob benachteiligte. Immer lauter wurde die Forderung der Bürger nach größerer Beteiligung an der Stadtregierung, und schließlich machte sich die Spannung zwischen Rat und Bürgerschaft in Forderungen gegen die Juden Luft. Sowohl in Frankfurt als auch in Worms kam es 1612 zu Unruhen.

Der Regierungsantritt von Kaiser Matthias und seine Krönung in Frankfurt 1612 wurden Anlaß zu einer Bewegung in der Bürgerschaft. Als der Rat die Beschwerden zurückwies, wurde ein Bürgerausschuß gebildet, der in einer Sturmpetition seine Forderungen vortrug, die Kontrolle der Stadt übernahm und den Kaiser anrief. Es wurden Klagen über die Patrizierherrschaft laut. Die Beteiligung der Bürgerschaft an der Stadtregierung, die Reorganisation des Steuerwesens, die Kontrolle der städtischen Finanzen und ein ständiger Bürgerausschuß wurden gefordert. Die Bewegung richtete sich nicht nur gegen den Rat, sondern auch gegen die von ihm protegierte Judengemeinde. Die Zünfte in Frankfurt verlangten verschärfte Einschränkungen der Wirtschaftstätigkeit der Juden. Ihr Wortführer war der Kuchenbäcker Vincenz Fettmilch, kein ungebildeter Mensch, dem es jedoch nicht gelungen war, eine Anstellung bei der Stadtverwaltung zu erlangen. Juden, die sich auf den Straßen außerhalb der Judengasse zeigten, wurden vielfach mißhandelt. In Verhandlungen zwischen Zünften, Rat und kaiserlichen Kommissionären zeigte sich die Machtlosigkeit der Ratsherren. Schließlich forderten die Bürger die Ausweisung aller Juden, außer den reichsten. 1614 kam es zum Umsturz. Fettmilch handelte eigenmächtig als Diktator der Stadt, die Judengasse wurde nach mutiger, jedoch vergeblicher Verteidigung der Juden geplündert, die Gemeinde suchte ihre letzte Zuflucht auf ihrem Friedhof und

24 *Die Frankfurter Altstadt mit Judengasse, Ausschnitt aus dem sogenannten Großen Vogelschauplan von M. Merian d. Ä. (1628)*

25 Der Fettmilch-Aufstand von 1614

erwartete dort das Schlimmste. Die Aufständischen zwangen insgesamt etwa 1380 Personen, die Stadt zu verlassen.

Dieser Vorgang unterschied sich von den mittelalterlichen Pogromen und Vertreibungen jedoch nicht nur darin, daß es auf jüdischer Seite kaum Tote oder Verletzte gab und daß kein Jude gezwungen wurde, die Taufe anzunehmen, sondern auch darin, daß viele der verfolgten Juden bei mitleidigen Christen sowohl in benachbarten Orten (darunter Offenbach, Hanau, Gelnhausen und eine Reihe von Ortschaften im Taunusgebiet) als auch in Frankfurt selbst Obdach fanden. Für die veränderte Lage der Juden war außerdem bezeichnend, daß Kaiser Matthias sofort einschritt. Er verhängte gegen Fettmilch die Reichsacht, und seine Autorität, maßgebend für die Reichsstadt, genügte, um den Aufstand völlig zusammenbrechen zu lassen. Der alte Stadtrat wurde wieder eingesetzt und Fettmilch mit seinen Genossen hingerichtet. Die Juden kehrten in feierlicher Prozession mit Trommeln und Pfeifen in die Stadt zurück, die Synagoge und viele Häuser in der Judengasse wurden auf Kosten der Stadt wiederhergestellt, und auf jedem der drei Tore des Ghettos wurde ein großes Schild mit dem kaiserlichen Adler und der Aufschrift «*Röm. Kays. Maj. und des h. Reiches Schutz*», angebracht. Die Frankfurter jüdische Gemeinde beging seit dieser Zeit den Jahrestag der Rettung mit einer lokalen «Purim»-Feier, der ein Fasttag vorausging. Inzwischen hatten sich in Worms ähnliche Vorkommnisse wie in Frankfurt abgespielt. Alle Juden wurden 1615 aus der Stadt vertrieben, ihre Häuser sowie die Synagoge wurden geplündert und zerstört. Hier griff der Kurfürst von der Pfalz ein. Die Rädelsführer wurden aus der Stadt gejagt, die Juden kehrten unter militärischem Schutz zurück, und die Stadt mußte ihnen Schadenersatz leisten.

Bald nach der Rückkehr der Juden nach Frankfurt erließ der Kaiser eine neue «Judenstättigkeit», wie das Judengesetz in manchen Städten genannt wurde. Diese neue Judenstättigkeit gab der jüdischen Gemeinde größere Sicherheit, als sie bisher gekannt hatte. Das Wohnrecht war von nun an unbegrenzt und nicht, wie bis dahin, auf drei Jahre beschränkt; es ging auch auf die Nachkommen über. Andererseits wurde die jüdische Einwohnerschaft Frankfurts auf 500 Haushaltungen begrenzt, nur zwölf Hochzeiten durften pro Jahr stattfinden, und nur sechs auswärtige Juden sollten in Zukunft zur Stättigkeit aufgenommen werden. In allem übrigen, einschließlich rigoroser Verordnungen, die jede gesellschaftliche Annäherung zwischen Juden und Christen unterbinden sollten, folgte die neue Stättigkeit der alten. Sie wurde jedoch nicht, wie die alte, vom Rat der Stadt, sondern vom Kaiser selbst erlassen, und nur er konnte sie aufkündigen. Außerdem bestimmte die neue Stättigkeit, daß alle Handwerksgesellen einen Eid zu leisten hätten, die Judenschaft auf keine Weise zu belästigen. Rechtlich und politisch bezeugte der Ausgang des Fettmilch-Aufstandes, daß der schlimmste Druck des jüdischen Mittelalters ein Ende genommen hatte.

3. Die Juden im Dreißigjährigen Krieg

Die schrecklichen Leiden und die Verwüstungen, die der Dreißigjährige Krieg (1618–1648) über viele deutsche Landstriche brachte, zogen natürlich auch viele jüdische Gemeinden in Mitleidenschaft. Die Synagoge in Fürth wurde 1621 von Soldaten ausgeraubt, und 1634 wurde die ganze Gemeinde zerstört. Auch die Halberstädter Juden mußten Plünderungen erdulden. Die Juden in Böhmen und Mähren hatten besonders zu leiden; viele Gemeinden wurden durch die Kriegsgeschehnisse vollkommen ruiniert, und zahlreiche jüdische Flüchtlinge aus Dörfern und Städtchen in Böhmen und Österreich suchten Zuflucht in Wien und Prag. Unter den Kriegslasten litten die Juden oftmals nicht weniger als die christliche Bevölkerung; sie mußten sich Einquartierungen von Soldaten gefallen lassen und wurden oft weit mehr als die Christen zu Kriegstributen herangezogen. Auch von Seuchen, die der Krieg mit sich brachte, blieben große Gemeinden wie Frankfurt und Worms nicht verschont. Selbst Versuche, Juden aus ganzen Territorien zu vertreiben, blieben nicht aus (Hessen-Darmstadt, 1628). Die Frankfurter Gemeinde unterstützte zwar durchreisende Flüchtlinge, konnte aber nicht eine Familie aufnehmen.

Dennoch war die Lage der Juden an vielen Orten günstiger als die der allgemeinen Bevölkerung, und während diese sich im Verlauf des Krieges in manchen Gegenden um 60–70 % verringerte, sank die Zahl der jüdischen Bevölkerung insgesamt nur gering. Die jüdische Einwohnerzahl Frankfurts betrug 2209 im Jahre 1624 und 1777 am Ende des Krieges. Die Juden waren ja von dem religiösen Konflikt, der in diesem Krieg ausgetragen wurde, nicht berührt, und ihre Wohnviertel litten oft weniger als die der anderen, wenn auch mancherorts gezielt die Wohnungen der Juden geplündert wurden, weil bei ihnen reichere Beute erwartet wurde. Als Vermittler, Lieferanten und Beschaffer von Krediten konnten viele Juden für die Kriegsführung gute Dienste leisten, und sie wurden bald sowohl den katholischen als auch den protestantischen Fürsten und Heerführern unentbehrlich. Am Anfang des Krieges, als das Kaiserreich sich in einer akuten Krise befand, waren die Juden eines der ganz wenigen Potentiale, die der Kaiser zu seinen Gunsten unverzüglich mobilisieren konnte.

Seit 1630 waren es besonders die Schweden, die die Finanz- und Handelsbeziehungen der Juden in den vielen deutschen Städten, die sie besetzten, in Anspruch nahmen und sie dadurch mehr als vorher in das wirtschaftliche und politische Leben verwickelten, freilich nicht ohne ihnen vorher erhebliche Kriegstribute auferlegt zu haben. Jüdische Unternehmer versorgten durch ihre weitverzweigten Verbindungen in Osteuropa ganze Armeen mit Lebensmitteln und Futter. Auch die Tatsache, daß so viele Juden in Dörfern und Städtchen wohnten und seit langem Waren zwischen Land und Stadt vermittelten, war für die jüdischen Unternehmer von großem Vorteil. Sie gründeten Gießereien und Pulvermühlen und lieferten Waffen, Munition, Pferde und Kleidung. Daher ergingen oft strenge Befehle an die Besatzungstruppen, die schwedischen ebenso wie die kaiserlichen, die Häuser der Juden unbehelligt zu lassen. So ordnete Kaiser Ferdinand II. (1619–1637) im Jahre 1636 an, daß die Juden in Worms unbehelligt bleiben und ihnen weder Einquartierung noch Zwangsanleihen aufgebürdet werden sollten. Kein Wunder, daß ein böhmischer Adeliger aus der freiherrlichen Familie Lobkowitz versuchte, einige seiner Schätze dadurch zu retten, daß er sie im Prager Judenviertel versteckte.

Überhaupt war das Prager Judenviertel ein Zentrum fieberhafter Geschäftigkeit im Dienste des Kaisers und seiner Armeen. Als zu Beginn des Krieges die kaiserliche Partei an großem Geldmangel litt und deshalb eine schlimme Niederlage zu befürchten war, pachtete der Prager Finanzier Jakob Bassevi (1570–1634) zusammen mit Fürst Liechtenstein und General Wallenstein die kaiserliche Silbermünze, die dem Kaiser – durch Verringerung des Silbergehalts der Münzen – immense Summen für die Kriegsführung einbrachte. Infolgedessen konnten seine Armee und die der Liga die Schlacht am Weißen Berg gegen die Böhmen gewinnen (1620) und die Stadt Prag zurückerobern. Während bei Ausbruch des Krieges der Pöbel die Prager Judengasse gestürmt und ausgeraubt hatte, war nun das Judenviertel die einzige Gegend der Stadt, die auf Befehl des Kaisers nicht von seinen Truppen geplündert wurde. Nach dem Einmarsch des Kaisers veranstalteten die Juden eine feierliche Prozession zu seinen Ehren, ähnlich wie in Frankfurt bei der Rückkehr der Juden. Der Tag des Einmarsches der kaiserlichen und ligistischen Truppen wurde von da an während mehr als hundert Jahren als das «Prager Purim» mit Fasten und anschließendem Festessen gefeiert. Bassevi selbst wurde in Anerkennung seiner Verdienste vom Kaiser mit dem Titel Ritter von Treuenberg geadelt. Er war der erste Jude im Heiligen Römischen Reich, der in den erblichen Adelsstand erhoben wurde. Fürst Liechtenstein, der kaiserliche Statthalter von Böhmen, erlaubte den Prager Juden, eine große Anzahl von Häusern anzukaufen, die von Lutheranern bewohnt und vom Kaiser konfisziert worden waren und freistanden. Da die Bürger und der Rat Prags den Aufstand der böhmischen Stände unterstützt hatten, wurde die Erweiterung des Ghettos gegen deren heftigen Widerstand durchgeführt. Aus der Prager Judengasse wurde eine «Judenstadt». Kaiser Ferdinand III. (1637–1657) hat dann der privilegierten Stellung der Prager Judenschaft dadurch symbolischen Ausdruck verliehen, daß er ihr unter anderem erlaubte, sich ein Wappenschild zuzulegen, einen schwedischen Helm mit dem Davidstern, der an allen Gebäuden der Gemeinde angebracht wurde.

Man kann sagen, daß die Juden im Dreißigjährigen Krieg vielfach – zum ersten Mal in ihrer Geschichte – besser als die übrige Bevölkerung behandelt wurden. Jedenfalls war dies der Eindruck eines zeitgenössischen Rabbiners in Frankfurt am Main:

«Wir haben mit unseren eigenen Augen gesehen und mit unseren eigenen Ohren gehört, daß der lebendige Gott unter uns weilt und uns jederzeit auf wunderbare Weise beisteht ... Die Krieger, die seit Jahren durch die Städtchen und Dörfer ziehen, haben uns vielfach schonender als die Nichtjuden behandelt, so daß manchmal diese ihr Hab und Gut bei Juden in Sicherheit brachten. Ebenso war es eine wunderbare Fügung, daß es den feindlichen Truppen nicht gelang, so wie sie es vorhatten, Juden zu arrestieren, und solche, die doch gefangen genommen wurden, konnte man leicht ohne oder nur gegen geringfügiges Lösegeld aus der Gefangenschaft befreien.»[2]

Der Dreißigjährige Krieg war eine Zeit rapiden Wandels für die Juden. Viele neue Gemeinden, sowohl städtische als auch ländliche, entstanden gerade in diesen Jahren, und die Mitgliederzahlen einiger Stadtgemeinden vergrößerten sich oder blieben doch unverändert. In Wien hatte sich, wie erwähnt, eine in jeder Beziehung aktionsfähige Gemeinde gebildet, und um 1618 bestand ihr Vorstand aus 16 Personen. Bald zog sie hervorragende Gelehrte an und wurde ein geistiges Zentrum. Die Gemeinde hatte zwischen 1625 und 1627 als ihren ersten Rabbiner den berühmten Gelehrten Jomtow Lipmann Heller angestellt. Die Zahl der Juden in Wien nahm während des Dreißigjährigen Krieges ständig zu. Im Jahre 1650 waren hier bereits über 2000 Juden ansässig.

Überall gewannen Juden Zugang zu Wirtschaftssektoren, die ihnen früher verschlossen waren. So wurden ihnen in Frankfurt neben dem Trödlergeschäft auch einige Zweige des Warenhandels freigegeben, sie durften jedoch keine Läden oder Stände auf dem Markt unterhalten und konnten nur hausieren. Weniger vorteilhaft für die Juden waren andere Auswirkungen des Krieges. Die Verarmung eines großen Teils der ländlichen Bevölkerung zog auch Juden in Mitleidenschaft. Die Bettel- und Wanderjuden, an denen es allerdings auch vor dem Krieg nicht gemangelt hatte, wurden nun zu einer häufigen Erscheinung, die nach 1648 ungeahnte Ausmaße annahm.

4. Auswirkungen der Geschehnisse des Jahres 1648

Das Jahr 1648 war in der Geschichte des europäischen Judentums ein Jahr tragischer und dramatischer Ereignisse. Während die kriegführenden Parteien in Münster und Osnabrück den Westfälischen Frieden aushandelten, richteten aufständische Kosaken unter Bogdan Chmielnicki in der damals dem polnischen Staat zugehörigen Ukraine ein entsetzliches Blutbad unter den dortigen Juden an und zerstörten Hunderte von jüdischen Gemeinden. Auch im Schwedisch-Polnischen Krieg (1654–1660) hatten die Juden Osteuropas schwer zu leiden. Zwar war es schon vorher zu einer jüdischen Migration von Ost nach West gekommen, doch nun strömten Flüchtlinge aus Polen und Litauen nach dem Westen und Süden. Während sich im 16. Jahrhundert die Juden in Polen sicherer fühlten als in Deutschland, verkehrte sich nun die Situation ins Gegenteil: Sie kamen in Scharen und suchten in Deutschland, Österreich und Mähren Zuflucht. Die Regierungen sahen oft über bestehende Gesetze hinweg und bezeichneten Juden, die an der polnischen Grenze wohnten und die einen großen Teil der Einwanderer ausmachten, amtlich als «Grenzjuden». Große Gruppen jüdischer Flüchtlinge wanderten auch nach Ostpreußen und Schlesien, und polnische Juden erhielten als «Bedienstete» ortsansässiger Juden Wohnrecht in Breslau, wo sie als Handelsagenten für ausländische jüdische Kaufleute wirkten und mit der Zeit fünf Synagogen gründeten. Auch anderswo wurden Flüchtlinge aus Polen hereingelassen, so in Hamburg, Dessau und Fürth. Die jüdische Gemeinde in Moisling bei Lübeck, die bis ins 19. Jahrhundert hinein die jüdische Bevölkerung im Raum Ostholstein-Mecklenburg dominierte, wurde von Flüchtlingen gegründet, die vor den Kosaken geflohen waren. Eine ganze Jeschiwa flüchtete mit ihrem Leiter aus Krakau nach Wien.

Judenfeindliche Reaktionen auf diese Einwanderungen setzten bald nach Beendigung des Krieges ein. Im Jahre 1650 beschloß der mährische

Landtag, allen Juden, die nach 1618 eingewandert waren, das Wohnrecht zu entziehen, da sie «zu zahlreich» geworden seien. Mit dem Abzug der fremden Armeen nach dem Westfälischen Frieden versuchten verschiedene lokale Obrigkeiten, die Juden aufs neue zu vertreiben. Sie hatten Erfolg in den freien Reichsstädten Lübeck, Heilbronn, Schweinfurt, Augsburg (dort nur zum Teil) sowie in den oberhessischen Städten (1662). Aus Hamburg wurden die meisten aschkenasischen Juden vertrieben, die sich dort während des Krieges angesiedelt hatten. Jedoch weigerten sich die meisten Fürsten, darunter der Große Kurfürst von Brandenburg, der Kurfürst von der Pfalz, der Herzog von Hannover, der Markgraf von Ansbach und manche andere Herrscher, dem Ruf vieler Städter nach Ausweisung der Juden stattzugeben, und so verblieben sie in Dessau, Halberstadt, Heidelberg, Herford, Kleve, Landsberg, Minden und in zahllosen Dörfern. Kurfürst Karl Ludwig von der Pfalz (1632–1680) gab solchen Juden, die bereit und imstande waren, sich am Aufbau der Stadt Mannheim zu beteiligen, weitgehende Rechte und Erleichterungen, wodurch sich die jüdische Bevölkerung in Mannheim in kurzer Zeit außerordentlich vermehrte (1698 gab es 125 Haushalte, 1734 schon 380).

Die durch den Westfälischen Frieden geschaffene neue politische Lage kam den Juden letzten Endes zugute. Eine Vielzahl von territorialen und städtischen Herrschaften, von denen jede einzelne ihre eigene Politik betreiben konnte, brachte die Juden überall in direkte Abhängigkeit von den lokalen Obrigkeiten, und das war im nun voll einsetzenden Zeitalter des Absolutismus für sie meistens günstig. Die alte «kammerknechtliche» Beziehung zum Reichsoberhaupt war endgültig vorüber; schon 1635 war der Versuch Kaiser Ferdinands II. gescheitert, den Goldenen Opferpfennig wieder einzuführen. Die Landeshoheit und das Geltungsbedürfnis der vielen Einzelstaaten und Fürsten erforderten nach dem Friedensschluß erst recht die Heranziehung des Wirtschaftspotentials der Juden, das sich im Krieg so glänzend bewährt hatte. Es gab kaum eine der zahlreichen großen und kleinen Residenzstädte, wo nicht wenigstens eine jüdische Familie aufgenommen wurde. In der kleinen Ortschaft Oettingen im Ries nannte man die Juden auf der einen Seite des Marktplatzes die «katholischen Juden», diejenigen auf der anderen Seite die «protestantischen»; denn von den regierenden fürstlichen und gräflichen Linien war die eine katholisch und die andere protestantisch, und die Grenze zwischen den beiden Herrschaftsgebieten lief mitten über den Marktplatz. Viele Gebietsveränderungen brachten eine jüdische Bevölkerung in Territorien, die bisher keine Juden geduldet hatten, und wenn dies auch mitunter zu Vertreibungen Anlaß gab, so konnten andererseits leichter Judengesetze entworfen werden, weil man keine ältere Gesetzgebung zu berücksichtigen hatte.

Das Prinzip der Toleranz und der Religionsfreiheit – ungeachtet der offiziellen Staatsreligion –, das im Westfälischen Frieden niedergelegt worden war, galt nur für die «drei im Reich rezipierten Religionen»: die

Lutheraner, die Calvinisten und die Katholiken, nicht aber für andere christliche Richtungen, geschweige denn für die Juden. Doch der Religionsfriede machte sich auch vielfach in der Haltung gegenüber den Juden bemerkbar, denn die Loslösung der Politik von religiösen Tendenzen war auch für sie günstig. Immer mehr Christen verkehrten in den Ländern der Muslime und anderer «Ungläubigen» und forderten dort Toleranz. Folglich konnte man den Ungläubigen im eigenen Lande die Toleranz nicht versagen. Die Ämter hatten sich schon vor dem Religionsfrieden daran gewöhnt, daß die Vertreter der Juden nun ein Rechtsgefühl an den Tag legten, das bereits bei Josel von Rosheim einen prägnanten Ausdruck gefunden hatte. Gewiß war die wachsende Duldung der Juden von humanen Gefühlen beeinflußt. Nicht selten wurden sie jetzt bei feierlichen Anlässen an Festlichkeiten der Fürsten und Städte beteiligt. Und dennoch: Die tatsächliche Absicht war in der Regel die erhoffte schließliche Bekehrung aller Juden zum Christentum.

Selbst eine halbherzige Duldung der Juden rief den Widerstand der Bürger und namentlich der Zünfte hervor, wobei sowohl religiöser Eifer als auch Furcht vor wirtschaftlicher Konkurrenz eine Rolle spielten. In Halberstadt waren die Juden während des Dreißigjährigen Krieges schon von der schwedischen Regierung gegen die Beschuldigungen und Gewalttätigkeiten der Zünfte in Schutz genommen worden; nachdem die Stadt an Brandenburg gekommen war, übernahm der neue Landesherr diese Aufgabe. Erfolgreicher waren die Bürger in Wien. Dort hatte es schon früher einige Vertreibungen gegeben, und die habsburgische Judenpolitik schwankte seit langem zwischen Begünstigung und Unterdrückung der Juden, so daß die Wiener Kaufleute, die in Wirklichkeit nur die Konkurrenz fürchteten, mit der Verdächtigung, die Juden pflegten verräterische Beziehungen mit den Juden des Osmanischen Reichs, Erfolg hatten. Bei seiner Thronbesteigung weigerte sich anfangs Kaiser Ferdinand III. (1637–1657), dem Druck der Stadt Wien nachgebend, die Privilegien der Juden zu bestätigen. Doch dann erneuerte er ihnen nicht nur ihre alten Rechte, sondern erweiterte sie – wenn auch gegen hohe Bezahlung.

Mit dem Thronwechsel 1657 setzten freilich erneut energische Vorstöße der Stadt Wien ein, die die Vertreibung der Juden zum Ziel hatten. Leopold I. (1657–1705) widerstand zunächst diesem Druck auf Rat seiner Finanzbeamten, doch nicht lange. Zu den um die Ausweisung der Juden dringend ansuchenden Wiener Kaufleuten gesellte sich Leopolds spanische Gemahlin, die für eine Fehlgeburt die Anwesenheit der Juden in Wien verantwortlich machte. Im Jahre 1669 erging der Ausweisungsbefehl an 1346 Personen der Wiener Judenschaft – so berichtete der preußische Resident an den Großen Kurfürsten –, und im Sommer 1670 mußten diese auswandern. Die meisten zogen nach Mähren, wo viele Wiener Juden Verwandte hatten; andere gingen nach Böhmen und, über Mähren, nach Ungarn, besonders nach den Besitzungen des toleranten Grafen Esterhazy

26 *Flugblatt zur Vertreibung der Juden aus Wien 1670*

im Burgenland, wo alsbald die sogenannten «sieben Gemeinden» mit Eisenstadt als Zentrum aufblühten. Einige Familien zogen nach Krakau, wo viele Wiener Juden mit ihren dortigen Glaubensgenossen bereits enge Handelsbeziehungen unterhalten hatten. Einige größere Landgemeinden in Süddeutschland, z. B. Harburg im Ries, wurden durch Wiener Exulanten gegründet. Andere, bereits bestehende Gemeinden, wie z. B. Fürth, erhielten bedeutenden Zuwachs aus Wien. 1683 machte der Kaiser die Vertreibung aus wirtschaftlichen Gründen rückgängig.

So war also auch in der frühen Neuzeit die erzwungene Wanderschaft das Schicksal der Juden in vielen deutschsprachigen Ländern. Im Jahr der Wiener Vertreibung wurden die Juden auch aus dem Fuldaer Land ausgewiesen – nicht das erste Mal in diesem Jahrhundert: sie waren 1641 schon einmal vertrieben worden. Aus anderen Gründen mußten die Juden der alten, großen Gemeinde Worms auswandern. Bei dem Einfall Ludwigs XIV. in die Pfalz wurde die Gemeinde 1689 mit der ganzen Stadt zerstört. Vergeblich hatten die Juden versucht, durch große Geldzahlungen die Gunst der Franzosen zu erringen. Dies führte dazu, daß ihnen Ratsmitglieder später Verrat vorwarfen. Erst 1699 kehrten die Juden nach Worms zurück.

In der Schweiz wohnten seit Ende des 15. Jahrhunderts keine Juden mehr, nachdem sie aus allen Städten ausgewiesen worden waren. Während des 17. Jahrhunderts wurden sie im Kanton Aargau aufgenommen, wurden jedoch schließlich nur in Lengnau und Endingen seßhaft. Dies waren, mehr als zweihundert Jahre lang, die einzigen Orte in der Schweiz, wo sich jüdische Familien aufhalten durften. Der größte Teil der Juden dieser beiden Gemeinden stammte aus der Rheingegend. Erstaunlich ist die relative Sicherheit von Leib und Gut, die den Juden in diesen beiden Gemeinden gewährt wurde, während doch ihr Verweilen in der ganzen übrigen Schweiz streng verboten war. Man bewilligte ihnen sogar eine besondere Vergünstigung: Sie durften im Jahre 1689 eine Begräbnisstätte auf einer Insel im Rhein pachten, die viele Jahre in Benutzung war und als «Judeninsel» bekannt wurde.

5. Aufnahme der Juden in Brandenburg-Preußen

Inzwischen war die Nachricht von der Wiener Vertreibung am Hof des Großen Kurfürsten, Friedrich Wilhelm I. von Brandenburg-Preußen (1640–1688), in Berlin mit Interesse aufgenommen worden. Der Kurfürst hatte seine Jugendjahre in Holland verbracht und dort den Geist religiöser Duldsamkeit in sich aufgenommen. Als Calvinist war er ein Gegner der lutherischen Orthodoxie, der viele seiner Untertanen anhingen, und hatte daher wenig Hemmungen, eine großzügige, die Wünsche der lutherischen Kirche ignorierende Einwanderungspolitik und eine realistische Wirtschaftspolitik zu verfolgen, die seinem wirtschaftlich rückständigen und durch den Krieg dünn bevölkerten Land neue Produzenten und Konsumenten zuführen sollten. Es wurden Verhandlungen mit Vertretern der Wiener Juden geführt, als deren Ergebnis der Kurfürst im Mai 1671 ein Edikt veröffentlichte, in dem er fünfzig jüdischen Familien erlaubte, sich in Berlin und einigen anderen Städten der Mark Brandenburg anzusiedeln, wo ihre Niederlassung bisher verboten war. In Ostpreußen hatte er schon vorher Juden zugelassen, und in anderen Territorien, die er durch den Westfälischen Frieden erworben hatte – in Kleve, Mark, Ravensberg und den Bistümern Minden und Halberstadt –, befanden sich überall kleine jüdische Siedlungen oder waren im Entstehen begriffen. Herausragend war die Entwicklung der jüdischen Gemeinde in Halberstadt, die an dem Großen Kurfürsten einen ständigen Beschützer hatte, der sie gegen die Anfeindungen der Bevölkerung und Stadtverwaltung verteidigte. Das Entgegenkommen des Kurfürsten den Juden gegenüber hatte zwar in der Hauptsache wirtschaftliche Motive, doch spielten auch religiöse Beweggründe mit: Er hoffte, Judenmission treiben zu können, eine Absicht, die sowohl er als auch seine Nachfolger nie aus den Augen verloren. So war auch hier die Duldung der Juden nur eine bedingte: Vorrangiges Ziel war ihr wirtschaftlicher Nutzen, letztendliches Ziel ihre Bekehrung.

Zunächst jedoch bestand Friedrich Wilhelm auf einem gewissen Grad an Toleranz gegenüber den Juden, was die lutherische Bevölkerung immer wieder zu Protesten und Beschwerden veranlaßte. Das Aufnahmeedikt erlaubte den Juden, Wohnungen und Häuser zu mieten, zu erwerben oder zu bauen, und gestattete ihnen freien, ungehinderten Handel und die Ausstellung ihrer Waren in offenen Läden und auf Jahrmärkten. Aufgenommen wurden zunächst nur wohlhabende Kaufleute, die gewillt waren, ihre finanziellen Mittel in ihrer neuen Heimat anzulegen, und zwar vorerst für einen Zeitraum von zwanzig Jahren, der nach Ablauf durch neue Privilegien und Schutzbriefe verlängert werden mußte. Da das Edikt von 1671 keine Synagoge, sondern nur Privatgottesdienste in Wohnhäusern erlaubte, stand den Juden auch kein von ihnen selbst ernannter Rabbiner zu. Dennoch verordnete der Kurfürst 1672, daß der bereits in der Neumark anerkannte Rabbiner «aller in der gantzen Chur-Mark Brandenburg vergleiteten Juden Rabbi seyn sol».[3] In der Stadt Brandenburg wurden die Neuankömmlinge aus Österreich von der Bevölkerung mit Unwillen empfangen, und es kam sogar zu Tätlichkeiten. Der Kurfürst handelte konsequent: Er stellte den Rat der Stadt zur Rede und forderte ihn auf, die Juden zu schützen. Eingaben gegen die Juden wurden von ihm mit Stillschweigen übergangen.

Es kann nicht verschwiegen werden, daß die beharrliche Ansicht des Großen Kurfürsten und seines Hofes, die wirtschaftliche Betätigung der begüterten Juden sei dem Staat nicht schädlich, sondern nützlich, durchaus nicht dem Urteil aller gelehrten und erfahrenen Zeitgenossen entsprach. Manche von diesen beschuldigten die jüdischen Kaufleute, den geregelten Handel zu untergraben, die Preise zu unterbieten, unlautere Konkurrenz zu machen und nur an ihren Profit und nicht an das Wohl des Staats zu denken. Friedrich Wilhelm ging in der Toleranz weiter als der Westfälische Friede, sowohl in bezug auf die protestantischen Glaubensgemeinschaften als auf die Juden. Daß jedoch seine Regierung die Juden, die sie so bereitwillig aufgenommen hatte, nur als Mittler wirtschaftlichen Fortschritts betrachtete, zeigt ein Vergleich mit einer christlichen Minderheit, die gleichfalls ins Land gerufen wurde. Im Potsdamer Edikt von 1685 ordnete Friedrich Wilhelm die Aufnahme der Hugenotten an, die im selben Jahr als Protestanten ihre französische Heimat verlassen mußten. (1688 lud er auch die in Italien und Savoyen bedrängten Waldenser ein.) Es kamen fast 20000 Hugenotten nach Brandenburg-Preußen. Beide, Juden wie Hugenotten, waren «importierte Ersatzbürger»,[4] deren Funktionen darin bestanden, den Arbeitskräftemangel, der im Lande herrschte, zu beheben, dem Staat als zusätzliche Steuerquelle zu dienen, Manufakturen zu errichten und zur Belebung des Handels und des Geldverkehrs beizutragen. Doch behandelte man die beiden Gruppen als Menschen wie als Bürger ganz unterschiedlich. Die christliche Minderheit wurde in keiner Weise diskriminiert und erhielt sogar manche Vorrechte. Dabei spielte wohl auch der Wunsch, Glaubensbrüdern zu helfen, eine Rolle. Die jüdischen Einwanderer wurden wegen ihrer Nützlichkeit – wie alle Juden im Alten Reich – geduldet.

II.
Die Hofjuden

Politisch war der absolutistische Staat darauf gerichtet, die bisherigen Kraftzentren des öffentlichen Lebens, namentlich die Stände und die Kirchen, zu entmachten. Ein für die Juden besonders relevantes Beispiel für die Entmachtung der Kirchen und die Säkularisierung des öffentlichen Lebens war das Reichszinsedikt (1695), welches das auf christlichem Grundsatz beruhende Wucherverbot und die damit verbundene Drohung mit dem Kirchenbann aufhob. Als Folge wurde die Geldleihe immer weniger ein jüdisches Gewerbe.

Das wirtschaftliche System, mit dem die Herrscher ihre Länder zu materiellem Wohlstand zu bringen suchten, war der Merkantilismus. Merkantilismus bedeutete vor allem die Steigerung der Staatseinkünfte, die Vermehrung der Bevölkerung und speziell in Deutschland die Begünstigung der Einwanderung von Fremden, deren wirtschaftliche Betätigung das Land durch neue Methoden und Fertigkeiten stärkte. Das waren Ziele, für deren Verwirklichung man die Juden besonders nutzbringend verwenden konnte. Die Judenpolitik des fürstlichen Absolutismus folgte dem Grundsatz, daß man dem Staat eine aktive Handelsbilanz verschaffen müsse und daß hierfür von der Wirtschafts- und Steuerkraft der Juden Gebrauch zu machen sei. Staatsbeamte zögerten nicht mehr, Juden zur Ankurbelung der Wirtschaft und für das Wiederaufblühen der Städte heranzuziehen. Selbst der Erwerb von Grundbesitz wurde ihnen, insbesondere wenn sie portugiesischer Herkunft waren, hier und dort wieder gestattet.

1. Hofjuden in Wirtschaft und Politik

Der Absolutismus und seine Wirtschaftsform, der Merkantilismus, machten das Hofjudentum zu einer in ihrer Art völlig neuen Erscheinung in der Geschichte der Juden in den deutschsprachigen Ländern des 17. und 18. Jahrhunderts. Jüdische Hofagenten und Hofbankiers gab es schon im Mittelalter, namentlich in Spanien, aber auch in Deutschland, wie etwa in Sachsen, wo die Markgrafen und späteren Kurfürsten im 14. und 15. Jahrhundert Juden, die unter ihrem besonderen Schutz standen, in ihre Dienste nahmen. Jüdische Finanziers besorgten damals die Geschäfte der Bischöfe von Würzburg und fungierten als Bankiers von Kölner Edelleuten. Das waren allerdings Einzelerscheinungen, ohne besondere Bedeutung für die Geschicke der jüdischen Gemeinden und die Judenschaft in ihrer Gesamtheit. Dasselbe gilt für die jüdischen Hofagenten, die in Hessen-Kassel seit

Mitte des 16. Jahrhunderts in finanziellen und politischen Angelegenheiten tätig waren, jedoch in keiner Weise für die kollektiven Verbindlichkeiten der Juden Verantwortung übernahmen. Charakteristisch für den Hofjuden, von dem hier die Rede sein soll, war, daß er mit einer Gemeinde eng verbunden war und blieb und sich für sie einsetzte. Daher waren auch ein Michel von Derenburg oder der Münzmeister Lippold, die vielfach als erste brandenburgische Hoffaktoren bezeichnet werden, keine typischen Hofjuden in dem hier angedeuteten Sinn, denn es gab zu ihrer Zeit, um die Mitte und in der zweiten Hälfte des 16. Jahrhunderts, keine jüdische Gemeinde in Berlin, und sie haben in der jüdischen Gemeinschaft keine Spur hinterlassen. Eher schon repräsentieren Mordechaj Meisel und Jakob Bassevi den Typ des Hofjuden, denn sie wirkten innerhalb ihrer Gemeinden in Prag und Wien. Bassevi wurde 1611 von Kaiser Matthias amtlich zum Hofjuden bestallt und später von Ferdinand II. in dieser Stellung bestätigt.

Der Bedarf an Hoffaktoren stieg im Dreißigjährigen Krieg und in seiner Folgezeit steil an. Die Finanzkraft der Territorien war durch die Verwüstungen des Krieges geschwächt: Große Banken und Handelsunternehmen wie die der Welser machten bankrott, die reichen Städte verarmten, und die Abwertung der Münze ruinierte das Kreditwesen und brachte den Handel zum Stocken. Andererseits erforderte der Krieg riesige Summen für den Unterhalt der Truppen. Juden wirkten als Kriegslieferanten für ganze Armeen. Nach dem Krieg herrschte bei einem großen Teil der Territorialherren beträchtliche Geldknappheit. Der Geldbedarf nahm aber noch zu, weil die verschwenderische Prachtentfaltung, wie sie für die Fürstenhöfe des Absolutismus charakteristisch war, gewaltige Aufwendungen verlangte. Riesige Summen mußten z. B. für den Bau repräsentativer Barockpaläste und würdiger Residenzen aufgebracht werden. Durch all diese Umstände bildete sich das Hoffaktorentum, bei dem der Hoffaktor in einem permanenten Dienstverhältnis zum Herrscher stand, zu einer ständigen und in allen großen und kleinen Territorialstaaten eingeführten Institution aus. Da lag es im natürlichen Gang der Dinge, daß aus den jüdischen Heereslieferanten, ohne die im 17. und 18. Jahrhundert kein Krieg in Deutschland geführt wurde, Hofjuden entstanden. Ihre Verbreitung in deutschsprachigen Ländern war unübersehbar, und insgesamt ging ihre Zahl wohl in die Tausende. Ein besonders herausragendes Beispiel für diese Entwicklung bot Kursachsen zur Zeit seiner Personalunion mit dem Königreich Polen, als nicht weniger als 35 Frankfurter jüdische Familien in Hofdiensten standen. Manche Hoffaktoren waren für mehrere Fürsten gleichzeitig tätig. So war der Frankfurter Bankier Moses Löb Isaak Kann der Hoffaktor von Mainz, Würzburg, Bamberg und Wien. Es gab auch eine ganze Reihe von Hofjuden-Dynastien: Drei Generationen der Familie Gomperz dienten dem Fürstbischof von Münster, sechs den preußischen Herrschern in ununterbrochener Folge, die Dynastie der Behrend dem Kurfürsten von Hannover und die der Familie

27 *Der Hofjude Samuel Oppenheimer*

Lehmann dem sächsischen Hof. Die Namen Oppenheimer und Wertheimer erschienen lange Jahre hindurch auf der Liste der Wiener Hoffaktoren.

Die herausragende und politisch wirksamste Tätigkeit der Hofjuden war zweifelsohne die, die ihnen bei der Finanzierung der europäischen Kriege im Zeitalter des Absolutismus zufiel, insbesondere bei den beiden großen militärischen Konfrontationen mit Frankreich und dem Osmanischen Reich, aus denen die Habsburger siegreich hervorgingen. Der kaiserliche Heereslieferant während des Krieges 1673–1679 gegen die Hegemonialbestrebungen Ludwigs XIV. in Europa war der Wiener Hofjude Samuel Oppenheimer (1630–1703), der seine Jugend in Heidelberg verbracht hatte und sich als erster Jude in Wien nach der Vertreibung von 1670/71 ansiedelte. Die kaiserlichen Truppen, die die seit 1682 vorrückenden Osmanen zurückschlugen und damit die Türkengefahr für Europa beseitigten, wurden durch riesige, von Oppenheimer beschaffte Summen besoldet. Er besorgte die Uniformen und den Proviant, die Pferde und ihr Futter sowie die Flöße, mit denen Kanonen, Pferde und Soldaten auf den Flüssen transportiert wurden. Es war mit sein Verdienst, daß Wien bei der Belagerung 1683 gerettet wurde, und er spielte eine entscheidende Rolle bei der Belagerung und Einnahme von Buda[pest] (1686) und Belgrad (1688). Als Ludwig XIV. 1688 in die Pfalz einfiel, übernahm Oppenheimer während einiger Jahre die Finanzierung eines Zweifrontenkrieges, indem er dem Kaiser das Potential eines weitverzweigten Netzes von jüdischen Finanziers in ganz Deutschland und den Niederlanden zur Verfügung stellen konnte. Selbst die Friedenskonferenzen, die mit großem Aufwand veranstaltet wurden, mußten von ihm finanziert werden: Karlowitz (1699) am Ende des zweiten Türkenkrieges und Utrecht (1714) am Ende des Spanischen Erbfolgekrieges.

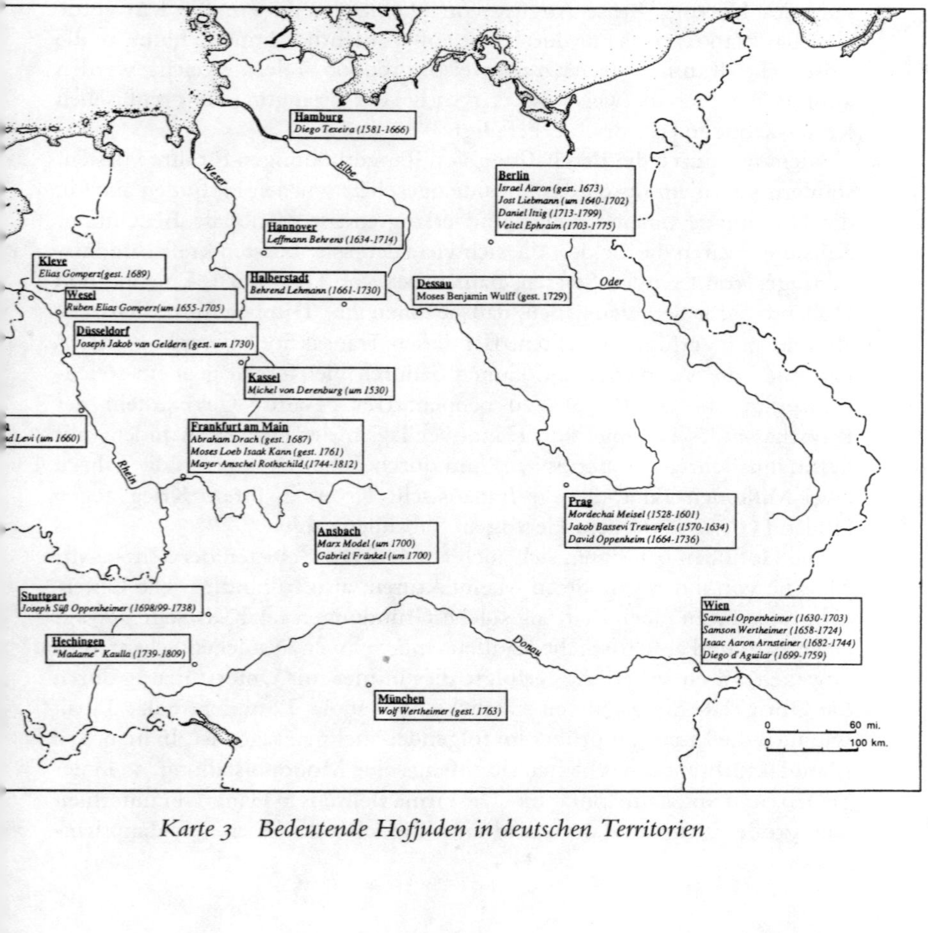

Karte 3 Bedeutende Hofjuden in deutschen Territorien

Als Lieferanten der Höfe beschaften die Hofjuden jeden Artikel, der benötigt wurde, seien es Pferde, Schlachtvieh, Schmuck, Weine oder Hermelin. Mit jüdischen Krediten wurde der Bau der großen Karlskirche sowie des Schönbrunn-Palastes der Habsburger in Wien bestritten, Ungeheure Summen mußten für jene Herrscher beschafft werden, die eine Königswürde begehrten oder eine andere Rangerhöhung mit größerer Macht erlangen wollten. Kurfürst August II. (der Starke, 1670–1733) von Sachsen betrieb seine Wahl auf den polnischen Thron (1694) mit der Zahlung von Millionen von Talern an den polnischen Adel, die sein Hoffaktor Behrend Lehmann (Jissachar Bermann Segal, 1661–1730) aufbringen mußte. Lehmann erreichte den höchsten Rang unter den norddeutschen Hoffinanziers und entwickelte zugleich eine Vielseitigkeit als Hofbankier, Hofjuwelier, Heereslieferant und politischer Agent, die unter den Hoffaktoren in Deutschland einzig dasteht. Ohne seine und die Mithilfe anderer Hofjuden wäre August nicht König von Polen geworden. Nicht lange vorher hatte Leffmann Behrens (1634–1714), der Hofjude des Herzogs Ernst August von Hannover, diesem die Kurwürde verschafft (1692), was nur durch eine außerordentlich hohe Zahlung an die kaiserliche Kammer (schätzungsweise 1100000 Taler) erreicht werden konnte. Auf dieselbe Weise war er 1701 bei der Erlangung der preußischen Königskrone für Friedrich I. beteiligt.

Nicht nur durch die Beschaffung von Rangerhöhungen für ihre Fürsten, sondern vor allem durch das Subsidiengeschäft wurden Hofjuden auch in die Diplomatie hineingezogen und erlangten internationale Bedeutung. Subsidien waren die Gelder, die sich viele deutsche Fürsten kraft Bündnisvertrages von fremden Staaten, namentlich von Frankreich, England und Holland, dafür bezahlen ließen, daß sie ihnen ihre Truppen für militärische Zwecke zur Verfügung stellten. Bei diesen Transaktionen waren meistens Hofjuden die Vermittler und kamen dadurch vielfach zu großem Reichtum. Um nur ein Beispiel zu nennen: Der gesamte Geldverkehr der Privatkasse des Herzogs von Hannover lag in der Hand von Juden, mit Leffmann Behrens an der Spitze, und durch diese Kasse liefen die nahezu zwei Millionen Taler, die die französische Krone in ihrem Krieg gegen Holland (1672–1678) dem Herzog an Subsidien zahlte.

Die Hofjuden betätigten sich auch auf anderen Gebieten der Wirtschaft. Manche von ihnen gründeten Manufakturen, also frühindustrielle Unternehmungen, zu einer Zeit, als solche Gründungen noch als sehr gewagt erschienen und als christliche Kaufleute nur schwer zu solchen Schritten zu bewegen waren. Allerdings erfolgte dies immer mit Unterstützung durch die Obrigkeit. Sie pachteten staatliche Monopole: Lotterien, Salz, Tabak wie auch die Münze, worüber im folgenden mehr zu sagen ist. In manchen Manufakturbranchen erhielten sie anfangs eine Monopolstellung, so in der Seiden- und Spitzenmanufaktur. Die Firma Behrens in Hannover unterhielt eine große Tuchmanufaktur und eine Tabakfabrik. Doch der Haupthandelszweig der Hofjuden war und blieb das Geschäft mit Diamanten und Edelmetallen. So taten die Juden viel für die Ankurbelung und das Wachstum von Handel und Gewerbe in den deutschen Ländern.

Was aber prädestinierte die Juden zum Amt des Hoffaktors? Ausschlaggebend war, daß sie auf Gedeih und Verderb auf die Gnade, um nicht zu sagen: die Laune, des Herrschers angewiesen und von ihm abhängig waren. Der Herrscher konnte auf seinen Hoffaktor Druck ausüben, ohne dabei befürchten zu müssen, daß jener gefährliche Machtgelüste hätte oder daß er aus welchen Gründen auch immer Verbindungen zu den Ständen und anderen Interessengruppen anknüpfen würde. Der Hofjude mußte alles übernehmen, was man ihm zumutete, wollte er nicht seine Stellung, sein Vermögen, seine Sicherheit, ja sein Leben aufs Spiel setzen. So wurde er, viel mehr als christliche Finanziers, zur Durchführung der Münzverschlechterung herangezogen, ein System der Geldbeschaffung, das die Kasse des Herrschers auf Kosten der Bevölkerung füllte und dem «Münzjuden» zwangsläufig den Haß der dadurch verarmenden Bevölkerung zuzog.

Die Münzinflation war von zentraler Bedeutung für die Geldpolitik aller absolutistischen Staaten, namentlich für die Finanzierung der Kriege. Münzen wurden aus dem Umlauf genommen, geschmolzen, mit niedrigerem Silbergehalt neu gemünzt und wieder in Umlauf gebracht. So überschwemmten geringwertige Münzen seit Anfang des 17. Jahrhunderts und insbesondere seit dem Beginn des Dreißigjährigen Krieges das Land, und die Juden waren die Hauptwerkzeuge der sogenannten «Kipper und Wipper» (1619–1621), bei denen die Hamburger Portugiesen als Münzunternehmer eine Rolle spielten. Die Juden kannten sich im Handel von Edelmetallen aus, waren während des ganzen 17. und 18. Jahrhunderts die Hauptlieferanten von Silber an die deutschen Münzen, kauften überall die vollwertigen Münzen gegen die geringerwertigen auf, und die Folgen waren die Abwertung der Münzen und große Teuerung. Die «Münzjuden» handelten überall als Agenten des Herrschers, dessen genaue Anordnungen sie befolgen und, wenn diese schriftlich ausgegeben worden waren, nach Beendigung der Manipulation vernichten mußten. Es war nicht etwa so, daß die Fürsten den verlockenden Angeboten der Münzentrepreneurs nicht widerstehen konnten, vielmehr mißbrauchten sie die jüdischen Hoffaktoren für diese verhaßte, jedoch sehr vorteilhafte Manipulation. Denn das Recht der Münzprägung war ein Regal des Landesherrn, mit dessen Hilfe er sich Geldmittel beschaffen konnte, und wo der christliche Unternehmer vorsichtig ablehnte, hatte der Jude keine Wahl.

Hier wird deutlich, warum die Herrscher es vorzogen, vielfach sogar gezwungen waren, solche und andere Geschäfte den Hofjuden zu übergeben und nicht den christlichen Handelsleuten und Zünften. Zu dem, was der Hofjude unter Zwang dem Hof zu leisten bereit und imstande war, waren jene nicht imstande oder willens. Tatsächlich versuchten die Fürstenhöfe fortgesetzt, die jüdischen Hoffaktoren durch christliche zu ersetzen, doch waren diese oft unzuverlässig und unverständig. An Zuverlässigkeit war der Hofjude unübertrefflich, denn er durfte die Erwartungen des Herrschers nicht enttäuschen. Er war auch anpassungsfähiger als seine christlichen Konkurrenten, denn er war weit weniger an die für die christliche Wirtschaftsgesellschaft verbindliche Geschäftstradition und -gebarung gebunden und war daher viel eher in der Lage, dem Fürsten bei der wirtschaftlichen und strukturellen Umbildung des Staates zu assistieren. Hinzu kam seine in den damaligen Handelskreisen beispiellose Risikobereitschaft, die freilich auch zu zahlreichen Bankrotten führte. Die Münzlieferungen gehörten zu den schwankendsten, gefährlichsten, wenn auch zugleich gewinnbringendsten Unternehmungen.

Mitunter wandten sich hochrangige Fürsten direkt an jüdische Kreditgeber, wenn sie in Geldnot waren. In dieser Situation befand sich z. B. Kaiser Leopold I., nachdem seine Bitten um Anleihen von der österreichischen Aristokratie mit Hochmut und Spott verworfen worden waren. Mit den Juden hatte der Herrscher ein leichteres Spiel: sie waren ja seiner Gewalt völlig unterworfen und auf seine Gnade angewiesen. Daher waren sie auch billiger und anspruchsloser als ihre Konkurrenten. In Ermangelung der Bürgerrechte und als Angehörige einer unterdrückten Minderheit mußten sie sich vielfach mit Versprechungen, Protektion und Vergünstigungen zufriedengeben, in der Hoffnung, diese irgendwie und irgendwann einmal zu Geld machen zu können. Aber sie verfügten oft auch durch ihre Verbindungen über mehr Kapital als ihre Konkurrenten, hatten bessere Kreditmöglichkeiten und konnten es sich leisten, längere Rückzahlungsfristen in Kauf zu nehmen. Es kam auch vor, daß Hofjuden in Anbetracht der allgemeinen Benachteiligung der Juden ihre bessergestellten Konkurrenten vorsätzlich unterboten, um sich dadurch den Weg in einen Geschäftszweig zu bahnen. Dasselbe gilt, in größerem Umfang, für das weitverzweigte Bestechungssystem, dessen sich die Hofjuden bedienten, um die Hofbeamtenschaft bis hinauf zu den Ministern für ihre Interessen zu gewinnen. Dieses System war damals in Europa die allgemeine Norm, und Bestechungsgelder waren in vielen Territorien Bestandteil des Einkommens von Amtsinhabern.

Mit dem bisher Gesagten sind die Gründe für die besondere Eignung der Juden zum Hoffaktor keineswegs erschöpfend dargestellt. Vor allem müssen auch ihre weitverzweigten verwandtschaftlichen und persönlichen Verbindungen in Betracht gezogen werden, die es ihnen ermöglichten, in kurzer Zeit Kredite und Materialien zu beschaffen und viele, über ganze Länder verstreute Agenten, Mittelsmänner und Reisende zu beschäftigen. Die meisten Familien der Hofjuden heirateten unter sich. So war z. B. der kaiserliche Oberhoffaktor Samson Wertheimer (1658–1724), der Nachfolger Samuel Oppenheimers, dessen Neffe. Leffmann Behrens' Mutter war die Tante des Berliner Hofjuden Jost Liebmann. Ein Sohn des Leffmann Behrens heiratete die Tochter von Samson Wertheimer. Ein anderer Sohn heiratete eine Tochter von Elias Gomperz, Heereslieferant des Großen

Kurfürsten. Leffmanns Tochter heiratete David Oppenheim, den Nikolsburger und späteren Prager Oberrabbiner (Worms 1664 – Prag 1736), und sein Enkel eine Tochter von Behrend Lehmann.

Man kann bei den Hofjudenfamilien geradezu von einer wohldurchdachten und planvollen Heiratspolitik sprechen. Jedenfalls läßt sich nachweisen, daß so ziemlich alle der in die Hunderte gehenden Hofjuden untereinander verschwägert waren, eine Tatsache, die für ihre finanziellen, diplomatischen und dynastischen Dienste von besonders großem Vorteil war, denn sie benutzten ihre Söhne und Familienangehörigen als Agenten und Leiter von Zweigstellen. Außerdem bot ihnen dieser Umstand einigermaßen Gewähr dafür, daß delikate Angelegenheiten, die der Fürst geheimhalten wollte, wie etwa das Münzgeschäft, mit angemessener Diskretion behandelt wurden. An der Erwerbung der polnischen Krone für den sächsischen und an der Erlangung der Königskrone für den brandenburgisch-preußischen Kurfürsten waren drei der mächtigsten Hofjudenfamilien gemeinsam beteiligt.

Hinzu kam die Mobilität der Juden. Nicht an jedem kleinen Ort gab es christliche Großkaufleute, doch den Hofjuden war es möglich, an jedes kleine und kleinste Residenzstädtchen einen Vertreter zu entsenden, der sich dann oft mit der Zeit selbständig machte. Die staatliche Zersplitterung Deutschlands war auch in dieser Beziehung den Juden ein Segen ebenso wie ihre Zerstreuung über ganz Europa. In Hamburg und Amsterdam trugen ihre reichen portugiesischen Glaubensgenossen durch ihre ununterbrochenen Handelsbeziehungen mit der Iberischen Halbinsel und mit den spanischen Besitzungen auch dazu bei, in der Neuen Welt den Handel mit Juwelen und Edelmetallen bei jüdischen Firmen zu konzentrieren und dadurch die Belieferung der Fürstenhöfe durch die Hofjuden erheblich zu erleichtern.

Unter den sephardischen Juden gab es nur wenige Hofjuden im eigentlichen Sinn. Es mag sein, daß der iberische Stolz sie davon abhielt, die unterwürfige Stellung eines Hofjuden anzunehmen, oder daß sie sich als Großstadtmenschen schlecht an das Leben in den kleinen Fürstenresidenzen anpassen konnten. Die herausragende Ausnahme eines einer portugiesischen Marranenfamilie entstammenden Hofjuden war Diego d'Aguilar (1699 Portugal – 1759 London), der in Wien 1723 bis 1739 das staatliche Tabakmonopol reorganisierte und dem kaiserlichen Hof große Anleihen gewährte. In der Regel unterschieden sich die sephardischen Residenten von den typischen aschkenasischen Hofjuden durch ihre oftmals mehr politische als wirtschaftliche Tätigkeit. Unter den sephardischen Juden in Hamburg gab es einen portugiesischen und einen spanischen Residenten, wobei letzterer, Jakob Rosales, bei den Friedensverhandlungen in Münster und Osnabrück zwischen der kaiserlichen und der schwedischen Partei vermittelte. Diego Texeira, ein hervorragendes Mitglied der portugiesischen Gemeinde, wurde 1654 Resident der abgedankten Königin Christine von Schweden.

Die Fähigkeit der Hofjuden, im In- und Ausland Fäden zu knüpfen, zeigte sich in typischer Weise in der Übermittlung von Subsidien. Das hannoverisch-französische Subsidiengeschäft verknüpfte Agenten und Bankiers in Hannover, Hamburg und Paris. Leffmann Behrens beschäftigte ständig Agenten in Amsterdam, Brüssel, Bückeburg, Celle, Düsseldorf, Frankfurt am Main, Goslar, Hamburg, Hildesheim, Köln, London, Lüneburg, Münster, Wetzlar und Wien. Diese Agenten hatten wiederum «Unteragenten», die für sie an vielen kleinen Orten Bestellungen für die Fürsten, deren Höfe und Heere aufnahmen. Für das Münzgeschäft ließen die Unternehmer gebrochenes und altes Silber sowie Münzen, die nicht mehr im Umlauf waren, durch ein Heer jüdischer Hausierer sammeln. Durch die große Zahl ihrer Verbindungsleute und Agenten erhielten die Hofjuden rasche Informationen aus aller Welt, deren Wert für sie und für den Herrscher unschätzbar war. Die beispiellosen Erfolge eines Samuel Oppenheimer als Lieferant der österreichischen Armeen waren nur möglich durch die Schaffung eines riesigen Netzes von Agenten, für die er Privilegien, Schutzbriefe, Passierscheine, Kontrakte und Vergünstigungen erlangte, ebenso wie das Wohnrecht an Orten, wo nie zuvor ein Jude Aufenthaltsrecht gehabt hatte.

Um alle diese Dienste leisten zu können, namentlich um freie Bewegung und unbeschränkte Wirtschaftsbetätigung zu erlangen, mußten die bedeutenderen unter den Hofjuden von einem Teil der Einschränkungen befreit werden, die die Juden von den Bürgern trennten. So waren sie vom Leibzoll und allen anderen jüdischen Sondersteuern im allgemeinen befreit, auch Schutzgeld mußten sie in der Regel nicht entrichten. Auf den Messen waren viele von ihnen den christlichen Kaufleuten gleichgestellt. Manche durften Waffen tragen und außerhalb des Ghettos wohnen, wo es ein solches gab. Darüber hinaus besaßen die Hofjuden gewisse Sonderrechte, die sie vor gewöhnlichen Bürgern auszeichneten, wie etwa das Recht, überall den besonderen Schutz der Behörden zu beanspruchen. Das wichtigste Privileg war das Recht des Immediatverkehrs mit dem Fürsten. Sie waren dem Hofgericht unmittelbar unterstellt.

Das Hofjudentum beruhte in erheblichem Maße auf den persönlichen Beziehungen des Hoffaktors zum Herrscher. Dieser nahm bisweilen die Haltung eines Patrons gegenüber seinem Hofjuden und seiner Familie an. So stellte der Fürst von Sachsen-Anhalt im Jahre 1740 ein Zimmer und den Lustgarten seines Dessauer Schlosses seinen beiden jüdischen Hoffaktoren zur Trauungsfeier ihrer Kinder zur Verfügung, und sowohl er als auch andere Mitglieder der fürstlichen Familie beschenkten das Brautpaar sehr reichlich. Als ein Hoffaktor des Großen Kurfürsten, Elias Gomperz, die Hochzeit seines Sohnes in seinem eigenen Palais in Kleve beging und der junge Prinz von Brandenburg-Preußen, der spätere König Friedrich I., gerade in der Stadt weilte, ließen der Prinz und der Statthalter, Fürst Moritz von Nassau, sagen, sie wollten bei der Trauung zugegen sein, und so geschah es. «Kein Jude hat wohl in hundert Jahren solche Ehre gehabt.»[1]

Die Stellung des jüdischen Hoffaktors am fürstlichen Hof war ambivalent. Einerseits kamen die Hoffaktoren zu Geltung, Würden und Titeln, wie etwa Hof- und Kammeragent, Oberfaktor und Oberkriegsfaktor. Behrend Lehmann, den August der Starke zum Residenten Polens in Niedersachsen ernannt hatte, brachte es zeitweilig zum Schloßherrn von Seeburg in der Grafschaft Mansfeld, wo er als Großgrundbesitzer Herr über 13 Dörfer war. Und Samson Wertheimer, dem kaiserlichen Oberhoffaktor in Wien, den man den «Judenkaiser» nannte, wurde in seiner Bestallung unbedingte Freiheit von allen Steuern und Abgaben sowie ungehinderter Verkehr und Aufenthalt im ganzen Reiche zugesichert. Andererseits jedoch handelte der Hofjude nicht als freier Geschäftsmann, sondern als Bediensteter. Zumeist erhielt er nur eine bescheidene Besoldung, hatte aber die Möglichkeit, sich anderweitig große Einkünfte zu verschaffen. Trotz aller Vergünstigungen wurde er immer als Jude angesehen und behandelt. Leffmann Behrens etwa erschien in amtlichen Urkunden, Korrespondenzen und Abrechnungen in der Regel einfach als «der Jude».

Letztlich war der Hofjude für seinen Fürsten zwar unentbehrlich, aber weder rechtlich den Bürgern gleichgestellt noch gesellschaftlich akzeptabel. So kam es vor, daß der Hofjude der Hofgesellschaft als «Vergnügungsobjekt» dienen mußte. August der Starke leistete sich in Warschau den «Scherz», seinem Hofjuden Behrend Lehmann gewaltsam und eigenhändig den Bart abzuschneiden (einen Bart zu tragen war für Juden obligatorisch), obwohl dieser ihm 5000 Taler versprochen hatte, wenn er ihn sich selber scheren lasse. Und König Friedrich Wilhelm I. traktierte seinen Hofjuden mit Prügeln, als dieser es einmal wagte, im blauen Rock eines preußischen Grenadiers zu erscheinen. Freilich sollen solche Auftritte mitunter auch mit christlichen Beamten vorgekommen sein.

Die restlose Abhängigkeit des Hofjuden von seinem Herrn und dessen Beamten findet ihren prägnanten Ausdruck in einem Brief des klevischen Ruben Elias Gomperz an seinen Agenten in Berlin: «Mein Herzblut setzte ich für Seine Majestät meinen König ein und meinen herzlieben [folgt Deckname für einen preußischen Beamten] gleichfalls, denn ich sehe, daß sie es auch mit mir mit Herz und Seele meinen. Wenn Gott behüte auch das nicht wäre, lieber Bruder, ich müßte ganz verlaufen und mit Frau und Kindern Brot betteln gehen, Gott behüte.»[2]

Gomperz war sich wohl bewußt, wie lebenswichtig für ihn seine persönlichen Beziehungen zum Herrscher waren und wie sehr sein Schicksal mit dem des Herrschers verknüpft war. Jeder Thronwechsel konnte seine Stellung gefährden. Daher strebte er auch danach, mit dem Thronfolger gute Beziehungen zu pflegen. Oft sicherte er sich mehrfache Heimatberechtigungen, was im Notfall recht nützlich sein konnte. So reich die Hoffaktoren waren, sie mußten ständig Darlehen, Vorschüsse, Geschenke geben und wußten, daß ihnen oder ihren Erben ihr Vermögen gewaltsam entwendet werden konnte, denn man machte sie nicht selten zum Sündenbock einer Politik, die sie lediglich ausgeführt, jedoch nicht initiiert hatten.

Sie wußten auch, daß sie wegen ihres großen Besitzes und äußerlichen Prunks dem Volk ein Dorn im Auge waren und eine leicht zu treffende Zielscheibe für die Pfeile ihrer Feinde. Das tragische Schicksal eines Lippold und die Einziehung des Besitzes von Mordechaj Meisel wurden bereits erwähnt. Bassevi wurde 1631 nach dem Tode seines Schutzherrn, Fürst Liechtenstein, verhaftet und sein ganzes Vermögen beschlagnahmt. Der Feldherr Wallenstein erreichte seine Freisetzung, doch als Bassevi bald nach Wallensteins Ermordung starb, wurden alle seine Sonderrechte für nichtig erklärt. Ganz ähnlich, nur in viel größerem Maßstab, erging es dem mächtigen Wiener Oberhoffaktor Samuel Oppenheimer. Als er starb, schuldete ihm die kaiserliche Kammer mehr als fünf Millionen Gulden, doch der Staat annullierte diese Schuld und verhängte den Zwangskonkurs über das Haus Oppenheimer. Schon früher hatte man Oppenheimer gezwungen, auf einen Teil seiner Außenstände zu verzichten, indem man ihn auf eine Verleumdung hin arrestierte, und kurz vor seinem Tod ließ man es zu, daß der Wiener Pöbel wegen einer Kleinigkeit sein Haus plünderte.

Der tragischste und deshalb bekannteste Fall war der Prozeß und die Hinrichtung seines Verwandten Joseph («Jud») Süß Oppenheimer (1698/99–1738), des Hoffaktors des Herzogs Karl Alexander von Württemberg. Durch Klugheit, Ehrgeiz und Skrupellosigkeit hatte Süß es frühzeitig bis zum geheimen Berater des Herzogs in Finanz- und Staatsangelegenheiten gebracht. Dies allein hätte genügt, ihm die höchsten Beamten und die Vertreter der Stände zu Todfeinden zu machen, doch kam hinzu, daß er die selbstherrliche Politik des Herzogs befürwortete und kräftig unterstützte und daß er ein ausschweifendes Leben führte. Er hatte faktisch aufgehört, als Jude zu leben, und war ein entschiedener Außenseiter in der jüdischen Gesellschaft. In seiner Vertrauensstellung beim Herzog überschritt er die Grenzen einer gewöhnlichen Hoffaktorenexistenz. Seine Ambitionen waren grenzenlos. Er wurde der oberste wirtschaftspolitische Berater des Herzogs von Württemberg, leitete Reformen in der Staatsverwaltung und den Finanzen ein, darunter namentlich Trennung der Staats- von den Hoffinanzen, Kürzung der Beamtengehälter, Verbesserung der Münze, Ausnützung der Naturschätze, Salzmonopol, Weinmonopol, Tabakmonopol – all das schwere Schläge gegen überkommene Interessen. Der Herzog war überdies zur katholischen Kirche übergetreten und wollte sie in seinem lutherischen Land stärken.

Als Karl Alexander 1737 plötzlich starb, wurde Jud Süß noch in derselben Nacht verhaftet, und dann wurde ihm wegen Amtserschlei-

28 Die öffentliche Hinrichtung Jud Süß Oppenheimers in Stuttgart (1737). Links oben: Jud Süß in Amt und Würden, rechts oben: derselbe am Tag seiner Hinrichtung

chung, Majestätsbeleidigung, Hochverrats, Aussaugens des Landes und anderer Delikte der Prozeß gemacht. Doch bei seiner Verurteilung spielte die Tatsache, daß er Jude und als solcher dem Rachedurst seiner vielen Feinde ausgeliefert war, die entscheidende Rolle. Im Gegensatz zu anderen an der Politik des Herzogs Beteiligten, die durch Verwandtschaft oder andere zur Rücksichtnahme zwingende Verbindungen mit den führenden Schichten Württembergs geschützt waren, eignete sich Jud Süß zum alleinigen Sündenbock. Als Jude wurde er öffentlich hingerichtet, und seine Leiche wurde als die eines Juden öffentlich zur Schau gestellt. Demgemäß betrachteten seine Glaubensgenossen seinen Tod als den eines Märtyrers – er war überdies in seinem Gefängnis reuig zur jüdischen Tradition zurückgekehrt und hatte die Taufe als Bedingung für seine Freilassung verweigert. Es erging ein Aufruf an die Gemeinden, zu seinem Gedächtnis ein Jahr lang ein Seelenlicht anzuzünden.

Was Jud Süß von den meisten Hofjuden unterschied, die zumeist die jüdischen Traditionen streng befolgten, war nicht nur seine Lebensweise. Auf diese Abweichung verweist übrigens auch das erhaltene Inventar seiner Bibliothek: Sie enthielt überwiegend juristische und schöngeistige Bücher, daneben Sprachbücher und Nachschlagewerke, aber so gut wie keine jüdische Literatur. Er kann vor allem deshalb nicht als der «Prototyp des Hofjuden» angesehen werden, weil er, im Gegensatz zu allen anderen prominenten Hofjuden, vollkommen im Hofleben aufging und für jüdische Belange kein Interesse hatte. Auch andere Hofjuden trieben vielfach eine Politik, die vor allem ihre eigenen Wirtschaftsinteressen förderte und auf die Interessen anderer, den fürstlichen Hof ausgenommen, wenig Rücksicht nahm. Doch ihre Tätigkeit kam letzten Endes dem jüdischen Volk zugute, denn das Wohl der Gemeinschaft war mit ihrem eigenen untrennbar verknüpft. Daß sie sich gemeinsamen finanziellen Verpflichtungen gegenüber dem Herrscher zu entziehen suchten, verursachte ihnen nicht mehr Gewissensbisse als die Neigung wohlhabender Bürger, die Hauptsteuerlast auf die Schultern der Minderbemittelten zu wälzen.

2. Hofjuden und jüdische Gemeinde

Zu einem nicht unbedeutenden Teil begannen die Hofjuden ihre öffentlich-amtliche Laufbahn damit, daß sie vom Herrscher zum verantwortlichen Vorsteher aller Juden des Territoriums ernannt wurden. So setzte der Bischof von Münster im Jahre 1651 einen reichen Juden zum «Befehlshaber und Vorgänger» der Juden im Münsterland ein. Dieser hatte das jährliche Schutzgeld einzutreiben, in erster Instanz die Streitigkeiten unter seinen Glaubensgenossen zu entscheiden und für diesen Zweck einen Rabbiner vorzuschlagen. In ganz ähnlicher Weise hatte schon ein Jahr früher der Große Kurfürst seinen verdienten Agenten Berend Levi zum «Befehlshaber und Vorgänger» über die in den westlich der Elbe gelegenen brandenburgischen Ländern wohnenden Juden eingesetzt. Später übernahm dieses Amt im Herzogtum Kleve der Vorsteher Gumpert Salomon, und nach ihm immer ein Mitglied der Familie Gomperz (Gumperts). Die wichtigste Aufgabe solcher Landesvorsteher war es, den Judentribut einzuziehen. Diese Funktion war mitunter mit den Finanzen des Hofjuden derart verquickt, daß es ihm erlaubt wurde, das, was ihm der Herrscher schuldete, durch Erhebung der Judensteuern einzunehmen.

Wäre die Judensteuer der einzige oder der wichtigste Gegenstand der innerjüdischen Tätigkeit des typischen Hofjuden gewesen, dann hätte seine Stellung innerhalb der Gemeinde nichts weiter als die eines gefürchteten Steuereinnehmers, bestenfalls einer angesehenen Respektsperson sein müssen. Dem war aber nicht so. Zwar war nicht jeder Hofjude so reich und hatte einen solchen Gemeinsinn wie Behrend Lehmann in Halberstadt, doch war er beispielhaft für viele andere. Er verkörperte den Hofjuden, der bei aller Aufgeschlossenheit für das höfische Leben und den barocken Lebensstil in seinem Wesen ein Jude alter Prägung blieb. Wohltätigkeit seinen Glaubensgenossen gegenüber verband er mit Gemeinsinn für die nichtjüdische Bevölkerung seiner Stadt. Er führte Marmorsäulen aus Rußland für die heilige Lade der Synagoge in Halberstadt ein. Nachdem durch ausgedehnte Brände in Halberstadt großer Schaden entstanden war, spendete er beträchtliche Summen für den Wiederaufbau der Häuser der ärmeren Bewohner. Wie auch andere Hofjuden suchte er in den Ehren, die ihm in der jüdischen Welt zuteil wurden, einen Ersatz für die Auszeichnungen und Zeremonien des Hoflebens, die ihm als Jude versagt blieben.

Der typische Hofjude war ein Wohltäter und Fürsprecher seiner Gemeinde. Hofjuden nahmen oft «unvergleitete» Juden, d. h. solche ohne Geleitschutz, in ihrem Haushalt als Bedienstete auf, bewahrten sie vor der Ausweisung und sicherten ihnen somit ihre Existenz. Sie gründeten wohltätige Institute und Stiftungen, die zum Teil bis in das 20. Jahrhundert fortbestanden. Hofjuden bemühten sich unzählige Male und sehr oft mit Erfolg um die Vereitelung von Austreibungen, Befreiung Gefangener, Verhinderung von Gewalttaten, Unterbindung der Verbreitung judenfeindlicher Schriften – kurz, überall wo Not und Gefahr für Juden bestand, traten sie zugunsten ihrer Glaubensgenossen ein. Behrend Lehmann erreichte bei Friedrich I. und Friedrich Wilhelm I. von Preußen Vergünstigungen für den Judenschutz in Halberstadt, und als Resident des Königs von Polen sorgte er auch für das Wohl der Gemeinde in Lissa. Faktoren aus Polen, die die Güter von Magnaten verwalteten, verhandelten mit ihm sowie mit anderen Hofjuden in Deutschland über gegenseitige Interessen. Samuel Oppenheimers Agenten fuhren durch Ungarn, die Slowakei und die Balkanländer, um arme Juden, die in den Türkenkriegen gefangengenommen worden waren, auszulösen. Wenn Hofjuden in der zeitgenössischen hebräischen Literatur ehrend erwähnt wurden, dann in der Regel mit dem Titel *schetadlan,* womit ein Fürsprecher gemeint war, der sich im Sinne des obenerwähnten Josel von Rosheim für das Wohl der Judenheit bei der Obrigkeit einsetzte.

Eine beträchtliche Zahl von Gemeinden, darunter Magdeburg, Königsberg und Breslau, war ursprünglich dadurch entstanden, daß ein Hofjude, der in eine Residenzstadt zog, in der keine anderen Juden wohnen durften, eine Vielzahl jüdischer Diener und Hilfskräfte für Haus und Betrieb anstellte, die dann allmählich selbständig wurden und eine kleine Gemeinde bildeten. Das große Wachstum der Gemeinde Halberstadt um die Wende des 17. Jahrhunderts war dem «Residenten» Behrend Lehmann zu verdanken, da diese Stadt zeitlebens der wirtschaftliche Mittelpunkt seiner Unternehmungen war. In Sachsen waren Juden nicht geduldet, jedoch siedelten sich viele auswärtige «Meßjuden» (d. h. Juden, die die Messe besuchten), die in kursächsischen Diensten standen, mit besonderer fürstlicher Genehmigung an und zogen andere Juden nach. Die jüdische Gemeinde in Wien verdankt ihre Neugründung und ihr rasches Wachstum nach der Vertreibung von 1670 den Hofjuden Samuel Oppenheimer und Samson Wertheimer.

Die Solidarität der typischen Hofjuden mit ihren Gemeinden verhinderte freilich nicht, daß vielfach Reibungen und Konflikte mit Gemeindevorständen entstanden, deren Ursache zumeist in gewissen autokratischen Neigungen der Hofjuden zu finden war. Die Hofjuden betrachteten sich als Aristokratie und wurden in der Gemeinde allgemein als solche angesehen und behandelt. Die vielen Vergünstigungen und Vorrechte, durch die sie sich von allen übrigen Juden abhoben, trugen viel zu den Unstimmigkeiten unter ihnen und mit den Gemeinden bei. Die Hoffaktoren waren der rabbinischen Gerichtsbarkeit entzogen und wie die Hofbeamten dem Hofgericht unterstellt. In gewisser Beziehung waren sie also dem jüdischen Gesetz und seiner Geltungssphäre entrückt.

So wie die Hofjuden ihr eigenes Wohl mit dem der Gesamtjudenschaft identifizierten, verbanden sie auch das Nützliche für ihr Volk mit dem Angenehm-Nützlichen für ihre Familien. Mit anderen Worten: Sie waren ständig darauf bedacht, ihren Einfluß und ihre Stellung ihren eigenen Familienmitgliedern zugute kommen zu lassen, so wie sie es ja auch am fürstlichen Hof vor Augen hatten. Dabei spielte nicht nur die eigennützige Neigung zum Nepotismus mit, sondern auch die Überlegung, daß die Interessen der Gemeinschaft, selbstredend nach ihrem eigenen Verständnis, und die oft hochnotwendige Diskretion ihrer verzweigten Wirksamkeit am besten gewahrt würden, wenn wichtige Positionen in den Gemeinden von nahen Verwandten besetzt wären. So besitzen wir eine lange Liste von führenden Beamten in den Gemeinden, die mit Hofjuden nahe verwandt waren und höchstwahrscheinlich ihre Ernennung in den allermeisten Fällen deren Einfluß verdankten.

Hier nur einige Beispiele. Der Berliner Hofjude Jost Liebmann und seine energische Frau und Nachfolgerin Esther erreichten, daß Josts Bruder und später dessen Sohn, der zugleich ihr Schwiegersohn aus erster Ehe war, Landesrabbiner der Neumark wurde. Ihr Sohn Abraham wurde Rabbiner von Halberstadt und einigen Städten der weiteren Umgebung. Der Sohn des Klever Hofjuden Ruben Elias Gomperz, Baruch, wurde der erste Landesrabbiner von Schlesien, und nebenamtlich war er Münzlieferant. Der Schwager des Mecklenburger Hofjuden Ruben Michael Hinrichsen, der möglicherweise einer portugiesisch-jüdischen Familie entstammte, wurde Oberlandesrabbiner von Mecklenburg-Schwerin. Der langjährige Ober- und Landesrabbiner von Hessen-Darmstadt, Rabbi Mosche Kann, war ein Sohn des hessen-darmstädtischen Hoffaktors Löb Kann-Bing in Frankfurt am Main. Diese wenigen Beispiele aus einer Vielzahl ähnlicher Fälle illustrieren die enge Verknüpfung der typischen Hofjuden mit den inneren jüdischen Gemeindeangelegenheiten. Die Verschwägerung der wohlhabenden Unternehmerfamilien mit der Gelehrtenschicht war seit jeher eine verbreitete Erscheinung in der jüdischen Gesellschaft, ebenso wie die Beteiligung von Gelehrten an den Geschäften reicher Kaufleute.

Nicht immer schwiegen die Gemeinden zu den autokratischen und nepotistischen Tendenzen der Hofjuden, von denen manche, die als Ober-*parnassim* in Gemeinden oder Landjudenschaften fungierten, als wahre Despoten regierten. Die Halberstädter Gemeinde protestierte beim König in Berlin gegen die Ernennung Abraham Liebmanns als Stadt- und Bezirksrabbiner. Auch sein Spezial-Privileg als einziger Richter in Geld- und Schuldsachen erregte Mißstimmung bei dem Magistrat der Stadt und bei den Vorstehern der jüdischen Gemeinde. Die Paderborner und Klever Juden opponierten lebhaft gegen den ihnen aufgezwungenen Berend Levi, den sie als «nicht traktabel und bescheiden, wie einem Vorgänger gebühret, sondern vielmehr tyrannisch und ungehalten»[3] ablehnten. Er sei nicht *schetadlan* für die Juden, sondern vielmehr für den Kurfürsten, um ihm Geld einzubringen. Auch von Fehden unter den verschiedenen Hofjudenfamilien ist nicht selten die Rede: Jahrewährende Spannungen kennzeichneten die Beziehungen zwischen den Gomperz, den Behrens und den Lehmanns, was freilich nicht verhinderte, daß sie sich untereinander verschwägerten.

Dem Grundsatz *noblesse oblige* folgend und in Anerkennung der zentralen Bedeutung des Studiums und der Gelehrsamkeit im Judentum, haben viele Hofjuden Erstaunliches für die jüdische Kultur und das Geistesleben in ihren Gemeinden und Ländern geleistet. Wie auch sonst in ihrer Lebenshaltung eiferten sie darin den Gepflogenheiten der fürstlichen Höfe nach. Daß wohlhabende Familienväter in ihren Häusern oder in eigens dafür errichteten Gebäuden Studierzimmer für Gelehrte einrichteten, deren Unterhalt sie bestritten, war im sephardischen Judentum seit altersher eingeführt und verbreitete sich jetzt auch im deutschsprachigen Judentum, und zwar in einer ähnlichen sozio-ökonomischen Situation. Die wohlhabenden Juden festigten auf diese Weise ihre Beziehung zu dem Gelehrtenstand, und das tagtägliche Studium der Gelehrten wurde wiederum den Mäzenen als religiöses Verdienst angerechnet.

Eine der frühesten sogenannten «Klausen» (Lehrhäuser) wurde 1689 vom Hofjuden Joseph Elias Gomperz in Kleve gegründet. Um dieselbe Zeit errichtete Leffmann Behrens (seine Glaubensgenossen nannten ihn Lippmann Cohen) in Hannover ein *bejt hamidrasch* (Lehrhaus) in seinem eigenen Haus, in das er Talmudgelehrte einlud. Auch finanzierte er den Druck von Neuerscheinungen auf dem Gebiet der Talmudforschung. Der Gemeinde Hannover baute er eine Synagoge, und das gleiche tat Jost Liebmann in Berlin, der selber ein «hübscher Thorakenner»[4] war. Manche Hofjuden entstammten Gelehrtenfamilien oder waren, wie Liebmann, selber im Torastudium bewandert. Samson Wertheimer hatte auf der Jeschiwa in Frankfurt studiert und war ein Talmudgelehrter. Ein Band seiner Predigt-Aufzeichnungen, der erhalten blieb, zeugt von seinem bemerkenswerten Wissen. Die ungarischen Juden ernannten ihn zu ihrem Landesrabbiner, und viele große Gemeinden verliehen ihm den Ehrentitel eines «Oberrabbiners», mit dem ihn auch der Kaiser in seinen Erblanden auszeichnete.

Behrend Lehmann baute 1703 für drei Gelehrte eine «Klaus» als Wohn- und Studienhaus nebst Bibliothek und Synagoge in Halberstadt. Er begründete seine Bitte um Bauerlaubnis damit, daß die deutschen Juden nicht länger gezwungen sein sollten, ihre Kinder nach Metz, Prag und nach Polen auf die Talmudschulen zu schicken. Wie energisch und zielbewußt Lehmann auf die Zweckbestimmung dieser Gründung bedacht war, bezeugt ein hebräischer Brief, den er der Gemeinde Halberstadt aus Minsk schrieb, als jene versuchte, der Klaus den Charakter einer Kinderschule zu geben: «Die Klaus, die ich mit Erlaubnis des Kurfürsten und mit Eurem Einverständnis für das Torastudium von Gelehrten errichtet habe, wurde ausschließlich für diesen Zweck bestimmt, und ich habe große Summen dafür ausgegeben.»[5] Des weiteren schreibt er, er zahle ein Drittel der Steuern der Gemeinde, obwohl er sich nur gelegentlich dort aufhalte. Respektiere man seinen Wunsch nicht, so werde er sich anderswo ansiedeln, denn er könne ja wohnen, wo er wolle, und werde er in Zukunft nur 4 Taler jährlich an die Gemeinde zahlen. Lehmann übernahm den Druck vieler Bücher der rabbinischen Wissenschaft und ließ 1696 den Talmud – wie man auch auf dem Titelblatt lesen kann – auf seine Kosten in Frankfurt an der Oder neu drucken und den größten Teil der Auflage an zahlreiche Gemeinden und Lehrhäuser kostenlos verteilen. Auch alle Approbationen – die die Rabbiner aus Nikolsburg, Posen, Frankfurt am Main und Amsterdam der Lehmannschen Talmudausgabe vorausstellten – erwähnen den Hofjuden mit großem Lob. Die Klausen und Druckereien der Hofjuden zogen Gelehrte aus Polen nach Deutschland, die wesentlich zur Hebung des kulturellen Niveaus der Juden und zur Vertiefung des jüdischen Wissens beitrugen.

3. Die geschichtliche Bedeutung des Hofjudentums

Was bedeuteten die Hofjuden für die jüdische und darüber hinaus für die europäische Geschichte? Welche Wirkungen gingen von ihnen auf die spätere Entwicklung des jüdischen Lebens in den deutschsprachigen Ländern aus? Hofjuden kämpften, wie alle jüdischen «Fürsprecher» vor ihnen, für Erleichterung der schweren jüdischen Lebensbedingungen, natürlich kämpften sie auch für ihren persönlichen Aufstieg, wirtschaftlich und auch gesellschaftlich; doch für eine Judenemanzipation war die Zeit noch nicht reif. Die Hofjuden waren weder «emanzipiert» noch «befreit», und gerade die Tatsache, daß sie bei all ihren äußerlichen Erfolgen keine Bürgerrechte besaßen, bezeugt, wie weit der Staat noch von einer Verwirklichung der Idee der Judenemanzipation entfernt war. Ebensowenig waren die Hofjuden etwa «assimiliert», es sei denn, damit wäre lediglich die wirtschaftliche Integration gemeint; denn die Wirtschaftstätigkeit der Hofjuden war nicht mehr, wie im Mittelalter, von dem allgemeinen Wirtschaftsleben isoliert, sondern war Teil des Handels, der Finanzen und der Verwaltung der Länder. Als der Kaiser 1702 den Nachlaß Samuel Oppenheimers einzog, schädigte daher dieser Schritt zahlreiche christliche Häuser, die mit ihm zusammengearbeitet hatten, aufs empfindlichste. In wirtschaftlicher wie auch in persönlicher Hinsicht unterhielten die Hofjuden ständige enge Kontakte mit der nichtjüdischen Gesellschaft, und man kann wohl sagen, daß ihre Lebensweise den Übergang der Juden aus der Abgeschlossenheit des Ghettos in den Raum der europäischen Gesellschaft vorbereitete.

Bedeutet jedoch Assimilation geistige und kulturelle Angleichung an die christliche Gesellschaft bei gleichzeitiger Aufgabe einer Identifizierung mit der jüdischen Gemeinschaft, so war allenfalls Jud Süß auf dem Weg dahin; der typische Hofjude war durchaus nicht in diesem Sinne assimiliert. Wenn Behrend Lehmann in deutscher Schrift unterschrieb und Leffmann Behrens ein fehlerfreies Hochdeutsch sprach, so waren das Errungenschaften, die für den Verkehr mit den Obrigkeiten notwendig waren und in der vermögenden Klasse der städtischen Juden in wachsendem Maß nicht mehr zu den Seltenheiten gehörten. Dasselbe gilt für die Gepflogenheit vieler frommer Hofjuden, ihr Porträt von Berufsmalern anfertigen zu lassen. Solange die Hofjuden als «Fürsprecher» wirkten, sich weigerten, am Sabbat für ihren Fürsten Geschäfte zu machen, und solange sich in der Bibliothek eines Wiener Hofjuden kein einziges nicht-hebräisches Buch befand, sondern nur rabbinische und andere traditionell-jüdische Literatur –, solange konnte bei ihnen von Assimilationsbestrebungen nicht die Rede sein.

Freilich änderte sich das Bild nach und nach im Zeitalter der Aufklärung. Die Verbundenheit mit der Tradition, die den typischen Hofjuden kennzeichnete, lockerte sich in den nachfolgenden Generationen. Samuel Oppenheimer trug noch einen Bart, sein Sohn Emanuel schon nicht mehr. Später gab man nicht nur die traditionelle Lebensform auf, vielmehr gab es zahlreiche Übertritte zum Christentum. Die Nachkommenschaft der führenden und bekannten Hofjudenfamilien wurde größtenteils christlich. So war die ganze Familie des prominenten Berliner «Münzjuden» Daniel Itzig bis zum Ende des 18. Jahrhunderts getauft. Jedoch war auch die Taufe kein besonderes Merkmal des späteren Hofjudentums. Die Übertritte zum Christentum mehrten sich in den Hofjudenfamilien erst nach der Mitte des 18. Jahrhunderts, zu einer Zeit, als sie in jüdischen Kreisen, die unter dem Einfluß der Aufklärung standen, nicht mehr ungewöhnlich waren.

Die Bedeutung des Hofjudentums für die allgemeine politische und Wirtschaftsgeschichte ist gleichfalls überschätzt worden. Hofjuden spielten weder eine entscheidende Rolle bei der kolonialen Expansion der europäischen Völker noch beim Aufbau der kapitalistischen Wirtschaftsordnung. Keine großen Unternehmungen sind von Juden finanziert worden, und keiner von ihnen läßt sich mit den Fuggern oder Welsern vergleichen. Ihre Wirksamkeit war fast ausschließlich auf die Nachfrage des Hofes, des Militärs und das Luxusbedürfnis einer dünnen Oberschicht beschränkt. Ein Vergleich zwischen jüdischen Hoffaktoren in Deutschland und in Polen entkräftet die Behauptung, die Hofjuden seien die Haupturheber des fürstlich-absolutistischen Wirtschaftssystems gewesen. In Wahrheit haben sie sich überall dem System angepaßt, das sie vorfanden und das sie brauchte. In Polen dienten sie dem bestehenden Feudalsystem, in Deutschland halfen sie, ein neues System zu schaffen und zu unterhalten, können jedoch nicht als seine Initiatoren angesehen werden.

Dennoch hatten sie entscheidenden Anteil an der Finanzierung und damit dem Ausbau des modernen Staats, sie waren «Handlanger des Absolutismus» und wurden damit zu einem der Brennpunkte des Kampfes zwischen Herrscher und Ständen. Ihr Beitrag zur Entstehung der Großmacht Österreich war beträchtlich. Ebenso war ihr Anteil an Preußens Aufstieg nicht unerheblich, denn auch die preußische Staatsmaschine, die viel höher entwickelt war als die habsburgische, mußte jüdische Firmen und Unternehmer in Anspruch nehmen. Nur Bayern wollte lange keine jüdischen Heereslieferanten. Erst Anfang des 18. Jahrhunderts wurden sie auch dort zu einer ständigen Einrichtung, doch selbst dann wurden höchstens 20% der Kredite bei Juden aufgenommen. In der zweiten Hälfte des 18. Jahrhunderts spielte die Familie Kaulla eine gewisse Rolle in der Wirtschafts- und Finanzpolitik des Landes.

Im innerjüdischen Leben waren vor allem die vielen Gründungen von Gemeinden, Synagogen, Lehrhäusern, Druckereien und wohltätigen Einrichtungen durch die Hofjuden von bleibendem Wert. Trotz gelegentlicher Spannungen zollten ihnen ihre jüdischen Zeitgenossen Anerkennung und Dank, ließen aber auch solche Erscheinungen in der Lebensweise der Hofjuden nicht unbeachtet, die ihnen rügenswert schienen. Der schärfste und furchtloseste Kritiker unter den Rabbinern seiner Zeit, Jacob Emden (Altona, 1697–1776), stellte das ausschweifende Leben eines Hofjuden als warnendes Beispiel vor Augen:

«Jener Mann glich den zeitgenössischen Reichen in einem gewissen Staat, die in ihrem Haus ein Lehrhaus einrichten und dort Gelehrte unterbringen. Jene sollen fleißig ihre Studien betreiben, um damit alle die Missetaten der Reichen zu sühnen. Sie glauben wohl, daß Gott bestechlich ist, so daß das eine durch das andere aufgewogen wird. Andere nehmen einen Gelehrten, der zu bestimmten Zeiten eine Lernstunde unterrichtet, damit er gleich dem Sündenbock alle ihre Vergehen auf sich nehme, ein Lösegeld für ihre Seelen. Denn sie essen und trinken und veranstalten Feste tagaus, tagein, befriedigen ihre Triebe und gehen ihren Leidenschaften nach, doch sie sagen sich: heil ist unserer Seele, wir haben ja einen Sündenbock, der für uns sühnt. Was tut Gott? schickt ihnen unehrliche Menschen, schlechtere und sündigere als sie selbst, solche, die sich als Fromme und Heilige aufspielen und die schwersten Frevel begehen, selber sündigen und andere verleiten und sich öffentlich bloßstellen, so wie es in einem bekannten Lehrhaus vor dreißig Jahren vorgekommen ist.»[6]

Emden war wie immer schonungslos in seiner Kritik, mit der er einen Einzelfall verallgemeinerte. Aber schon der Frankfurter Rabbinatsassessor Josef Juspa Hahn (ca. 1570–1637) hatte es für nötig erachtet, im Dreißigjährigen Krieg in seinem Sittenbuch Verhaltensmaßregeln für den jüdischen Kaufmann zu geben, darunter die folgenden: Man soll sich davor hüten, mit Dingen zu handeln, die mit einem übermäßigen Risiko verbunden sein könnten, und nicht den jüdischen Namen in Verruf bringen; unlauterer Wettbewerb ist unbedingt verboten; den Angestellten soll man ihren Lohn pünktlich auszahlen und nicht vorenthalten; die Reichen sollen nicht mit ihrem Reichtum prunken, sondern sollen sich mit wenigem begnügen.[7]

Diese Warnungen, vor allem die letzte, bezeugen, daß sich gewisse Tendenzen bei den begüterten Juden schon frühzeitig ankündigten, die dann bei manchen Hofjuden voll zum Ausbruch kamen. Sie schienen von einem unersättlichen Streben nach materiellem Erfolg und gesellschaftlichem Aufstieg beherrscht zu sein und von der Sucht, als Juden mit dem Lebensstil der Großen und Reichen im Staat zu wetteifern. Sie bauten sich palastartige Häuser und statteten sie mit herrschaftlichen Möbeln und silbernem Geschirr aus. Neben großartigen Stadthäusern erwarben einige Hofjuden sogar Landgüter. Behrend Lehmann fuhr in einer sechsspännigen Kutsche mit vier livrierten Dienern. In dieser Beziehung waren die Hofjuden gewiß Vorläufer des späteren deutschen Judentums, in dem dieselbe Erscheinung oft bemerkt wurde: Vermögende und von diskriminierendem Druck befreite Juden holten sozusagen das nach, was ihnen im Ghetto versagt worden war.

Die Erfolge der Hofjuden hatten ihren Preis. Ihre exorbitanten Gewinne waren mit hohen Risiken erkauft, deren Gefahren sie letzten Endes nicht entrinnen konnten. Sie waren ja nicht nur Geschäftsrisiken ausgesetzt, wie sie auch christliche Großhändler und Finanziers oft auf sich nahmen, vielmehr setzten die jüdischen Emporkömmlinge sich Gefahren aus, die nur sie als Juden bedrohten. Ihre exponierte Rolle machte sie in besonders starkem Maße zum Ziel der Aggressionen der christlichen Bevölkerung. Am Ende brachen die größten Hofjudenfirmen zusammen. Manche Hofjuden, wie z. B. Jost Liebmanns Witwe Esther und die Enkel von Leffmann Behrens, wurden angeklagt und verhaftet. In der Geschichte Mitteleuropas waren die Hofjuden Teil eines neuen wirtschaftlichen und politischen Systems; in der Geschichte ihres eigenen Volkes standen sie für eine neue Zeit und ein altes Schicksal.

III.
Die Juden im Zeitalter des Merkantilismus und frühen Absolutismus

Im Gefolge des Dreißigjährigen Krieges kam es in den deutschen Ländern zu einer Reorganisierung der Wirtschaftspolitik, die noch stärker als in den Ländern Westeuropas auf Zentralisierung angelegt war. Im Bereich des Gewerbes bedeutete dies in manchen Fällen die Aufhebung von zünftigen Produktionsbeschränkungen und die Förderung von Manufakturen. Am stärksten ist diese mit dem Begriff «Kameralismus» (von Kameralregierung = Kabinettsregierung) verbundene Art des Merkantilismus in Brandenburg-Preußen zur Wirkung gekommen. Durch energische Förderung der Wirtschaft wurde mit Erfolg die Stärkung der Staatsmacht angestrebt. Dies wurde vor allem dadurch ermöglicht, daß der Staat allmählich, wenn auch oft widerwillig, die relative Autonomie des Wirtschaftslebens anerkannte, Rechtsnormen und Vereinbarungen mit zunehmender Verläßlichkeit sanktionierte und bereit war, auf dem Gebiet der öffentlichen Finanzen Verbindungen mit privatwirtschaftlichen, ausgesprochen kapitalistischen Interessen einzugehen. Diese Entwicklung bot den Juden neue Erwerbsmöglichkeiten.

1. Jüdische Handelszweige und Handelszentren

Die von den Zünften beherrschten Gewerbezweige verwehrten freilich auch jetzt noch den Juden den Zutritt. Als Nicht-Christen und Nicht-Bürger waren die Juden nicht zunftfähig. Dieses in den Zunftbriefen und Zunftverordnungen implizierte Aufnahmeverbot der Juden in die Zünfte wurde im 18. Jahrhundert sogar noch ausdrücklich bestätigt. Die ständigen Klagen der Gilden und Zünfte gegen die Juden bezeugen nicht allein Konkurrenzneid, sondern mehr noch tiefes Unbehagen über neue Wirtschaftsformen, die sich vom bürgerlich-zünftigen Handelswesen unterschieden. Vom Handwerk waren die Juden selbst auf den Dörfern, wo es unzünftig betrieben wurde, durch die Judenordnungen de facto ausgeschlossen. Jedoch war es jetzt bei dem fortschreitenden politischen, sozialen und wirtschaftlichen Verfall der Zünfte oft leichter als früher, Gewerbeverbote zu umgehen. Neue Handelszweige und Manufakturen, die von den Herrschern unter Umgehung der Zünfte eingeführt und gefördert wurden, ermöglichten es den Juden, sich trotz den noch immer massiven Einschränkungen umzuorientieren. Ihr Wunsch, die ihnen seit Jahrhunderten auferlegte Zinsleihe hinter sich zu lassen, war die Voraussetzung für eine größere berufliche Mobilität, die es ihnen ermöglichte, an der neuzeitlichen Handelstätigkeit besonders aktiv teilzunehmen. Es liegt auf der Hand, daß all dies dazu beitrug, der Wirtschaftstätigkeit der Juden Tore zu öffnen, die ihnen bisher verschlossen waren. Wir haben bereits bei der Betrachtung der Hofjuden gesehen, wie das wirtschaftliche Potential einer Elite für den Staat eingespannt wurde. Beobachten wir nun das Wirken derselben Politik im Verhältnis zur Gesamtjudenschaft.

Die Zeit, da sich die Juden in deutschen Landen fast ausschließlich von der Zinsleihe ernährten, war vorüber. In kleineren Städten und auf dem Lande fiel ihnen zwar immer noch die Rolle der Geldverleiher zu, und in den größeren Städten gab es weiterhin sehr viele jüdische Pfandleiher, die daneben Warenhandel betrieben. Jedoch drängten nun immer mehr christliche Kaufleute in das Geldgeschäft, und gleichzeitig wandten sich die Juden seit etwa Anfang des 17. Jahrhunderts – immer noch, wie gesagt, vom Handwerk ausgeschlossen – in wachsendem Maße dem Warenhandel zu. Allerdings mußten sie ständig darauf bedacht sein, solche Gewerbe auszuüben, bei denen die geringsten Hindernisse und ein verhältnismäßig großer Gewinn zu erwarten war. Ein frühes Beispiel war der Ankauf der Kriegsbeute von Soldaten, die im Dreißigjährigen Krieg dienten. Ein Beispiel anderer Art war der Seidenhandel. Er lag in Halberstadt viele Jahre fast nur in der Hand der Juden, die die Ware aus Amsterdam und später aus Berlin von den zahlreichen dort ansässigen jüdischen Seidenfabrikanten bezogen.

In Gang gebracht hatte das der Große Kurfürst, denn er hatte eine Vorstellung davon, was der jüdische Handel für die Belebung der Wirtschaft tun könnte. Er war allerdings imstande, mit den Juden, wenn er es für nötig hielt, höchst rigoros und unter Anwendung von Gewaltmitteln zu verfahren. Bei den Juden in Halberstadt und im Harz war der Silberhandel ganz besonders entwickelt. Im Jahre 1665 teilte der Kurfürst der Halberstädter Regierung mit, daß das Münzwerk zu Berlin eine Portion Silber benötige und daß er zur Beschaffung des Silbers die im Lande wohnenden Juden für die geeignetsten halte. Die Juden in Halberstadt erklärten sich bereit, behaupteten jedoch, daß sie das Silber zu dem vom Kurfürsten gebotenen Preis nicht liefern könnten. Die Folge war, daß der Kurfürst den Juden bei Verlust ihres Vermögens jeden freien Handel mit Edelmetall verbot. Im selben Jahre versah der Kurfürst den Juwelenhandel einiger Halberstädter Juden mit besonderem Schutz. Auch der Handel mit unedlen Metallen war eines der Hauptgewerbe der Halberstädter Juden. Hierzu ist zu bemerken, daß die jüdische Gemeinde zu Halberstadt während des 17. und 18. Jahrhunderts die größte im ganzen Königreich Preußen war. Da die naheliegenden Städte Leipzig und Magdeburg keine Juden duldeten, wohnten in Halberstadt auch bedeutende jüdische Geschäftsleute, die sonst in jenen beiden großen Handelszentren Wohnung genommen hätten. An manchen Orten wurde den Juden der neu aufkommende Tabakhandel überlassen, und mitunter pachteten sie auch das Salzmonopol.

Jüdische Händler beschränkten sich vielfach nicht auf bestimmte Waren, sondern handelten mit allen Produkten, die sie erwerben konnten. Ähnliches bezeugt ein oft zitierter Ausspruch der Glückel von Hameln: Ihr Vater habe «mit Edelsteinen und andern Sachen, wie ein Jude, der von allem etwas nascht», gehandelt.[1] Was das bedeuten konnte, wird klar aus den Worten eines Juden in Dringenberg (bei Paderborn), der auf die Frage, wovon er sich ernähre, zur Antwort gab, er habe folgende Waren auf Lager: Getreide, Textilien, Leder, Teer, Fischöl, Speiseöl, Käse, Hering, Butter, Leinsamen, Stahl, Seide und Knöpfe.

Auf dem Land führten die Juden den Hausierhandel ein. Man kann sagen, daß sie damit aus der Not eine Tugend machten, denn es war ihnen ja in der Regel verboten, Läden zu führen. Sie verwandelten sich also sozusagen in «wandelnde Läden», und statt die Kunden im Laden zu bedienen, wenn sie Ware benötigten, suchten sie sie in ihren Häusern auf, gleichgültig, ob der Käufer die Ware gerade benötigte oder nicht. Den Dorfleuten, die sie besuchten, wenn sie «über Land gingen», erwiesen sie damit einen wichtigen Dienst. In einer Zeit, da der Bedarf auch in den Dörfern anstieg und differenzierter wurde, die nächsten Einkaufsmöglichkeiten jedoch nur nach mühseliger und kostspieliger Reise erreicht werden konnten, waren die Landbewohner in weiten Gebieten auf die jüdischen Hausierer angewiesen. Nicht nur als Verkäufer erwiesen die Juden den Bauern einen wichtigen Dienst, sondern auch als Aufkäufer der Produkte, die die Bauern anzubieten hatten. Sie kauften oder beliehen das Korn auf dem Feld vor der Ernte und handelten damit. Vor allem betrieben sie den Pferde- und Viehhandel, für den es in den Städten keine Gilde gab und der daher den Juden offenstand. Er war meist mit dem Fleischverkauf verbunden, anfangs aus rein rituellen Gründen. Der Handel mit den rituell verbotenen Hintervierteln der geschächteten Tiere war den Juden in Preußen durch Kurfürstliche Verfügung erlaubt, jedoch hat gerade der Fleischverkauf zu häufigen Klagen der Zünfte geführt. Der Verbraucher kam bei den Juden mehr auf seine Rechnung als bei den Gilden und Zünften.

Hier sieht man, wie der Konkurrenzneid von Gilden und Zünften dem Interesse der Bevölkerung entgegenwirkte, denn im Jahre 1671 schrieb die Halberstädter Regierung in ihrem Bericht an den Kurfürsten, die Juden hätten an verschiedenen Orten durch ihren Fleischverkauf eine Verbilligung der Fleischpreise herbeigeführt. Obwohl in den Dörfern meist die Konkurrenz mit den christlichen Kaufleuten und Handwerkern ausblieb, wurden anfänglich scharfe Klagen der Handelsleute gegen das Hausieren laut, namentlich in Hessen, wo übrigens der jüdische Viehhandel einen enormen Aufstieg erlebte. Zu Beginn des 18. Jahrhunderts beklagten sich die Zünfte in Gießen, daß die Juden Waren vertrieben, die sie von den reichen Juden in Frankfurt bekommen hatten, und daß auf diese Weise das Geld außer Landes ginge. Doch der jüdische Hausierhandel setzte sich im Laufe der Jahre in vielen deutschen Ländern und in Böhmen und Mähren durch. Er vererbte sich vom Vater auf den Sohn, und jeder «Dorfgeher» handelte gewöhnlich in seiner «Medine», d. h. in dem vom Vater und Großvater überkommenen Landstrich.

Die zahlreichen Erlasse der Regierungen, die Handelstätigkeit der Juden betreffend, zeigen widersprüchliche Tendenzen auf. So wurden in Brandenburg-Preußen einerseits weitgehende Beschränkungen und strenge Kontrolle angeordnet, andererseits willig Aufnahme, Schutz, Konzessionen und Privilegien gewährt. König Friedrich I. (1688–1713) war, im Gegensatz zum Großen Kurfürsten, nicht für den Handel aufgeschlossen und sah hingegen in Handwerk und Manufaktur die Grundlage für den Wohlstand des Staates. Daher bestand er auch weiterhin auf Beschränkung offener jüdischer Läden und des freien Handels der Juden in Berlin und in einigen Provinzen, begünstigte sie aber in anderen, vor allem in Ostpreußen, im Interesse der Besiedlung und Wirtschaftsbelebung. Gestohlene Güter durften von den Juden nicht gekauft werden; kein mittelalterliches Hehlerrecht stand ihnen bei. Der jüdische Geldhandel war zwar immer noch lukrativ, doch mußte man stets das Risiko und die hohen Verluste in Betracht ziehen, welche die Geldverleiher trotz ihres großen Vermögens oft zu Konkursen geführt hatten, bei denen sie nicht nur ihres Vermögens verlustig gingen, sondern auch mit Haft belegt wurden. Häufig aber war der jüdische Geldverleiher nicht Eigentümer des Kapitals, sondern mußte sich Geld sowohl von anderen Glaubensgenossen als auch von christlichen Kaufleuten leihen.

Ein großes Handelszentrum entstand in der Frankfurter Judengasse. Die Frankfurter Juden besaßen bei ihren ländlichen Glaubensgenossen ein Netz von Agenten und Vertrauensmännern, das ihnen umfassende Geschäfte jeder Art ermöglichte. Zwar blieb die Mehrzahl Trödler, doch arbeiteten sich schon etliche als Bankiers, Agenten, als Händler mit landwirtschaftlichen Produkten, Kleidern, Schuhen, Möbeln oder als Inhaber von Strumpffabriken und anderen Manufakturen empor. Viele Frankfurter Juden besaßen Gewölbe außerhalb des Ghettos, wo sie ihre Waren lagerten und auch verkauften. So nahm die Konkurrenz zwischen Juden und christlichen Kaufleuten im Warenverkauf in der zweiten Hälfte des 17. Jahrhunderts immer mehr zu, und die Bürger verlangten vom Rat, sie durch energische Kontrolle der Stättigkeit der Juden zu schützen. In ihrer Wut über die Passivität des Rats wandten sie sich an den kaiserlichen Hof, und so wurde die Judenfrage zum Ausgangspunkt eines Verfassungsstreits, der sich viele Jahre hinzog. Ähnlich wie hundert Jahre vorher forderten die Bürger ihre Mitwirkung in der Stadtverwaltung, die Abstellung verschiedener Mißstände und – wie damals – die Abschaffung oder wenigstens die Einschränkung der jüdischen Konkurrenz im Erwerbsleben. Die Juden wandten sich ihrerseits hilfesuchend an den Reichshofrat in Wien. Dieser traf lange keine Entscheidung, wohl weil der kaiserliche Hof die Finanzkraft der Frankfurter Juden, die mit den kaiserlichen Hofjuden eng zusammenarbeiteten, nicht schwächen wollte. Dabei blieb es, mehr oder weniger, trotz dauernder Proteste der Bürger.

In Prag gab es eine große Anzahl jüdischer Handwerker, zum Teil infolge des großen Luxus bei reichen Juden und Christen. Am Tandelmarkt (Trödelmarkt) boten nur Juden ihre Waren feil. Er war außerhalb der Judenstadt, aber in deren Nähe gelegen, und den Juden war dort der Handel von alters her erlaubt – alle Stände und Gewölbe gehörten ihnen. Die wichtige wirtschaftliche Funktion der Prager Juden für den Warenabsatz ist durch die anläßlich der Vertreibung 1745 erfolgten Eingaben für ihre Rückkehr bezeugt. Die Produkte der herrschaftlichen Güter und Ländereien finden keine Käufer, klagte der Adel, und selbst die Schneider-, Schuhmacher- und Kürschnerzünfte, denen die Juden keine Konkurrenz machten, «wünschten sehnlich» – wohl aus ähnlichen Beweggründen – «die Juden wiederum in Prag zu haben».[2] Die mährischen Juden dehnten den alten jüdischen Kleiderhandel aus, der aus Pfandleihgeschäften hervorgegangen war und durch die Heereslieferungen starke Impulse bekommen hatte. Sie brachten es allmählich bis zu einer verlagsmäßigen Massenproduktion und schließlich zu einer großen mährischen Textilindustrie.

Zwei Neuerungen auf dem Gebiet des jüdischen Handelsrechts und seiner praktischen Anwendung erleichterten den Waren- und Geldverkehr zwischen jüdischen Kaufleuten im In- und Ausland. Beide Neuerungen stammten aus Polen und wurden von dort aus in Deutschland eingeführt. In den Kreisen der jüdischen Geschäftsleute in Polen wurden wechselartige Urkunden ausgestellt, die in Form von Schuldverschreibungen auf einfachste Weise bargeldlosen Verkehr ermöglichen sollten. Auf diesen sogenannten «Memranen» (von hebr. *hamir* = wechseln) schrieb der Schuldner seinen Namen in der Mitte eines Stücks Pergament und auf der Kehrseite die Schuldsumme und den Zahlungstermin. Daß diese Wertpapiere, die von Hand zu Hand gingen, auch in Deutschland von jüdischen Händlern akzeptiert und honoriert wurden, ist durch die Tatsache erwiesen, daß preußische Rechtslehrer des 18. Jahrhunderts sich veranlaßt fühlten, über diesen Begriff näheren Aufschluß zu geben.

Eine andere, viel weitergehende Neuerung war die Verordnung des sogenannten *hetter iska*, die gleichfalls in Polen getroffen wurde und sich rapide in der jüdischen Handelswelt verbreitete. Hier handelte es sich um eine Umgehung des biblischen Zinsverbotes, ohne die der innerjüdische Geld- und Warenverkehr sich nicht hätte entwickeln können. Aufgrund dieser Verordnung unterschrieben Gläubiger und Schuldner ein Dokument mit festgesetztem Text, der das Schuldverhältnis formell in eine Teilhaberschaft umwandelte, wodurch die Zinszahlung als Rückerstattung eines Teils der Geschäftseinkünfte angesehen werden konnte. Die reli-

29 Jüdischer Schneider und jüdischer Fleischer in Prag mit Zunftabzeichen (1741)

gionsgesetzlichen Grundlagen dieser banktechnischen Fiktion gingen auf talmudische Quellen zurück, aber ihre Vereinfachung als allgemein gültige Norm – nicht ohne heftige Auseinandersetzungen unter den Gelehrten – eröffnete einen neuen Zeitabschnitt in der Geschichte des jüdischen Geld- und Warenhandels, indem sie religiöse Bedenken gegen die Entfaltung einer innerjüdischen Wirtschaftsbetätigung auf neuen Bahnen beseitigte.

Die Beteiligung der Juden an den Messen in deutschen Städten ist ein Symptom für ihre wachsende Handelsbetätigung, für die neue Dynamik der jüdischen Wirtschaftstätigkeit und für den wichtigen Stellenwert der Juden in der allgemeinen Entwicklung des Merkantilismus. Glückel von Hameln erzählt, daß ihr Mann regelmäßig die Messen in Leipzig, Frankfurt am Main, Frankfurt an der Oder, Naumburg und Braunschweig besucht habe. Sie selbst setzte diese Reisen nach dem Tod ihres Mannes fort: Ich «habe mich sehr gequält, bin im Sommer bei der Hitze und im Winter bei Regen und Schnee auf die Messen gefahren und habe dort ganze Tage in meinem Gewölbe gestanden».[3]

So sehr waren die Messen Mittelpunkt der jüdischen Wirtschaftstätigkeit, daß der Landesrabbiner in Deutz, Josef Juspa Kossmann (gest. 1758), in seinem Kompendium jüdischer Bräuche schrieb, der Besuch der Messen sei so lebenswichtig, daß er sogar an den halbjährlichen Halbfeiertagen (während Pessach und Sukkot) erlaubt sei.[4] Die bedeutendste Messe war die Leipziger, die zweimal im Jahre abgehalten wurde. Schon 1598 werden dort Juden als Meßgäste erwähnt. In den Jahren 1675–1764 besuchten 81937 Juden die Leipziger Messe. Die Zahl der deutschen Gemeinden, die unter den Meßgästen vertreten waren, stieg von 12 im Jahre 1673 bis zur Höchstzahl von 103 im Jahre 1763. An zweiter Stelle stand der Zustrom aus Böhmen, Mähren, Österreich-Schlesien und Ungarn. Prag entsandte regelmäßig die meisten Messebesucher. Die Herkunftsorte ausländischer jüdischer Meßgäste waren vor allem Schitomir, Konstantinopel, Rotterdam, Amsterdam, Kopenhagen, Venedig und Belgrad.

Die Juden trugen wesentlich dazu bei, daß Leipzig zu einem Handelszentrum und namentlich zu einem Mittelpunkt des Pelzhandels in der Welt wurde. Die Stadt Leipzig und die kurfürstlich-sächsische Regierung vereinnahmten aus dem Leibzoll der jüdischen Messebesucher in den Jahren 1675–1764 insgesamt 719661 Taler, und dazu kamen die noch viel höheren Summen, die an Warenzöllen eingingen. Dem Kurfürsten und dem Leipziger Rat war die Beteiligung der Juden an den Messen sehr willkommen, jedoch kämpfte die Kaufmannschaft in Leipzig, die die Konkurrenz der Juden fürchtete, dagegen mit allen Mitteln an, die ihr zu Gebote standen, und schreckte selbst vor Gewalttätigkeiten nicht zurück. Der Kurfürst und der Rat gaben zwar nicht nach, führten aber eine strenge Aufsicht und Kontrolle der jüdischen Messebesucher ein. Sie durften nur auf bestimmten Straßen nach Leipzig fahren und mußten überall Geleit und Zoll zahlen. Jeder «Meßjude» hatte stets den gelben Judenring mit sich zu tragen und allen Ratsdienern oder Stadtknechten auf Verlangen vorzuzeigen. Die Juden hatten beim Betreten der Leipziger Tore den Leibzoll zu entrichten, und außerhalb der Messezeit war ihnen der Aufenthalt in Leipzig verboten. Außerdem mußten die Juden für alle Waren, die sie zur Messe einführten, viel höheren Zoll zahlen als christliche Kaufleute. Schließlich wurde über alle jüdischen Meßgäste sorgfältig Buch geführt. Im Gegensatz zu Leipzig gewährten die Messen zu Frankfurt am Main und an der Oder den Juden völlige Gleichstellung und erhoben nicht einmal einen Leibzoll.

2. Die Reglementierung der jüdischen Existenz

Obwohl der absolutistisch-merkantilistische Staat in Deutschland, und namentlich in Brandenburg-Preußen, die Aufnahme und wirtschaftliche Tätigkeit der Juden als notwendig erachtete, konnte er sich nicht von tief verwurzelten ideologischen Vorbehalten freimachen. So war seine Politik durch einen Zwiespalt gekennzeichnet: Einerseits bot man den Juden einen Anreiz für ihre Wirtschaftstätigkeit im Lande, andererseits gab man mit einer Fülle von antijüdischen Gesetzen und Verordnungen dem Gegendruck der Bevölkerung nach, der von Konkurrenzneid und Religionshaß genährt wurde. Die Juden selbst lieferten Angriffspunkte, indem sie sich gezwungen sahen, oftmals die gesetzlichen Beschränkungen zu überschreiten. So war die Rechtslage der Juden einem *circulus vitiosus* unterworfen: Sie entsprang einem aus althergebrachten religiösen Vorurteilen genährten Zerrbild; die Härte der Judengesetze wiederum zwang die Juden, diese zu umgehen und zu übertreten, ja, wie wir noch sehen werden, in manchen Fällen den Weg in das Gaunertum zu wählen; dies bestärkte seinerseits die abschätzige öffentliche Meinung, was zu weiteren Erschwerungen führte. Ein Beispiel für den Zusammenhang zwischen der öffentlichen Meinung und konkreten antijüdischen Maßnahmen ist der testamentarische Ratschlag des Landgrafen Georg II. von Hessen-Darmstadt (1605–1661) an seinen Nachfolger:

«Zur Pflanzung rechtschaffener Gottseligkeit im Land wird gefordert, daß unser Sohn ... sich vor den Juden vorsehe. Denn sie sind ein müßig und unnützes Volk, das sich nicht mit seiner Hand Arbeit nach göttlicher Ordnung nährt, sondern im Müßiggang liegt, sich mit dem Wuchersack schleppt, und, wo etwas zu erhaschen ist, aufwartet. Sie saugen die Christen aus, lästern, schänden und schmähen den Sohn Gottes ... aufs greulichste und verunehren Gott mit ihrem täglichen abergläubischen Gebet. Und wer allein um verderblichen Genusses willen die Juden ... schützt, dem ist ein Säckel voll jüdischen Geldes lieber als die Ehre Gottes ... Wenn man auch die Juden in einem Land sich zu tief einnisten läßt, dann kann man sie später nur schwer wieder loswerden.»[5]

Nach dieser Präambel, und entsprechend der Forderung der Städte, empfahl der Landgraf seinem Nachfolger, die Juden aus Oberhessen auszuweisen, was dann auch, wie bereits erwähnt, geschah.

Die Renaissance hatte keine radikale Änderung in der sozialpolitischen Stellung der Juden gebracht. Die Schwächung des Papsttums und die Stärkung der territorialen Herrschaften gegenüber dem Kaiser gaben die Juden den Launen und jeweiligen Bedürfnissen der Fürsten preis. Nirgends waren sie vollberechtigte Bürger der Stadt, in der sie wohnten, höchstens «Hintersassen», Einwohner ohne Bürgerrechte, und obwohl sie bis auf Einquartierungen alle bürgerlichen Lasten zu tragen hatten, waren sie vom bürgerlichen Gewerbe und von öffentlichen Ämtern ausgeschlossen. Die christliche Gesellschaft brachte ihnen ihre Außenseiterrolle immer wieder durch schmerzliche Erniedrigungen in Erinnerung. Bestenfalls waren sie «Schutzjuden», d. h. Juden, die nur auf Grund eines Schutzverhältnisses zu einem Schutzherrn geduldet waren.

Die Einzelheiten des «Schutzes» waren zum Teil in allgemeinen Judenordnungen und zum Teil in speziellen «Schutzbriefen» (Geleiten) schriftlich niedergelegt, kraft deren die Juden das Wohnrecht sowie das Recht, Handel zu treiben, hatten. Bei der Erteilung des Schutzes trat in der Zeit des fürstlichen Absolutismus insofern eine Änderung ein, als statt der bisherigen Einzelgeleite oder Spezialschutzbriefe jetzt meist Generalschutzbriefe erteilt wurden, d. h. der Landesfürst gewährte einer größeren Anzahl von Personen in einem Generalgeleit ein Schutzprivileg, nachdem er in jedem Einzelfall geprüft hatte, wer darin aufgenommen wurde. Die Zeitspanne, auf die sich der Schutz erstreckte und die ehedem auf einige Jahre begrenzt war, wurde allmählich erweitert, bis der Schutz schließlich in der Regel auf Lebenszeit des Schutzjuden verliehen wurde. Wesentlich für die Schutzbriefe war die Festlegung eines genauen territorialen Bereichs, für den sie Geltung hatten. Kündigung durch den Schutzherrn war jederzeit möglich. Die Anzahl der zugelassenen Schutzjuden war zumeist genau festgelegt.

Nicht jeder Jude teilte das verhältnismäßig günstige Los der Schutzjuden. Immer mehr wurde es zur Regel, daß für die Erteilung des Judenschutzes der Nachweis eines bestimmten Vermögens zur Bedingung gemacht wurde. In den alten Gemeinden Böhmens war dazu das Handelsrecht der Juden an den Besitz oder Teilbesitz von Judenhäusern gebunden. Wer kein Hausbesitzer war, hatte gewöhnlich kein Handelsrecht, beteiligte sich nicht am kollektiv bezahlten Schutzgeld und bekam keine «Familienstelle», als diese 1726 eingeführt wurde. In der Regel wurde allen Bediensteten der Gemeinde der Schutz erteilt, und so stellte man alle möglichen fiktiven Beamten an, wie etwa einen zweiten und dritten Vorbeter. Auch alle dem Haushalt eines Schutzjuden angehörenden Personen, namentlich Familienangehörige und Bedienstete, wurden in das Schutzverhältnis mit eingeschlossen.

Juden, die nicht in das Schutzverhältnis aufgenommen wurden, galten als «unvergleitet». Sie besaßen kein Aufenthaltsrecht und konnten sich meist nur kümmerlich durch Handarbeit ernähren. Trotz scharfer Maßnahmen der Stadt- und Landesregierungen gegen den Aufenthalt von Betteljuden schlichen sich überall Juden vom Land und vom Ausland in die Städte ein, ohne daß ihre Schutzverhältnisse geregelt waren. Oft war die Zahl der Unvergleiteten beträchtlich. Um 1700 wohnten in Berlin 117 jüdische Familien; 70 waren vergleitete und 47 unvergleitete, und unter diesen befanden sich auch Gemeindebeamte. Außerdem verzeichnen die Akten ca. 1000 jüdische Personen, die als Landstreicher oder Betteljuden bezeichnet werden. Von Zeit zu Zeit wurden Ausweisungsdekrete erlassen, die jedoch auf die Dauer keinen Erfolg hatten.

Um den Status eines Schutzjuden zu erlangen, mußte man zuerst die meist hohe Summe des «Aufnahmegelds» hinterlegen. Für die Erteilung des Wohnrechts und der Erlaubnis zur Geschäftstätigkeit, einschließlich der Pfandleihgeschäfte, mußte ein genau berechnetes Schutzgeld gezahlt werden, das jährlich erhoben wurde. Das Aufnahmeedikt für die Juden in Brandenburg-Preußen setzte ein jährliches Schutzgeld von acht Reichstalern fest. Einem Juden, der 1664 aus Goslar nach Halberstadt einwandern wollte, wurde das Schutzgeleit nur unter der Bedingung erteilt, daß er wegen seines gutgehenden Geschäfts das doppelte Schutzgeld zahlte. Später wurde das Schutzgeld je nach Vermögen gestaffelt. In vielen Stadtgemeinden wurde ein Pauschalbetrag bestimmt (in Berlin im Jahre 1700: 1000 Dukaten), der dann von den Vorstehern auf die einzelnen Mitglieder umgelegt wurde. In Mainz betrug das Schutzgeld ohne Unterschied der Person 24 Gulden, aber dazu kam eine Reihe von Gebühren. Die Auswanderung aus einem Hoheitsgebiet war oft noch kostspieliger als die Niederlassung. Nach der Judenordnung in Hessen-Kassel von 1679 konnte kein vermögender Jude auswandern, bevor er einen Abschiedsbrief erhalten hatte, und dieser kostete ihn ein Drittel seines Vermögens. Weitere Regelungen der Rechtsverhältnisse der Schutzjuden erließen die Regierungen in Judenordnungen und Polizeiordnungen.

Was den Schutzjuden aufgrund ihrer Aufnahmebedingungen und durch die Judenordnungen verboten war, läßt sich schwer resümieren. Im Grunde war ihnen alles verboten, was ihnen nicht ausdrücklich erlaubt war. Versuchen wir dennoch, anhand einiger Beispiele ein Bild von der Art und Weise zu geben, wie man ihr Leben einengte. In Orten, wo Juden kein Wohnrecht hatten, durften sie nur in Begleitung von Soldaten, die verhindern sollten, daß sie im Ort übernachteten, geschäftlich tätig sein. Juden durften keine christlichen Hausdiener halten, und nur der «Sabbatfrau» war es gestattet, an Samstagen bestimmte Dienstleistungen zu versehen, die den Juden religionsgesetzlich untersagt waren. Ihr eigenes Haus war

30 Synagoge Berlin, Heidereuther Gasse, erbaut 1712–1714

außer dem Synagogensitz der einzige den Juden erlaubte Bodenbesitz, und selbst das nicht überall: Der Frankfurter Rat behauptete seinen Anspruch auf das oberste Besitzrecht über die Häuser der Juden im Ghetto. Von allen im Verständnis der Zeit «ehrbaren» Gewerben ausgeschlossen, hatten sie nur ausnahmsweise Zugang zum Handel mit neuen Waren, allerdings mit der Zeit in wachsendem Maß. Vielfach blieben ihnen nur die Kreditgeschäfte, der Pfänder- und Trödelhandel sowie das Münzwechselgeschäft, alles Erwerbsquellen, die in der Öffentlichkeit verrufen waren. Freilich war auch das Geldgeschäft eingeschränkt: In vielen Schutzbriefen wurde der Höchstbetrag für die möglichen Darlehenszinsen festgelegt. Jüdischen Ärzten wurde vielfach verboten, christliche Patienten zu behandeln. In einem typischen Fall wurde einem jüdischen Arzt verboten, seinen Beruf als Mediziner auszuüben, dann wurde ihm der Handel verboten, und schließlich mußte er sich an den Fürsten um Erlaubnis wenden, sich von der Zinsleihe zu ernähren. Der Neubau von Synagogen wurde nur ganz allmählich erlaubt und war bis Anfang des 18. Jahrhunderts in der Regel verboten. Wo es keine alten Synagogen gab, wurde der Gottesdienst in Gebetsstuben abgehalten. Diese wurden nur in Privathäusern gestattet, und auch dann häufig nur unter der Bedingung, daß der Versammlungsraum nicht von der Straße zu erkennen sei. In Berlin konnte erst im Jahre 1712 der Grundstein zu einer Gemeindesynagoge gelegt werden.

Zu diesen Verboten kamen die vielfältigen Abgaben, Steuern und Zölle hinzu, die den Juden auferlegt waren und die ja eines der Hauptmotive ihrer Duldung bildeten. Es ist dabei zwischen regelmäßiger Besteuerung und gelegentlichen Zahlungsforderungen zu unterscheiden, wobei freilich schwer zu sagen ist, welche von beiden eine größere Belastung bedeutete. Schutzgeld, Geleit, Stättigkeit und Judenzins sind verschiedene Bezeichnungen für mehr oder weniger dieselben regulären jährlichen Zahlungen, die jeder Schutzjude zu leisten hatte. Die Gemeinde als solche hatte viele außergewöhnliche Zahlungen zu entrichten, die von Ort zu Ort unterschiedlich waren. In einer Liste der 34 verschiedenen Steuern und Abgaben, zu denen die Juden in Frankfurt am Main verpflichtet waren, sind die beiden folgenden bemerkenswert: Kronsteuer (an den Hof des römischen Kaisers oder Königs, wenn dieser in Frankfurt weilte, insbesondere zu seiner Krönung), Juden-Billete (Erlaubnisgebühr für den Ausgang aus der Judengasse an Sonn- und Feiertagen). Kostbare Geschenke mußten die Gemeinden jedem höhergestellten Beamten der Stadt aufgrund eines allgemeinen Brauchs zu bestimmten Zeiten geben. Außer der jährlichen Besteuerung versuchten die Regierungen immer wieder, und oft mit Erfolg, die Juden zu Sondersteuern heranzuziehen, namentlich für die Finanzierung militärischer Unternehmungen.

Zu all dem kam noch hinzu, daß die Juden auch bei der Erhebung allgemeiner Steuern und Zölle viel mehr als die Christen bezahlen mußten. Um nur einige Beispiele zu nennen: In Preußen mußten sie doppelt soviel an Warensteuer (Akzise) zahlen wie die christlichen Kaufleute; die vom böhmischen Landtag 1636 ausgeschriebene Haussteuer war für die Häuser der Juden fast zehnmal so hoch wie für die der Christen. Im Hochstift Paderborn wurden die Juden 1704 verpflichtet, zusätzlich zu ihren vielen Sondersteuern und Abgaben die Lasten der politischen Ortsgemeinden gleichmäßig mit den christlichen Einwohnern zu tragen. Allerdings wurden ihnen gleichzeitig alle Beschränkungen im Handel erlassen.

Die peinlichste Belastung für die Juden war aber der Leibzoll. Kein Jude, außer den wenigen Inhabern besonderer Privilegien, wurde durch irgendein Stadttor hereingelassen oder durfte die Grenze eines der vielen Territorien überschreiten, ohne für seine Person wie für eine Warenladung oder ein zum Wochenmarkt oder zum Schlachthof getriebenes Stück Vieh Zoll zu zahlen. Der Leibzoll erschwerte die Reisen fast überallhin, und er wurde, wie bereits erwähnt, selbst den Juden, die auf die Leipziger Messe fuhren und viele Erleichterungen hatten, nicht erlassen. Die beschämenden Situationen, die tagtäglich bei der Entrichtung des Leibzolls vorkamen, blieben nahezu keinem Juden erspart, und in kaum einem deutschen Land wurde er selbst im Zeitalter der «Aufklärung» abgeschafft, vielmehr wurde er erst um die Wende vom 18. zum 19. Jahrhundert aufgehoben. Ursprünglich hatte der Große Kurfürst die Juden, die er aus Wien einlud, vom Leibzoll befreit. Das sollte aber nicht lange währen: Er wurde 1700 von seinem Nachfolger wieder eingeführt, allerdings nur für eine kurze Zeit; danach wurde er für Reisen preußischer Juden innerhalb des Landes abgeschafft, blieb jedoch für Reisen in andere und aus anderen deutschen Ländern fast während des ganzen 18. Jahrhunderts in Kraft. Nur in ganz vereinzelten Fällen gelang die Aufhebung des Leibzolls für ein bestimmtes Hoheitsgebiet gegen eine Ablösungsgebühr, wie etwa im klevischen Land. Auch als der Graf von Hanau, wie erwähnt, eine Anzahl Juden in seine Residenzstadt aufnahm, brauchten diese keinen Leibzoll zu zahlen, wenn sie nach Frankfurt reisten.

Mehr noch als beim Leibzoll zeigte sich die Voreingenommenheit gegen die Juden in der Justiz. Strafurteile gegen jüdische Angeklagte scheinen im allgemeinen strenger ausgefallen zu sein als gegen Christen, die das gleiche Vergehen begangen hatten. Die Hinrichtung von Juden geschah mitunter in besonders schimpflicher Weise am Galgen derart, daß der Verurteilte mit dem Kopf nach unten zwischen zwei lebenden Hunden aufgehängt wurde, bis er starb, was oft mehrere Tage dauerte. Auch bei christlichen Verbrechern war das Strafmaß ständisch abgestuft, insbesondere was die Anwendung der Folter betraf, die in einigen deutschen Ländern noch bis Anfang des 19. Jahrhunderts in Kraft blieb. Jedoch war man den Juden gegenüber durchwegs unerbittlicher als gegenüber den anderen, und als man Rabbinern erlaubte, ihren zum Tode verurteilten Glaubensbrüdern auf dem Weg zum Galgen Trost zuzusprechen, beklagten sich die Leute über die «ärgerliche Neurung im Reich».[6] Kein Wunder also, daß es noch lange dauerte, bis der mittelalterliche Judeneid, eine der schlimmsten und erniedrigendsten Schikanen, die man gegen die Juden ausgesonnen hatte, restlos abgeschafft wurde. Noch im Jahre 1787 fühlte sich der Kaiser veranlaßt, die Einhaltung der Reichskammergerichtsordnung bezüglich des Judeneids mit den Worten anzumahnen, «daß die Judeneide auf die nämliche Art, und mit den nämlichen Eidesformeln auch in Hinkunft abzunehmen seyn, die vorhin üblich waren».[7] Die Zeit der besonderen Eide für Juden ging in Deutschland erst mit der Emanzipation im 19. Jahrhundert endgültig zu Ende.

Eine weitere schwere Kränkung der jüdischen Minorität, die sie gegenüber allen anderen Bevölkerungsgruppen diskriminierte, war die jedem Juden, der jüdischen Gemeinde als Kollektiv und insbesondere den Vorstehern aufgelastete Haftung für die Verpflichtungen und Vergehen jedes einzelnen Gemeindemitglieds. Wenn ein Jude seinen finanziellen Verpflichtungen dem Staat gegenüber nicht nachkam, mußte die jüdische Gemeinde dafür haften. Darüber hinaus gab es Orte, wo die jüdischen Hausväter bei Strafe verpflichtet waren, innerhalb ihres Wohnortes für gewisse Fälle polizeiliche Aufsicht über ihre Glaubensgenossen auszuüben, und bestimmte Judenordungen machten es jedem Juden und jeder jüdischen Gemeinde zur Pflicht, Verbrecher den Behörden auszuliefern. Wie wir noch sehen werden, wurde gerade diese Bürde der solidarischen Haftung im Laufe des 18. Jahrhunderts noch erschwert.

Trotz all ihrer Ungleichheit vor dem Gesetz und in der Gesellschaft erwartete der absolutistische Staat von den Juden, daß sie ihre Treue zum jeweiligen Herrscher bekundeten und sich an patriotischen Feiern und Festtagen beteiligten. Lange vor dem Beginn der Emanzipation bemühte sich die Judenschaft, diese Erwartung nicht zu enttäuschen. Wenn man liest, wie der neue römische König Joseph II. bei Anlaß seiner Krönung in Frankfurt am Main im Jahre 1764 eine Deputation der Frankfurter Juden empfing, ihre kostbaren Geschenke entgegennahm und mit ihnen sprach, «wie man mit einem Freunde spricht»,[8] dann vergißt man leicht, wie schwer es denselben Juden gefallen war, die Aufhebung eines Verbots zu erlangen, am Krönungstag die Judengasse zu verlassen.

Im absolutistischen Staat erfreute sich der Schutzjude jedoch bestimmter rechtlicher Privilegien. So konnte er kraft seines Schutzbriefes am Rechtsverkehr ohne Einschränkungen teilnehmen. Eine amtliche Äußerung vom Jahre 1712 zeigt dies: Die Juden seien erfahrungsgemäß «genugsam versichert ..., daß ihnen die Rechtshilfe nie versaget, sondern unparteiische Justiz gleich denen christlichen Einwohnern administriret worden».[9] Für den Fall, daß der Schutzjude die Bestimmungen des Schutzbriefes einhielt, sagte ihm der Schutzherr gerichtlichen und außergerichtlichen Schutz zu, und zwar gleich anderen Landesuntertanen und Bürgern. Einen Beleg bietet Glückel von Hameln mit ihrem Bericht über die Ermordung zweier Juden in Hamburg im Jahre 1687 und über die Art und Weise, wie der

Mörder dank der Beharrlichkeit einer jüdischen Frau und der Rechtschaffenheit der Behörden in Hamburg und Altona gefaßt und hingerichtet wurde und wie sich der Hamburger Senat durch den dadurch in christlichen Kreisen entstandenen «Tumult» nicht beirren ließ, sondern die Bevölkerung auf das strengste verwarnte, «die Juden auf den Gassen und in ihren Häusern unmolestiert zu lassen». In einem anderen Fall ließ der Hamburger Rat ausrufen, daß die Juden 100 Dukaten dem versprächen, der über den Mord an einem Juden etwas aussagen könne.[10] Es geschah daher nicht nur aus einem Untertanengehorsam heraus und in Befolgung eines Prophetenworts (Jeremias 29:7), daß in den fürstlichen Gebieten die Juden überall Gebete für den Landesherrn und seine Familie und Predigten bei öffentlichen Gedenktagen oder Siegen in ihren Gottesdienst aufnahmen. Sie erkannten damit den Schutz durch den Landesherrn gegen Bürger, Kleriker und andere Teile der Bevölkerung an, die den Juden feindselig gegenüberstanden, und gaben ihrem Dankesgefühl Ausdruck.

Merkwürdigerweise war es in der Frankfurter Gemeinde nicht wie anderswo Brauch, an jedem Sabbat für die Stadtherrn ein Gebet zu sagen, obwohl ihr das sehr übel vermerkt wurde. Vielleicht war das die Andeutung eines Protests der Frankfurter Juden gegen die Art, wie die Stadt sie, unerträglicher als anderswo in Deutschland, in ein immer enger werdendes Wohngebiet pferchte. Wohl spielte dabei auch die Tatsache mit, daß das Ghetto in Frankfurt, wie oben erwähnt, ein «kaiserliches» war und daß die Juden sich durch Auslassung des Gebets dem Dilemma entzogen, wem sie eigentlich zu huldigen verpflichtet seien, der Stadt oder – «reichsunmittelbar» – dem Kaiser. Jedenfalls schreckten sie nicht davor zurück, gegen Zurücksetzungen Front zu machen. Als sie auf der Post länger als die christlichen Geschäftsleute warten mußten, erwirkten sie die Errichtung eines eigenen Postamts in der Judengasse. In Fürth erzwang die starke und wohlhabende Gemeinde gegen einen feindlichen Bürgermeister die Zuziehung ihrer Deputierten zu den Sitzungen der Stadtvertretung. Angesehene jüdische Geschäftsleute wurden von den Behörden bereits mit «Herr» angeredet, so sehr sich auch viele Theologen und die Bürger darüber entrüsteten. Der Ton ihrer Eingaben und ihrer Religionsverteidigung änderte sich. Er wurde sicherer, selbstbewußter, unbefangener.

Fragt man nach Einstellung der Juden zum absolutistischen Staat, so muß man auch beachten, daß die Judenordnungen mit ihrer Reglementierung und ihren Diskriminierungen durchaus nicht überall die gleichen waren. Sogar die Schutzverhältnisse der Juden ein- und desselben Ortes oder Landes konnten unterschiedlich sein, je nach der Herrschaft, der sie unterstanden. So waren die Schutzverhältnisse der «ritterschaftlichen» Juden in Bamberg günstiger als die der «bischöflichen». Mitunter verlieh der Herrscher den Juden Privilegien, die vom Standpunkt der damaligen Zeit als ausgesprochen großzügig wirken mußten. So traf Kurfürst Friedrich III. von Brandenburg 1691 neue Bestimmungen über die rechtliche, wirtschaftliche und religiöse Lage der Juden im Fürstentum Halberstadt, die unter anderem folgendes besagen: «1. Es steht den Juden frei, ihr Gewerbe im Kaufen und Verkaufen sowohl in der Stadt als auch im ganzen Fürstentum Halberstadt frei, sicher und ungehindert zu treiben, von einem Orte zum andern zu reisen und ihre Güter durchzuführen ... 4. Schlachten zum Hausbedarf wird den Juden gestattet. Das, was sie nach religiöser Vorschrift nicht essen können, dürfen sie an Nichtjuden verkaufen ... 7. Der öffentliche Gottesdienst wird genehmigt. 8. Fremden Juden wird das Reisen und der Aufenthalt zu Halberstadt besonders erlaubt.»[11]

Derselbe Kurfürst wandte sich verschiedene Male an andere Fürsten, um seinen Schutzjuden bei der Einziehung ihrer Forderungen behilflich zu sein. Im Herzogtum Kleve bestätigte er 1690 den Juden trotz des Widerspruchs der Stände ein überaus günstiges Privileg, mit einer auf Antrag der Juden hin beigefügten Resolution, die ihnen unter anderem von neuem «in ihren habenden Rechtssachen allemal schleunige und unparteiische Justiz» versprach. Das Privileg enthielt auch die in früheren Schutzbriefen nicht gegebene Zusage der ungestörten Feier ihrer «Zeremonien und Festivitäten».[12]

Abschließend ist die Frage angebracht, wie die Rechtslage der Juden im Verhältnis zu anderen Bevölkerungsgruppen zu bewerten ist. Es gab im Osten des Reichs in einigen Provinzen eine Landbevölkerung, die in völliger Abhängigkeit von den Gutsherrn und zum größten Teil faktisch in Leibeigenschaft leben mußte. «Frondienste und Abgaben engten [der Leibeigenen] Bewegungsraum ebenso ein wie das Verbot eines gewerblichen Berufs, die Abhängigkeit vom Heiratskonsens, von der Polizeigewalt und Patrimonialgerichtsbarkeit des Ritters.» Ähnliche Verhältnisse herrschten auch in anderen Provinzen. So schrieb ein weitgereister Aufklärer in den 1780er Jahren: «In den meisten Provinzen von Deutschland lebt der Bauer in einer Art von Druck und Sklaverei, die wahrlich oft härter ist wie die Leibeigenschaft in anderen Ländern.»[13] Die meisten Juden blieben von den extremen materiellen und rechtlichen Erschwernissen der Bauern und Leibeigenen verschont. Während sie somit in mancherlei Hinsicht bessergestellt waren als diese, so war doch in zweierlei Beziehung ihr Status bedrückender als der aller anderen Bevölkerungsgruppen. Zum einen hatten nur die Juden ständig zu befürchten, daß man sie von einem Jahr zum andern durch einfache Nichterneuerung des «Schutzes» vertreiben werde, und zum anderen verschlechterten sich nur bei den Juden die Aufenthaltsbedingungen im Laufe des 18. Jahrhunderts – ein Thema, mit dem wir uns im nächsten Kapitel beschäftigen müssen. Überall im Alten Reich ging der Gesetzgeber vor der Emanzipation von der Auffassung aus, daß die Juden «eine, den Christen feindselig gesinnte, fremde Nation im Staate» bildeten.[14] Dieses Schicksal teilten die Juden mit keiner anderen Bevölkerungsgruppe.

IV.
Die jüdische Minorität im Staat des aufgeklärten Absolutismus

1. Die Judenpolitik im 18. Jahrhundert

Der aufgeklärte Herrscher regierte nach Grundsätzen der Vernunft und der Billigkeit als «erster Diener des Staates» (Friedrich II.) zum Wohl und Fortschritt aller seiner Untertanen. Man sollte somit erwarten, daß die in eine Pariarolle gedrängte jüdische Minderheit im Zeitalter des aufgeklärten Absolutismus eine stete Verbesserung ihrer Lage zu verzeichnen hatte. In der Realität jedoch wurden die Juden auch weiterhin als eine separate Sondergruppe, eine «jüdische Nation» betrachtet, die man als Kollektiv verachtete, wenn man sich auch von individuellen Juden wirtschaftliche Vorteile versprach. Dies lag vor allem daran, daß die meisten Denker der Aufklärung nicht bereit waren, ihre alten Vorurteile gegenüber den Juden zu revidieren, und noch bis Ende des 18. Jahrhunderts von wirklicher Toleranz weit entfernt waren. Das ständige Anwachsen der jüdischen Bevölkerung, der Drang der Juden in die Städte und das städtische Erwerbsleben einerseits sowie der Gegendruck der christlich-bürgerlichen Bevölkerung andererseits veranlaßten die Gesetzgeber zu immer neuen Versuchen, die jüdische Bevölkerung in ihrem Umfang und in ihrer Stellung zu beschränken.

Schon in den letzten Regierungsjahren des Großen Kurfürsten machte sich ein Wandel in seiner Judenpolitik bemerkbar. Obwohl die Regierung mit sich handeln ließ, wurde die Besteuerung rücksichtsloser. Fiskalische Gesichtspunkte gewannen in der Staatsleitung an Gewicht gegenüber dem Interesse an der Wirtschaftsförderung, das für die anfängliche Judenpolitik des Kurfürsten maßgebend gewesen war. Dies wurde noch verstärkt unter seinem Nachfolger, Friedrich Wilhelm I. Die Lebensbedingungen der Juden verschlechterten sich. Im Laufe des 18. Jahrhunderts wurden die beruflichen Möglichkeiten der Juden weiter eingeschränkt, und selbst das Hausieren wurde ihnen vielerorts erschwert. Während man den Juden einerseits die Ausübung eines Berufes immer mehr erschwerte, wurden ihnen andererseits ständig größere finanzielle Lasten auferlegt. So hatte die gesamte preußische Judenheit im Jahre 1768 25000 Taler Schutzgelder zu zahlen. Dazu kamen zusätzlich vielfältige neue Abgaben, die sich einfallsreiche Beamte ausdachten. Die Halberstädter Judenschaft hatte beispielsweise folgende jährliche Verpflichtungen: Rekrutengelder, die sie zahlen mußte, weil sie selbst nicht als wehrfähig galt, und die zur Besoldung der «langen Kerls» dienen sollten; Kalendergelder (Pflichtbezug gedruckter christlicher Kalender); Abgabe an das städtische Leihhaus (*Mons pietatis*); Juwelengelder (für den Handel mit Luxusgegenständen); Boutiquen-Gelder (für die Erlaubnis, eigene Läden zu halten). Hinzu kamen Abgaben bei einer großen Zahl besonderer Anlässe einschließlich Trauungen und Scheidungen. Solche Bestimmungen galten auch in anderen Landesteilen. Auch bei der Erteilung des Judenschutzes nahmen die Erschwerungen zu. Vielfach verfügte man rigoros die Ausweisung armer, «unvergleiteter» Juden und lehnte die Aufnahme von Kindern von Schutzjuden ab, es sei denn, die Eltern waren vermögend oder hatten sich in der Anlage von Manufakturen bewährt.

Der Regierungsapparat in vielen deutschen Ländern ging dazu über, alle Judensachen in besonderen Abteilungen, oft Judenkommissionen genannt, zu behandeln und zu verwalten. Insbesondere die preußische Bürokratie war fortwährend mit Judengesetzen beschäftigt. Dazu trugen viel die Klagen der Berliner Zünfte gegen die Juden bei, die nicht allein Konkurrenzneid bezeugten, sondern viel mehr noch tiefes Unbehagen über neue Wirtschaftsformen, die vom bürgerlich-zünftigen Handel durchaus wesensverschieden waren. Viermal innerhalb eines halben Jahrhunderts erließ die Regierung ein neues Judengesetz, meist unter dem amtlichen Namen «Judenreglement», und außerdem kamen von Zeit zu Zeit einzelne Verordnungen heraus. Im Jahre 1700 bestätigte König Friedrich I. die bisherigen Handelsbeschränkungen, und außerdem verbot er den Juden, eigene Häuser zu erwerben. Im Reglement vom Jahre 1714 hob König Friedrich Wilhelm I. manche früheren Beschränkungen auf, erlaubte wieder das Halten offener Läden und gestattete den Zutritt zu einigen Handwerken und den Ankauf von Häusern. Jedoch waren diese Erleichterungen, wofür sich der König von den Juden 8000 Taler bezahlen ließ, von kurzer Dauer. Die energischen Proteste der christlichen Kaufmannschaft kamen nicht zum Verstummen, vor allem angesichts der Tatsache, daß die Zahl der Juden, namentlich in Berlin, trotz der strengen in den Schutzgesetzen niedergelegten Aufnahmebedingungen, ständig wuchs. Fiktive Dienstboten und Gemeindebeamte setzten sich fest, fremde und Betteljuden gelangten unbemerkt ins Land. Manchmal griffen die Beamten wie etwa in Czernikau (Westpreußen) ein, wo 12 ordentliche und 24 außerordentliche Schutzjuden lebten, aber 50 Gemeindebedienstete vorhanden waren und die preußischen Beamten nach genauer Prüfung erklärten, daß 15 ausreichten.

Im Jahre 1720 setzte der König aufs neue eine Judenkommission ein, nachdem bereits 1708 ein solches Gremium geschaffen worden war. Ihre Aufgabe war, eine zuverlässige Kontrolle über die Zahl und die Abgaben der jüdischen Einwohner im ganzen Land auszuüben. Das Resultat war das Generaljudenreglement von 1730: Der Handel der Juden wurde aufs neue strengen Beschränkungen unterworfen, die Handwerke wurden ihnen bis auf ganz wenige, nicht «zünftige» verboten, ebenso das Hausieren in den Städten. Der Ankauf von Häusern wurde untersagt, die Aufnahme von Kindern in den Schutzbrief erschwert, die Zahl der Judenfamilien in Berlin auf 100 festgesetzt. Auch in anderen deutschen Ländern wurden damals Judenkommissionen gebildet, wie etwa die aus Kammerräten zusammengesetzte «Judenschaftliche Kommission» in Hessen-Kassel, die seit Anfang des 18. Jahrhunderts bestand. Diese Kommissionen entwarfen Judenreglements, die im allgemeinen ebenfalls Erschwerungen brachten, obgleich es auch Ausnahmen gab: In Fürth erließ der Dompropst 1719 ein Reglement, das kaum neues Recht setzte, sondern alte Privilegien und Verordnungen zusammenfaßte. Jedenfalls ist der Trend der Judengesetze im Laufe der ersten Hälfte des 18. Jahrhunderts nicht zu verkennen: Immer mehr versteifte und verhärtete sich die Gesetzgebung, und die am Ende des vorangehenden Jahrhunderts noch bestehende Aussicht auf Besserung der Lage der Juden schwand dahin.

Das preußische Generalprivilegium von 1730 für alle Juden der Monarchie bedeutete zwar in einer wichtigen Beziehung den endgültigen Bruch mit dem Mittelalter, indem es den Sieg des zentralisierten absolutistischen Staates über den Ständestaat kennzeichnete. Die Juden lebten von nun an nicht mehr vom Fürstenrecht, sondern vom staatlichen Recht, und das auf kündbaren Privilegien beruhende Schutzverhältnis war damit aufgehoben. Jedoch setzte der Staat des aufgeklärten Friedrich II. (1740–1786) die inhumane Judenpolitik seiner Vorgänger fort. Ungeachtet der Spannungen in seiner Jugend zwischen ihm und seinem Vater Friedrich Wilhelm I. übernahm er von diesem die Abneigung gegen die Juden. Er sprach der Masse der Juden diejenigen Tugenden ab, die für ihre Integrierung in die bürgerliche Gesellschaft notwendig wären. Mit seinem zeitweiligen Freund Voltaire teilte er eine tiefsitzende Unduldsamkeit gegen die christliche Kirche und gegen das Judentum, aus dem sie entsprungen war, sowie gegen die Anhänger jeglicher religiösen Orthodoxie. Er weigerte sich, im Juden den Menschen zu sehen, und betrachtete ihn nur als Mitglied eines der Errungenschaften dieses aufgeklärten Zeitalters unwürdigen und unfähigen Stammes. In seinem Politischen Testament vom Jahre 1752 bezeichnete er die Juden als die gefährlichste aller Sekten und als Menschen, die den Handel der Christen schädigten und deren sich der Staat nicht bedienen sollte. Dasselbe wiederholte er in seinem Testament vom Jahre 1768. Die rationalistische politische Philosophie, die dem Reformabsolutismus des friederizianischen Staates zugrunde lag, sah in der Wohlfahrt aller Untertanen – «größtes Glück der größten Zahl», wie es später formuliert wurde – die wichtigste aller inneren Staatsfunktionen. Die Juden waren zwar nur geduldete Untertanen, aber sie waren Untertanen, und dennoch war der Staat nicht an ihrer Wohlfahrt interessiert, vielmehr waren sie ihm immer noch nur ein Mittel für die Wohlfahrt des Staats und seiner Entwicklung zur europäischen Großmacht.

So förderte und begünstigte Friedrich II. nur die dünne Schicht von reichen jüdischen Unternehmern und erteilte einzelnen Juden verschiedene Privilegien und Sonderrechte. Sie galten ihm als untypisch für die Judenschaft als Ganzes. Schon im Generalprivileg für die Juden in Breslau (1744), die zum großen Teil Hoffaktoren oder im Besitz von erweiterten Schutzbedingungen waren, wurden denjenigen Sonderrechte erteilt, die sich im Handel mit der polnischen Judenschaft als nützlich erweisen konnten.

Friedrich II. beschränkte immer mehr das Ausmaß der wirtschaftlichen Tätigkeit der «gemeinen» Juden und erhöhte ihre Steuern und Abgaben. Einzelne Handelszweige wurden ihnen nun versperrt, zum Beispiel der Handel mit Wolle und aus Wolle hergestellten Produkten. Immer größer wurde der Druck auf die vermögenden Juden, sich nicht mit Kleinhandel abzugeben, sondern Manufakturen und Fabriken anzulegen. Alle Juden wurden von Friedrich II. zur Silberlieferung an die Münze verpflichtet, und in seinen langen Kriegen setzte er mehr «Münzjuden» und Kriegslieferanten ein als alle seine Vorgänger. Die preußischen Münzjuden erwirtschafteten im Siebenjährigen Krieg (1756–1763) durch Münzmanipulationen für den König 29 Millionen Taler. Die prominentesten Münzjuden in Berlin waren Veitel Heine Ephraim (1703–1755) und Daniel Itzig (1723–1799); die oftmals fragwürdigen Münzen, deren Lieferung Ephraim organisierte, nannte man allgemein – und nicht zu seinem Ruhm – «Ephraimiten». Itzig wurde vom König zum Obervorsteher der preußischen Juden ernannt und erlangte schließlich als erster preußischer Jude das Naturalisationspatent für sich und seine Familie. Während also eine kleine Gruppe bevorzugter Juden sich an den Kriegen durch Münzpacht und Kriegslieferungen bereicherte, wurden die vielen Minderbemittelten mehr noch als die Christen mit Kriegskontributionen belastet, die sie, zusätzlich zu den vielen übrigen Steuern und Abgaben, aufs schwerste bedrückten.

Besonders rückständig für das Zeitalter der Aufklärung muten die Maßnahmen an, die Friedrich II. im Zuge einer Verschärfung der solidarischen Haftung der Juden traf. Diese Verpflichtung war bereits im Jahre 1674 für die Zahlung der Schutzgelder eingeführt worden und führte zu einer äußerst strengen und unheilvollen gegenseitigen Kontrolle innerhalb der Gemeinden. Im Jahre 1747 verkündete er in einer Kabinettsordre die solidarische Haftung der Ältesten, beziehungsweise der von ihnen vertretenen Gemeinden, bei Diebstählen, an denen ein Gemeindemitglied beteiligt war. Diese Kollektivverantwortung erstreckte sich unter anderem auch auf Schäden, die durch Bankrotte entstanden waren, und auf den Ankauf gestohlener Sachen oder die Annahme gestohlener Pfänder. Ein Jahr später wurde eine neue Verordnung Friedrichs bekanntgegeben: ein Verbot für Juden, den Bart zu scheren, damit man sie erkenne. Seine Absicht war, das Auffinden von jüdischen Dieben zu erleichtern.

Die krönende Leistung der preußischen Bürokratie Friedrichs II. auf dem Gebiet der Judengesetzgebung war das Revidierte Generalprivilegium und Reglement von 1750, ein Dokument, das viele Seiten umfaßt. Indem es die Gliederung der Juden in Mehr- und Minderprivilegierte konsequent durchführte, schied es zwischen sechs Klassen. Die erste, kleinste und reichste Klasse war die der «Generalprivilegierten». Diese durften sich in dem für die Juden zugelassenen Wohnbereich ohne Sondergenehmigung niederlassen, durften Häuser und Grundstücke erwerben, besaßen als Kaufleute dieselben Rechte wie ihre christlichen Berufskollegen und durften ausnahmsweise das Bürgerrecht erwerben. Diese Rechte konnten sie an ihre Kinder weitervererben. Die zweite Klasse bestand aus «Ordentlichen Schutzjuden». Diese besaßen nicht das Recht der freien Wahl der Niederlassung, und ihr Status ging nur auf eines ihrer Kinder über. In die dritte Klasse wurden «Außerordentliche Schutzjuden» aufgenommen, und zwar nur aufgrund der nützlichen Berufe, die sie ausübten: Ärzte, Optiker, Maler, Kupferstecher, Brillenmacher und dergleichen. Ein Vater dieser Klasse konnte eines seiner Kinder «ansetzen» – d. h. es in sein Wohnrecht einsetzen –, aber nur, wenn es mindestens 1000 Taler besaß. In der vierten Klasse waren Gemeindeangestellte, einschließlich der Rabbiner. Die fünfte Klasse bildeten die «tolerierten», also nicht «geschützten» Juden, die für ihren Aufenthalt in Berlin des Patronats eines «Schutzjuden» bedurften. Es war ihnen nur dann erlaubt zu heiraten, wenn sie ihre Ehepartner aus den beiden ranghöchsten Klassen wählten. Dieser Klasse gehörten auch die Kinder jener ordentlichen Schutzjuden an, die den Status des Vaters nicht erben konnten, ferner die Kinder der außerordentlichen Schutzjuden und der Gemeindeangestellten. Die sechste Klasse war die der in den Häusern und Geschäften der «Generalprivilegierten» angestellten Dienstboten und Hilfskräfte, deren Aufenthalt in Berlin von der Dauer ihres Arbeitsverhältnisses abhängig war. Von den übrigen Paragraphen des Reglements, abgesehen von weiteren strengen Einschränkungen und Verboten, die darauf abzielten, eine Vermehrung der jüdischen Bevölkerung zu unterbinden, sind die folgenden erwähnenswert: Das Schutzgeld war am Ende eines jeden Quartals zu zahlen, und die Judenschaft jeder Provinz war für die Zahlung verantwortlich. Der Eingang in die Stadt Berlin war den Juden nur durch zwei bestimmte Tore gestattet, um eine bessere Überwachung zu gewährleisten.

Über die Absicht des Gesetzgebers bestand kein Zweifel: In der Einleitung zum Reglement wurde die Notwendigkeit betont, die Vermehrung der legitim angesiedelten jüdischen Bevölkerung und das weitere Einschleichen unvergleiteter Juden zu verhindern. Doch ist die gleichzeitige, wenn auch gegensätzliche Zielsetzung, nämlich die wirtschaftliche Ausnützung, nicht zu verkennen. Daß auch diese in der Absicht des Königs lag, wurde in einer Reihe von zusätzlichen späteren Gesetzen bekräftigt, namentlich in jenem, das die Juden im Jahre 1769 dazu verpflichtete, bei bestimmten Anlässen eine große Menge minderwertigen Porzellans aus der Berliner Manufaktur zu kaufen und im Ausland abzusetzen. Noch nach einigen Generationen konnte man in jüdischen Häusern Proben dieses «Juden-Porzellans» bewundern, das wegen seiner anfänglich schlechten Qualität nicht immer in seiner Gänze ins Ausland verkauft werden konnte. In dem Reglement wurden auch die schon früher beabsichtigte Auflösung der Judenkommission sowie die endgültige Zuordnung aller «Juden-Sachen» zu den Aufgaben des Generaldirektoriums bzw. der Kriegs- und Domänenkammern verkündet.

Die Einordnung der Judenangelegenheiten in den allgemeinen Regierungsapparat brachte die Juden der Befreiung von ihrem Pariastatus zwar einen kleinen Schritt näher, doch bot sie der großen Mehrheit der Juden keine Erleichterung. Die Förderung der jüdischen Unternehmer und Fabrikanten, die der Staat faktisch mit staatsbürgerlichen Rechten ausstattete, kann immerhin als Vorbote einer noch weit entfernten Emanzipation angesehen werden, obwohl Friedrich II. dies gewiß nicht beabsichtigte. Statt der Hoffaktoren seiner Vorgänger, die in großem Umfang für die wirtschaftlichen und persönlichen Interessen der Fürsten tätig waren, betraute er nun mit seinen wirtschaftlichen Unternehmungen eine große Anzahl von jüdischen Agenten, die bestimmte, eng umrissene Aufgaben übernahmen und dann in Wirklichkeit Teil seiner Regierungsmaschine wurden. Ob sich der ungeheure bürokratische Aufwand, ohne welchen das «Judenreglement» unter Friedrich II. nicht hätte durchgeführt werden können, durch die Einkünfte von den Juden bezahlt machte, ist zweifelhaft, brachten die Schutzgelder unter seiner Regierung doch weniger als 1 % der Staatseinnahmen ein.

Wenn auch die Judengesetze eine große wirtschaftliche Last für die Betroffenen bedeuteten und die breite Masse der Juden den Kleinhandel sowie das Hausier- und Trödlergewerbe als Haupterwerb beibehielt, so gelang es einzelnen Geschäftsleuten doch, Kapital anzusammeln und ihr Geschäft zu erweitern. Die Nachkommen dieser Juden konnten bereits als Unternehmer eine größere Rolle im Wirtschaftsleben der Stadt und oft auch des Staates spielen. So machte der Aufstieg des jüdischen Mittelstands, dessen Beginn in beträchtlichem Maß den Hofjuden zu verdanken war, unter Friedrich II. große Fortschritte. Infolge der Verordnungen, mit denen er die wirtschaftliche Tätigkeit der Juden einschränkte, intensivierte er diese in den wenigen Erwerbszweigen, die ihnen offen blieben, und damit erlangten sie gewisse Vorsprünge vor den christlichen Kaufleuten. Ähnlich wie die Hofjuden waren die jüdischen Kaufleute gezwungenermaßen risikobereiter, weil sie sich an geringere Sicherheit hatten gewöhnen müssen, und betätigten sich dann in noch nicht «besetzten» Wirtschaftsbereichen oder entdeckten neue Tätigkeitsfelder. Juden konnten nämlich neue Artikel einführen, wie etwa Schokolade und Kaffee, wofür sie ein Monopol besaßen. Zudem kamen ihnen die zahlreichen Verbindungen mit ihren Glaubensgenossen im Außenhandel zugute. Die wirtschaftliche Tätigkeit eines beträchtlichen Teils der Berliner Juden in den siebziger Jahren des 18. Jahrhunderts war bereits ziemlich differenziert, und in einer Liste der industriellen Betriebe, die in jüdischen Händen lagen, werden unter anderem folgende Manufakturen erwähnt: Seide, Baumwolle, Zwirn, Likör, Leder, Leinen, Gold und Silber.

Überhaupt scheint es, daß man trotz der Verschlechterung der Rechtsstellung der Juden im Laufe des 18. Jahrhunderts von einer gewissen Minderung des Drucks auf sie sprechen kann. Nicht überall und immer wurden die Gesetze streng und unerbittlich angewandt. Die rege Beschäftigung der Beamten mit jüdischen Angelegenheiten war zwar den Juden nicht angenehm, da es zu immer neuen Auflagen und Ansprüchen kam. Aber sie war ihnen am Ende doch förderlich, denn sie führte nicht selten zu einer Art von Fürsorge für sie. Besonders die höheren Staatsbeamten, die eine freiere Auffassung von Staat und Menschheit gewonnen hatten, liehen zuweilen den Bitten der Juden um Ermäßigungen und Milderungen Gehör. So wurde die Pflicht, das Judenabzeichen an der Kleidung zu tragen, allmählich fast überall erlassen oder gemildert. In Frankfurt am Main wurde das Judenabzeichen 1728 durch den Reichshofrat abgeschafft.

Trotz der repressiven Gesetzgebung wuchs die Zahl der Juden im 18. Jahrhundert im Alten Reich ständig an und hielt mit dem allgemeinen Bevölkerungswachstum Schritt. Bis 1700 war die Zahl in den deutschen Territorien auf etwa 25 000 gestiegen, um die Mitte des 18. Jahrhunderts wurde sie auf 60 000–70 000 geschätzt. Dies war zum großen Teil die Folge der jüdischen Einwanderung aus Polen. In Frankfurt am Main wurden im Jahre 1709 3024 Juden gezählt, nahezu 10 Prozent der Gesamtbevölkerung. Trotz des Verbots der Ansiedlung unvergleiteter Juden vermehrte sich die jüdische Bevölkerung in Preußen in hohem Maß. Statt der offiziell zugelassenen 120 Familien in Berlin waren es um 1743 tatsächlich 333 und insgesamt 1945 seßhafte jüdische Seelen. 1784 wohnten in Berlin 3670 Juden (Gesamteinwohnerzahl: 145 000). In Halberstadt wohnten 1728 192 jüdische Familien, wozu noch in der Umgebung der Stadt weitere 120 Familien kamen. Auch in Kleve und Mark war die jüdische Bevölkerung in jenem Jahr verhältnismäßig groß: 175 Familien. Die Zahl der Juden in Worms betrug im Jahre 1744 ca. 500, etwa 15% der Gesamtbevölkerung. In Prag, der größten aschkenasischen Gemeinde Europas, wohnten im Jahre 1700 schätzungsweise 11 000 Juden, ein Viertel der Bevölkerung. Die Hauptgemeinde Mährens, Nikolsburg (Mikulev), stieg von 146 Familien im Jahre 1657 auf mehr als doppelt soviel bis 1690 und auf 620 Familien bis 1724. Im Kurfürstentum Bayern, wo aufgrund der Landesordnungen von 1553 und 1616 keine Juden wohnen durften, es in Einzelfällen aber doch zu Ansiedlungen kam, wurden laut Polizeiordnung insgesamt 1750 Juden mit kurfürstlichen Pässen oder Toleranzpatenten geduldet und als Hoffaktoren oder Schutzverwandte aufgenommen. Seit der Mitte des Jahrhunderts gab es dort kein besonderes Judenstrafrecht mehr.

In Böhmen und Mähren gestalteten sich die wirtschaftlichen und politischen Verhältnisse der Juden anders als in den restlichen Ländern des Alten Reiches. Im Dreißigjährigen Krieg, der mit einem Aufstand vieler Bürger und Adliger gegen die Herrschaft der katholischen Habsburger in Böhmen begann, wurden mit dem Sieg der kaiserlichen Armee viele Güter der Aufständischen konfisziert und den Ländereien kaisertreuer Magnaten einverleibt. Da sich Schwierigkeiten beim Absatz der Produkte aus diesen erweiterten Gütern ergaben, siedelten die Magnaten, die ihre Territorien wie unabhängige Fürsten beherrschten, Juden an und machten sie zu Zwangsabnehmern der herrschaftlichen Überschußprodukte. In den Verträgen mit den neuaufgenommenen Juden wurden die Zwangskäufe besonders von Wolle, Leder und Käse mit den betreffenden Höchstpreisen und den Zahlungsterminen genau unter den «Pflichten der Juden» verzeichnet. Viele Juden befaßten sich auch mit Ankauf und Absatz von Produkten der leibeigenen Bauern. Außerdem pachteten Juden zahlreiche herrschaftliche Gewerbehäuser und Fabriken, wo unter anderem Branntwein und Leder hergestellt wurden. Es gab auch einige jüdische Zollpächter. So erfüllten die Juden lebenswichtige wirtschaftliche Funktionen in Böhmen. Sie durften sich auch vom Handwerk ernähren und arbeiteten auf den Dörfern, wo die Zünfte nicht so mächtig waren, auch für nichtjüdische Kunden. Die Verteilung auf die Berufszweige war in Böhmen außerhalb Prags viel «normaler» als in Deutschland: Im Jahre 1724 waren 15 % der Juden Geldverleiher, 20 % Handwerker, 13 % Fabrikpächter. Im Jahre 1724 wohnten in Böhmen Juden in 169 Städten und 672 Dörfern, waren also ungewöhnlich dezentralisiert. Im Gegensatz zu Böhmen gab es in Mähren vor 1848 keine Juden in Dörfern, abgesehen von Pächtern herrschaftlicher Gewerbehäuser. Die mährischen Juden waren in 52 Gemeinden konzentriert, während es in Böhmen außerhalb Prags etwa 200 jüdische Gemeinden gab.

Im Zuge ihrer Befreiung Böhmens und Mährens von protestantischer Herrschaft verschärften die habsburgischen Behörden ihre Politik Nichtkatholiken gegenüber. So richteten sie in den zwanziger Jahren des 18. Jahrhunderts in vielen Orten Judengassen ein, um die Juden aus der Mitte der Orte an die Peripherie zu verdrängen. Daran waren auch die Händler und Handwerker interessiert. Im Jahre 1727 wurden auf Drängen der Kirche in zahlreichen böhmischen und mährischen Landstädten zur Separierung von Juden- und Christenhäusern Übersiedlungen vorgenommen, nicht immer zur Freude der Christen. Die Freizügigkeit wurde weitgehend unterbunden. Ein Jahr vorher hatte Kaiser Karl VI. (1685–1740) beschlossen, die Zahl der Juden in Böhmen, Mähren und Schlesien zu beschränken. Karl war einer der größten Judenfeinde der habsburgischen Dynastie, was ihn freilich nicht davon abhielt, seine Hofjuden zu begünstigen, wenn er von ihnen Vorteile für seine Schatulle erwarten konnte. Er erließ das berüchtigte «Familiantengesetz», das von den Juden als eine *gesera*, ein Verhängnis, bezeichnet wurde. Zunächst setzte das Gesetz die Zahl der Familien fest, die konstant bleiben mußte: 8541 in Böhmen, 5106 in Mähren und 119 in Schlesien. Dann bestimmte es, daß in jeder Familie nur der älteste Sohn heiraten durfte, und das erst im Alter von 24 Jahren und nach dem Tode des Vaters. Nur die Reichen konnten sich mit viel Geld einen Heiratsdispens verschaffen. 1738 befahl Karl VI. die Vertreibung der Juden aus Schlesien, und im selben Jahre ordnete er auch die Ausweisung aller armen Juden aus Böhmen an, darunter viele Einwanderer aus Polen. Doch wurde dies nicht ausgeführt, denn in Böhmen bekämpften die Stände aus wirtschaftlichen Gründen alle Pläne, die Zahl der Juden zu reduzieren.

Damit kommen wir zur Ausweisung der Juden aus Prag im Jahre 1745. Kaiserin Maria Theresia (1717–1780), die stark unter kirchlichem Einfluß stand, nahm die judenfeindlichen Absichten ihres Vaters auf. Außerdem begann sie eine planmäßige Innenpolitik mit dem Ziel, ihr großes Reich auch in konfessioneller Hinsicht zu vereinheitlichen. Im Zusammenhang damit ist zu erwähnen, daß das katholische Köln, das keine Juden duldete, 1714 auch die Protestanten vertrieb und daß der fanatische Erzbischof von Salzburg im Jahre 1731/32 nahezu 20000 Protestanten aus seinem Land auf brutale Weise unter dem Vorwand vertrieben hatte, ihre Vorsteher seien Aufständische. Die Gelegenheit für die Vertreibung der Juden stellte sich bald ein. Im österreichischen Erbfolgekrieg (dem Zweiten Schlesischen Krieg) wurde Prag Ende des Sommers 1744 durch die preußische Armee erobert, und die Juden wurden grundlos der Hilfeleistung für den Feind und des Verrats an Österreich beschuldigt. Daraufhin unterzeichnete Maria Theresia im Dezember 1744 ein Vertreibungsdekret gegen die Juden Prags, etwas später auch gegen sämtliche Juden Böhmens und Mährens.

Sofort sandten die Juden aus Prag und Wien Briefe an die großen jüdischen Gemeinden in Europa, unter anderem nach England, Italien, Dänemark und in das Osmanische Reich. Die Hofjuden im ganzen Kaiserreich sowie die großen Gemeinden Frankfurt und Hamburg eröffneten eine fieberhafte Tätigkeit zur Verhütung der Vertreibung. Der bereits erwähnte Diego d'Aguilar, der schon 1742 viel zur Verhütung einer Judenvertreibung aus Mähren beigetragen hatte, und Wolf (Sohn des Samson) Wertheimer standen im Mittelpunkt der Rettungsaktionen in Wien. Moses Kann-Bing in Frankfurt wandte sich an den Erzbischof von Mainz, dem er nahestand, und erreichte, daß dieser ein persönliches Schreiben an Maria Theresia richtete. Schon zwei Wochen nach Erlaß des Dekrets begannen verschiedene Fürstenhöfe in Europa, sich am Wiener Hof für die Prager Juden zu verwenden. Die italienischen Gemeinden erlangten sogar die Intervention des Papstes selber. Der Sultan entsandte einen besonderen Eilboten mit einem persönlichen Schreiben.

Inzwischen wurden über die Beendigung des Krieges Verhandlungen geführt, die Anfang Mai 1745 zu einem erfolgreichen Abschluß kamen.

Drei Tage nach Abschluß des Friedensvertrags unterzeichnete die Kaiserin ein Dekret, das die Vertreibung der Juden Böhmens und Mährens auf unbegrenzte Zeit aufschob. Der Druck der Demarchen, die Friedensverhandlungen und auch die Vorstellungen der Beamtenschaft hatten ihre Wirkung auf die Kaiserin nicht verfehlt. Die Prager Juden jedoch, mit Greisen, Kranken, Frauen und Kindern, hatten Ende März 1745 die Stadt verlassen müssen. Die Reichen zogen nach verschiedenen Gemeinden im Reich, nach Holland und Italien, während die Armen durch Sachsen nach Preußen wanderten und von dort zum großen Teil nach Polen und zum geringeren nach Holland gelangten. Der Abzug der Juden aus Prag stürzte ganz Böhmen vorübergehend in eine Wirtschaftskrise, vor allem weil viele Produzenten die Juden als Vermittler und Verkäufer brauchten. Sogar Zünfte, die ihre Austreibung vorher dringend gefordert hatten, bedauerten dies nun und wünschten sich jetzt wieder Juden. Im Sommer 1748 durften die Juden nach Prag in ihre Wohnungen zurückkehren.

Dies war die letzte Judenvertreibung im Alten Reich. Noch Jahre später, so erzählte man sich, als Maria Theresia einen reichen Juden in privater Audienz zu empfangen hatte, saß sie hinter einem Vorhang, wie um einer Ansteckungsgefahr zu entgehen. Dennoch muß festgestellt werden, daß die großen Reformen der Kaiserin, namentlich die Umwandlung der österreichisch-böhmischen Reichshälfte in einen modernen, einheitlichen Beamtenstaat, wenn auch unbeabsichtigt den Juden zugute kamen. Die Vertreter der Regierung in den verschiedenen Provinzen waren den Juden zugänglich und schützten sie nicht selten vor den Übergriffen lokaler Beamter.

Für die Juden Europas war das Prager Ereignis eine neuartige Erfahrung und eine Prüfung. Es war das zweite Mal, daß die jüdische Solidarität führender Gemeinden und Persönlichkeiten auf die Probe gestellt wurde. Schon 100 Jahre früher, nach den Pogromen in Polen 1648/49, hatten sie die Probe der gegenseitigen Hilfe bestanden. Damals ging es vor allem um die Auslösung der durch die Kosaken massenweise gefangengenommenen und zum Verkauf in die Sklaverei angebotenen polnischen Juden. In der Angelegenheit der Prager Vertreibung bestanden die Gemeinden die Probe der Solidarität, indem sie ihre diplomatischen Möglichkeiten nutzten und ihren politischen Einfluß geltend machten.

2. Jüdisch-christliche Beziehungen

Die öffentliche Meinung über die Juden war vorerst noch ganz allgemein von den bekannten Vorurteilen beherrscht und von dem herkömmlichen stereotypen Bild des Juden. Hier ist wiederum ein Vergleich mit den Hugenotten lehrreich. Diese galten als hochprivilegierte Gruppe, der anzugehören mit keinem Makel belastet war, während das Stereotyp des gottlosen, ehrlosen, schmutzigen, kulturlosen Juden keine noch so aufgeklärte Revision zuließ; es war tief in das Bewußtsein der christlichen Bevölkerung eingegraben. Selbst die aufgeklärten Enzyklopädien behielten die intolerante Haltung in ihren vielen Artikeln über die Juden bei. Im besten Fall hat der Religionsfriede zwischen den christlichen Konfessionen auf die Beziehungen zu den Juden etwas «abgefärbt», aber nicht mehr als das. Wenn man in Deutschland von Toleranz sprach, meinte man im allgemeinen noch immer ausschließlich die Kirchen; die Synagoge blieb ausgeklammert.

Die alten Vorurteile erhielten neue Akzente. Die rationalistischen Denker des 18. Jahrhunderts erschütterten die Grundlagen der herkömmlichen religiösen Weltanschauung. Anstatt sich aber dadurch dem Antijudaismus des Christentums zu entziehen, blieben sie oft dem Judentum feind. Zum einen schien ihnen auch das Judentum mit seinen Ansichten und Religionsgesetzen eines von der Vernunft geleiteten Menschen nicht würdig, zum anderen mußte eine Kritik des Christentums gleichzeitig auch eine Kritik des Judentums sein, da das Christentum seine jüdischen Wurzeln nicht verleugnete. Auch die Deisten jener Zeit, die die göttliche Offenbarung negierten, schrieben mit Geringschätzung über die Juden, die an dem alten Sinai-Glauben festhielten. Fast alle Denker waren sich darin einig, daß die Juden hochmütig seien, und selbst diejenigen unter ihnen, die den Juden wohl gesonnen waren, konnten sich von einer gewissen Ambivalenz dem Judentum gegenüber nicht befreien.

Juden wurden mitunter mangelnder Geschäftsmoral bezichtigt und galten als Handelsleute, deren ausschließliches Motiv purer Eigennutz sei und die selbst gegen ihre eigene jüdische Ethik verstießen. Ihren Zustand der Rechtlosigkeit ließ man bei dieser Beurteilung beiseite und hatte auch kein Verständnis dafür, daß sie unter diesen Umständen eine Ethik, die innerhalb der Gruppe gültig war, außerhalb der Gruppe nicht praktizierten. Die Rabbiner predigten in der Regel gegen unredliches Verhalten den Christen gegenüber, wenn sie auch anerkannten, daß ihre Zuhörer in ihrer Zwangslage genötigt waren, Methoden anzuwenden, die sie unter besseren Umständen durchaus vermieden hätten. Ein in dieser Beziehung bedeutsames Rechtsgutachten findet sich bei Jair Chajim Bacharach (1638–1702), der in Koblenz und Worms als Rabbiner amtierte. Unter anderem schrieb er:

«Der überaus weise Kurfürst Karl Ludwig seligen Angedenkens pflegte sich oft mit meinem Schwager Isaak, der als Rabbiner von Mannheim und der Pfalz amtierte, zu unterhalten. Bei einer solchen Gelegenheit beschwerte sich der Kurfürst bei ihm über [seine] Glaubensgenossen ... ‹Nicht genug, daß sie selbst die Gesetze übertreten, sondern sie verderben die ... Richter dadurch, daß sie sie bestechen› ... Mein Schwager erwiderte, daß er mit keinem Wort diese Ungesetzlichkeit ... entschuldigen wolle. Er führte des längeren die Schwere ihrer Versündigung vom jüdischen sowie vom allgemeinen moralischen ... Standpunkt aus. Er wolle aber folgendes zu bedenken geben: ‹Es ist bekannt, daß der Religionshaß jeden anderen übertrifft, und ... sind die Genossen einer und derselben Religion gute Freunde ... Wenn nun ein Christ und ein Jude vor Gericht kommen, so neigt zweifelsohne das Herz des Richters zu dem Christ, und er verdächtigt den Juden, daß er lügt und betrügt ... Deshalb versucht der Jude durch die Bestechung des Richters nur, dessen Voreingenommenheit zu neutralisieren.› Das sei zwar keine Rechtfertigung, doch die moralische Beurteilung der Bestechung erscheine so in anderem Licht.»[1]

Die Legende vom Ewigen Juden, den man in allen Gegenden Deutschlands plötzlich in den Gassen auftauchen sah, war damals besonders weit verbreitet und gab der seit jeher bestehenden Angst vor den Juden bei vielen Menschen neue Nahrung. Wie im 16. und 17. Jahrhundert die Hexen waren die Juden eine Randgruppe, die man aus der Gesellschaft ausschloß, auf die man seine Ängste und seinen Haß projizierte. So erklärt sich wohl auch, daß in der ausgedehnten zeitgenössischen Literatur über die Jud-Süß-Affäre keiner der Autoren im In- und Ausland sich von dem Zerrbild des Hofjuden distanziert.

Eine pseudowissenschaftliche Fundierung erfuhr die überkommene Judenfeindschaft durch Johann Andreas Eisenmengers ‹Entdecktes Judenthum, oder gründlicher und wahrhafter Bericht, welchergestalt die verstockte Juden die Hochheilige Drey-Einigkeit ... erschrecklicher Weise lästern und verunehren›, ein Buch, das den modernen Antisemitismus in allen seinen Phasen genährt hat, trotz seines ausgesprochen mittelalterlich-theologischen Zuschnitts. Eisenmenger (1654–1704) war Professor für orientalische Sprachen in Heidelberg und erwarb sich seine beträchtlichen talmudischen Kenntnisse bei Juden in Frankfurt und Amsterdam. In seinem Buch stellte er alle rabbinischen Aussprüche zusammen, die geeignet sind, die Lehren des Judentums verächtlich zu machen, namentlich solche, die angeblich das Christentum und die Nichtjuden verunglimpfen. Er fälscht seine rabbinischen Quellen nicht, und seine Übersetzung ist genau. Dennoch ist seine Schilderung der jüdischen Glaubensvorstellungen und -ansichten weit entfernt von dem, was die Juden tatsächlich aus denselben Quellen schöpfen. Sein Standpunkt war traditionell, nicht «aufgeklärt». Das Buch wurde 1700 gedruckt, es umfaßte zwei Bände mit über 2000 Seiten. Die Frankfurter Gemeinde, die sich schon 1595 mit Erfolg an den Kaiser gegen die Verbreitung einer Neuauflage von Luthers ‹Von den Juden und iren Lügen› gewandt hatte, bemühte sich durch Vermittlung von Samson Wertheimer und Samuel Oppenheimer in Wien, ein kaiserliches Verbot des Vertriebs dieses Buches zu erreichen. Wiederum hatte sie Erfolg, jedoch legte Eisenmenger Berufung gegen die kaiserliche Verfügung ein, und darüber wurde ein Prozeß geführt, der sich viele Jahre hinzog. Auch Leffmann Behrens in Hannover bemühte sich darum, die Verbreitung des Buches zu verhindern. Schließlich wurde es

1711 mit Genehmigung des preußischen Königs Friedrich I. neugedruckt und veröffentlicht. Obwohl das Buch wegen seines aufreizenden Inhalts an einigen Orten, wie Bamberg und Mainz, verboten wurde, fand es Eingang in vielen gutbürgerlichen Häusern. So stand es zum Beispiel in der Bibliothek von Goethes Vater in Frankfurt am Main.

Friedrich I. war es auch, der auf dem Verordnungsweg in die inneren Angelegenheiten der Synagoge mit einer Maßnahme eingriff, die bis dahin nur das frühbyzantinische Reich getroffen hatte und die nur ganz vereinzelt im Mittelalter zur Anwendung gekommen war. Aufgrund einer Denunziation, die ihm von einem getauften Juden zugegangen war, ordnete der König 1703 an, darüber zu wachen, daß die Juden bei dem Gebet *alejnu leschabbe'ach* nicht die Christen und ihren Messias in Wort und Gebärde verhöhnten. Daß die Juden das Christentum in der Synagoge lästerten, war eine alte Anschuldigung, die zum Repertoire der christlichen Polemik gehört, doch seit etwa 1400 bezog sie sich insbesondere auf dieses Gebet und den Passus: «sie [die Nichtjuden] werfen sich nieder vor leeren Nichtigkeiten und beten zu einem Gott, der nicht retten kann». Obwohl die meisten jüdischen Kommentatoren dies auf das Götzentum beziehen, hatten aschkenasische Juden diesen Satz schon seit langem im Zuge einer Selbstzensur aus ihren Gebetbüchern entfernt, doch viele sagten ihn auswendig. Also erließ Friedrich I. eine strenge Verordnung, diesen Satz aus dem Gebet zu beseitigen. In einzelnen Städten wurden sogar Aufseher angestellt, die in der Synagoge darauf zu achten hatten, daß jene Stelle ausgelassen würde. In der Königsberger Synagoge gab es für diesen Zweck noch bis 1778 einen Inspektorensitz, den jeweils gegen besondere Dotation einer der Theologieprofessoren einnahm.

Überhaupt war unter lutherischem Einfluß das Recht der öffentlichen Religionsausübung anderer Religionen als der protestantischen noch heftig umstritten. In Preußen war selbst ein privater katholischer Gottesdienst bis etwa Mitte des 18. Jahrhunderts nur Diplomaten, Soldaten und Facharbeitern erlaubt. Man ließ also nicht zu, daß das Judentum öffentlich als Religion auftrat. Selbst dort, wo Juden geduldet wurden, hielten die Behörden mit der Erlaubnis, eine Synagoge zu errichten, noch lange zurück. So entstanden vielerorts in Privathäusern «Hinterhofsynagogen», die von der Straße her nicht erkennbar waren; aber auch wo private Betstuben erlaubt waren, wurde die Zahl der Beter begrenzt, und sie durften nur in kleinen Gruppen das Haus betreten und verlassen. In Halberstadt wurde sogar 1669 die schon errichtete Synagoge durch die Landstände abgerissen. Auch einzelne Gebräuche und Gepflogenheiten der Juden, die Teil ihrer Religionspraxis waren, erregten Ärger und Unwillen. Der Verkauf des den Juden nicht zum Genuß erlaubten Fleisches an christliche Metzger war ein alter Gegenstand des Streits. Der «Schabbes-Goj» oder die «Sabbatfrau», Nichtjuden, die für die Juden am Sabbat gewisse Dienstleistungen und Verrichtungen erledigen mußten, waren das ganze 17. Jahrhundert Gegenstand staatlicher Verordnungen in Oberhessen. Auch die «Sabbatschnur» (*eruw*), eine Vorrichtung, die das Gebiet eingrenzte, in dem es erlaubt war, am Samstag Gegenstände auf der Straße zu tragen, war verschiedentlich Anlaß für Verbote und Verhandlungen. Pfarrer beschwerten sich zuweilen bei der Regierung über die Störungen, die der jüdische Gottesdienst verursachte, besonders wenn ein jüdischer Feiertag auf den Sonntag fiel, zum Beispiel über das Hornblasen (*schofar*) am jüdischen Neujahrstag.

Hatte ein Gelehrter eine Neigung zur Mystik und die Sache wurde bekannt, so konnte er mitunter in peinliche Untersuchungen verwickelt werden. Der Argwohn gegen angebliche jüdische Zauber- und Geheimkünste konnte zu erbarmungslosen Verfolgungen führen. Der Oberrabbiner Zewi Hirsch Fränkel, der in Ansbach seit dem Jahre 1709 amtierte, wurde zu lebenslangem Gefängnis verurteilt, nachdem in seinem Haus ein «unflätiges und abergläubiges Buch» gefunden worden war, das Anleitungen zu Geister- und anderen Beschwörungen enthielt. Infolge dieser Untersuchung wurden in der ganzen Markgrafschaft die heiligen Bücher der Juden in den Synagogen und Privathäusern beschlagnahmt. Der Frankfurter Rabbiner Naftali Cohen (Katz) wurde beschuldigt, den großen Brand im Frankfurter Ghetto 1711, der in seinem Haus ausbrach und fast die ganze Judengasse und die Synagogen einäscherte, dadurch verursacht zu haben, daß er mit der «praktischen Kabbala» experimentierte. Zwar wurde er nach seiner Verhaftung freigelassen, doch sah er sich genötigt, die Stadt zu verlassen.

In allen Judenordnungen der frühen Neuzeit, besonders in Ländern mit stark lutherischem Einschlag, sahen sich die Regierungen veranlaßt, auf peinliche Absonderung der Juden von den Christen hinzuwirken und zu verhindern, daß sie mit ihren Bräuchen und ihrer Lebensart Achtung und Sympathie bei den Christen gewännen. Das Ziel war, sie möglichst bald und vollzählig dem Christentum zuzuführen. Die Mittel, die die Gesetzgeber dazu einsetzten, waren zunächst einmal solche, die jeglichen Versuch der Juden unterbinden sollten, den christlichen Glauben zu verunglimpfen und den Christen Ärgernis zu geben. Daher das Verbot für Juden, ihre Gassen an Sonntagen und christlichen Feiertagen zu verlassen, und die vielen Verordnungen, die es den Juden erschweren sollten, ihre Religion auf weithin sichtbare und hörbare Weise zu praktizieren.

Dabei blieb es jedoch nicht. Es wurden auch kirchliche Zwangsmittel angewendet, um den Juden die christliche Religion näherzubringen. Die im Mittelalter von der römischen Kirche eingeführte Praxis, Juden zum Anhören von Missionspredigten zu zwingen, wurde jetzt vielfach besonders in den protestantischen Ländern, aber zeitweise auch im katholischen Wien bei Strafandrohung zu den gesetzlichen Pflichten der Juden erklärt. So verordnete Herzog Georg Wilhelm von Braunschweig-Lüneburg im Jahre 1689, daß alle Schutzjuden einmal im Jahr einem christlichen Gottesdienst beizuwohnen hätten und sich dabei die Grundlagen des Christentums erklären lassen sollten. In Hessen-Darmstadt wurden einige der frühen Judenlandtage (siehe Kapitel VI) in den vierziger und fünfziger Jahren des 17. Jahrhunderts nicht aus fiskalischem Interesse einberufen. Vielmehr wurden die Juden nur gezwungen, die Predigten der Missionare und die Verlesung der Judenordnung anzuhören.

Dieselbe Judenordnung verbot den Juden den Besitz von Büchern, die sich gegen die christliche Religion richteten, was durch «fleißige Inquisition» festgestellt werden sollte. Ab und zu wurden hebräische Bücher beschlagnahmt, die angeblich solche beanstandeten Stellen enthielten, zum Beispiel in Fürth im Jahre 1702. Die Untersuchung ging in diesem Fall, wie auch in ähnlichen Fällen, auf Denunziationen von getauften Juden zurück, manchmal auch auf die Rivalität zwischen konkurrierenden Verlegern. 1714 wurden die hebräischen Bücher der Juden in Halle konfisziert und dann freilich wieder zurückgegeben. In Wien wurden im Jahre 1722 Exemplare des Talmud konfisziert. Die Zensur der hebräischen Bücher in Prag war so streng, daß Rabbiner David Oppenheim, der ein berühmter Bibliophile war und die wertvollste hebräische Bibliothek besaß, die jemals gesammelt wurde (im Jahre 1715 bestand sie aus über 7000 Drukken und 1000 Handschriften), befürchtete, einige seiner kostbarsten Bücher und Handschriften könnten beschlagnahmt oder beschädigt werden. Er verlagerte deshalb seine Bibliothek (die 1825 von der Bodleian Library in Oxford angekauft wurde) von Prag nach Hannover (1702) ins Haus seines Schwiegervaters Leffmann Behrens, wo er sie sicherer wähnte. 1744 fand in der Tat eine Bücherverbrennung in Prag statt.

Wenn es das Ziel aller dieser Zwangsmittel war, eine Taufbewegung unter den Juden herbeizuführen, so hatten sie keinerlei Erfolg. Die Zwangspredigten wurden meist nach wenigen Jahren eingestellt. Wenn sich dennoch seit Beginn des 18. Jahrhunderts die Fälle von Konversionen mehrten, geschah dies nicht aus gesetzlichem Zwang, sondern als Folge der materiellen Not oder des Anreizes, ein Teil der christlichen Gesellschaft zu werden. In gewissem Maß hatten sich wohl auch unter dem Einfluß der beginnenden Aufklärung die innerjüdischen religiösen Bindungen gelockert. Zweifelsohne kamen die meisten Konvertiten aus den Kreisen der «Betteljuden» im In- und Ausland. Von der Aussichtslosigkeit ihrer Existenz getrieben, suchten und fanden sie Brot und Sicherheit bei der Kirche. Umgekehrt förderten die Wohlhabenheit und die vielfachen Kontakte der Hofjudenfamilien mit Christen die Gelegenheit und Bereitschaft zur gesellschaftlichen Assimilation, die dann in der Enkelgeneration nicht selten zur Taufe führte.

Der Wille der Juden zum Judesein wich selten dem Zwang, wohl aber dem Entgegenkommen, und das war die Taktik der Pietisten, Anhänger einer Richtung innerhalb des Protestantismus, die sich die Hebung der Frömmigkeit im praktischen Leben und die Pflege der Nächstenliebe zum

Ziel setzte. Philipp Jacob Spener (1635–1705), der Führer der pietistischen Bewegung, der viele Jahre als Pfarrer in Frankfurt am Main amtierte und dort oft mit Juden in Berührung kam, warb für Judenmission durch Menschenliebe, durch Predigt und Gespräch, ohne Gewalt, in der Hoffnung auf ihre endgültige Bekehrung. Er sprach nie von den «hartnäckigen», sondern immer von den «armen» Juden. Er erklärte, die Juden hätten ihren «Vorzug» und ihren Adel nicht verloren, und forderte daher Achtung vor ihnen und Gewissensfreiheit für sie, wenn er auch anfangs für die Zwangspredigten eintrat. Fast alle führenden Vertreter des Frühpietismus haben sich intensiv mit der Frage der Judenbekehrung beschäftigt, und unter ihrem Einfluß entstanden Proselytenanstalten und andere Einrichtungen zur Versorgung und Betreuung getaufter Juden. Johann Heinrich Callenberg (1694–1760), Professor in Halle, der Hochburg des Pietismus, errichtete mit Unterstützung des Königs eine Anstalt zur Ausbildung von Missionaren (Institutum Judaicum) und gründete eine Druckerei für Veröffentlichungen in der westjiddischen Sprache, darunter ein Wörterbuch und Übersetzungen einiger Bücher der Bibel.

Die pietistische Bewegung sowie der gelegentliche freundschaftliche Verkehr zwischen jüdischen und christlichen Gelehrten verfehlten nicht ihren Eindruck auf das Verhältnis der Juden zum zeitgenössischen Christentum. Die bereits im Mittelalter mitunter von rabbinischen Gelehrten vorgenommene Unterscheidung zwischen Polytheismus und Christentum setzte sich nun durch. Jüdische Autoren schickten jetzt regelmäßig ihren Büchern die Vorbemerkung voraus, daß überall, wo die nichtjüdischen Völker als Götzendiener bezeichnet wurden, nicht die europäischen Völker der Gegenwart gemeint seien, sondern die Völker der Antike. Dies geschah nicht nur, um dem Einschreiten staatlicher und kirchlicher Zensur vorzubeugen, sondern oft aus Überzeugung, wie das auch in den Schriften einiger einflußreicher Autoren ausdrücklich dargestelllt ist. So schrieb beispielsweise Rabbi Jair Chajim Bacharach empört über die «Frömmelei» derjenigen, die aus ängstlicher Scheu vor Vielgötterei gewisse christliche Eigennamen und sogar gewisse Namen von Münzen nicht aussprachen. Diese Leute, schrieb er, vermehren nur den Judenhaß unter den Völkern.[2]

Rabbi Jacob Emden (1697–1776) aus Altona schrieb über das Christentum im Geist einer Toleranz, die in der rabbinischen Literatur ohne Beispiel war. Nicht nur trieben die Christen keine Vielgötterei, vielmehr stehe das Christentum dem Judentum viel näher, als allgemein angenommen. Daher sei der Jude verpflichtet, seinem rechtschaffenen christlichen Mitmenschen mit Respekt, Toleranz und weitherziger Sympathie entgegenzukommen. In der Frage, inwieweit Juden religionsgesetzlich verpflichtet seien, Andersgläubige zu bekehren, betonte er sogar die Pflicht, potentielle Proselyten von vornherein abzuwenden. Er ließ sich auch über die relative Toleranz der zeitgenössischen Behörden aus: «[Die Monarchen] der Völker, die sich in der Nachfolge [der untergegangenen Völker] erhoben und statt dieser die Herrschaft an sich gerissen haben, sind ‹gnadenvolle Könige›. In ihrem Schatten wollen wir unter den Völkern leben. Durch Gottes große Gnade über uns hat er uns Gunst und Erbarmen finden lassen in den Augen der Könige der Völker.»[3]

Die Disputation, die Kurfürst Georg Ludwig von Hannover 1704 in seinem Schloß in Anwesenheit des Hofes zwischen einem Apostaten und dem Landesrabbiner von Schaumburg-Lippe, Josef Samson aus Stadthagen (gest. 1715), angeordnet hatte, legt von der neuen Einstellung Zeugnis ab. Jüdisch-christliche Disputationen waren noch im 17. Jahrhundert recht häufig, wie Josef Juspa Hahn berichtet, der auch deshalb seinen Lesern Anweisungen gab, wie man christliche Disputanten am besten widerlegen könne. Die Disputation in Hannover, über die eine detaillierte hebräische Aufzeichnung vorliegt,[4] war die einzige öffentliche Veranstaltung dieser Art, die in jener Zeit stattgefunden hat. Selbst wenn der Rabbiner seinen Bericht, nach dem er daraus als Sieger hervorging, beschönigt haben sollte, so kann es doch keinem Zweifel unterliegen, daß die kurfürstliche Familie gegenüber dem Judentum und den Juden eine bemerkenswert tolerante Haltung an den Tag legte.

Die christlichen Hebraisten jener Zeit zeigten sich gegenüber dem Judentum aufgeschlossen und verfolgten zum Teil mit ihren hebräischen Forschungen durchaus wissenschaftliche Ziele, wenn sich dahinter in der Regel auch die Hoffnung auf Mission verbarg. Sie erkannten, daß das Judentum, wie Rom und Griechenland, ein integraler Bestandteil der westlichen Tradition war, der sich die Gelehrten Europas in ihrem Ringen um die Umformung ihres Weltbilds selbst im Zeitalter der ärgsten Religionskriege, begleitet von einem wachsenden wissenschaftlichen und historischen Verständnis, verpflichtet fühlten. Hinzu kam die Aussicht, durch hebräische Quellenforschung dem christlichen Verständnis der Bibel und der religiösen Tradition Unterstützung zu verleihen. Ein weiteres und sehr wirksames Motiv war der Wunsch nach einem möglichst genauen Bild der Juden und des Judentums, also ein Interesse in – würde man heute sagen – anthropologischer Hinsicht. Davon zeugen auch die vielen Illustrationen, die in wachsendem Maß in Büchern über jüdische Bräuche erschienen. Das vierbändige Werk ‹Jüdische Merckwürdigkeiten› (1714–1718) von Johann Jakob Schudt (1664–1722), Orientalist und Leiter des Gymnasiums in Frankfurt am Main, beschrieb die Bräuche der Juden, vor allem in Frankfurt, und ist noch heute eine wichtige Fundgrube für die Geschichte und das Leben der Juden in Deutschland.

Die Biographien einiger herausragenden christlichen Hebraisten bezeugen enge persönliche Beziehungen mit Juden. Der Jurist und Orientalist Johann Christoph Wagenseil (1633–1705) verkehrte als junger Mann im Ghetto von Wien und eignete sich dort jüdisches Wissen an. Er verteidigte die Juden gegen die Ritualmordlüge und gegen ihre Anfeindung wegen des Wuchers, an dem die Christen selbst schuld seien, und sprach mitunter unumwunden seine Bewunderung für den jüdischen Lebensstil und die jüdische Glaubenstreue aus; doch veröffentlichte er auch Schriften, die die Verunglimpfung des Christentums durch die Juden aufdecken sollten, namentlich eine Sammlung jüdischer Streitschriften gegen das Christentum, die er unter dem Titel ‹Tela ignea Satanae› (‹Satans flammende Pfeile›) 1681 in Altdorf drucken ließ. Sein wirkliches Interesse war, die Juden zu bekehren. Unter anderen Hebraisten sind die beiden Schweizer Johannes Buxtorf der Ältere (gest. 1629) und sein Sohn Johannes Buxtorf der Jüngere (gest. 1664) erwähnenswert. Buxtorf der Ältere veröffentlichte 1610 einen hebräischen Briefsteller, aber auch 1603 das Buch ‹Synagoga Judaica› (‹Judenschül›) – eine Zusammenstellung zahlreicher Angriffe auf Juden und Judentum mit vielen alten, wohlbekannten Motiven –, das in mehreren Auflagen erschien. Johann Christoph Wolff (1683–1739) wird von Rabbi Mosche Chagis, der einige Jahre in Altona verbrachte, wie folgt erwähnt: Er sei in das Haus des «großen, wunderbaren und ausgezeichneten Gelehrten» gekommen, des berühmten Predigers in der großen und gepriesenen Stadt Hamburg, Professor Dr. Jochanan Christoph Wolff; dieser habe ihn in seine gewaltige Bibliothek gebracht und sich mit ihm über gelehrte Fragen unterhalten.[5] Übrigens leistete die Bibliothek David Oppenheims Wolff beim Abfassen seiner monumentalen vierbändigen hebräischen Bibliographie, ‹Bibliotheca Hebraea› (Hamburg 1715–1733), unschätzbare Dienste.

In Äußerungen höherer Beamter in gelehrten Zirkeln konnte man mitunter hören und lesen, daß die Juden Menschen seien wie die Christen. Große jüdische Gemeinden wie Frankfurt, Hamburg, Halberstadt und Fürth konnten durch ihre zahlenmäßige, wirtschaftliche und auch geistige Stärke der Obrigkeit gegenüber eine selbstbewußte Haltung einnehmen. Jedoch war die öffentliche Meinung, selbst der gebildeten Kreise, noch weit von einer gerechten Beurteilung der Juden entfernt, und diese mußten viele Demütigungen über sich ergehen lassen. Das kam deutlich zum Ausdruck in der zeitgenössischen Jud-Süß-Literatur: Sie zeigt, daß die Gegner des Jud Süß sich den ersten zaghaften Anfängen einer Einbeziehung von Juden in den frühneuzeitlichen Verbürgerlichungsprozeß widersetzten.

Bis ins 18. Jahrhundert konnte vielerorts jeder Christ von einem Juden, den er außerhalb der Judengasse antraf, drei Würfel verlangen. Dieser alte Brauch, ursprünglich verbunden mit dem Leibzoll, ist verschiedentlich als Strafe dafür gedeutet worden, daß einst um die Kleider des Gekreuzigten gewürfelt wurde. Hatten die Juden keine Würfel mehr, so mußten sie sich entweder mit Geld loskaufen oder sich allen möglichen Unannehmlichkeiten aussetzen. In manchen Orten waren die Juden seit dem Mittelalter verpflichtet, dem Pfarrer jährlich zwei silberne Löffel zu geben. In Universitätsstädten hatten Juden immer noch unter studentischen Pöbeleien zu leiden: Wo eine Universität ist, ist es für Juden «ein böser Ort», schrieb Glückel von Hameln.[6]

Immer wieder kam es auch zu öffentlichen Ausschreitungen gegen die Juden, vor allem wenn man ihnen wirtschaftliche Nöte zur Last legte. 1699 herrschte im Stift Bamberg Getreidemangel, nachdem der Fürstbischof die Getreide seiner Güter an holländische Juden verkauft hatte. Den daraufhin entstandenen Aufruhr gegen die Juden ahndete der Fürstbischof mit einer Strafexekution. Schon 1666 hatte er einen Erlaß angefertigt, in dem er bei hoher Geldstrafe die Belästigung von Juden auf der Straße verbot. Soziale Spannungen und ökonomische Schwierigkeiten in Altona entluden sich im 17. und 18. Jahrhundert viermal in judenfeindlichen Tätlichkeiten. Eine Handelskrise in Hamburg 1730 führte ebenso zu einem antijüdischen Tumult.

Die jüdischen Reaktionen auf solche Ungesetzlichkeiten waren nun deutlich stärker als im Mittelalter. Die Stellung und Wirksamkeit der Hofjuden trug wahrscheinlich dazu bei, wie auch der Stolz der portugiesischen Juden, die als Folge untragbarer Steuern und erniedrigender Verordnungen in beträchtlicher Zahl aus Hamburg nach dem toleranteren Amsterdam abwanderten. Mitunter schien es, als ob auch die aschkenasischen Juden entschlossen seien, sich energischer zur Wehr zu setzen. Das Vorgehen gegen die Veröffentlichung von Eisenmengers ‹Entdecktes Judenthum› wurde bereits erwähnt. Glückel von Hameln schrieb bei Judenmorden wiederholt über die Notwendigkeit zu «rächen», d. h. die Täter zu verfolgen, zu fassen und zu bestrafen. Ein prominenter mährischer Landesrabbiner teilte in einer seiner Responsen mit, daß die Gemeindevorsteher den Verwandten eines ermordeten Juden befahlen, den Mörder zu verfolgen und ihn den Behörden auszuliefern, selbst wenn sie dafür viel Geld ausgeben müßten.[7] Solche Aktionen, und insbesondere die Öffentlichkeit, mit der sie betrieben wurden, zeugen von einem gewissen Wandel zu einer selbstbewußteren Haltung.

V.
Gemeinde, Gesellschaft und häusliches Leben

1. Die Gemeindeverwaltung und das Rabbinat

Wenden wir uns nach der Darstellung der äußeren Existenzbedingungen der Juden ihrem Gemeindeleben zu, so ist auf zwei Parallelen zu verweisen, die zwischen der Leitung einer jüdischen Gemeinde und einer Stadtverwaltung bestanden. Hier wie dort unterlagen die Bürger bzw. die Gemeindemitglieder einer strengen Aufsicht, die unter der Herrschaft des Rats bzw. der Vorsteher oder Ältesten von einer Vielzahl von Beamten, Würdeträgern und Bediensteten ausgeübt wurde. Die Gemeinde hatte sich seit dem Mittelalter einem Wandel unterzogen, der im Kräftespiel der maßgebenden Personen das entscheidende Gewicht von dem Kreis der Gelehrten zu dem der vermögenden Laien verlagerte. Die Besitzerklasse herrschte nun in der Gemeinde wie in der Stadt. Die öffentliche Wirksamkeit aller Zweige des Gemeindelebens war durch genaue Statuten und Vorschriften geregelt.

Die frühesten vollständig erhaltenen Gemeindestatuten stammen zwar aus Krakau (angeblich 1595), aber Ansätze zu einer Gemeindeverfassung gab es in Frankfurt am Main bereits um die Mitte des 16. Jahrhunderts und in Prag vor 1600. In der Regel war jede Gemeinde ein Zwangsverband, zu dem jeder Jude gehörte, der am Ort wohnte. Zahlreiche Gemeindebeamte kamen nach 1648 aus Polen, besonders Rabbiner, Kantoren, Schächter und Synagogendiener. In einigen Großgemeinden waren zusätzliche Beamte beschäftigt; so hören wir von jüdischen Nachtwächtern in Frankfurt am Main und von einer jüdischen Polizei in Hamburg. Die wichtigsten Institutionen der Gemeinde waren die Synagoge, das Gemeindehaus (nicht selten in Räumen des Synagogengebäudes), das Lehrhaus (ebenfalls oft Teil des Bethauses), die Schule für arme und Waisenkinder, das Ritualbad (*mikwe*), der Backofen der Gemeinde (wo Sabbatspeisen warmgehalten wurden), der Friedhof und das Armen- und Krankenhaus (*hekdesch*) sowie eine Reihe von religiös-kulturellen und wohltätigen Vereinen.

Wie in den Stadträten war auch in den Gemeinden die Oligarchie auf Vermögen und Ansehen gegründet. So waren beispielsweise in Fürth Personen mit Besitz unter 600 Gulden von der Führung der Gemeinde de facto ausgeschlossen, auch waren nur solche Personen wählbar, die bereits mindestens 12 Jahre der Gemeinde angehörten. Diese Bedingungen wurden für diejenigen erleichtert, die den Ehrentitel *chawer* führten. Die Vorsteher (in Frankfurt am Main und Friedberg hießen die ursprünglich für das Bauwesen zuständigen Vorsteher «Baumeister») waren in hohem Grade untereinander verwandt. Die Annahme eines leitenden Ehrenamtes wurde vielfach von der Regierung als eine Pflicht angesehen, die man nicht ablehnen durfte. In Berlin war eine Befreiung von der Annahme des Ältestenamtes nur durch Zahlung von 100 Reichstalern möglich. Die Angestellten der Gemeinde waren vor allem der Rabbiner, der Gemeindeschreiber und der Gemeindediener (hebr. *schammasch,* jidd. *schammes*). Eine Ehrenstellung, verbunden mit ganz besonderen Funktionen, war die des *schetadlan*, des Vertreters der Gemeinde nach außen.

Die Prozedur bei der Wahl der Vorsteher entsprach den damaligen Auffassungen und dem oligarchischen Charakter der Gemeindeleitung. Das Klassenwahlsystem, das allgemein in den Gemeinden wie in den Städten eingeführt war, spiegelte die sozioökonomische Situation und ihre Verankerung in der Gemeindeverfassung wider: ein System, das den Bemittelten unter den Mitgliedern die Vorherrschaft sicherte. In vielen Gemeinden waren die Wahlen indirekt: Die Hauptvorsteher wurden durch 5–7 Wahlmänner gewählt, die nicht miteinander verwandt sein durften (daher *kescherim* genannt, von *kascher*, geeignet, makellos; verschiedentlich nannte man sie auch *borerim*, Wähler), die anderen durch die Gemeindeführung oder durch die Wahlmänner in Gemeinschaft mit den Ältesten. Man wählte in getrennten Wahlgängen erste, zweite und dritte Wahlmänner, und bei jedem Wahlgang schränkte sich das Wahlrecht auf höhere Steuergruppen ein. In Berlin, wo die Ältesten ursprünglich gar nicht gewählt, sondern von den Behörden ernannt wurden, bestimmte man die Wahlmänner durch das Los, und zwar drei von den Vermögendsten, zwei von den Mittleren und einen von den armen Juden.

Die Wahl der Gemeindefunktionäre erfolgte fast niemals auf Lebenszeit, jedoch war im allgemeinen ursprünglich das Bestreben vorherrschend, die Ämter möglichst an die bisherigen Inhaber wieder zu vergeben. Auch die Behörden hielten eine gewisse Kontinuität für angebracht. In Frankfurt am Main dagegen wurden die Vorstandsmitglieder ursprünglich auf Lebenszeit gewählt, und eine Zuwahl wurde durch den Vorstand selbst vorgenommen. In Prag wurden die Vorstandsmitglieder nicht auf Lebenszeit gewählt, und es fand auch keine Kooptation durch den Vorstand statt. Ein Konflikt in Frankfurt über diese Frage wurde 1617 vor die Rabbiner von Fulda, Hildesheim und Metz zur Entscheidung gebracht. Auch der Stadtrat wurde in die Sache verwickelt und traf von Zeit zu Zeit Anordnungen. Schließlich einigte man sich auf eine Wahlordnung, die sowohl den Zutritt neuer Mitglieder ermöglichte, als auch den Verdiensten der älteren Vorsteher, die lange Jahre für das Wohl der Gemeinde gewirkt hatten, Rechnung trug. Doch blieb es in vielen anderen Gemeinden die Regel, daß die Judenschaft ähnlich wie eine Gilde organisiert war, deren Vorstand sich meist durch Zuwahl ergänzte. In Frankfurt wurden die Wahlmänner in der Synagoge bei geöffneter Lade darauf vereidigt, daß sie nur würdige Männer in den Vorstand wählen würden und nur solche, die «unparteiisch», d. h. nicht nahe miteinander verwandt seien.[1] Die Wahlen unterlagen behördlicher Bestätigung. In Berlin erließ die Regierung in den Jahren 1722–1723 folgende Regelung für das Vorsteherkollegium: Dieses sollte aus zwei lebenslang tätigen Oberältesten bestehen, von denen einer außer einem Gehalt aus der königlichen Kasse noch 300 Taler jährlich von der Gemeinde erhielt; ferner aus fünf Ältesten, vier Kassierern, vier Armenvorstehern und Beisitzern des Vorstandes. Alle drei Jahre sollte das Kollegium erneuert werden. Einige von den früheren Beamten sollten dabei stets in ihrem Amt bleiben.

Wenn es auch scheint, daß die Wahlordnungen mit der Zeit, dem Druck der Gemeindemehrheit folgend, abgeändert wurden, so blieb doch die Herrschaft des Vorstands über die Gemeinde unangetastet. Mit wenigen Ausnahmen erkannte die Regierung die Entscheidung der Vorsteher über Aufnahme oder Ausweisung eines Juden, der sich am Ort ansiedeln wollte, an. Wagte es ein Jude, sich gegen den Willen des Vorstands, jedoch mit Erlaubnis der Obrigkeit in der Stadt anzusiedeln, wurde er von der Gemeinde als «Beisitzer», d. h. als Einwohner ohne Wohnrecht, betrachtet und in wirtschaftlicher, religiöser und gesellschaftlicher Hinsicht ausgegrenzt. Der Entzug des Aufenthaltsrechts eines Gemeindemitglieds war das wirksamste Mittel, das dem Vorstand für die Aufrechterhaltung der Ordnung und Disziplin zur Verfügung stand. Die Frankfurter Gemeinde hatte das Recht, die «Stättigkeit», d. h. das Wohnrecht, irgendeines Gemeindemitglieds zu annullieren, meistens im Zusammenhang mit einer Strafe, selbstverständlich durfte sie auch Juden vertreiben, die sich in der Stadt ohne «Stättigkeit» angesiedelt hatten. Diese Machtvollkommenheit der Vorsteher ging zwar auf mittelalterlichen Rechtsbrauch zurück (*cherem hajischuw*) und wurde wohl auch von rabbinischen Rechtsgelehrten gutgeheißen, jedoch scheint sie ihre Wirksamkeit, wenigstens teilweise, dem Vorbild der Zunftmeister verdankt zu haben, das ebenfalls, wie die Stadtverwaltung, auf die Gemeindeverwaltung einwirkte.

Die Vorsteher übten ihre Herrschaft mit voller Zustimmung, ja Unterstützung der Behörden aus. In Berlin erweiterten die Behörden ständig die polizeilichen Befugnisse der Gemeindevorsteher und bekräftigten damit ihre Forderung nach solidarischer Haftung der Juden füreinander. Zu diesen Befugnissen gehörten unter anderen: Mitwirkung bei Fragen der Niederlassungsberechtigung, Gutachten bei Erteilung von Schutzbriefen, Überwachung der Fremden, Verhinderung unbefugten Einschleichens und Steuerveranlagung. Kein Hausverkauf konnte ohne Zustimmung der Gemeindevorsteher stattfinden. Sie genossen den besonderen Schutz des Staats, der im preußischen Reglement von 1700 ausdrücklich neben der Ordnung der inneren jüdischen Verhältnisse die Wahrnehmung staatlicher Interessen gegenüber den Juden als Hauptaufgabe der Ältesten erklärte. Die Oberältesten in Berlin, die eine jährliche Vergütung von 100 Reichstalern erhielten, waren der Regierung für alles, was sich unter den Juden abspielte, verantwortlich und mußten in allen nötigen Fällen bei der Judenkommission Anzeige erstatten.

Unter diesen Umständen war es selbstverständlich, daß der Rabbiner den Vorstehern als Gemeindebeamter untergeordnet war. Dies fand schon darin Ausdruck, daß der Rabbiner in der Regel nur auf drei Jahre angestellt wurde, nach deren Ablauf es der Gemeinde, unter der zumeist ziemlich autokratischen Leitung der Vorsteher, freistand, ihn wiederzuwählen oder durch einen anderen zu ersetzen. Die Ernennung eines Rabbiners auf Lebenszeit, wie etwa die des Rabbi David Oppenheim in Prag, war eine Ausnahme. Nach einer Bestimmung, die in vielen Gemeinden eingeführt war, durfte nur ein ortsfremder Rabbiner angestellt werden, der in keinerlei Verwandtschaftsverhältnis zu ortsansässigen Juden stand und keinen großen Anhang in der Gemeinde besaß. Damit wollte man einer Parteienbildung unter den Mitgliedern entgegenwirken, die Gefahr eines Wahlkampfes verringern und die Unabhängigkeit des Rabbiners von familiären und anderen Sonderinteressen wahren. Dies war beispielsweise mit ein Grund für den Widerstand der Prager Gemeinde gegen die Besetzung ihres Rabbinats durch einen Sohn des «Hohen Rabbi Löw» (Maharal), dem ja auch selbst das Rabbinat erst gegen Ende seines Lebens übertragen worden war. Nur insoweit es das Religionsgesetz berührte, waren die Vorsteher sowie die ganze Gemeinde der Führung und den Entscheidungen des Rabbiners als Gesetzeslehrer und Vorsitzenden des rabbinischen Gerichts unterworfen. Sogar in dieser Beziehung lag die Initiative selten in der Hand des Rabbiners; er äußerte seine Meinung in der Regel in Beantwortung einer Anfrage oder im Verlauf einer Besprechung. Jedoch konnte er von der Kanzel in der Synagoge aus eigener Initiative zu Erscheinungen und Vorkommnissen in der Gemeinde Stellung nehmen. Einer starken Persönlichkeit war trotz der Abhängigkeit von den Vorstehern die Möglichkeit gegeben, auf die Gemeinde einzuwirken, selbst in einer den Vorstehern nicht genehmen Richtung. Darin lag ein Ausgangspunkt gemeindlicher Konflikte, von denen noch zu reden sein wird.

An Ehrung des Rabbiners und Respekt für ihn ließen es die Vorsteher und die ganze Gemeinde im allgemeinen nicht fehlen. Nach außen hin war er nicht nur geistlicher Beamter im engeren Sinn, sondern vertrat und repräsentierte die Gemeinde zusammen mit den Vorstehern. Er hatte auch ein gewisses Mitwirkungsrecht bei Verwaltungsakten, mit denen ein besonderes staatliches Interesse verknüpft war. Mitunter, besonders in kleineren Gemeinden, erfüllte er auch eine entscheidende Funktion bei der Steuerumlage. Rabbiner und Vorsteher amtierten mit großem Ernst und großer Feierlichkeit. Man beachtete peinlich Titel und Würden. So war beispielsweise das Anrecht des Rabbiners, an bestimmten Sabbaten und Feiertagen zur Toravorlesung «aufgerufen» zu werden, genau präzisiert, und in vielen Gemeinden durfte kein noch so anerkannter Gelehrter mit dem *morenu* (unser Lehrer)-Titel aufgerufen werden, wenn er nicht Amtsrabbiner war.

Freilich waren auch auf dem Gebiet der Titelverleihung die Befugnisse des Rabbiners begrenzt, und die Vorsteher sorgten dafür, daß niemand in der Gemeinde ohne ihre Zustimmung gesellschaftlich avancierte. Demgemäß wurde der Rabbiner bei seiner Anstellung vertraglich (in seinem «Rabbonusbrief») verpflichtet, keine Ehrentitel (*morenu*, vielerorts sogar den weniger gewichtigen Titel *chawer*) ohne Zustimmung der Vorsteher zu verleihen. Sogar bei Rabbinern von Weltruf verzichtete man nicht auf diese Bestimmung. Andererseits war es den Vorstehern untersagt, ohne Einwilligung des Rabbiners einem auswärtigen Gelehrten einen öffentlichen Vortrag zu gestatten. Für die Verleihung von Titeln durfte der Rabbiner Gebühren beziehen, ebenso für die Erteilung von *hechscherim* («Koscherzettel», Bestätigungen, daß eine Eßware oder ein Getränk zum Genuß erlaubt war) für Wein, Fleisch und Käse, die von auswärts kamen, für die Prüfung der Schächter, für die Erteilung einer Ehebewilligung, für Zeugenverhöre und Gerichtsentscheide, für die Ausstellung vieler Arten von Urkunden und vieles andere mehr. Diese Gebühren machten einen erheblichen Teil, nicht selten den Großteil des Einkommens des Rabbiners aus, wobei allerdings zu bemerken ist, daß in vielen «Rabbonusbriefen» die Gemeinde sich verpflichtete, dem Rabbiner und seiner Familie eine angemessene Wohnung zur Verfügung zu stellen.

Die eigentliche Domäne des Rabbiners war naturgemäß das jüdische Gericht, das in der Regel die autonome Befugnis hatte, in allen Zivilsachen zwischen Juden Recht zu sprechen, ebenso in Ehesachen, bei Ernennung von Vormündern und der Ausfertigung von Testamenten sowie selbstverständlich in allen Verfahren gegen Übertreter des Religionsgesetzes. Als Beisitzer im Rabbinatsgericht fungierten Gelehrte in der Gemeinde, die dem Kreis der *benej jeschiwa* angehörten, d. h. dem Kreis derjenigen älteren Gemeindemitglieder, die in jüngeren Jahren eine Jeschiwa besucht hatten und wegen ihrer Torakenntnis und Frömmigkeit zu der geistigen Prominenz der Gemeinde gezählt wurden. In Prag hatte der Oberrabbiner fünf Beisitzer («Oberjuristen»), und um sie nicht mit kleinlichen Streitigkeiten zu behelligen, schuf man ein besonderes mit sechs «Unterjuristen» besetztes Bagatellgericht. Die Mitglieder rabbinischer Gerichte in größeren Gemeinden wurden in besonderen Fällen nach auswärts eingeladen, um in einer Streitsache zu richten.

Bei der Vollstreckung eines Urteils, besonders wenn es sich um ein Strafurteil handelte, war der Rabbiner auf die Kooperation der Vorsteher angewiesen. In vielen Gemeinden hatte der jeweils im laufenden Monat amtierende Vorsteher (*parnass hachodesch*), in Prag «Monatshalter» genannt, die gesamte Polizeigewalt innerhalb der Gemeinde inne. Er lud zu den Vorstehersitzungen ein, bei denen er den Vorsitz führte, und hatte eine

Reihe wichtiger Befugnisse und Verantwortlichkeiten bei den laufenden Geschäften der Gemeinde. Nach der Mainzer Judenordnung von 1741 oblag es ihm, dem Gericht des Rabbiners zusammen mit dem vorhergehenden Monatsvorsteher beizusitzen und den Urteilsspruch durch seine Unterschrift mit zu autorisieren und zu vollziehen. Geldstrafen, selbst solche für Vergehen im religiösen Leben, beispielsweise für unregelmäßiges Erscheinen zum Gebet in der Synagoge, konnte der Rabbiner nur mit Einwilligung zweier Vorsteher verhängen. Ebenso war der religiös schwerwiegende Bann, der den damit Belegten zeitweilig sozusagen exkommunizierte, nur gültig, wenn er von zwei Vorstehern bestätigt worden war. Die Bannprozedur wurde als Strafe sowie als Zwangsmittel angewandt.

Es gab auch andere Straf- und Zuchtmittel, die dem Judengericht zu Gebote standen und die auch in der Bannerklärung eingeschlossen sein konnten: körperliche Züchtigung, Aufkündigung des Wohnrechts, Verlust religiöser Funktionen und Ehren, Verlust der rechtlichen Fähigkeit, vor Gericht auszusagen oder einen Schwur abzulegen, Verlust des Rechts der Ernennung zu Gemeindeämtern und Verbot, außerhalb des Hauses zu speisen. Durch den «kleinen Bann», nämlich das «Ausrufen» (*hachrasa*), wurde ein Verurteilter öffentlich aufgefordert, sein Vergehen zu sühnen oder wiedergutzumachen. Wer sieben Tage in *hachrasa* blieb, ohne das von ihm Verlangte zu erledigen, wurde mit dem Bann belegt. In geringfügigen Angelegenheiten konnte der Monatsvorsteher eigenmächtig entscheiden und verfügte sogar über eine beschränkte Banngewalt. Vorsteher und Rabbiner befanden sich also in gewissem Maß in gegenseitiger Abhängigkeit.

Die Grundlage der inneren Gemeindefinanzen bildeten die *mizwot*, d. h. die vielen rituellen Handlungen und Ehrenämter in der Synagoge, um die sich die Mitglieder bewarben und für die sie oft hohe Beiträge leisteten, sowie direkte und indirekte innere Steuern, wie die Fleischsteuer, die in der Regel beim Einkauf von Koscherfleisch erhoben wurde. Diese Zahlungen kamen zu den vielen, oben bereits aufgezählten, an den Staat ständig oder einmalig zu zahlenden Schutzgeldern, Abgaben und Lasten hinzu. Die jährlichen Schutzgelder und Sondersteuern wurden von der Gemeinde an Staat und Stadt abgeliefert und auf die einzelnen Mitglieder je nach ihrem Vermögen umgelegt. Das Vermögen jedes Steuerzahlers wurde von Steuer-Einschätzern (*ma'arichim, schamma'im*) geschätzt, nachdem diese durch Eid verpflichtet worden waren, daß sie weder aus Haß zu viel, noch aus Liebe oder Verwandtschaft zu wenig einschätzen würden. Steuerfreiheit wurde nur Bedürftigen, ferner dem Rabbiner und gewissen Gemeindebeamten gewährt. Die Gemeinde Berlin machte eine besondere Ausnahme für Moses Mendelssohn und befreite ihn von der Steuerpflicht mit Rücksicht auf seine Verdienste um das Judentum und die Wissenschaft.

Welchen Druck die Gemeinde auf ihre Mitglieder ausübte, um sie zu bewegen, bei der für die Steuerumlegung erforderliche Schätzung ihres

Vermögens wahrheitsgemäße Angaben zu machen und die Steuerzahlung nicht zu verzögern, zeigt sich zum Beispiel in einem Friedberger Statut aus dem Jahre 1633, in dem folgendes bestimmt wird: Erhebt ein Mitglied Einspruch gegen die Schätzung, so stellen ihn die Steuer-Einschätzer vor die offene Toralade und nehmen ihm einen Eid ab. Wer mit der Steuerzahlung säumig ist, wird bei seiner Verheiratung nicht in der Gemeinde getraut; heiratet er auswärts, darf er keine Nacht in Friedberg bleiben, und wer ihn beherbergt, wird mit dem Bann belegt.[2]

2. Institutionen und Vereine

Die zentrale Institution der Gemeinde war selbstverständlich die Synagoge oder, wo es eine solche noch nicht gab, der in einer Privatwohnung eingerichtete Betraum. Der hohe religiös-soziale Stellenwert des öffentlichen Gebets wurde durch den Brauch betont, daß Männer und Frauen immer nur mit einem besonderen Überrock in die Synagoge kamen. Über die kultische Funktion hinaus diente die Synagoge meist als Versammlungsraum und Lehrhaus, wohl auch als Gerichtssaal. Der Synagogenhof war der Schauplatz verschiedener religiöser Zeremonien, namentlich der Trauungen, aber auch des Verbrennens von gesäuertem Brot am Pessachfest, gelegentlicher Beerdigungsreden und des Gebets beim Anblick des Neumonds (*kiddusch lewana*). Für die jüdische Gemeinde als soziopolitische, nicht nur religiöse Gemeinschaft bildete die Synagoge ihren gesellschaftlichen Sammelpunkt. Wenn von den vielen Geldhändlern in Hamburg berichtet wird, daß sie den ganzen Tag herumliefen, um ihren Erwerb zu suchen, und gegen Abend zum Gebet in die Synagoge gingen, so geschah das nicht nur aus religiöser Gewohnheit, sondern auch aus dem Bedürfnis eines stetigen gesellschaftlichen Kontakts. In vielen Gemeinden erließen die Vorsteher Synagogenordnungen mit Bestimmungen, die alles, was in der Synagoge geschah, bis ins einzelne bei vielen Strafandrohungen regelten. Wo eine Synagoge bestand, waren Privatgottesdienste im allgemeinen verboten, doch gab es in Berlin um 1774 bei einer jüdischen Bevölkerung von 2200 Personen nicht weniger als 22 private Betstätten.

Im Mittelpunkt des gesellschaftlichen Gemeindelebens stand die Wohltätigkeit, und man kann sagen, daß die Verknüpfung von Geselligkeit mit Wohltätigkeit der Gemeinde als Gemeinschaft ihr besonderes Gepräge gab. Die Wohltätigkeit verlieh der Geselligkeit auch eine religiöse Bedeutung. Die wichtigste karitative Wirksamkeit in der Gemeinde spielte sich im Rahmen von zwanglosen Vereinen ab, an deren Spitze die «Heilige Bruderschaft» (*chewra kaddischa*) stand. Diese war im engeren Sinn eine Beerdigungsbruderschaft, erfüllte jedoch eine Reihe anderer Funktionen religiösen, sozialen und sogar finanziellen Charakters. Die Bruderschaft

31 *Neumondweihe,*
in Paul Christian Kirchner, ‹Jüdisches Ceremonial› (Nürnberg 1724)

begleitete und betreute jede Familie eines schwer erkrankten Gemeindemitglieds vom Beginn der Krankheit bis – bei Todesfall – zum Setzen des Grabsteins. Befand sich die betroffene Familie in wirtschaftlicher Not, so gewährte ihr die *chewra* materielle Unterstützung. Auch in anderen Fällen stand sie Minderbemittelten bei und sorgte für die Ausstattung von Bräuten, für Wein bei Beschneidungen, aber auch für Straßenbeleuchtung in der Judengasse. Daher wurde die *chewra* auch «Kippe» genannt, von *kuppa* (Kasse), war sie doch oft das finanzkräftigste Institut der Gemeinde. Die Aufnahme in die *chewra* war eine Ehre; man mußte eine Eintrittsgebühr zahlen, und aus manchen Statuten geht hervor, daß die Mitgliedschaft in der *chewra*, die viel Geld kostete, zugleich auch eine Art Versicherung war, durch die die Mitglieder Vortritt für ihre Töchter und Verwandten bei der Verteilung von Geldern für die Brautausstattung hatten.

Soweit uns die historischen Quellen unterrichten, gab es diese Bruderschaft in deutschen Landen erst seit dem 16. Jahrhundert, während sie in Spanien bereits im Mittelalter auftaucht. Dieser sephardische Einfluß in Deutschland, der auch auf anderen Gebieten nachweisbar ist, mag auf die Einwanderung der portugiesischen Juden oder die Vermittlung der aschkenasisch-norditalienischen Gemeinden zurückzuführen sein. Es ist auch wohl möglich, daß der Wandel sozialer und demographischer Gegebenheiten in den aschkenasischen Gemeinden Situationen schuf, die denjenigen ähnelten, welche in Spanien vorgeherrscht hatten und die Bildung von Bruderschaften zu einer Notwendigkeit machten. Zu diesen Voraussetzungen gehörten vorrangig das relativ große Wachstum der jüdischen Bevölkerung in vielen Städten und die Herausbildung von sozio-ökonomischen Differenzierungen in einem Ausmaß, das früher nicht bestanden hatte. Manche Bruderschaften auf dem Land wurden durch das Zusammenwirken einzelner aus verschiedenen Orten der Umgebung gegründet, da die kleinen Gemeinden allein nicht imstande waren, das Begräbniswesen zu unterhalten.

Zu all dem kommt noch das organisatorische und gesellschaftliche Vorbild hinzu, das die christlichen Zünfte lieferten. Ähnlich wie dort waren die Mitglieder der Bruderschaften in Vorsteher, «Senioren», Vertrauensmänner und gewöhnliche Mitglieder abgestuft. Sie alle waren strengen Disziplinarregeln unterworfen, und auch darin ist der Einfluß des Zunftwesens unverkennbar. Die Tatsache, daß den Juden der Eintritt in jegliche Zunft versperrt war, mag ihren Wunsch, sich eine eigene «Zunft» zu schaffen, bestärkt haben, wenn auch deren eigentliche Funktion gänzlich verschieden war. Wie eine richtige Zunft versammelte sich die Bruderschaft zu bestimmten Zeiten zum Gebet und zum Studium. Ihre Mitglieder genossen in der Gemeinde gewisse Sonderrechte und Vorzüge, und einmal im Jahr kamen sie zu einem exklusiven, festlichen Bankett zusammen. In vieler Hinsicht bildeten sie die Elite der Gemeinde. Sorgfältig abgefaßte Statuten wachten darüber, daß nur die Besten – sowohl in religiöser als auch in materieller Beziehung – in die Bruderschaft als Mitglieder aufgenommen wurden. Sie hatten untereinander gesellschaftliche Verpflichtungen und mußten einen besonders strengen religiösen und sittlichen Lebenswandel führen. Nur die Vorsteher (*gabba'im*) der Bruderschaft waren berechtigt, Kandidaten zur Neuaufnahme bzw. zur Wahl vorzuschlagen. Ende des 17. Jahrhunderts organisierte sich in Fürth auch eine Bruderschaft der Beschneider. Sie führte Vorsichtsmaßregeln für die Sicherheit der Kinder ein und traf Bestimmungen, deren Ziel die Ausscheidung von ungeeigneten Anwärtern auf das Beschneidungsamt war.

Mit dem Anwachsen der kabbalistischen Strömung, von der später die Rede sein wird, machte sich deren Einfluß auf das Vereinsleben der Gemeinden und auch auf häusliche religiöse Gebräuche bemerkbar. Nach dem Vorbild der frommen Vereine in Safed, dem Mittelpunkt der von Rabbi Isaak Lurja inspirierten neuen kabbalistischen Richtung, wurden Vereine gegründet, deren Mitglieder gelobten, ein besonders frommes Leben zu führen, in dem die Buße und die Bitte um Erlösung eine besonders große Rolle spielten. Unter anderem verpflichteten sie sich, an bestimmten Tagen jedes Monats eine allgemeine gegenseitige Beichte abzulegen. Ebenso war jeder verpflichtet, seinen Mitbruder sofort zurechtzuweisen, wenn von diesem irgendeine moralische oder rituelle Verfehlung bekannt geworden war. Jeden Abend sollte man ausdrücklich allen Menschen Verzeihung gewähren, die einen während des Tages in Wort oder Tat gekränkt haben könnten. Viele sprachen stets vor dem Schlafengehen das für den lebensgefährlich Erkrankten bestimmte Sündenbekenntnis. Den Vereinsmitgliedern wurden bestimmte Sühneprozeduren empfohlen, besonders das Fasten, das gebräuchlichste Mittel pietistischer Frömmigkeit. Es gab Leute, die vor dem Versöhnungstag vierzig volle Tage fasteten, mit Unterbrechung während der Nacht.

Im Laufe des 18. Jahrhunderts ging allmählich die Bedeutung der Bruderschaften zurück. Sie konnten beispielsweise mit ihren Geldern nicht mehr so freigiebig sein wie früher, und außerdem waren inzwischen zusätzliche Vereine entstanden, die einen Teil der Aufgaben erfüllten, die bisher den Bruderschaften zugefallen waren. So wurde im Zuge der Modernisierung mitunter die Brautversicherung von der Beerdigungsbruderschaft getrennt, zum Beispiel in Berlin, wo sich Moses Mendelssohn an der Gründung einer Heiratsgesellschaft beteiligte, deren Mitglieder durch Zahlung von Beiträgen die Ausstattung ihrer Töchter versichern konnten.

Über den Wirkungskreis der Bruderschaft hinaus, und manchmal parallel zu ihr, sorgte die Gemeinde dafür, daß ein Hospiz und ein Spital für Durchreisende oder arme Kranke vorhanden waren und daß ein Arzt, ein Apotheker und diverse gesundheitsfördernde Institutionen den Gemeindemitgliedern zur Verfügung standen. Außerdem übernahm sie eine gewisse Aufsicht über die Beschneider, die Hebammen und die Säugammen und unternahm energische Schritte, wenn die Gemeinde von Pest und Epidemien bedroht war. Die medizinische Versorgung der Gemeindemitglieder war vielfach weit besser als die der christlichen Bürger. Große Gemeinden stellten einen Gemeindearzt an, doch dazu brauchten sie die Erlaubnis der Stadt, zuweilen sogar des Landesherrn, die nicht immer und oft nur unter gewissen einschränkenden Bedingungen erteilt wurde. Als die Frankfurter Gemeinde den berühmten Arzt und Wissenschaftler Joseph Salomon Delmedigo (1591–1655) anstellen wollte, widersetzten sich die christlichen Ärzte energisch diesem Schritt, doch gab die Stadt schließlich 1631 ihre Erlaubnis. Im Jahre 1645 siedelte er nach Prag über, wo die Gemeinde besondere Richtlinien für die Ärzte (*hanhagat harofe'im*) ausgearbeitet hatte.

Ein wichtiges Ehrenamt in der Gemeinde war das des Aufsehers über die Wohltätigkeit (*gabbaj zedaka*), dem eine Reihe von Beamten untergeordnet waren, die sich der Fürsorge für Arme, Kranke, Wöchnerinnen und Obdachlose sowie für mittellose Bräute anzunehmen hatten. Die Ausgaben für die Wohltätigkeit wurden zum großen Teil von den Spenden bestritten, die gewöhnlich jeder, der zur Toravorlesung «aufgerufen» wurde, versprach. Die Sammelbüchse der Armen- und Krankenfürsorge kreiste bei jeder öffentlichen und privaten Festlichkeit in der Gemeinde. Regelmäßige Sammlungen wurden zugunsten der jüdischen Gemeinden im Heiligen Lande durchgeführt sowie von Fall zu Fall für die Auslösung von Juden, die in Gefangenschaft geraten waren, und für die Linderung der Not in Gemeinden, die von Feuer, Epidemie oder anderem Unheil heimgesucht worden waren.

3. Das Leben in Gemeinschaft und Familie

Das bereits erwähnte bedeutende Bevölkerungswachstum der Judenheit im mitteleuropäischen Raum während der frühen Neuzeit muß im Zusammenhang sowohl mit der karitativen Tätigkeit der jüdischen Gemeinden wie auch mit gewissen Entwicklungen des jüdischen Privat- und Familienlebens gesehen werden. Trotz der oftmals katastrophalen Wohnverhältnisse in den Ghettos war der Gesundheitszustand der Juden nicht schlechter und ihre Sterblichkeit nicht größer als bei der Gesamtbevölkerung. Dies kann wohl vor allem auf die starke Solidarität, die alle Gemeindemitglieder miteinander verknüpfte und in den Genuß ihrer Wohlfahrtseinrichtungen kommen ließ, zurückgeführt werden. Weitere, ein rapides Bevölkerungswachstum begünstigende Faktoren waren die Frühehe, die relativ geringe Kindersterblichkeit und die Betonung persönlicher Hygiene (gegenüber oft fürchterlichen sanitären Zuständen außerhalb des Hauses). Im Vergleich zur Gesamtbevölkerung beobachtet man unter den Juden in dieser Zeit eine bessere Ernährung sowie weniger Trunksucht und Gewalttätigkeit.

Im großen und ganzen bot die städtische Gemeinde während des gesamten hier behandelten Zeitraums, trotz der schweren Last der Steuern und Abgaben, ein Bild des Wohlstands. Das Anwachsen des Warenhandels, des Geldwechsels und der Münzgeschäfte, zum Teil durch die Verzweigungen des Hoffaktorentums, bewirkten einen Anstieg des Lebensstandards bei einem Großteil der städtisch-jüdischen Bevölkerung. Die Erinnerungen der Glückel von Hameln enthalten nicht nur das Bild einer bedeutenden Schicht von reichen jüdischen Familien in Norddeutschland, sie spiegeln auch eine sozio-ökonomische Situation wider, in der Geld und Wohlstand zentrale Themen sind. Wie in anderen Perioden und an anderen Schauplätzen der jüdischen Geschichte bewirkte auch hier der wirtschaftliche Aufstieg, ganz abgesehen von den Ausstrahlungen des Lebensstils der Hofjuden, eine merkliche Anpassungssucht und einen wachsenden Bildungsdrang.

Am auffallendsten trat diese Erscheinung in der Kleidung hervor. Ein Blick auf die vielen zeitgenössischen Abbildungen von Juden und Jüdinnen genügt, um das Ausmaß zu erfassen, in dem die Juden suchten, ihrer althergebrachten Tracht einen modern-modischen Zug zu geben und es

32 *Jüdische Trachten in Fürth (1706)*

an Prunk und Aufwand nicht fehlen zu lassen. Die Moralpredigten der Rabbiner legen davon beredtes Zeugnis ab. Dort ist die Rede von Damenkleidern, die nicht mit Gold und Silber besetzt sein dürfen, nicht aus Samt-, Damast- oder Atlasstoffen gefertigt sind, wochentags auch nicht aus Seide, und im allgemeinen weder Schönheit noch Reichtum zur Schau stellen sollen. Keine hellen Farben und nur eine einzige Krause waren erlaubt; Schuhe durften nur aus einfachem Leder und Hüte nicht zu aufgeputzt sein. Männer sollten keine blonden Perücken tragen und keine goldenen oder silbernen Knöpfe. Weder Männer noch Frauen durften allzu kostbaren und aufdringlichen Schmuck tragen.

In den großen Gemeinden erließen die Vorsteher gemeinsam mit den Rabbinern Kleiderordnungen, die in vielen Einzelheiten mit ähnlichen Verordnungen der christlichen Behörden übereinstimmten. Auch in ihren Responsen nahmen die Rabbiner auf die neuen Moden Bezug, wenn sie ihnen mit dem Religionsgesetz zu kollidieren schienen. Rabbi Jacob Emden in Altona behandelte die Frage, ob es verheirateten Frauen erlaubt sei, ihre Haare mit einer Perücke statt wie bisher mit einer Haube zu bedecken, und kam zu einem negativen Bescheid.[3]

Die Kleiderordnungen verfolgten drei Ziele: In religiöser Hinsicht sollte die Pflicht zur Keuschheit und Bescheidenheit sowie die Erhaltung der äußerlichen Unterscheidungsmerkmale zwischen Juden und Nichtjuden angemahnt werden; in «politischer» Hinsicht sollte eine unnötige Provozierung der Nichtjuden vermieden werden; gesellschaftliches Motiv war eine Verurteilung der Modesucht als eine Versuchung, sich in Ausgaben zu stürzen, für die man keine Deckung hatte. Hirsch Kojdanower, der in Wilna geborene Sohn eines Frankfurter Rabbiners (gest. 1712), gab seiner Entrüstung über die neuen Moden in seinem Sittenbuch (‹Kaw hajaschar›) Ausdruck:

«Frauen müssen dezenter sein als Männer und dürfen sich nicht nach ihrer Laune kleiden und wie Nichtjüdinnen angezogen gehen, wie ich das erst vor kurzem gesehen habe. Diese jüdischen Frauen sind [erstens] von christlichen Frauen nicht zu unterscheiden, und dies hat zur Folge, daß Männer sich versündigen, wenn sie sie anschauen. Zweitens bewirken sie Haßgefühle bei den Nichtjuden, wenn diese sehen, daß Juden vornehmer gekleidet sind als die Fürsten. Drittens bringen sie ihre Männer in eine Notlage, da sie sie zwingen, ihnen Kleider zu kaufen, die ihre Verhältnisse übersteigen. Auch bei Männern führt die Modesucht zu schlimmen Erscheinungen: sie nehmen sich die Bärte ab, und niemand merkt, daß sie Juden sind.»[4]

In Metz erlebte man Anfang des 18. Jahrhunderts, daß jüdische Männer sich nach der neuesten Mode Perücken aufsetzten, und um dieselbe Zeit bemerkte der Verfasser eines religiösen Wegweisers für das tägliche Leben, daß viele Leute sich statt eines Vollbarts ein kleines Bärtchen zugelegt hätten.[5] Die Übereinstimmung der sich immer wiederholenden Verbote und Verwarnungen beweist, wie wenig sich diese durchsetzen konnten und wie groß die Macht der Modeerscheinungen war, gegen die sie ankämpften.

Diese Macht zeigte sich auch auf dem Gebiet der Geselligkeit. Immer wieder wurden Verordnungen gegen die Veranstaltung verschwenderischer Gastmähler erlassen, wobei sowohl die Zahl als auch die Reichhaltigkeit der Festgelage begrenzt, jedoch den Wohlhabenden im Gegensatz zu den Armen erlaubt wurde, mehr aufzutischen. Auch der Zahl der Gäste sowie der Musikanten und Spielleute wurden Schranken gesetzt, wobei wir erfahren, daß man in reichen Familien bei Festessen an Wochentagen, namentlich bei Hochzeiten, musizierte und auch Spaßmacher auftraten. Aus einem Responsum, das gegen Ende des 17. Jahrhunderts verfaßt wurde, entnehmen wir, daß die Anlässe, bei denen sich eine Familie mit Gästen zu einem Festmahl an den Tisch setzte, sehr zahlreich waren, und dabei sind die regelmäßigen Sabbate und Feiertage nicht mit eingerechnet. Weil nach der talmudischen Vorschrift fromme Gelehrte an keinem Festessen teilnehmen dürfen, das kein religiöses Pflichtessen (*se'udat mizwa*) ist, sang man bei der Tafel religiöse Lieder und bat wohl auch einen anwesenden Torakundigen, ein paar lehrreiche Worte zu sprechen, womit man der Vorschrift Genüge tat.[6]

Auch das Lärmen in der Synagoge, z. B. am Festtage der Gesetzesfreude (*simchat tora*), war Gegenstand von Verordnungen. In Frankfurt wurde von den Vorstehern ein für das Purimfest 1708 gedrucktes Schauspiel konfisziert und verbrannt, weil es «gar albern und abgeschmackt» sei, «zu schweigen der Gottlosigkeit, daß sie den frommem Mardochai als einen garstigen unzüchtigen Unfläther aufführen».[7] Viele Bestimmungen wendeten sich gegen das Kartenspiel, das offenbar so allgemein verbreitet war, daß man es nicht gänzlich verbieten konnte und es für Tage, an denen kein *tachanun* (demütiges Bittgebet) gesagt wird (d. h. Tage frohen Gedenkens oder Halbfeiertage), sogar ausdrücklich erlaubt wurde. Auch das Würfel-

33 Jüdische Hochzeitsprozession, in Paul Christian Kirchner, ‹Jüdisches Ceremonial› (Nürnberg 1724)

spiel war verpönt, und Verordnungen gegen Glückspiele wurden bei Androhung des Bannes erlassen. Nur gegen das Schachspiel hatte das Rabbinat nichts einzuwenden. Der ungezwungene Verkehr in Wirtshäusern und der Besuch von Kaffeehäusern wurde gerügt, und schon 1687 verboten die Statuten der Dreigemeinden Hamburg-Altona-Wandsbek, am Sabbat und Feiertag auf einen Kegelboden, in die Komödie oder in eine Fechtschule zu gehen. Der Hintergrund all dieser Erscheinungen war eine stark ausgeprägte Sucht nach Wohlleben und Reichtum. Bei einer Durchsicht der vielen, zum Teil noch handschriftlichen Moralbücher gewinnt man den Eindruck, daß dieses Thema weit mehr als in früheren Zeiten die geistigen Führer und die Gesellschaftskritiker beschäftigte.

Mehr noch als das häusliche und private Leben spiegelte das öffentliche Gebet in der Synagoge die Diesseitsfreudigkeit der städtischen Gemeinde und eine neuartige religiöse Ästhetik wider, die sich merklich von der mittelalterlichen naiven Frömmigkeit unterschied. Die herkömmliche, gelehrt-fromme Gestalt des Vorsängers befriedigte die Gemeinde nicht mehr. Sie verlangte nach musikalischer Erbauung und Erquickung und nach einem stimmlich angenehmen Vortrag, der einerseits den liebgewordenen Melodien Rechnung trug, andererseits jedoch auch Neues brachte. So wurde aus dem Vorsänger ein Kantor, der imstande war, nicht nur die alten Weisen zu Gehör zu bringen, sondern zeitgenössische beliebte Melodien, mitunter sogar Opernarien, in sein Repertoire aufzunehmen. Dadurch erhielt die aschkenasische synagogale Musik zunehmend ein barokkes Gepräge. Es wurden sogar Versuche unternommen, im Rahmen des religionsgesetzlich Erlaubten Instrumentalmusik in die Synagoge einzuführen. So spielten Musikanten in der Prager Meisel-Synagoge «ein schönes Lied vor Eingang des Sabbat» auf einer Orgel und auf Streichinstrumenten, und dasselbe wird von anderen Gemeinden berichtet.[8] In Frankfurt zog man zum Ausgang von *simchat tora* jüdische Spielleute aus dem benachbarten Offenbach heran.

Schon seit dem 16. Jahrhundert und die ganze frühe Neuzeit hindurch sind jüdische Berufsmusikanten und Spielleute dokumentiert, vor allem in Böhmen, aber auch in Deutschland. Prag und Böhmen hatten während des 17. Jahrhunderts einen eigenen jüdischen Musikerstand. Bereits 1580 spielte eine jüdische Musikkapelle bei der Hochzeit eines böhmischen Adeligen, und 1641 erteilte bzw. bestätigte der Prager Erzbischof den Juden das Privileg, bei christlichen Taufen und Hochzeiten spielen zu dürfen. Trotz Einspruchs christlicher Musiker gegen die jüdische Konkurrenz wurde das Privileg später erneuert. In Paul Christian Kirchners ‹Jüdischem Ceremoniell›, das 1734 in Nürnberg erschien, befindet sich die Abbildung eines Hochzeitszuges, der von einem Cellisten und zwei Geigern angeführt wird. Der jüdische Spielmann war ein unentbehrliches Mitglied der jüdischen Gesellschaft im 18. Jahrhundert, nicht nur bei Juden, sondern auch bei Christen gern gesehen.

In krassem Widerspruch zu angestrebtem Wohlleben, Prunk und äußerlich zeitgemäßer Lebensweise standen in vielen Gemeinden die Wohnverhältnisse. Die Tatsache, daß Juden in besonderen Vierteln wohnten, war an sich nicht unbedingt ein Symptom der behördlichen Diskriminierung. In Bamberg bat die Gemeinde 1687 den Fürstbischof, allerdings ohne Erfolg, er möge ihnen, um sie vor den Anfeindungen der Bevölkerung zu schützen, einen entlegenen Platz zum Bau ihrer Häuser anweisen. Ein ähnlicher Vorgang ist in Wien zur Zeit Kaiser Ferdinands II. dokumentiert. Aber in vielen Ghettos und Judengassen, beispielsweise in Frankfurt und Worms, waren die Juden buchstäblich eingepfercht und die hygienischen und sanitären Verhältnisse in permanent schlimmem Zustand. Selbst der Vorhof der Synagoge war aus diesem Grund oft kaum zu religiösen Handlungen zu gebrauchen. Im Frankfurter Volksmund hieß die Judengasse «Neu-Ägypten», und der junge Goethe schrieb über «den unangenehmsten Eindruck», den er dort von der Enge, dem Schmutz und dem Gewimmel empfing, als er nur am Tor vorbeigehend hineinsah.[9] Obwohl er auch über den «Akzent einer unerfreulichen Sprache», die er dort zu hören bekam, die Nase rümpfte, kann man in jenem Abschnitt über die Juden und ihre Gasse nichts Gehässiges finden. Noch an der Wende des 18. zum 19. Jahrhundert schrieb Bettina von Arnim von dem «Fegefeuer der Judengasse» in Frankfurt, wo der Himmel weder Luft noch Licht spenden konnte, weil die Stadt keine Erweiterung des Viertels zuließ und die Juden daher gezwungen waren, ihre Häuser derart aufzustocken, daß sich die Dächer gegenüberliegender Gebäude fast berührten. 3000 Menschen hausten hier am Ende des 17. Jahrhunderts in 200 Wohnungen, und durchschnittlich kam auf eine Familie ein einziges Zimmer. In Hotzenplotz (Mähren) wohnten 596 Juden in 39 Häusern, 16 oder mehr Personen in einem Haus, während bei der christlichen Bevölkerung von 1977 Seelen sechs Personen auf ein Haus kamen. Im Innern der Wohnungen konnte man jedoch bei wohlhabenden Familien zuweilen Gemälde und Skulpturen bewundern.

Ein Blick in das Familienleben der Juden zeigt, daß die Sittenreinheit der jüdischen Familien im allgemeinen aufrechterhalten wurde, obgleich die Bedingungen des Judenschutzes und insbesondere der «Familianten»-Gesetze die Verheiratung der Kinder außerordentlich erschwerten. Allerdings fehlte es nicht an Klagen über eine laxe Sexualmoral, und in den Responsen der Rabbiner ist nicht selten auch davon die Rede, daß neuerdings Braut und Bräutigam sich vor der Hochzeit im Beisein anderer umarmten und küßten. Daß die Geburt eines unehelichen Kindes ein nicht allzu seltenes Ereignis war, bezeugt eine Aufzeichnung des Brauchtums der Fürther Gemeinde, wonach uneheliche Kinder nicht, wie üblich, in der Synagoge beschnitten wurden.[10] Die allgemein besonders in wohlhabenden Familien praktizierte Frühehe verhinderte Verstöße gegen die Sexualmoral nur zum Teil. Als im Jahre 1611 die Gemeinde zu Prag von einem großen Kindersterben heimgesucht wurde, erließ der Rabbiner, Salomo Ephraim Lunschitz, moralische Vorschriften, vorrangig solche, die Keuschheit und Enthaltsamkeit betrafen, um dadurch weiteres Unheil abzuwenden. Unter anderem verordnete er: Eine Frau darf nicht allein das Haus eines Nichtjuden betreten, um Handel zu treiben; Mädchen dürfen weder bei Tag noch bei Nacht allein oder zu zweit spazierengehen; Dirnen werden nicht mehr geduldet und müssen die Stadt verlassen. Ende des 17. Jahrhunderts verordneten die Hamburger Vorsteher, daß eine Frau nicht in die Oper gehen dürfe, außer wenn ihr Mann sie begleitete. Mitte des 18. Jahrhunderts sahen sich der Rabbiner und die Vorsteher einer Landjudenschaft veranlaßt zu verbieten, daß Männer und Frauen bei Hochzeiten miteinander tanzten und daß Jünglinge und Mädchen in einem Zimmer übernachteten.

Das Familienleben drehte sich in hohem Maße um die Verheiratung der Kinder. Die Schranken, die der Familiengründung junger Paare durch die rigorosen Paragraphen des Judenschutzes und der Geleitbriefe gesetzt waren, waren nur ein Teil der Hindernisse, wenn auch der entscheidende, auf dem Wege zur Ehegründung. Auch die jüdische Gemeinde selbst behielt sich, vor allem aus wirtschaftlichen Gründen, das Recht vor, die jährliche Zahl der Heiraten und dadurch das Wachstum der jüdischen Bevölkerung zu begrenzen. In Altona galt beispielsweise eine Bestimmung, wonach kein Altonaer Jude ohne Zustimmung des Oberrabbiners und des Gemeindevorstands heiraten durfte. Ließ sich ein Altonaer Jude heimlich mit einer auswärtigen Jüdin trauen, wodurch sie ohne Mitwirkung des Gemeindevorstands in Altona das Wohnrecht erwarb, wurde er streng bestraft. In der Regel stand Eltern das Entscheidungsrecht bei der Auswahl der Ehepartner ihrer Kinder zu. Dabei wurde in reichen Familien zunehmend Vermögen der Gelehrtheit vorgezogen, worüber sich die Rabbiner beklagten. Auch vermieden viele, ihre Kinder mit Einwanderern aus Polen zu verheiraten. Geld spielte eine größere Rolle als vornehme Abstammung (*jichus*) – eine Einstellung, die weit von der traditionellen abwich. Die Höhe der Mitgift war eine hochwichtige Angelegenheit. In vermögenden Familien war es Brauch, daß das junge Paar nach der Hochzeit zwei Jahre bei den Eltern der Braut «auf Kost» wohnte.

Der Grad der Frömmigkeit war unterschiedlich. Die Familie der Glükkel von Hameln war überdurchschnittlich fromm. Am Vortag des Neujahrsfestes fastete die ganze Familie, eine asketische Praxis, die in den halachischen Quellen als «Fasttag der Gerechten» bezeichnet wird, und ihr Mann, der alle Jahre viel auf Geschäftsreisen war, verließ während des ganzen Trauerjahres nach dem Tod seines Vaters nicht die Stadt, um nur keinen *kaddisch* (Trauergebet) zu versäumen. Doch auch der Lebensstil in weniger gelehrten und nicht zur Askese neigenden Familien war von einer Frömmigkeit geprägt, die in allen Lebensphasen und -situationen zum Ausdruck kam und die durch eine Fülle von Gebetbüchern und anderen Druckerzeugnissen für den religiösen Gebrauch bezeugt ist.

Bezeichnend für den besonderen Charakter des häuslichen religiösen Lebens in den jüdischen Gemeinden der deutschsprachigen Länder waren die kleinen Andachtsbüchlein, in denen Gebete, Segenssprüche und andere Auszüge aus dem Gebetbuch für den täglichen Gebrauch abgedruckt waren. Diese Büchlein waren in großer Zahl und in vielen verschiedenen Ausgaben verbreitet und enthielten zum Teil westjiddische Übersetzungen der hebräischen Texte. Unter diesen Texten befand sich auch eine große Anzahl religiöser Tischgesänge (*semirot*), war doch der religiöse Tischgesang ein in diesen Kreisen besonders gepflegter Brauch, der wohl damit zusammenhing, daß in sehr vielen kleinen Gemeinden während des größten Teils des Jahres kein gemeinsames öffentliches Gebet abgehalten werden konnte, denn es fehlte dazu die notwendige Mindestzahl von zehn männlichen Erwachsenen im Alter von 13 Jahren und darüber. Der sehr oft außerordentlich gemütvoll und mit großer Inbrunst gepflegte Tischgesang entschädigte gewissermaßen die Familie für den Verzicht auf das synagogale Gebet.

Diese Volksfrömmigkeit konnte sehr wohl mit einer gewissen Lauheit in der Befolgung des Religionsgesetzes einhergehen. Im Jahre 1771 verordneten die Vorsteher und der Rabbiner in Mainz, daß es den Mädchen bei Geldstrafe verboten sei, an Sabbaten und Feiertagen ihre Haare zu frisieren. Auch mit einem anderen Sabbatverbot, nämlich auf der Straße etwas zu tragen, wo es keinen «Sabbatdraht» (die frühere «Sabbatschnur») gab, nahm man es vielfach nicht so genau. Manche Leute umgingen die Vorschrift, nur Milch zu trinken, die unter jüdischer Aufsicht gemolken war. Immer häufiger kam es auch vor, daß Juden gegeneinander vor dem nichtjüdischen Gericht prozessierten, statt zum rabbinischen Gericht der Gemeinde zu gehen. In Frankfurt beklagte man sich darüber, daß sich Juden wegen jeder Kleinigkeit mit Beschwerden über Glaubensgenossen an den Stadtrat wendeten und sogar die Polizei in das Haus jüdischer Nachbarn schickten. Das ging so weit, daß man zeitweise in der Synagoge ein besonderes Gebet (*mi scheberach*) gegen Verleumder sprach. Man neigte vielfach dazu, es mit den überkommenen Gesetzen und Bräuchen leichtzunehmen, eine Entwicklung, die im Verlauf des 18. Jahrhunderts immer mehr in Erscheinung trat. So wird verständlich, daß in der Judenordnung von Mainz aus dem Jahre 1741 von einem Aufseher die Rede ist, der als eine Art Sittenpolizei für Recht, für Ordnung und für religiöse Pflichterfüllung zu sorgen hatte.

4. Erziehung

Die Erziehung der Kinder, ihre Einübung in die religiöse Tradition und ihre Ertüchtigung zur Gründung eines eigenen Hausstandes gehörten zu den wichtigsten Anliegen von Gemeinde und Familie. Entsprechend der bekannten Allegorie in den Sprüchen der Väter über die drei Säulen, auf denen die Welt ruht, begannen viele Gemeindeverordnungen mit der ersten Säule: Tora, d. h. in diesem Kontext Erziehung und Unterricht. Die Gemeinde selbst sorgte jedoch nur für die Erziehung der Armen und Waisen, und ihre Schulen waren Armenschulen für das 6. bis 13. Lebensjahr. Sie vertrat den Standpunkt, daß Kindererziehung in erster Linie Sache der Eltern sei. Demgemäß fand der Unterricht der Kinder aus etwas besser gestellten Familien, oft schon vom 4. Lebensjahr an, in kleinen Privatschulen statt, die von Lehrern auf Kosten der Eltern geleitet wurden, während Familien, die es sich leisten konnten, Hauslehrer aufnahmen, die zumeist auch bei ihnen wohnten.

Sowohl die Schulmeister als auch die Hauslehrer stammten zumeist aus Polen, Litauen oder Böhmen und kamen in der Regel nur auf kurze Zeit, um bald wieder in ihre Heimat zurückzukehren. Gewöhnlich unterrichteten sie acht bis zehn Stunden am Tag, und zwar in demselben Raum, in dem sie wohnten; daher wurde ihr Schulbetrieb *cheder* (Stube) genannt. An ihrer

Ausbildung und ihren Lehrmethoden wurde viel Kritik geübt. Jedoch wie immer im Bereich der Erziehung darf die Kritik an den Lehrern, deren Qualität von Ort zu Ort und von Schule zu Schule sehr unterschiedlich war, nicht den Blick darauf verstellen, daß es auch viele gut funktionierende Schulen mit ausgezeichneten und sich aufopfernden Lehrern gab. In Prag unterrichteten im zweiten Viertel des 18. Jahrhunderts über 63 Schulmeister, darunter zwei weibliche. In Hamburg wirkten im Jahre 1764 28 jüdische Schullehrer und 11 Schulbediente. Ganz vereinzelt und in Ausnahmefällen besuchten jüdische Schüler christliche Schulen.

Der jüdische Unterricht drehte sich fast ausschließlich um die heiligen Bücher: Gebetbuch und Bibel für die Jüngeren, Mischna und Talmud für die Älteren. An nicht-religiösem Wissen wurden meist nur die Grundlagen der Arithmetik gelehrt. Die reichen Familien ließen ihre Kinder fremde Sprachen lernen, wenigstens lesen, und schon Ende des 17. Jahrhunderts beklagten sich Rabbiner über die «neue Mode», daß man Kinder in der französischen Sprache unterrichtete, bevor sie noch beten konnten. Das betraf nicht nur jüdische Familien im Elsaß und in Lothringen, sondern auch in Hamburg, Frankfurt und sogar in deutschen Kleinstädten. Insgesamt jedoch gelang es dem Unterrichtswesen in den Gemeinden, getreu den Normen und Grundsätzen, auf denen es basierte, eine junge Generation heranzuziehen, die bei allem Wandel der Lebensbedingungen dem Judentum, seinen Gesetzen und seinen Anschauungen verbunden blieb.

Knaben, die mit dreizehn Jahren dem Elementarunterricht entwachsen waren, traten gewöhnlich in das Geschäft des Vaters oder des zukünftigen Schwiegervaters ein, doch kam es oft vor, besonders auf dem Lande, daß Eltern ihre Kinder schon im zarten Alter arbeiten ließen, weil sie auf ihren, wenn auch geringen, Verdienst nicht verzichten konnten. In vermögenden Familien und bei besonderer Begabung wünschten die Eltern in der Regel, daß ihre Söhne bis zur Heirat eine Jeschiwa besuchten. In solchen Fällen wurde der Sohn oft zum «Lernen» nach Polen, Böhmen oder Mähren geschickt. Der Eintritt in die Ehe war oft zugleich auch der Eintritt in das Erwerbsleben, außer wenn ein reicher Schwiegervater es dem jungen Ehemann ermöglichte, sein Torastudium noch einige Jahre fortzusetzen.

Für die religiöse Erwachsenenbildung gab es fast überall einen Lernverein, die sogenannte «Schass-Chevre» oder «Schass-Kippe» («Schass» = Kennwort für Talmud), und andere Vereine für die weniger Gebildeten. Die «Klausen», wo es sie gab, unterhielten neben dem regulären Unterricht für ihre Gelehrten und fortgeschrittenen Zuhörer auch ein reges Lernprogramm für die Gemeindemitglieder. Ein Rabbiner erzählt: «Als ich in Frankfurt Rabbiner und Jeschiwaleiter war, pflegten sich dort tagtäglich zur Mittagszeit viele [Gruppen und Klassen] zum Lernen zu versammeln, jede mit einem torakundigen Oberhaupt, das sie unterrichtete, jede nach ihrem [Wissen].»[11] Trotzdem war die Kenntnis des jüdischen Schrifttums bei dem Großteil der Juden in Deutschland nicht sehr entwickelt. Viele der Unwissenden meinten, sie seien nicht zum Toralernen verpflichtet, wenn sie zum Unterhalt einer Klause beisteuerten oder auf andere Weise Studenten oder Gelehrten das Studium ermöglichten.

Wenn es schon mit dem Knabenunterricht oft schlecht bestellt war, so waren die Mädchen noch viel schlimmer dran. In den zeitgenössischen Quellen wird wohl erwähnt, daß auch Mädchen Französisch lernten und nicht selten auch im Klavierspielen unterrichtet wurden, weil es zur bürgerlichen Erziehung gehörte. Jedoch war ein *cheder* für Mädchen von der Art, in der Glückel in Hamburg jüdischen Elementarunterricht genossen hat, eine Seltenheit. Dies beklagt der gelehrte Kaufmann Isaak Wetzlar (erste Hälfte des 18. Jahrhunderts) in seinem kritischen Sittenbuch:

«Wie kann man rechtfertigen, daß unsere jungen Töchter keinen Bibelunterricht erhalten, durch den sie doch wenigstens die heilige Sprache verstehen würden, die von den Völkern unsere Muttersprache genannt wird? Dann würde es ihnen auch nicht schwerfallen zu verstehen, was sie zu Gott beten ... Demgegenüber jedoch protestiert man nicht, daß sie fremde Sprachen lernen, Französisch und Italienisch, und dazu noch bei nichtjüdischen Lehrern ... Viele fromme Frauen weinen bittere Tränen darüber, daß sie in der Synagoge stehen und beten und nicht wissen, was sie beten. Sie hören die Vorlesung aus der Tora und verstehen nicht was gelesen wird ... Bei anderen Völkern kennen die Frauen die Bibel besser als unsere Frauen.»[12]

Daß es auch Frauen gab, die vielen Männern an jüdischer wie an allgemeiner Bildung nicht nachstanden, ist durch Glückel von Hameln bezeugt. Sie war sehr bibelkundig und außerordentlich bewandert in der westjiddischen Literatur ihrer Zeit und dadurch auch mit den hebräischen Quellen vertraut. Mit der Aufzeichnung ihrer Lebenserinnerungen begann sie 1690 im Alter von 44 Jahren nach dem Tod ihres Mannes. Sie schrieb sie nicht zur Belehrung, sondern «um ihr Gemüt zu beruhigen und ihre schlaflosen Nachtstunden abzukürzen». Glückel war eine reiche Kaufmannsfrau und führte als Witwe die Geschäfte ihres Mannes weiter, der zu den vier Hamburger Mitgliedern der aschkenasischen Gemeinde Altona gehört hatte, die die höchste Steuerlast trugen. Glückels Name ist in den neunziger Jahren in den Listen der Leipziger jüdischen Meßgäste aufgeführt. Gesellschaftlich gehörte sie zu den Kreisen der Hofjuden, war eine Schwägerin von Leffmann Behrens und war auch mit Elias Gomperz verschwägert. Frömmigkeit und Geschäftssinn sind die beiden Hauptthemen ihres Buches. Nachrichten über besondere Ereignisse in der Gemeinde wechseln sich darin ab mit Berichten über Geburten und Hochzeiten in der Familie (letztere immer mit genauer Angabe der Höhe der Mitgift), und die vielen Zitate aus frommen Büchern sind keine bloßen Verzierungen, sondern geben allen Lebenssituationen ihren Sinn.

Die Aufgaben einer ganzen Reihe von Hoffaktoren wurden nach deren Tod von ihren Witwen übernommen. So wurde das Generalpatent nach Elias Gomperz' Tod (1689) für seine Witwe erneuert, und als der Mainzer Hoffaktor Jesocher Homburg 1759 starb, durfte seine Frau Blümle, die großes Ansehen bei Hofe genoß, die Armeelieferungen fortführen. Die Kronprinzessin von Sachsen hatte ihre eigenen Hofjüdinnen. «Madame Kaulla» (1739–1809), die Gründerin der einflußreichen Familie Kaulla in Süddeutschland, namentlich in Württemberg, war in der zweiten Hälfte des 18. und zu Beginn des 19. Jahrhunderts Deutschlands bedeutendste Hoffaktorin, die auch für die jüdische Gemeinschaft segensreich wirkte. Von der zunehmenden Aktivität der Frauen innerhalb der Gemeinden zeugt die Tatsache, daß sich im Laufe des 18. Jahrhunderts wohltätige Frauenvereine bildeten, die mit den Bruderschaften zusammenwirkten.

5. Spannungen und Konflikte

In manchen Gemeinden kam es zu sozialen Spannungen, die von Zeit zu Zeit zu Krisen und Konflikten führten. Durch das Klassenwahlsystem wurde den Reichsten die Macht gesichert, insbesondere in dem gewichtigsten und für die Minderbemittelten kritischsten Punkt: in der Steuerverteilung. Viele Streitigkeiten in den Gemeinden bezogen sich hierauf. Die seit dem 16. Jahrhundert etablierte und scheinbar unabänderliche Oligarchie in der Gemeindeverwaltung forderte die Mehrheit in der Gemeinde immer wieder heraus. Besonders in Prag und in Frankfurt kamen die Geister nicht zur Ruhe.

In Prag sollten nach dem Beschluß von 1577 die Gemeindeämter jedes Jahr neugewählt werden, doch blieben dieselben Personen jahrelang im Amt, und die Parteien des Ghettos befehdeten einander aufs heftigste. 1645 wurde ein neues Wahlsystem eingeführt, mit geheimer Wahl und Wahlpflicht bei Strafe des Bannes. Ein Jahr später wurde auch den Unbemittelten das Wahlrecht zuerkannt, sie mußten hierfür nur eine monatliche Kontributionszahlung leisten. Unter diesen Spannungen um das Wahlrecht litt besonders das Prager Oberrabbinat, das deshalb seit 1679 während vieler Jahre unbesetzt blieb. Eine Partei erwirkte sogar eine Verordnung der böhmischen Kammer, die dem Vorstand untersagte, irgend jemandem das Amt des Oberrabbiners zu übergeben. Ständig wandten sich die uneinigen Parteien an die Regierung, wodurch sie deren Anspruch bestärkten, ihr komme das Recht auf Bestätigung der Rabbinerwahlen zu.

In Frankfurt hatte der Fettmilch-Aufstand, der ja aus einer sozialen Bewegung für eine gewisse Demokratisierung der Bürgervertretung im Stadtrat hervorgegangen war, auf die jüdische Bevölkerung einen großen Eindruck gemacht. So wurde die Forderung erhoben, den Gemeindevorstand zu erweitern, damit er alle Kreise der Gemeinde vertrete. Daraufhin wurde ein neues System eingeführt, aufgrund dessen jeder, der ein Vermögen von 3000 Gulden (später auf 1000 Gulden herabgesetzt) besaß und fünf Jahre verheiratet war, gewählt werden konnte. Gleichzeitig wurde die Zahl der Vorstandsmitglieder von zehn auf siebzehn erhöht. Jedoch blieben noch im 18. Jahrhundert die höchsten Ämter immer in denselben Familien oder gar bei denselben Männern. Im letzten Drittel des 17. Jahrhunderts gelang ein erster Versuch, die Machtstellung der Häupter der Familie Kann zu brechen, doch nach der Jahrhundertwende herrschten sie bereits wieder. Dieser Versuch stand sichtlich unter dem Einfluß der Spannung, die zur selben Zeit in den Kreisen der Frankfurter Bürgerschaft herrschte und sich in wachsendem Maße in Protesten gegen die Autokratie der Ratsherren entlud. Aber der Wohlstand der Frankfurter Gemeinde litt stark durch zwei große Brände in den Jahren 1711 und 1721, und so verdrängte die Sorge um das Brot die gemeindepolitischen Beschwerden. Man ließ den Vorsteher Isaak Kann und seine Anhänger in Alleinherrschaft schalten und walten, zum Teil unter Mißachtung der Statuten.

Um die Mitte des 18. Jahrhunderts brach der Kampf gegen das herrschende Regime erneut aus, und diesmal spielten die Mitglieder einer anderen reichen Familie, der Familie Kulp, eine dabei führende Rolle. Die Gemeinde spaltete sich in zwei, später in vier Parteien. Der Kampf zog sich über zwanzig Jahre hin, veranlaßte die Einmischung des Stadtrats und selbst des Kaisers in Wien und erschütterte die Gemeinde bis auf den Grund. Aber obwohl die Stadt sich einmal veranlaßt sah, zur Aufrechterhaltung der Ordnung in der Judengasse Militär einzusetzen, kam es nicht zu Gewalttätigkeiten; doch wurde der Kampf mit allen den Parteiführern zu Gebote stehenden Macht- und Druckmitteln ausgetragen. Die Häupter beider sich befehdenden Familien hatten Verbindungen zu den höchsten Stellen: Juda Kulp war kaiserlicher und Isaak Kann kurmainzischer Hoffaktor, und außerdem war Kanns älterer Bruder, Moses Kann, ein bedeutender Gelehrter, Klausrabbiner in Frankfurt, Oberrabbiner der Landgrafschaft Hessen und Schwiegersohn des großen Wiener Hofjuden Samson Wertheimer. Der Kampf endete mit einem kaiserlichen Erlaß und mit einem aus einer Masse von Paragraphen bestehenden internen «Reglement» der Gemeinde, auf das man sich schließlich einigte. Zu der Schärfe und Dauer des Streites haben die damalige Abwesenheit des Oberrabbiners, Jakob Josua Falk, sowie die gleichzeitige Verwicklung der Frankfurter Gemeinde in den Hamburger Amulettenstreit viel beigetragen. Von beidem wird später noch die Rede sein.

Viele Spannungen und Konflikte in den Gemeinden entstanden durch den Wettbewerb unter den Kaufleuten, von denen ja die meisten mit denselben Waren handelten. Auf dem Land wurden oftmals Streitigkeiten dadurch hervorgerufen, daß beim «Überlandgehen» ein «Dorfgänger» in das Gebiet (die *medine*) eines anderen eindrang. Viele Bestimmungen in den Verordnungen der Landjudenschaften bezeugen das. Spannungen in den Gemeinden um die Frage der Ansiedlung weiterer Juden entstanden ebenfalls aus Angst vor möglicher Konkurrenz. Die Vorsteher waren im allgemeinen zu rigorosen Schritten bereit, um die Konkurrenz durch nichtvergleitete, hausierende Glaubensgenossen zu unterbinden, und wurden darin von den Behörden kräftig unterstützt. Das führte natürlich oft zu schweren internen Konflikten, ebenso wie die der ganzen Gemeinde und besonders den Vorstehern auferlegte solidarische Haftung, die sie nötigte, zum Schutz der Gemeinschaft gegen einzelne vorzugehen. Die traditionelle und religiös gebotene gegenseitige Solidariät unter Juden sah sich in solchen Fällen vor ein peinliches Dilemma gestellt.

Eine ähnliche Situation ergab sich vielerorts durch den Zustrom jüdischer Flüchtlinge aus Polen seit 1648. Die Hilfsaktionen für die Opfer der Verfolgungen wiesen, wie schon gesagt, auf das Vorhandensein eines starken jüdischen Zusammengehörigkeitsgefühls hin. Nicht immer jedoch nahm man die Obdachlosen in den Gemeinden mit offenen Armen auf, und man ließ sie zuweilen spüren, daß sie zwar Juden seien, aber keine «Aschkenasen», sondern «Polacken». So bat die Berliner Gemeinde die Regierung im Jahre 1714, Neuankömmlingen keine Schutzbriefe auszustellen, und bedrohte illegale Ansiedler mit dem Bann. In Hannover wurde polnischen Juden vom Vorstand nicht erlaubt, sich anzusiedeln. Diese Einstellung war offensichtlich der amtlichen Politik angepaßt, die seit der Thronbesteigung Friedrich Wilhelms I. der Ansiedlung polnischer Juden entgegenarbeitete.

Es gab jedoch auch friedlich herbeigeführte Übereinkünfte zwischen zerstrittenen Nachbargemeinden und Parteien innerhalb dieser Gemeinden. Ein Beispiel ist die Beilegung der Spannungen in Hamburg und Altona. In Hamburg waren die ursprünglichen drei portugiesischen Gemeinschaften in ihren religiös-sozialen Verhältnissen und Orientierungen verschieden. Die Harmonie unter den Portugiesen wurde lange Jahre durch Erbschaftsstreitigkeiten, durch Auseinandersetzungen um Religionsauffassungen und durch Denunzianten- und Renegatentum gestört. Hinzu kam der Gegensatz zwischen Sephardim und Aschkenasim, der ganz erheblich war, wenn er auch nach außen angesichts der Gemeinsamkeiten weniger ins Gewicht fiel. Anfang des 18. Jahrhunderts war es einem Teil der Hamburger Aschkenasim gelungen, sich den Portugiesen wirtschaftlich und gesellschaftlich einigermaßen anzupassen. Eine restlose Angleichung war allerdings noch nicht möglich, da die Portugiesen auf bestimmten Gebieten, vor allem in der Heiratsfrage, ihre Exklusivität nicht aufgaben. 1670 kam es zu einem Vergleich zwischen den Aschkenasim und den Sephardim in Hamburg, und die behördliche Anerkennung der «deutschen» Gemeinde und ihrer rechtlichen Gleichstellung mit der portugiesischen Gemeinde erfolgte im Jahre 1710. Doch gab es auch Spannungen innerhalb der aschkenasischen Gemeinschaft in Hamburg und Altona, bei denen es sich vor allem um den Besitz und die Nutzung des aschkenasischen Friedhofs handelte. Sie entstanden zum Teil auch dadurch, daß die Altonaer Juden das Recht hatten, in die Stadt Hamburg zu kommen und dort zu hausieren. Auch von auswärts kamen Juden, die sich «einzuschleichen» und anzusiedeln versuchten. Gegen Ende des 17. Jahrhunderts kam es zu einer friedlichen Einigung, ja, zu einer förmlichen Vereinigung. Es entstand ein Gemeindeverband zwischen Hamburg und Altona, dem auch die Wandsbeker Gemeinde beitrat, und so bildete sich die «Dreigemeinde»: Altona-Hamburg-Wandsbek. Sie war vor allem ein gemeinsamer Rabbinatsbezirk mit dem Hauptort – dem Sitz des Oberrabbiners und des jüdischen Gerichts – Altona.

Von gemeinsamen Kommissionen der Dreigemeinde wurden Statuten ausgearbeitet, die sich von denen anderer Großgemeinden vor allem dadurch unterschieden, daß die Zahl der zugelassenen, «vergleiteten» jüdischen Familien in den drei Gemeinden nicht begrenzt war, selbst nicht in Hamburg, trotz seiner im allgemeinen restriktiven Judenpolitik. Die Zulassung zur Gemeindemitgliedschaft war jedoch an die Zustimmung der Gemeindevorstände geknüpft. Der Kandidat wurde auf guten Leumund geprüft und hatte ein Mindestvermögen nachzuweisen. Die Entscheidung über Aufnahme oder Abweisung eines Bittstellers traf man, wie in der Portugiesen-Gemeinde, vor allem unter dem Gesichtspunkt, daß die Zahl der Armen und Bedürftigen auf ein Minimum zu beschränken sei. Die Gemeindeführung hatte zwar einen ebenso oligarchischen Charakter wie in anderen Gemeinden, aber im Gegensatz zu Frankfurt und Berlin waren zumindest die Bemittelten insoweit gleichberechtigt, als außer in der Zusammensetzung der Aufnahmekommission keine Klassentrennung unter ihnen bestand und es auch keine Bevorzugung gewisser Familien gab. Die Wahl des Oberrabbiners geschah durch eine gemeinsame Kommission der drei Gemeinden, in der die Altonaer Gemeinde stets die absolute Mehrheit besaß.

6. Die Juden auf dem Land

Seit den Vertreibungen der Juden aus den Städten am Ende des Mittelalters wohnten sie in ihrer weitaus überwiegenden Mehrheit in Kleinstädten und Dörfern. Im 17. und 18. Jahrhundert betrug der Anteil des Landjudentums innerhalb des Gesamtjudentums in deutschen Landen weit über 90%, und noch am Anfang des 19. Jahrhunderts wohnten 80% der deutschen Juden auf dem Land. Im Südwesten des Reichs gab es eine ganze Anzahl von Orten mit einem hohen jüdischen Einwohneranteil, hier und dort war es sogar eine Mehrheit, so etwa in Gailingen und Randegg in der Gegend des Bodensees, Ortschaften, die allgemein als «Judendörfer» bekannt waren. Solche kleinen Dorfgemeinden bildeten keine Gemeinden im städtischen

Sinn: mit religiösen und sozialen Einrichtungen und Institutionen, einer Verwaltung und einem Rabbinat. Nur ein Teil der größeren Landgemeinden hielt sich einen Rabbiner; die meisten schlossen sich in den Landjudenschaften zusammen, durch die sie auch ohne eigene Gemeindeorganisation der nötigsten gemeindlichen Funktionen teilhaftig werden konnten.

Die Juden auf dem Land lebten vielfach unter weniger drückenden Bedingungen als in den Städten und entwickelten daher oft ein Heimatgefühl; doch das Heimatgefühl der Landjuden, wie übrigens auch vieler christlicher Dorfbewohner, war nicht reichsdeutsch, sondern provinziell, ja eher lokal. Die jüdisch-christlichen Beziehungen waren auf dem Land oft enger als in der Stadt; es mehrten sich Berichte über die Anknüpfung enger gesellschaftlicher Beziehungen zwischen Juden und Christen. Rabbiner klagten darüber, daß Juden in kleinen Orten den Sabbat zusammen mit Nichtjuden verbrachten und in nichtjüdischen Wirtshäusern verkehrten, was dem Charakter des jüdischen Ruhetags Abbruch tue.

Was die Landjuden von ihren christlichen Nachbarn unterschied, war nicht nur die Religions- und die Volkszugehörigkeit, sondern auch ihre wirtschaftliche Tätigkeit. Das Landjudentum war kein Bauernjudentum; der typische Landjude war auf das Hausieren angewiesen. Auch erfüllte er wichtige Funktionen bei der Belieferung der Hoffaktoren. Im Jahre 1669 konnte Samuel Oppenheimer mit einem «Hinterland» in Niederösterreich rechnen, in dem 477 jüdische Familien in etwa 70 Orten lebten. Ebenso hätten die reichen jüdischen Kaufleute in Berlin nichts erreicht ohne das Rohmaterial, mit dem sie von den Landjuden in den östlichen preußischen Provinzen versorgt wurden. Das Erwerbsleben der jüdischen Hausierer, die über Land gingen, war äußerst mühselig und anstrengend. Außerdem ernährten sie sich die ganze Woche hindurch von ungekochten Lebensmitteln, und nur am Sabbat genossen sie daheim warme Speisen.

Ihre Religion war in vielen Prüfungen und Versuchungen erprobt und bewährt, wenngleich meist ungelehrt. Das tägliche Leben des typischen Landjuden orientierte sich an Religionsgesetz und Brauchtum, aber sonst war seine Kenntnis des Judentums im allgemeinen sehr gering, und seine Fähigkeit, die literarischen Quellen zu studieren, noch geringer. Dabei muß jedoch betont werden, daß gerade bei den ungebildeten Landjuden eine hohe Wertschätzung der Erziehung anzutreffen war und daß selbst sehr kleine Dorfgemeinden sich gewöhnlich einen Lehrer hielten. Die relative Ungelehrtheit der meisten Männer in den Dorfgemeinden verringerte in religiös-kultureller Beziehung den Abstand zwischen Männern und Frauen im Vergleich zu den Stadtgemeinden. Dies mag einer der Gründe dafür gewesen sein, daß die Frau in Familie und Gemeinde oft eine noch angesehenere und unabhängigere Stellung einnahm als in der Stadt. Mehr als dort war auf dem Land gerade die Frau die Hüterin der Tradition.

Das Leben der jüdischen Gemeinden in Stadt und Land gründete sich in dem Zeitraum, von dem hier die Rede ist, auf die schriftlich und mündlich

34 Bemalte Holzsynagoge in Bechhofen

überlieferte Toralehre. Nicht nur der äußere Zwang hielt die Juden in ihren Gemeinden zusammen, sondern mehr noch der Wille, die Aktualität und Verbindlichkeit des jüdischen Gesetzes und Brauchtums anzuerkennen. Auf dieser Anerkennung beruhten die Autorität und Durchsetzungskraft der Rabbiner und Vorstände, deren Tätigkeit und Beschlüsse in Einklang mit dem Gesetz, der Tradition und den von der Gemeinde hochgehaltenen Werten stehen mußten.

VI.
Die Landjudenschaften

Die Landjudenschaften waren die für die große Mehrheit der jüdischen Gemeinschaft in Deutschland vom 16. Jahrhundert bis zur Emanzipation maßgebliche Organisationsform. Sie waren Körperschaften, die sich mit dem Ziel gebildet hatten, die jüdischen Angelegenheiten autonom zu verwalten. Sie setzten in gewissem Sinn die gelegentlichen Zusammenkünfte der Rabbiner und Gemeindevertreter im Mittelalter fort. Doch lagen ihnen Erfordernisse und Einsichten zugrunde, die aus der frühneuzeitlichen Situation der Juden in Deutschland entsprangen. Da war vor allem die durch die vielen Vertreibungen bedingte Zerstreuung der jüdischen Gemeinden, die dazu geführt hatte, daß ein erheblicher Teil der Juden in Hunderten von Dörfern und kleinsten Städten lebte. Sehr viele jüdische Kleinsiedlungen konnten kein Gemeindeleben entwickeln und keine Gemeindeinstitutionen unterhalten. Ein organisierter Zusammenschluß aller zum Teil vereinzelt und entfernt voneinander wohnenden Juden war jedoch bei dem unaufhörlichen Druck von außen für den Fortbestand ihrer jüdischen Identität von existenzieller Bedeutung. Andererseits hatten die kleinen Gemeinden nun eine größere Stabilität, wodurch feste organisatorische Strukturen sinnvoll und möglich wurden. Hinzu kam die fortschreitende territoriale Zersplitterung der deutschen Lande und der Hoheitsanspruch jedes kleinen und kleinsten Herrschers, aus dem gleichfalls das Interesse an der Bildung einer Landjudenschaft erwuchs. So wurde eine jüdische territoriale Organisation zu einer Notwendigkeit, da bei Beratung und Beschlußfassung über zentrale jüdische Belange, wie etwa die Steuerverteilung und die bei der Obrigkeit zu unternehmenden Schritte zur Sicherung und Erleichterung der jüdischen Existenz, die dynastischen und gesetzlichen Gegebenheiten jedes Hoheitsgebietes in Betracht gezogen werden mußten.

1. Die Organisation der Landjudenschaften

Wie sehr die Organisation der Landjudenschaften von territorialen Gegebenheiten bedingt war, zeigt das Beispiel des Kurfürsten- und Erzbistums Mainz, das in Obererzstift und Untererzstift geteilt war. Analog dazu bestand je eine Landjudenschaft, und nur der Landesrabbiner war für beide Landjudenschaften gemeinsam zuständig. Hier kam die alte Neigung aschkenasischer Gemeinden zum Ausdruck, möglichst unabhängig von auswärtigen jüdischen Gremien und Autoritäten zu verbleiben, denen sie die Berücksichtigung lokaler Traditionen und Verhältnisse nicht zutrauten. Auch die herkömmliche Abhängigkeit der verstreut in kleineren Orten wohnenden Juden von einer nahegelegenen organisierten größeren Gemeinde spielte hier mit. Diese drückte sich praktisch in zwei Dingen aus: in der Unterwerfung unter die örtliche Gerichtsbarkeit und dem Beitragszwang zu den Steuerausschreibungen und sonstigen Erhebungen der Gemeinde. Die auf Beteiligung an anderweitigen Gemeindeinstitutionen angewiesenen Juden zogen die Organisation einer Landjudenschaft, bei der sie gleiche Rechte mit vielen anderen hatten, der Abhängigkeit von einer einzelnen größeren Gemeinde vor, in der sie gar keinen Einfluß gehabt hätten. Die Landjudenschaft war also ein Gesamtverband aller Juden eines Herrschaftsgebiets, die das Wohnrecht besaßen, d. h. aller «Schutzjuden». Sie gehörten dem Verband unmittelbar, nicht über eine Ortsgemeinde an. Nur solche Juden, die im Schutz adeliger Gerichtsherren standen, waren von der Zugehörigkeit zur Landjudenschaft befreit.

So war die Landjudenschaft ein im großen und ganzen geglückter Versuch, das dem Judentum immanente und kontinuierliche Streben nach gemeindlichem Zusammenschluß in einer den frühneuzeitlichen Bedingungen angepaßten Form zu verwirklichen. Dieser Vorgang wurde dadurch begünstigt, daß auch der Staat an der Bildung einer solchen Organisation interessiert war. Die Landjudenschaft mit ihren gut entwikkelten Strukturen gab dem Landesfürsten ein vorzügliches, keine Kosten verursachendes Mittel in die Hand, die Juden zu beaufsichtigen und zum Wohl des Staats auszunutzen. Aus der teils freiwillig, teils durch Verfügungen des Herrschers entstandenen geschlossenen und einheitlichen Gemeinde wurde eine Zwangsgemeinschaft, der jeder innerhalb der territorialen Grenzen wohnende Jude angehören mußte.

Schon im 15. Jahrhundert gab es im Rheinland und in Franken judenschaftliche Organisationen von sehr lockerer Form, die meistens Abwehr- oder Rettungsaktionen durchzuführen hatten. Landjudenschaften im vollen Sinn des Begriffs, also Verbände von einer früher nicht bestehenden Geschlossenheit und Kontinuität, gab es dann am Anfang des 17. Jahrhunderts, zur Zeit des Übergangs vom Mittelalter zur frühen Neuzeit in der deutschen Judenheit, in fast allen Territorien des Reiches. Es war wohl kein Zufall, daß ungefähr zur selben Zeit auch außerhalb Deutschlands Neuerungen in der jüdischen Gemeindeorganisation auftraten. In Polen-Litauen standen die sogenannte Vierländerversammlung (die häufig vorkommende Übersetzung der hebräischen Bezeichnung *wa'ad* mit «Synode» ist irreführend) und in Mähren die Organisation der mährischen Judenschaft in der ersten Hälfte des 17. Jahrhunderts bereits in voller Blüte. Auch wenn diese neuen Gebilde sich sehr von den deutschen Landjudenschaften unterschieden, so ist doch die Annahme nicht von der Hand zu weisen, daß der Zusammenschluß der jüdischen Siedlungen in den deutschen Territorien zum Teil unter dem Eindruck der Gemeindeorganisationen in Polen und Mähren erfolgte. In einigen wichtigen Punkten jedoch unterschieden sich die beiden Organisationsformen. Das muß man betonen, wenn man die Eigenart der Landjudenschaften in Deutschland hervortreten lassen will.

Die Landjudenschaften waren keine Gemeindeverbände wie in Polen, Litauen, Böhmen und Mähren oder später auch im Burgenland, also in Ländern mit einer großen jüdischen Bevölkerungsdichte, sondern Vereinigungen von Individuen. Zu den Zusammenkünften der Landjudenschaften mußten alle Familienhäupter persönlich erscheinen, in den Gemeindeverbänden nur die Vorsteher. Im Gegensatz zu den ostmitteleuropäischen Ländern mit ihren großen Entfernungen und den unterschiedlichen Gemeindestrukturen war in den Landjudenschaften innerhalb der meist kleinen Territorien des Reiches eine weit engere und festere Zusammenarbeit der Mitglieder möglich. Andererseits gelang es in Deutschland nie, einen Dachverband der Landjudenschaften zu bilden, der so wie in Polen und Mähren in allen Teilen des Reichs anerkannt worden wäre. Unterschiede zum Osten wies auch die innere Verfassung der Landjudenschaften auf. Viel mehr als dort lag in Deutschland die Leitung und Verwaltung der Judenschaften in den Händen der Vorsteher, unter denen die Hofjuden hervorragten.

Grundlegend für die Herausbildung der Landjudenschaften war der uralte Wunsch nach Autonomie sowohl gegenüber dem Staat als auch gegenüber Gemeinden und Vereinigungen außerhalb des eigenen Territoriums. Streben nach Selbständigkeit und Widerstand gegen Einmischung von außen waren machtvolle Motive für den Zusammenschluß, namentlich im Zeitalter der erstarkenden Territorialherrschaften. Auch die deut-

35 Siegel der Bambergischen Landjudenschaft

schen Landstände mögen anfangs eine gewisse Vorbildfunktion gehabt haben. Größere und vermögende Gemeinden standen aus eben diesem Grund meist außerhalb der angrenzenden Landjudenschaft, oder sie entwickelten allmählich, besonders in Süddeutschland, eine Sonderstellung innerhalb der Landjudenschaft, wie z. B. in Mannheim und Fürth. Ein anderes wichtiges Motiv war die Notwendigkeit, die Kosten für kommunale Ämter und Aufgaben, wie etwa das Gehalt eines Rabbiners oder den Ankauf und die Instandhaltung eines Friedhofs, aufzubringen. Alle über einen Kleinstaat verstreuten Familien bildeten eine einzige «Landgemeinde» (*kehal medina, benej medina*) mit allen Institutionen, die sonst für die jüdische Ortsgemeinde charakteristisch waren. Die Landjudenschaften übernahmen viele der Funktionen, Pflichten und Befugnisse einer Ortsgemeinde, die nicht, wie etwa der Synagogenbetrieb, ortsgebunden waren. Insbesondere besaßen sie wie jede andere jüdische Gemeinde die Autonomie in Gerichtsbarkeit und Verwaltung, die aber im Laufe der Zeit, und besonders im 18. Jahrhundert, durch den Staat eingeschränkt und mit der bürgerlichen Gleichstellung der Juden ganz aufgehoben wurde.

Daß die Landjudenschaften mit ihrer straffen korporativen, auf dem Prinzip der Zwangsvereinigung beruhenden Organisation über beinahe 200 Jahre hinweg wirken konnten, ist dem anhaltenden Interesse und der strengen Aufsicht der Obrigkeiten zu verdanken. Einerseits ließ das Erstarken der zentralistischen Tendenzen der Staaten es nicht mehr zu, daß die Juden ein eigenes Gemeinwesen unter Ausschluß der staatlichen Mitwirkung betrieben; andererseits suchten die Staaten, sich der jüdischen Organisation für ihre eigenen Zwecke zu bedienen. Anfangs sahen die Herrscher in der Landjudenschaft kaum etwas anderes als ein leistungsfähiges und bequemes Instrument der Judenbesteuerung. Sie interessierten sich bis Ende des 17. Jahrhunderts sehr wenig für die Einzelheiten und inneren Funktionen der jüdischen Organisationen, soweit nicht ihre eigenen fiskalischen Interessen berührt wurden. Später wurde die Einmischung der Beamten in das Leben des einzelnen und der Gemeinschaft immer stärker. Die Verordnungen der Landjudenschaften mußten von den Behörden bestätigt werden.

Landjudenschaften gab es in fast allen Gebieten des Heiligen Römischen Reiches, besonders häufig in geistlichen Territorien. In Aufbau und Verwaltung orientierten sie sich an den jeweiligen ständischen Formen der christlichen Umwelt. Die früheste bekannte Form einer Landjudenschaft findet sich im Elsaß. Josel von Rosheim erzählt in seinen Memoiren und an anderer Stelle, daß er 1510 von «gemeiner Jüdischheit», d. h. von der Judenschaft des Unterelsaß, zu ihrem «Vorsteher und Vorgänger» gewählt wurde, «in besonderer Fürsorge das Auge offen zu halten über die Gemeinde, um sie zu leiten».[1] Bis zu seiner stufenweisen Annektierung durch Frankreich gehörte das Elsaß zum Kaiserreich und hatte eine dichte jüdische Bevölkerung mit zwei voneinander getrennten und frühzeitig hochentwickelten Landjudenschaften im Ober- und Unterelsaß. Auch im zum Teil deutschsprachigen Lothringen gab es eine Landjudenschaft, die nach der Annektierung dem französischen König unterstellt war.

Der relativ hohe jüdische Bevölkerungsanteil in den hessischen Territorien ließ auch hier frühzeitig korporative Vereinigungen entstehen. Schon im Jahre 1569 hatten die Juden in Oberhessen einen dreiköpfigen Vorstand. Spätestens im Jahre 1650 ist von einer «landgräflichen [hessischen] Judenschaft» amtlich die Rede und von einem landjudenschaftlichen Landtag, einer Vermögensschätzung und einer Vorsteherwahl – «alles wie ehedem».[2] Die jüdischen Landgemeinden in Hessen-Kassel und in den kurkölnischen Territorien konstituierten sich am Ende des 16. Jahrhunderts.

Als die Zahl der böhmischen Landjuden in der zweiten Hälfte des 17. Jahrhunderts stark zunahm und von dem Prager Vorstand mit mehr als einem Drittel der Gesamtsteuersumme «angelegt» wurden, fühlten sie sich «beschwert» und bildeten daher 1659 ein selbständiges, autonomes Gremium: die böhmische Landjudenschaft mit eigener Steuerverwaltung und eigenen Deputierten.[3] Bis zum Ausgang des Dreißigjährigen Krieges war der Vorstand der Prager Judengemeinde die einzige von den Staatsbehörden anerkannte Vertretung der gesamten Judenschaft Böhmens. Danach entstand die Institution der Deputierten und Beisitzer der böhmischen Landjudenschaft. Schon 1659 verfaßte sie eine «Polizeiordnung», worin die Zahl und die Befugnisse der Deputierten, das Wahl- und Steuersystem und anderes mehr festgesetzt wurde. Der erste Deputierte der Landjudenschaft war der sogenannte Primator. Die mährischen Juden hatten sich unabhängig von Prag bereits im 16. Jahrhundert eine «gesetzgebende Körperschaft» gegeben, wovon die 311 Verordnungen zeugen, die im Jahre 1650 kodifiziert wurden, aber zum großen Teil älter sind.

Insgesamt wurden für die Zeit zwischen 1616 und 1821 Landjudenschaften in 30 größeren Territorien in den Grenzen des Alten Reichs (ohne Böhmen und Mähren) nachgewiesen, wozu noch eine größere Anzahl in den kleineren Territorien zu rechnen ist, die sich jedoch kaum von den lokalen Gemeindeorganisationen trennen lassen.[4]

Die Vorsteher der Landjudenschaft besaßen beinahe unumschränkte Macht über die jüdische Gemeinschaft. Sie regelten das religiöse, soziale und wirtschaftliche Leben und erließen Verordnungen, die von der Regierung bestätigt werden mußten, was jedoch meistens nur eine Formalität war. Sie führten alle Verhandlungen mit den Behörden und machten Eingaben, die in der Regel von nichtjüdischen Advokaten verfaßt waren. Da die Vorsteher die Geschäfte der Judenschaft meist nach eigenem Gutdünken führten, hatten sie zuweilen mit Opposition in den Gemeinden zu kämpfen; einen wirklichen Mißbrauch ihrer Stellung, nach den moralischen Begriffen der Zeit, ließen sie sich jedoch selten zu Schulden kommen. Scharfe Kritik erfuhr zumeist ihr Finanzgebaren, vor allem von seiten der weniger Bemittelten, die versuchten, die Steuerveranlagung zu ihren Gunsten und zu Ungunsten der Reichen abzuändern, meist freilich ohne wesentlichen Erfolg. Eine aufsässige Opposition wurde bald zum Schweigen gebracht – durch Geldstrafen, Ehrenstrafen und Bann, mit Unterstützung des Rabbinats und der Behörden.

Am einschneidendsten war das weitgehende Recht der Vorsteher, über die Aufnahme eines fremden Juden im Lande oder auch nur über die Nachfolge des Sohnes auf dem Platze des Vaters zu entscheiden. Der Landesherr, der alleinige Inhaber des Judengeleits, d. h. des Vorrechts, Juden aufzunehmen oder auszutreiben, hatte der Landjudenschaft die individuelle Handhabung dieser Kompetenz übertragen. Nachdem einmal die Zahl der zu «vergleitenden» Juden und der über diese Zahl hinaus zu duldenden Armen festgelegt war, schalteten die Vorsteher bei der Verleihung, dem Entzug oder der Verweigerung des Aufenthaltsrechts nach ihrem Gutdünken. Gewöhnlich konnte das Geleit nur durch ihre Vermittlung bei den Behörden erwirkt werden. Faktisch waren die Vorsteher der Landjudenschaft Pächter des Judengeleits, und das war die Grundlage ihrer Macht und Gewalt.

Die Vorsteher und die anderen Amtspersonen wurden von der Generalversammlung der Landjudenschaft gewählt. Diese Versammlung hieß «Judenlandtag» oder auch «Juden-Convent» (hebr. *jom hawa'ad*) und fand prinzipiell jedes dritte Jahr statt. Dies hing mit dem auch sonst geltenden dreijährigen Zyklus der Beamtenwahlen zusammen, der weit bis ins Mittelalter zurückreicht. Jedoch konnte es vorkommen, daß die Vorsteher jahrelang keinen Landtag einberiefen, angeblich, «um Ausgaben und Bemühungen der ganzen Gemeinde zu ersparen», bis die Regierung eingriff. Der Judenlandtag, der drei bis vier Tage dauerte, tagte nur mit Erlaubnis der Obrigkeit. Sie machte allen steuerpflichtigen Familienhäuptern, also auch den Witwen, die Beteiligung zur Pflicht, da sie der Einschätzung wegen auf dem Landtag erscheinen mußten, war dies doch offiziell seine einzige Aufgabe.

Gemäß der regelmäßigen Tagesordnung des Landtags wurden Verhandlungen geführt und Beschlüsse gefaßt über alle die Gesamtheit betreffenden Angelegenheiten. Wichtigster Tagesordnungspunkt waren die Steuern und diverse andere gemeinschaftliche Abgaben. Sie wurden auf alle Zahlungspflichtigen umgelegt. Grundlage dafür war die Schätzung des Vermögens, über das jeder Hausvater verfügte. Mit der Steuerlast wurde auch der Zahlungsmodus für die Periode bis zum nächsten Landtag festgelegt. Gleichzeitig erfolgte die Neuwahl aller Vorsteher und Beamten, auch des Rabbiners, auf drei Jahre. An weiteren Tätigkeiten der Landtage sind zu erwähnen: die Kassenrevision und der Erlaß von Verordnungen religiösen, gesellschaftlichen und wirtschaftlichen Charakters. Diese Verordnungen wurden vielfach als *takkanot* veröffentlicht. Die Rabbiner benutzten die Zusammenkunft des Landtags auch, um die jährliche Prüfung der Schächter und «Fleischbeschauer» vorzunehmen.

In kürzeren Zeitabständen versammelte sich der «kleine Rat» (*wa'ad katan*), bestehend aus dem Landesrabbiner, dem Obervorsteher, den *parnassim*, den Ältesten und Beisitzern, zusammen etwa zwanzig bis dreißig Mitgliedern. Dieses Gremium war das entscheidende Organ der Landjudenschaft zwischen den Landtagen. Der Obervorsteher (Obervorgänger, Ober*parnass*) stand an der Spitze der Landjudenschaft. Seine Mitarbeiter waren die Ältesten und Beisitzer (*towej medina, ikkorej medina*), und diesen gingen die Vermögensschätzer (*schamma'im*) unter Anführung des Oberschätzers, die Steuerkollektoren, Bücherrevisoren, der Landschreiber (*sofer medina*) und der Landbote (*schammasch medina*, vulgo: *kahals meschores*) zur Hand. Außerdem wurden Wahlmänner, Verwalter der Wohltätigkeitsgelder und, von Fall zu Fall, Entwerfer von Statuten ernannt. Der Landesrabbiner, der Landschreiber und der Landbote waren besoldete Beamte; alle anderen dienten ehrenamtlich. Die Funktionen und Titel der ehrenhalber wirkenden Beamten und Würdenträger waren zum großen Teil mit den entsprechenden Funktionen in den Gemeinden identisch, die früher erwähnt wurden. Das überaus wichtige Amt des Fürsprechers bei der Regierung (*schetadlan*, Syndikus) wurde meist vom Obervorsteher ausgeübt, der gewöhnlich mit dem ortsansässigen Hofjuden identisch war. Angehörige derselben Hofjudenfamilie verwalteten dieses Amt nicht selten über Generationen hinweg, wie überhaupt die Kontinuität der Ehrenämter in bestimmten Familien üblich war.

Das Hofjudentum und die Landjudenschaft nahmen also eine parallele Entwicklung. Beide Institutionen hatten sowohl nach außen, auf den Staat gerichtete Funktionen, als auch nach innen, auf die jüdischen Einwohner. Oft genug drückte sich in der Bildung einer Landjudenschaft die starke Stellung eines Hofjuden aus. So wie die Hofjuden im Dienst des absolutistischen Fürsten standen, waren die Landjudenschaften von dem jeweiligen Herrscher abhängig: Kein Beschluß und keine Wahl und Ernennung des Judenlandtags und des kleinen Rats hatten ohne die Sanktion der Regierung Geltung. Im 18. Jahrhundert verschärften die Regierungen ihre Überwachung der Landjudenschaften und entsandten Kommissare, die an den Landtagen teilnahmen, mitunter sogar – gegen eine hohe Gebühr – den Vorsitz führten. Die hier beschriebene Organisation und Beamtenschaft war allen Landjudenschaften, mit geringfügigen Abweichungen, gemeinsam.

Die Wahlen auf dem Landtag waren den im vorigen Kapitel beschriebenen Gemeindewahlen sehr ähnlich. Auch hier wurde mit der Zeit das System der Dreiklassenwahl eingeführt, in Preußen und auch anderswo auf Anordnung der Regierung. Das passive Wahlrecht zum Vorsteheramt hatten nur diejenigen, die längere Zeit im Lande gewohnt und ein gewisses Mindestalter erreicht hatten. Das ganze System hatte, wie überall unter dem absolutistischen Regime, ein vorwiegend patriarchalisches Gepräge. Den Vorsitz bei dem Judenlandtag führten in der Regel der Gemeinderabbiner oder der Obervorsteher mit starker Hand und ohne demokratische Prinzipien, gedeckt und geschützt durch die behördliche Aufsicht. Trotzdem kam es vor, daß die Landjudenschaft nach langem Kampf einen Obervorsteher, der mit ihren Finanzen betrügerisch umgegangen war, durch die Obrigkeit absetzen ließ. Um die Mitte des 18. Jahrhunderts mehrten sich die Fälle, in denen Landjudenschaften mit Erfolg versuchten, die Vollmachten des Oberparnass zu begrenzen. Diese Entwicklung stand offensichtlich unter dem Einfluß aufklärerischer Vorstellungen.

Der Gegenstand, mit dem sich die Verhandlungen der Landjudentage vorwiegend befaßten und der zu den schwersten Auseinandersetzungen Anlaß gab, war naturgemäß die Steuer. Während bis zur Bildung der Landjudenschaften die «Schutzgelder» von jedem Juden aufgrund individueller Schutzbriefe direkt an die fürstliche Kasse gezahlt werden mußten, wurden sie jetzt von der Gemeinschaft kassiert und in einer Pauschalsumme abgeführt. Jeder in einem der Orte des Landes neu aufgenommene Hausvater hatte der Landjudenschaft ein Eintrittsgeld (*me'ot hakdama*) zu zahlen. Das Vermögen (*erech*) eines jeden Steuerzahlers wurde auf dem Judenlandtag durch eigens für dieses Amt gewählte jüdische Schätzer festgestellt, und dabei erhitzten sich oft die Gemüter. Viele der weniger Begüterten waren darüber erbost, daß sie überhaupt verpflichtet waren, sich an dem Landtag zu beteiligen, denn die Reichen wurden bei der Steuerumlage nicht im entferntesten nach ihren Kräften herangezogen und suchten die Steuer möglichst den anderen aufzubürden. Es gab eine obere Grenze für die Höhe des zu deklarierenden Vermögens, und schon dies allein war eine eindeutige Bevorzugung der kapitalkräftigsten Hausväter. Glaubte jemand überfordert zu sein, so konnte er seine Beschwerde dem fürstlichen Beamten zur Entscheidung vorlegen.

Allerdings ist zu bedenken, daß die Vorsteher, die zum großen Teil zu den reichsten Mitgliedern gehörten, mit ihrem Vermögen für die Steuerverpflichtungen der Judenschaft hafteten und daß die ungerechte Verteilung der Steuer zwischen arm und reich, genauso wie das undemokratische Wahlsystem, durchaus den damaligen Begriffen des öffentlichen Rechts entsprach. Bei der Steuererhebung verfuhren die Vorsteher mit großer Strenge. Wenn interne Druckmittel gegen Einzelpersonen und Ausschluß aus allen landjudenschaftlichen Angelegenheiten gegen ganze Landgemeinden nichts halfen, sahen sie sich genötigt, die Regierung um Amtshilfe gegen säumige Zahler anzugehen, und diese entsprach mitunter den wiederholten Bitten der Vorsteher mit militärischer Exekution.

Jedoch darf die zentrale Stellung der Steuerangelegenheiten auf der Tagesordnung der Landjudenschaften nicht darüber hinwegtäuschen, daß auch andere, von der Sorge um jüdische Werte zeugende Diskussionen stattfanden und Beschlüsse gefaßt wurden. So vereinigten sich die Steuerzahler der Landjudenschaft Hessen-Kassel am Ende des 17. Jahrhunderts, um eine «Landesjeschiwa» zu gründen und zu unterhalten, da sich die vielen kleinen Landgemeinden keine eigene Jeschiwa leisten konnten. Diese Landesjeschiwa bestand viele Jahre in Witzenhausen.[5]

2. Die Landesrabbinate

Als religiöser Führer der Gemeinschaft und als ihr Richter bei allen innerjüdischen Streitigkeiten und Klagen genoß der Landesrabbiner (*abad*, Abkürzung von *aw bet din* = Vorsitzender des jüdischen Gerichts) ein besonderes Ansehen und besaß eine in der Regel unangefochtene Autorität, sowohl nach außen als auch nach innen. Seit der zweiten Hälfte des 14. Jahrhunderts hatten Fürsten das Recht der Ernennung oder zumindest der Bestätigung der Rabbiner in ihren Herrschaftsgebieten für sich beansprucht. Nach den Vertreibungen des 15. Jahrhunderts ging die Zahl der rabbinischen Gerichte stark zurück; sie betrug am Anfang des 17. Jahrhunderts nicht mehr als zehn. Diese Gerichte, die in freien Reichsstädten, in geistlichen Territorien und in habsburgischen Besitztümern bestanden, erlangten daher jetzt eine überregionale Bedeutung, die weit über die jeweiligen landesherrlichen Grenzen hinausreichte. Die Landesfürsten der souveränen, absolutistisch-zentralistischen Staaten aber bestanden nun in steigendem Maß auf Unabhängigkeit «ihrer Juden» von rabbinischen Gerichten außerhalb ihres Territoriums. So besaß die Mainzer Gemeinde zwischen der Neugründung im späten 16. Jahrhundert und 1630 keinen offiziellen Rabbiner, und die Mainzer Juden wandten sich daher an die Rabbiner in Frankfurt, Worms und anderen Orten. Dies führte 1602 zu einer Verordnung des Kurfürsten, daß sich die Mainzer Juden und die des gesamten Erzstifts nur an den Rabbiner des innerhalb des Territoriums gelegenen Bingen wenden sollten. Es entstanden allmählich etwa zwanzig Landesrabbinate, zu denen noch eine Reihe von Provinzialrabbinern (*dajanej medina*) hinzukamen; dadurch verloren die rabbinischen Gerichte der Reichsstädte einen großen Teil ihres Einflusses.

So wichtig war sowohl den Herrschern als auch den Juden ihres Territoriums die von Rabbinaten außer Landes unabhängige Wirksamkeit eines Rabbiners, daß in einigen Ländern das Landesrabbinat noch vor der Landjudenschaft errichtet wurde. So amtierte schon um 1525 in Günzburg Rabbi Jona Weil als schwäbischer Landesrabbiner. Im Fürstbistum Bamberg wandten sich in den Jahren 1618/19 zum ersten Mal die gesamten Schutzjuden des Landes mit einer Bittschrift an die Regierung, es möge ihnen gestattet werden, einen Landesrabbiner zu wählen. Dieser Eingabe wurde stattgegeben, doch wurde sie erst 1658 in die Praxis umgesetzt. Auf ähnliche Weise entstand das Landesrabbinat der Grafschaft Lippe. Im Jahre

1684 baten die Vertreter der Juden den Grafen, einen eigenen Rabbiner halten zu dürfen. Dieser Bitte entsprach der Landesherr. Hier hatte zwar die Judenschaft als solche die Bitte ausgesprochen, doch von einer eigenen Organisation mit Vorstehern und Deputierten und einer eigenen Kasse war noch nicht die Rede.

Vielfach wurden die ersten Landesrabbiner durch den Landesherrn selbst ernannt. Die Initiative zur Ernennung des ersten Landesrabbiners in Hannover (1687) ging zwar vom Hofjuden Leffmann Behrens aus, jedoch erfolgte seine Bestallung durch den Herzog; die späteren Landesrabbiner wurden von der Gemeinde der Residenzstadt, in der sie ihren Sitz hatten, gewählt. Auf dieselbe Weise wurde in anderen Territorien verfahren, wie etwa in Kurmainz: Obwohl der Mainzer Rabbiner automatisch Landesrabbiner wurde und alle Juden des Landes zu seinem Gehalt beitrugen, wurde er stets nur von der Mainzer Gemeinde gewählt. Bei der Ernennung eines Landesrabbiners in Hessen (1655) betonte der Landgraf, daß dies zur Befriedigung seiner eigenen finanziellen Interessen geschehe. Ein «eigener» Rabbiner hatte den Vorteil, daß die Juden seines Territoriums nicht nach Fulda oder Friedberg zu rabbinischen Gerichten fahren mußten, vor allem aber den, daß damit die Strafgelder nicht in Kassen außerhalb seines Territoriums flossen. Der Landesherr legte auch Wert darauf, den Wirkungskreis und die Befugnisse des Rabbiners zu bestätigen und zu kontrollieren. Als im Jahre 1729 die Juden in Hessen-Darmstadt eigenmächtig einen Rabbiner annahmen, wurde eine Untersuchung angeordnet. Viele Landesherren bestanden darauf, den Landesrabbiner zu vereidigen. Als der Fürther Rabbiner Baruch Rapoport gleichzeitig mit dem Schnaittacher Rabbinat betraut werden sollte, aber nur unter der Voraussetzung, daß er vereidigt würde, weigerte er sich jahrelang standhaft und willigte nur in «Handschlag» ein, den man ihm schließlich auch bewilligte. So wurde der Rabbiner zur landesherrlich autorisierten jüdischen Amtsperson, die das Vertrauen der Regierung genoß.

Der Rabbiner erfreute sich einer großen Autorität. Er hatte das Bestätigungsrecht für alle Beschlüsse in der Einzelgemeinde und in der Landjudenschaft. Er und die *dajanej medina* (Landesrichter) fällten halachische Entscheidungen und wurden zu allen judenschaftlichen Anlegenheiten hinzugezogen. Sie waren verantwortlich für die genaue Beachtung des Rituals und des Religionsgesetzes in den Gemeinden und hatten zum Beispiel die Pflicht, bei Strafandrohung darüber zu wachen, daß das tägliche öffentliche Gebet, zu dem mindestens zehn volljährige Beter erscheinen mußten (*minjan*), eingehalten wurde. Doch wurden ihre Disziplinarbefugnisse vielfach durch die Gemeindeverwaltung eingeschränkt. Wenn der Landesrabbiner gleichzeitig die Funktionen eines *schetadlan* (Fürsprechers) erfüllte, war seine Macht nahezu unumschränkt. Bereiste er von Zeit zu Zeit das Land, wozu er in manchen Territorien verpflichtet war, wurde er vielerorts wie ein Fürst empfangen.

Allerdings war der Rabbiner, trotz seines Ansehens und seiner Autorität, in gewissen Beziehungen den Laienvorständen unterstellt. Der gewählte Rabbiner bekam von den Vorstehern einen schriftlichen Vertrag, den bereits erwähnten «Rabbonusbrief», zugeschickt. Lehnte er die Wahl ab, kam die Reihe an den nächsten der aus dem Wahlakt hevorgegangenen Kandidaten. Seine Anstellung war gewöhnlich auf drei Jahre begrenzt, und es lag an den Vorständen, ob er nach Ablauf dieser Frist wiedergewählt wurde. Es sind auch Fälle bekannt, in denen der Vertrag des Landesrabbiners keine zeitliche Begrenzung seiner Amtsdauer enthielt, und seit etwa Anfang des 18. Jahrhunderts wurde dies die allgemeine Regel. Sein Lohn war bescheiden, und sein Einkommen bestand, wie bei den Gemeinderabbinern, weniger aus dem festen Gehalt als aus Geldbußen und Gebühren für Amtshandlungen. Er mußte das von ihm erhobene Strafgeld der fürstlichen Kammer anzeigen und einen Teil davon als herrschaftliche Gebühr abführen. Bedurfte er einer finanziellen Beihilfe, etwa für die Mitgift seiner Töchter oder bei einer Krankheit, so war er auf das Entgegenkommen der Vorsteher angewiesen. Bei der Ausübung seines religiösen Amtes hatte er in der Regel freie Hand.

Besoldete Rabbiner durften keine Handelsgeschäfte betreiben; das wurde ihnen vielfach in den Bestallungsbriefen ausdrücklich verboten. Jedoch sah man damals an sich nichts Nachteiliges darin, daß ein Rabbiner auch Geschäftsmann war, wenn er sein Amt ehrenhalber und nicht als bezahlter Angestellter der Gemeinde versah. Der erste Landesrabbiner von Hannover, ein Verwandter von Leffmann Behrens, war ein sehr reicher Geldhändler, der für sein Amt kein Gehalt bezog. Dasselbe gilt für Samson Wertheimer, der zu gleicher Zeit Oberhoffaktor, Rabbiner in Wien und Oberrabbiner in Ungarn war, sowie für dessen Schwiegersohn Bär Eskeles, Bankier und Landesrabbiner von Nikolsburg und Mähren. Personalunion zwischen Hofjude, Obervorsteher und Landesrabbiner war keine Seltenheit, und viele Landesrabbiner waren mit den Vorstehern und Hofjudenfamilien verwandt. Gewisse Rabbinate blieben über Generationen in den Händen ein und derselben Familie, gewöhnlich der reichsten im Land. Obwohl man die Verwandtschaft des Landesrabbiners mit den *parnassim* statutenmäßig auszuschließen suchte (in Kurhessen durfte der Landesrabbiner weder mit einem Vorsteher noch mit zwei sehr reichen Schutzjuden verwandt sein), wurden doch oft Klagen über seine Abhängigkeit von diesen laut.

Nicht immer wohnten die Landesrabbiner ständig in der Hauptgemeinde ihres Bezirks; häufig wohnten sie sogar in einer auswärtigen Gemeinde, mit der sie Beziehungen pflegten. Der Trierer Landesrabbiner lebte zeitweise in Metz, wo er einer angesehenen Jeschiwa vorstand. Der mährische Landesrabbiner Eskeles behielt nach seiner Ernennung seinen Wohnsitz in Wien bei. Der erste urkundlich erwähnte hessen-darmstädtische Landesrabbiner, Samuel Schotten, war der Leiter der Frankfurter

«Klaus» und verwaltete das Amt in Darmstadt 34 Jahre lang von Frankfurt aus (1685–1719). Bei dem Mangel an kompetenten Rabbinern ließ es sich nicht vermeiden, daß große Rabbinerpersönlichkeiten zur Schlichtung schwieriger Streitsachen von auswärtigen Gemeinden herangezogen wurden. So wurde ein Streit innerhalb der hessen-darmstädtischen Judenschaft durch eine richterliche Entscheidung des Oberrabbiners von Worms, Samson Bacharach, beigelegt. Mitunter war ein Landesrabbiner auch für Herrschaftsgebiete zuständig, die außerhalb seines Bezirks lagen: Die Juden des Erzstifts Köln hatten einen Rabbiner, der in Deutz oder Bonn wohnte und auch für Jülich-Berg verantwortlich war; der Ober- oder Landesrabbiner von Friedberg betreute auch das Oberfürstentum Hessen und eine Reihe kleinerer Herrschaften, die sich keinen eigenen Landesrabbiner halten konnten. Manche Dorfgemeinde, die es sich leisten konnte, hielt sich einen Gesetzeslehrer (*more hora'a* oder *more zedek*), dessen Kompetenz zwar nicht an die des Landesrabbiners heranreichte, jedoch den alltäglichen religiösen Ansprüchen der kleinen Gemeinde genügte.

3. Spätere Entwicklungen

Wenn sich auch benachbarte Landjudenschaften hie und da gegenseitig aushalfen und bis zu einem gewissen Grad kooperierten, so bestand doch ein hartnäckiger Widerstand gegen eine Erweiterung der provinzialen Landjudenschaft in eine Organisation, die alle Juden eines größeren Staates umfaßte. Dies erwies sich schon frühzeitig in Brandenburg-Preußen.

Im Bestreben, die Judenschaften der brandenburgisch-preußischen Territorien aus fiskalischen Gründen einer einheitlichen Leitung zu unterstellen, ernannte der Große Kurfürst im Jahre 1650 Berend Levi aus Bonn zum «Befehlshaber und Vorgänger» der Juden in allen westlich der Elbe gelegenen brandenburgischen Gebieten. Dieser Versuch scheiterte an dem gemeinsamen Widerstand der Juden, der Städte und der Stände, die gleichermaßen nicht gewillt waren, sich ihre Rechte beschneiden zu lassen. Erste Schritte in Richtung auf eine Kooperation aller Juden der verschiedenen preußischen Provinzen wurden 1713 unternommen, als die Ältesten und Vorsteher sämtlicher Judenschaften den König baten, die ihnen für die Bestätigung der Privilegien abverlangte Summe von 20000 Talern herabzusetzen. Es scheint, daß es damals diesen Judenschaften gelang, sich ohne Einmischung der Behörden auf einen Verteilungsschlüssel zu einigen. Doch führten auch derartige gemeinsame Aktionen zu keiner permanenten zentralen Institution.

Erst nachdem aufgrund eines königlichen Beschlusses eine gemeinsame Kasse für die Steuergelder aller Juden in Preußen geschaffen wurde, versammelten sich seit 1728 alle fünf Jahre die Vertreter der verschiedenen Provinzen, um den Steueranteil jeder Landjudenschaft festzusetzen. Diese

«Generalversammlungen» oder «Generaljudentage» wurden abwechselnd in Berlin, Brandenburg und Spandau bis ins Zeitalter der Emanzipation abgehalten. Im Jahre 1775 ernannte der König, auf Vorschlag der Berliner Gemeinde, einen «Oberlandesältesten sämtlicher Judenschaften», dessen Tätigkeit sich auf die Gemeinden und Landjudenschaften der gesamten Monarchie erstrecken sollte.[6] Diese Entwicklung bezeichnet einen Fortschritt in der Koordinierung verschiedener Judenschaften mit zum Teil gegensätzlichen Interessen, vornehmlich unter dem Druck zentralistischer Regierungsmaßnahmen.

Auch in anderen Ländern, wie etwa in Hessen-Darmstadt und Kurmainz, wurden die Judenlandtage gegen Ende des 18. Jahrhunderts nur noch von Deputierten besucht. Obwohl immer wieder von der Versammlung aller Juden beim Landtag gesprochen wird, scheint sie sich immer mehr in eine Versammlung von Vorstehern, Gemeindevertretern und Delegierten verwandelt zu haben. Dies mag einerseits an der ständig wachsenden Zahl der jüdischen Bevölkerung gelegen haben, die eine Generalversammlung aller steuerpflichtigen Hausväter zu einer technisch schwer durchführbaren Veranstaltung machte. Andererseits spiegelte sich hier eine Entwicklung wider, die von zunehmender Bürokratisierung des landesherrlichen Verfahrens in Judensachen und von abnehmender demokratischer Tendenz der landjudenschaftlichen Führung gekennzeichnet ist. Die Behörden neigten immer mehr zur Schaffung von Kommissariaten und Ämtern, die die jüdischen Angelegenheiten kontrollierbarer machen sollten. Die Dominanz der jüdischen Führungsschicht und die gegensätzlichen Interessen der Ober-, Mittel- und Unterschicht machten eine Selbstverwaltung im demokratischen Sinn fast zu einer Unmöglichkeit.

Eine ähnliche Entwicklung zeigte sich in den Landesrabbinaten Böhmens und Mährens. In Böhmen erlosch das Landesrabbinat schon in der ersten Hälfte des 18. Jahrhunderts. Der Landesrabbiner David Oppenheim errichtete zwölf Kreisrabbinate; er hoffte, damit der Hebung der Religion zu dienen. In die böhmischen Kreisrabbinate zog jedoch am Ende des 18. Jahrhunderts der josephinisch-aufklärerische Geist ein und verbreitete sich von da unter den böhmischen Landjuden. In Mähren dagegen, dessen Landesrabbinat weit älter als das böhmische war, bildeten sich keine Kreisrabbinate, und deshalb setzte sich auch die Aufklärung unter einem konservativen Landesrabbinat langsamer durch.

In einigen deutschen Gebieten, wie etwa in Oberhessen, fanden Judenlandtage noch im ersten Viertel des 19. Jahrhunderts statt. In Hessen-Darmstadt bestand der organisatorische Rahmen der Landjudenschaft und des Landesrabbinats noch bis ins 20. Jahrhundert. Trotz der erwähnten unerfreulichen Begleiterscheinungen war die Schaffung und Erhaltung der Landjudenschaften eine bemerkenswerte Leistung, entsprungen aus einem wachen und dynamischen jüdischen Gemeinsinn, der für äußere Anstöße empfänglich war. Gewiß war die Selbstverwaltung, die der Staat den Juden gewährte, vor allem ein Instrument der Reglementierung, aber sie war doch zugleich eine Form der Selbstbestimmung, und die wurde von den Juden als Ermöglichung einer jüdischen Existenz und als Respektierung ihrer Eigenart empfunden. Im Niedergang der Landjudenschaften im Zeitalter der Aufklärung lassen sich die Vorzeichen einer Auflösung des jüdischen Gemeinwesens beobachten.

VII.
Geistiges und religiöses Leben

1. Die altjüdischen Lehrstätten

Zu Beginn des 17. Jahrhunderts befand sich das Torastudium in Deutschland im allgemeinen immer noch auf einem niedrigen Niveau. Die extreme Zerstreuung der jüdischen Bevölkerung auf unzählige kleine Orte ließ vorerst eine wesentliche Besserung der geistigen Situation nicht zu. In vielen Orten gab es überhaupt niemanden, der gründliches jüdisches Wissen besaß. Dies führte bisweilen dazu, daß ungelehrte arme Leute in Gegenden zogen, in denen man sie nicht kannte, wo sie sich als Gelehrte ausgaben und viel Unheil stifteten. In Polen konnten sich einigermaßen gelehrte Ladenbesitzer dem «Lernen» widmen, während ihre Frauen die Kunden bedienten. In Deutschland war den Juden das Halten von offenen Läden fast überall verboten. Außerhalb der Städte bestritt man seinen Unterhalt durch Hausieren, eine Beschäftigung, die ein tägliches stundenlanges Studium unmöglich machte. Auch in den Städten war die Erwerbstätigkeit so anstrengend, daß für das Studium wenig Zeit blieb. Abgesehen davon neigte man in Deutschland zu einer Art «Arbeitsteilung» zwischen den Lernenden und den Erwerbstätigen: Einige Gelehrte, die sich in einer sogenannten «Klaus» ganz dem Studium widmeten, erfüllten die Pflicht des ständigen Torastudiums «vertretungsweise» für die ganze Gemeinde. Die Pflichtbewußten unter den Gemeindemitgliedern begnügten sich meist mit einer täglichen Lernstunde.

Eine wesentliche Änderung läßt sich von der Mitte des 17. bis zur Mitte des 18. Jahrhunderts feststellen. Sie begann mit der fluchtartigen Auswanderung von Juden aus Polen und Litauen, darunter auch von vielen Gelehrten, die, mitunter zusammen mit ihren Schülern, von Gemeinden in Deutschland aufgenommen und zum Teil mit Gemeinde- und Klausrabbinaten betraut wurden. Der später von jüdischen Aufklärern und Historikern so scharf gerügte «polnische Geist», der angeblich «ein neues Mittelalter über die europäische Judenheit» gebracht hätte,[1] bewirkte tatsächlich, trotz seiner Schwächen, von denen noch die Rede sein wird, ein geistiges Aufleben und eine wissenschaftliche Regsamkeit, die sich nicht nur auf dem Gebiet des Talmudstudiums, sondern auch in außertalmudischen jüdischen Disziplinen zeigen sollte.

Die meisten städtischen Gemeinden, die im 17. Jahrhundert zu – nach damaligen Begriffen – Großgemeinden anwuchsen, knüpften an die alten deutsch-aschkenasischen Traditionen an und unterhielten eine Jeschiwa (Talmudschule). Die angesehensten Schulen in Deutschland waren in

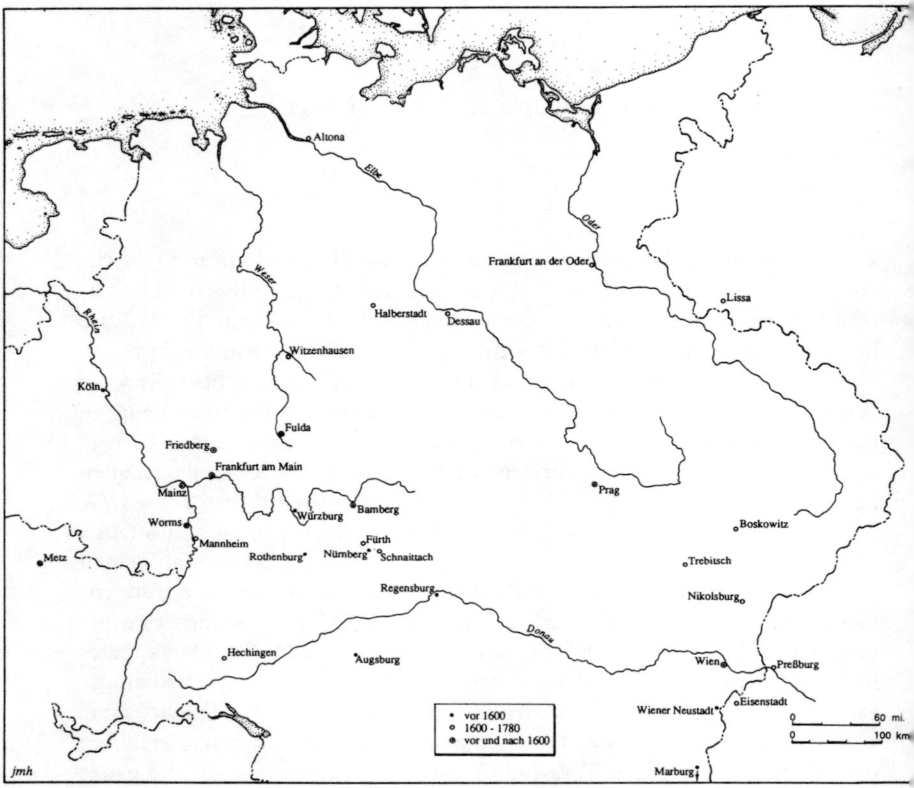

Karte 4 Bedeutende Jeschiwot im deutschsprachigen Mitteleuropa

Frankfurt am Main, Worms, Altona und Fürth, doch die Hauptstadt des Talmudstudiums im Reich war ohne Zweifel Prag. An der Spitze dieser Gemeinde standen Gelehrte, die dem Schülerkreis um Maharal (siehe oben) angehört hatten. Salomo Ephraim Lunschitz (1550–1619) war ein berühmter Prediger und Vorsitzender des Rabbinatsgerichts, Jomtow Lipmann Heller ein hervorragender Kenner der Halacha (jüdischen Rechts), dessen Gesamtkommentar zur Mischna sich in kurzer Zeit den Namen eines der Hauptwerke der rabbinischen Literatur erwarb. Viele Prager Gelehrte unterhielten eine Jeschiwa unter ihrer Leitung, und mehrere Jeschiwot existierten zu gleicher Zeit in der Stadt. Die Organe der Gemeinde führten eine strenge Aufsicht über die vielen Studenten, die nach Prag strömten. Zu Beginn des 18. Jahrhunderts leiteten in der Stadt die Rabbiner David Oppenheim (ein Neffe des Hofjuden Samuel Oppenheimer in Wien) und Abraham Broda getrennt zwei große Jeschiwot mit mehreren Hundert Schülern. Der letzte Prager Rabbiner von Weltruf als

Talmudgelehrter, Jecheskel Landau (1713–1793), war auch der letzte Leiter der dortigen großen Jeschiwa, der er seit 1754 vorstand.

War Prag der Mittelpunkt des Torastudiums im Osten des Reichs, so bildeten Frankfurt am Main und Metz die beiden wichtigsten Studienzentren im Westen. Die Leiter der dortigen Jeschiwot kamen zum großen Teil aus Polen und Litauen, zu einer Zeit des Niedergangs der osteuropäischen Schulen. Das geistige Niveau und die Erfolge der Frankfurter Jeschiwa wurden damals von keiner anderen europäischen Anstalt übertroffen. Die Gemeinde Metz gehörte mit ihrer berühmten Jeschiwa bis zur Französischen Revolution zum deutschsprachigen jüdischen Kulturgebiet, und noch in den Jahren 1789 bis 1790 erschien dort eine Zeitung in westjiddischer (jüdisch-deutscher) Sprache, obwohl die alteingesessenen Metzer Juden auch die französische Sprache beherrschten. Der Raum von Metz – das Herzogtum Lothringen gehörte zum Alten Reich und kam erst 1766 zu Frankreich – im Westen bis Prag im Osten bildete, was die aschkenasische Tradition, das Torastudium und die Gemeindeinstitutionen betraf, eine einheitliche Region.

Eine bedeutende Jeschiwa entwickelte sich in Fürth aus der dortigen «Klaus», die von dem reichen Rabbiner Bermann Fränkel (gest. 1708), der auch in Schnaittach und Schwabach amtierte, gegründet worden war. Auch diese Schule blühte unter der Leitung von Gelehrten aus dem Osten auf. Das Wirken und die Stiftungen des Hofjuden Behrend Lehmann ließen auch in Halberstadt einen Mittelpunkt des Torastudiums entstehen. Berühmte Gelehrte hielten sich in Wien am Vorabend und während des Dreißigjährigen Krieges auf und zogen Schüler an, die in der dort errichteten «Klaus» Unterkunft, Verpflegung und Unterricht fanden. Mit den Tausenden von Flüchtlingen aus Polen, die um die Mitte des Jahrhunderts in Mähren Zuflucht suchten, kamen hervorragende Gelehrte, die dort das Talmudstudium aufblühen ließen. Die Nikolsburger Jeschiwa gehörte zu den bedeutendsten in Europa. Das traditionelle Geistesleben stand in Mähren schon deshalb auf einem hohen Niveau, weil dort eine Verordnung jede Gemeinde mit mindestens dreißig Hausvätern verpflichtete, eine wenn auch noch so kleine Jeschiwa zu halten.

In den größeren Gemeinden bildete die Jeschiwa den Mittelpunkt, um den sich der Kreis der *lomdim*, der am Orte wohnhaften Studierenden, bildete, die von der Gemeinde und einzelnen Geldgebern unterhalten wurden, sowie der *benej jeschiwa*, der Gelehrten, die aufgrund der Gemeindeordnungen an der Seite des Rabbiners besondere Pflichten und Rechte im Rahmen der Gemeindeverwaltung wahrnahmen. Wie zuvor in den Ordnungen der polnischen, litauischen und mährischen Gemeinden drückte sich jetzt in den Gemeinde- und Landesstatuten in Deutschland vielfach die Sorge um den Bestand der Talmudschulen und die Fortschritte der lernenden Jugend aus. Die Zahl der Studenten, deren Unterhalt die Gemeinde übernahm, wurde oft bei der Anstellung eines Rabbiners vertraglich vereinbart, wobei meist ein Kompromiß zwischen der Forderung des Rabbiners und der eher zurückhaltenden Position des Gemeindevorstands angestrebt wurde. So bat Rabbi Josef Teomim aus Lemberg (ca. 1727–1792), den die Gemeinde in Frankfurt an der Oder 1781 anstellte, man solle ihm zehn bis zwölf Talmudschüler (*bachurim*) gewähren, doch die Gemeinde wollte sich auf keine bestimmte Zahl verpflichten und machte nur allgemeine Versprechungen.[2]

Vereinbarungen zwischen Gemeinde und Rabbiner wurden auch bezüglich der Rechte und Pflichten der *bachurim* sowie ihres Betragens getroffen. So nahm die Gemeinde Metz im Jahre 1766 in ihren Anstellungsvertrag mit Rabbi Arje Leib Gunzberg aus Litauen (1695–1785), dem Verfasser eines allgemein anerkannten talmudischen Werks ‹Scha'agat arje› (‹Das Brüllen des Löwen›), eine Reihe von Verhaltungsmaßregeln für seine *bachurim* auf, darunter das Verbot, Lehrerstellen in der Gemeinde anzunehmen.[3] Eine Begründung für dieses Verbot ist nicht angegeben, doch ist anzunehmen, daß die Gemeinde verhindern wollte, daß Studenten sich auf diese Weise eigenmächtig in der Stadt niederließen.

In Berlin, wo es seit 1743 ein ständiges Lehrhaus (*bet hamidrasch*) gab, sollte die Zahl der Talmudjünger 40 nicht übersteigen. Lebten mehr als 40 *bachurim* in der Stadt, so hatten die zuständigen Gemeindebeamten die Pflicht, 40 auszuwählen, die sie einer Unterstützung für besonders würdig erachteten; die übrigen mußten die Stadt verlassen, damit sie der Gemeinde nicht zur Last fielen. Für die Verwaltung des Lehrhauses sowie auch der im Jahre 1774 aufgrund des Testaments von Veitel Heine Ephraim errichteten Lehranstalt, die bis Mitte des 19. Jahrhunderts als eine Jeschiwa geführt wurde, waren eigene Vorstände verantwortlich.

Daß trotz der vielen Lehranstalten in Deutschland begabte und begüterte Schüler immer noch nach Polen und Böhmen wanderten, um dort die Jeschiwot zu besuchen, hat wohl mehr mit der Wanderlust der Studenten als mit ihrem akademischen Ehrgeiz zu tun. Im 18. Jahrhundert waren nunmehr die Bedingungen für ein intensives und weit fortgeschrittenes Talmudstudium im Alten Reich wesentlich günstiger als in Polen und Litauen, wo andauernde Kriegszustände und wirtschaftliche Not zur Schließung vieler Lehrhäuser geführt hatten. Wahrscheinlich besuchten damals mehr Studenten aus dem Osten die westlichen Jeschiwot als umgekehrt. Dennoch gab es immer einzelne große Gelehrte in Polen, bei denen man Privatunterricht nehmen konnte. Jedenfalls brauchten *bachurim* aus Deutschland nicht nach Polen zu wandern, um unter polnischen Gelehrten zu studieren; in den deutschen Gemeinden war kein Mangel an Rabbinern und Gelehrten aus Polen.

Jedoch war die Zahl der im Reich geborenen Gelehrten, die Bedeutendes leisteten, keineswegs gering. Aus der Fülle dieser Rabbiner sollen hier nur einige wenige als typische Vertreter Erwähnung finden. Jehuda Mehler, einer der bedeutendsten Rabbiner Deutschlands im 17. und 18. Jahrhundert, geb. 1660 in Bingen, fungierte bis zu seinem Tode 1751 als Rabbiner des Erzstifts Köln, des Erzbistums Münster und des Herzogtums Kleve. Sein Sitz war abwechselnd in Deutz und in Bonn, wo er eine vielbesuchte Jeschiwa unterhielt. Rabbi Nethanel Weil (1687–1769) lehrte an einer Jeschiwa in Prag und bildete insofern eine Ausnahme unter den Schulleitern, als er mit seinen Schülern alle sechs Teile der Mischna durchnahm, selbst jene, die im babylonischen Talmud fehlten und deshalb in der Regel in den Talmudschulen nicht gelehrt wurden. Er wurde später Rabbiner in Karlsruhe, wo es ihm freilich nicht gestattet wurde, eine Talmudschule zu eröffnen. Am typischsten für die Geistesrichtung, die sich bei den Gelehrten in Deutschland zu entwickeln begann, war Rabbi Jair Chajim Bacharach (1638–1702), ein hervorragender Talmudgelehrter, der auch ein reiches Allgemeinwissen besaß. Er war ein direkter Nachkomme des Maharal von Prag und amtierte als Rabbiner in Koblenz und Worms. Bacharach warnte aufs schärfste vor verstiegenen und abwegigen Haarspaltereien, empfahl eine Reform in der Auswahl der Lehrgegenstände und bestand darauf, daß das wichtigste Ziel des Studiums seine praktische Anwendung im Leben sei. Damit trat er in die Fußstapfen des Maharal, der mit einer scharfen Kritik an dem hergebrachten Unterricht und an den üblichen Lehrmethoden an die Öffentlichkeit getreten war. Diese Kritik fand dann bei seinen Schülern und bei Jesaja Horowitz ihre Fortsetzung und hörte seitdem nicht mehr auf.

Freilich gab man auch in Deutschland die äußerst zugespitzten Formen der talmudischen Auslegung (*pilpul*), die in Polen gang und gäbe waren, nicht preis. Es war dies eine Methode der dialektischen Analyse des Talmudtextes, bei der die Berechtigung oder die wörtliche Fassung eines Ausspruchs in Frage gestellt wurde, namentlich durch die Aufstellung eines vermeintlichen Widerspruchs, um diesen dann mit ebenso vermeintlichen und meist weit hergeholten Argumenten zu lösen. Die formale Logik und der Einfallsreichtum sowie die pädagogische Absicht der Verstandesschärfung des Schülers waren dabei wichtiger als die Suche nach der Wahrheit. Ein Besucher, der sich in den dreißiger Jahren des 18. Jahrhunderts in Frankfurt am Main aufhielt, berichtete, freilich in reichlich übertriebener Weise, daß Hunderte von Talmudbeflissenen dort «ihre Zeit mit Spitzfindigkeiten verschwendeten».[4] Im Jahre 1714 veröffentlichte sogar ein christlicher Hebraist in Deutschland eine methodologische Einleitung in die pilpulistische Auslegung des Talmuds, wie sie in vielen polnischen und deutschen Jeschiwot gehandhabt wurde.[5]

Allerdings rückten die größten Gelehrten, vor allem Bacharach, von diesen Lehrmethoden öffentlich und ausdrücklich ab[6] und neigten bei textlichen oder logischen Schwierigkeiten mehr zu Textemendationen als zur Haarspalterei. Dagegen pflegte der aus Polen stammende Halberstädter Jeschiwaleiter Zewi Hirsch über Textverbesserungen zu sagen, daß «mechkenen [ausstreichen] keine Kunst» sei.[7] Der Widerstreit dieser Methoden und Auffassungen führte eine Kluft vor Augen zwischen den für das deutsche Judentum typischen Gelehrten und den für Polen charakteristischen Fachkollegen. Das war es wohl zum Teil, was Rabbi Jacob Emden meinte, als er darüber klagte, daß Gelehrte aus Polen die meisten Rabbinerstellen und Elementarlehrer aus Polen die meisten Lehrerstellen in Deutschland einnähmen. Zugleich äußerte er damit seinen Verdruß darüber, daß man statt seiner einen polnischen Gelehrten zum Hamburger Oberrabbiner gewählt hatte.[8] Obwohl der «polnische Geist» in Deutschland so stark durch Rabbiner und Lehrer vertreten war, behauptete sich die westaschkenasische Tradition mit einer bemerkenswerten Zähigkeit. Weder die westaschkenasische pragmatische Lehrmethode noch die typisch westaschkenasische religiöse Weltanschauung, die für die Bedürfnisse und Anforderungen des werktätigen Lebens aufgeschlossener war als die östliche, ließen sich verdrängen. In der ersten Hälfte des 18. Jahrhunderts schrieb ein Gelehrter, der in Deutschland und in Mähren amtierte: «Über die Juden in Deutschland kann man sagen, daß sie es mit Rabbi Jischmael halten [der im Talmud (Berachot 35b) empfiehlt, das Torastudium mit beruflicher Tätigkeit in Einklang zu bringen, so daß sie sich nicht gegenseitig ausschlössen], und das ist ihnen gelungen.»[9]

2. Rabbinische Werke

Die literarische Tätigkeit der Gelehrten auf dem Gebiet der altjüdischen Wissenschaft war intensiv und vielseitig. Wir müssen uns hier mit einigen herausragenden Beispielen begnügen.

Die Bücher über das Brauchtum (*minhagim*) in den Gemeinden waren als literarischer Zweig besonders charakteristisch für die jüdische Gelehrsamkeit in Deutschland. Das wichtigste Werk auf diesem Gebiet war das Buch ‹Josef omez› (1723) von Josef Juspa Hahn (Nördlingen) (1570–1637), der in seiner Geburtsstadt Frankfurt am Main als Richter am Rabbinatsgericht amtierte und die Jeschiwa leitete. Er gab in seinem Buch eine genaue Beschreibung des Brauchtums der Gemeinde Frankfurt, ging jedoch weit über diesen Rahmen hinaus. Er präsentierte das Bild einer Gemeinde von geistiger Regsamkeit und innerer geistiger Spannung. In seiner religiösen Tendenz knüpft das Buch an die Tradition der mittelalterlichen jüdischen Mystiker, der *chassidej aschkenas*, an, etwa in der Art, wie es Selbsterschwerungen in der religiösen Pflichterfüllung empfiehlt oder den Inhalt des ‹Sefer chassidim› in naivem Glauben wiedergibt. Auch seine populäre Homiletik mit vielen eingestreuten Erzählungen und Gleichnissen erinnert an das mittelalterliche ‹Buch der Frommen›, ebenso seine wiederholte Forderung nach uneingeschränkter Redlichkeit im täglichen Umgang mit Menschen, besonders in finanzieller Beziehung. Eine gewisse behäbige Häuslichkeit spricht aus den Teilen seiner Schrift, die auf Einzelheiten des täglichen Lebens eingehen. Hahn ist stolz auf die aschkenasische Tradition und besteht unbeirrbar auf der Beachtung der aschkenasischen Bräuche, außer wenn sie offensichtlich irrig sind. Vor den osteuropäischen Gelehrten hat er zwar großen Respekt, jedoch keine Bedenken, mit ihnen über halachische Fragen zu debattieren. Insbesondere lehnt er die in Osteuropa dominierende pilpulistische Lernweise zugunsten der in Deutschland vorherrschenden praktisch orientierten ab. Wiederholt schreibt er, daß er sich nicht mit kabbalistischen Studien beschäftige, doch hat er einige Kenntnisse der Literatur aus dem Kreis des Kabbalisten Rabbi Isaak Lurja und empfiehlt auch gelegentlich kabbalistische Bräuche. Typischerweise entspricht seiner Ablehnung unwissenschaftlicher Haarspaltereien ein bemerkenswertes Interesse für hebräische Sprache und Grammatik sowie eine deutliche Neigung zu Textkritik und eine weitreichende Bücherkenntnis. Also ein aschkenasischer Gelehrter, der mit einem Fuß noch im Mittelalter steht und mit dem andern bereits in der Neuzeit.

Rabbi Josef (Juspa) Schammes (1604–1678) verfaßte ein umfangreiches Werk[10] über das religiöse Leben und die Sitten der Wormser Gemeinde, der er als Kultusbeamter (*schammasch*) viele Jahre hindurch diente. Er hatte viel Sinn für den Pomp und die Zeremonien, mit denen die Wormser Juden ihre häuslichen und öffentlichen Feierlichkeiten begingen, und schilderte sie bis in die kleinsten Einzelheiten. In den vielen Abschnitten, die den synagogalen Riten und Bräuchen gewidmet sind, folgt er der Anlage der *minhagim*-Sammlungen des 15. Jahrhunderts und nimmt sich Maharil als Vorbild, namentlich in bezug auf die zentrale Bedeutung, die er dem Vorsänger und den traditionellen liturgischen Weisen zuweist. Die Gemeinde und ihre Institutionen nehmen bei Schammes einen viel größeren Platz ein als bei Maharil, ein Zeichen für ihre ausgeprägte Organisation seit Ende des Mittelalters. Anhand dieses Buches können wir die Lebensphasen der Juden von der Wiege bis zum Grabe verfolgen und erhalten daneben einen tiefen Einblick in die zeitgenössische jüdische Geschichte. Schammes sammelte auch die alten Wormser jüdischen Legenden, zum großen Teil aus der Zeit der *chassidej aschkenas* und redigierte sie unter dem Titel ‹Ma'assej nissim› (‹Wundertaten›). Weniger anspruchsvoll, jedoch dafür um so geeigneter für den täglichen Gebrauch in Synagoge und Haus war die Sammlung der Sitten und Gebräuche der Gemeinde in Fürth, die im Jahre 1767 dort gedruckt wurde. Bemerkenswert ist, wie auch auf dem Gebiet des Ritus und der synagogalen Tradition sich die westaschkenasische Überlieferung trotz des starken Zustroms osteuropäischer Elemente behauptete.

Die Responsenliteratur, die in Deutschland und Österreich im 15. Jahrhundert so reich vertreten war, blühte erst im 18. Jahrhundert in beträchtlicher Zahl wieder auf. Doch erschienen auch im 17. Jahrhundert zwei große Responsenwerke, die die praktische Anwendung der Halacha in der Neuzeit stark beeinflußten und wertvolles historisches Quellenmaterial bieten. Der bereits erwähnte Rabbi Jair Chajim Bacharach schuf mit seinem ‹Chawat Jair› (1699) ein Werk, auf das die neuzeitliche Halachaforschung immer wieder zurückgreift und das eine Fundgrube von Quellen für die jüdische Geschichte des 17. Jahrhunderts und ein wichtiges Zeugnis für die bedeutende und in mancher Hinsicht bahnbrechende Persönlichkeit des Verfassers darstellt. Bei dem anderen Werk handelte es sich um die Responsensammlung des mährischen Landesrabbiners Menachem Mendel Krochmal, ‹Zemach Zedek› (1675), dessen Rechtsentscheidungen großen Einfluß in der rabbinischen Welt gewannen, insbesondere in der Frage der Wiederverheiratung von Frauen, deren Männer (im Dreißigjährigen Krieg) verschollen waren (hebr. *agunot*), und in Fragen der Gemeindeorganisation, bei denen er oft zugunsten der minderbemittelten Klassen entschied.

Rabbi David Oppenheim, der Hoffaktor, der Ende des 17. Jahrhunderts das mährische Landesrabbinat besetzte, hinterließ zahlreiche Rechtsgutachten, die freilich, wie die meisten seiner vielen Handschriften, ungedruckt blieben.[11] Seine Adressaten waren über die ganze aschkenasische Diaspora verstreut, von Brest-Litowsk im Osten bis Rotterdam im Westen, und seine Responsen gelangten selbst bis nach Jerusalem. Unter den Gegenständen seiner Rechtsentscheidungen ragen Fragen über *agunot* und Probleme, die die Gültigkeit und Anwendung von Gemeindeverordnungen betrafen, heraus. Sein Schwager, der in Prag geborene und ausgebildete Rabbi Jakob Reischer, wurde im Laufe der Zeit von den zeitgenössischen Rabbinern als oberste halachische Autorität anerkannt. Seine Rechtsgutachten beziehen sich auf Anfragen, die nicht nur aus ganz Deutschland, sondern auch aus dem Ausland, einschließlich des Landes Israel, an ihn gerichtet wurden. Sie bezeugen seine souveräne Beherrschung der gesamten rabbinischen Literatur, insbesondere auf dem Gebiet der Jurisprudenz, und seine Neigung zu gesetzlichen Erleichterungen, wenn es sich um ganze Gemeinden, nicht nur um einzelne handelte. Er bemühte sich oft, alte Ortsbräuche deutscher Gemeinden zu rechtfertigen, selbst wenn sie mit der halachischen Norm schwer in Einklang zu bringen waren. Er sanktionierte das halachisch nicht unbedenkliche Lesen von Neuigkeiten am Sabbat in Kriegszeiten, da sich daraus möglicherweise die Notwendigkeit zu sofortigem Handeln ergab. Nach Inhalt und Stil bieten seine Responsen das Bild eines jüdischen Lebens, das von der im großen und ganzen noch ungetrübten Autorität des Religionsgesetzes und seiner Träger geleitet war.

Alle diese Schriften standen jedoch im Schatten von zwei Werken, die zu den Klassikern der Responsenliteratur aller Zeiten gezählt werden. Rabbi Jacob Emdens ‹Sche'ilat Jawez› (1739–1759) ist ein wichtiges Zeitdokument, das, abgesehen von der Tiefe und Schärfe seiner halachischen Argumentation, ein helles Licht auf die Zeitprobleme wirft, insbesondere dort, wo die Tradition mit den Anschauungen und Erfordernissen der Moderne zusammenprallt. Rabbi Jecheskel Landaus Monumentalwerk ‹Noda bihuda› (1776–1811) enthält 860 Responsen, von denen einige wegen ihrer den Bestrebungen und Notwendigkeiten der Neuzeit entgegenkommenden Tendenz in der rabbinischen Welt großes Aufsehen erregten. Um nur ein Beispiel zu nennen: Er war der erste Rabbiner, der Autopsien, wenn auch mit Vorbehalten, religionsgesetzlich erlaubte. Seine zahlreichen Rechtsgutachten waren für alle aschkenasischen Gemeinden bestimmend.

Auch auf dem Gebiet der rechtswissenschaftlichen Literatur gab es eine Reihe wichtiger Neuerscheinungen, zumeist in Form von Kommentaren und Superkommentaren zu dem klassischen Werk ‹Schulchan aruch›. Unter den zahlreichen Verfassern von Gesetzesnovellen (*chidduschim*) zur talmudischen Literatur sollen hier nur diejenigen Erwähnung finden, deren Schriften wegen ihrer Bedeutung in modernen Talmudausgaben abgedruckt sind oder als Separatdrucke in Talmudschulen benutzt werden. Beispielhaft für die «deutsche» Lehrmethode, die den überspitzten *pilpul* vermied, waren die Erläuterungen des in Frankfurt geborenen und in Fulda amtierenden Rabbi Meir (Maharam) Schiff (1605–1641). Die vier Teile der Novellen des Rabbi Jakob Josua Falk (1680–1756), ‹Penej Jehoschua› (‹Antlitz Josuas›), erschienen, nachdem er nach Deutschland gezogen war (1739–1780), und wurden seitdem in zahlreichen Ausgaben nachgedruckt. Im Gegensatz zu den Autoren der vorangehenden Jahrhunderte war es Falk gelungen, manche talmudische Textstellen auf ganz neuartige Weise zu erklären, obschon seine Auffassung im allgemeinen der der mittelalterlichen Autoren folgte. Er besaß die Kraft und den Wagemut, den Talmud mit den Augen eines Gelehrten, etwa des 13. oder 14. Jahrhunderts, zu lesen, der vom späteren *pilpul* noch nichts wußte. Damit bahnte er den Weg zu einer Erneuerung und Verjüngung des Torastudiums auf der Grundlage der Vernunft und der Logik.

Was auf dem Gebiet der Morallehre erschien, hatte zumeist die Form der Erläuterung talmudischer oder späterer rabbinischer Texte. Das gleiche gilt für die Homiletik. Eine große Verbreitung fand der dreiteilige Kommentar zum Gebetbuch von Rabbi Jacob Emden (1745–48), der außer Erklärungen zu den Gebetstexten und einer Zusammenstellung der Vorschriften und Bräuche an Werk-, Sabbat- und Feiertagen auch ethische und theologische Abhandlungen enthielt. Was den Bereich der Philosophie betrifft, so muß man feststellen, daß das Judentum im Alten Reich nach dem Maharal von Prag vor Mendelssohn keine religiösen Denker von Format hervorgebracht hat. Auch auf dem Gebiet der Bibelexegese, das seit jeher mit der Philosophie verbunden war, ist nichts von Bedeutung geschaffen worden. Man war eben ausschließlich mit der mündlichen Lehre der Mischna, des Talmuds und anderer Teile der rabbinischen Literatur beschäftigt, und Gelehrte, die über Gott, Welt und Mensch nachdachten, begaben sich eher auf das Gebiet der Mystik.

3. Westjiddische Literatur

Der Aufstieg eines jüdischen Mittelstands in den Städten und die starke Zerstreuung der Juden auf unzählige kleine und kleinste Orte machten einen Schriftverkehr in der westjiddischen Umgangssprache notwendig. Dieser wiederum führte zu einem großen Wachstum der westjiddischen Literatur, deren Anfänge schon lange vor dem Beginn des 17. Jahrhunderts lagen. Daß jetzt die Frauen als Kulturkonsumenten immer größere Bedeutung gewannen, hatte auch Einfluß auf das Wachstum dieser Literatur.

Die Kenntnis der hebräischen Sprache nahm allgemein ab, und mit ihren literarischen Schätzen waren nicht mehr viele vertraut. Schon 1688 beschwerten sich die Vorsteher einer Landjudenschaft über die Vorsteher einer anderen, weil diese ihnen einen hebräischen Brief geschrieben hätten, den sie nicht lesen konnten. Protokollbücher von Landjudenschaften, die anfänglich auf Hebräisch geführt wurden, gingen um die Mitte des 18. Jahrhunderts vielfach zur jiddischen Sprache über. Selbst als Gebetssprache wurde das Hebräische immer mehr zu einer Fremdsprache, die in manchen jüdischen Kreisen nur noch brockenweise verstanden wurde. Deshalb erschien zum Beispiel in Prag 1718 ein Gebetbuch, in dem über jeder hebräischen Zeile die wortwörtliche Übersetzung auf Jiddisch stand, und anscheinend sangen viele Familien einen Teil der häuslichen Tischgesänge in jiddischer Übersetzung. Angesichts dieser Situation schlug ein Rabbiner vor, daß Leute, vor allem Frauen, die kein Hebräisch verstünden, in «deutscher» Sprache beten sollten, und ein anderer beabsichtigte, ein Kompendium der Sabbatgesetze mit einer «deutschen» Übersetzung zu verfassen, weil so viele Zeitgenossen aus Unwissenheit gegen wichtige Gesetze verstießen.[12]

Daß die westjiddische Literatur hauptsächlich für Frauen bestimmt war, ist schon dadurch bezeugt, daß ihre Sprache allgemein als «Weiber-Teitsch» bezeichnet wurde. Die Schriftzeichen, die in jiddischen Büchern benutzt wurden, hatten sich aus der sogenannten «Raschischrift» entwickelt und waren als «Weiberschrift» bekannt. Auch ist der Einfluß des weiblichen Leserpublikums auf den Stil und die Thematik dieser Literatur nicht zu verkennen. Schon Moses Altschul, der im 16. Jahrhundert lebte, schrieb in der Einleitung zu seinem ‹Brantspiegel›, daß er für Frauen bestimmt sei und für solche Männer, die in ihrer geringen Bildung den Frauen glichen.

Dieses Werk, das 1602 in Basel erschien, war das erste in jiddischer Sprache verfaßte, in Deutschland weitverbreitete Sittenbuch, bestehend aus 73 Kapiteln, die populärphilosophische Moralpredigten, gemischt mit Erzählungen aus Talmud und Midrasch, enthielten. Auf vielen Seiten ergeht sich der Verfasser über Weise und Narren, über gute und böse Frauen, über Gottvertrauen, Bescheidenheit, Wohltätigkeit, Züchtigkeit.

Er verbreitete sich auch über die besonders für die Frauen geltenden Religionsgesetze im Eheleben und in der Küche und betonte ihre Pflichten in Kindererziehung und Synagogenbesuch.

Der westjiddischen Literatur verdankten die jüdischen Frauen jedenfalls eine Grundlage jüdischen Wissens und eine gewisse Allgemeinbildung, so daß sie ihre fehlende Schulbildung aufholen konnten. Immer wieder betonten die Verfasser, daß sie einem dringenden Bedürfnis Rechnung trügen, wenn sie die «deutsche» Sprache anwendeten.

Die wichtigsten volkstümlichen Druckwerke waren natürlich die Bibelübersetzungen. Schon 1540 war in Cremona eine Pentateuchübersetzung entstanden, die 1544 in Augsburg nachgedruckt wurde. Die erste selbständige, von Jekutiel Blitz verfaßte, Übersetzung der ganzen Bibel erschien 1678, eine ähnliche, von Josef Witzenhausen angefertigte im Jahre 1687, beide in Amsterdam. Es erschienen auch Paraphrasen und gereimte Übersetzungen, und ein volkstümliches ‹Teutsch-Chumesch› (um 1590) fand weite Verbreitung.

Am populärsten unter den jiddischen Bibelwerken war und blieb auf Generationen hinaus das Buch ‹Zenno-renno› (der Name ist korrumpiert aus den beiden ersten hebräischen Worten vom Lied der Lieder 3:11), eine Paraphrase der Wochenabschnitte des Pentateuchs, der dazugehörigen Prophetenkapitel (*haftarot*) und der zu bestimmten Zeiten zu rezitierenden Hagiographen (*megillot*), begleitet von inhaltsreichen Auszügen aus der rabbinischen Geschichts- und Legendenliteratur (*aggada*). Dieses Werk wurde zu Beginn des 17. Jahrhunderts von Jakob ben Isaak Aschkenasi aus Janow in Lublin und Krakau herausgegeben, dann 1622 in Basel und erlebte bis Ende des 18. Jahrhunderts in Deutschland 43 Auflagen. Es war stark gefühlsbetont, bei Frauen sehr beliebt und fehlte in kaum einem Haus.

Sittenbücher erschienen in größerer Zahl seit Beginn des 18. Jahrhunderts, möglicherweise unter dem Einfluß der pietistischen Bewegung in Deutschland. Jechiel Michal Epstein, Rabbiner in einer Reihe von Gemeinden in Deutschland, veröffentlichte 1703 in Frankfurt am Main das in jiddischer Sprache geschriebene Buch ‹Derech hajaschar la'olam haba› (‹Der gerade Weg in die künftige Welt›). Das Buch war für «gewöhnliche Leute, Frauen und Mädchen» bestimmt und enthält eine Zusammenfassung der Religionsgesetze nach der Art und im Geist des in kundigen Männerkreisen hochverehrten ‹Schenej luchot haberit› (siehe S. 217) von Rabbi Jesaja Horowitz. ‹Simchat hanefesch› (‹Seelenfreude›), geschrieben von Elchanan Henle Kirchhan aus Frankfurt, das die Freuden des gesitteten Lebens betont und Gedichte und Lieder für häusliche Feiern mit Noten enthält, erschien 1707 und erlebte in wenigen Jahren sechs Neuauflagen.

Ein Sittenbuch besonderer Prägung war der ‹Liebes-Brief› von Isaak Wetzlar aus Celle, verfaßt im Jahre 1749, ein Buch, von dem einige Handschriften bestanden, das jedoch nie im Druck erschien. Der Autor war ein angesehener und wohlhabender Kaufmann, der sich in seiner Jugend ein ausgedehntes jüdisches Wissen angeeignet hatte. Das Buch hat eine stark gesellschaftskritische Tendenz und ist daher eine Fundgrube für die Kenntnis der damaligen Zustände in den Gemeinden. Wetzlar übt äußerst scharfe Kritik an den Spitzen der Gemeinden, *parnassim* und Rabbinern. Letztere, so der Autor, vernachlässigten ihre seelsorgerischen, erzieherischen und richterlichen Pflichten und interessierten sich mehr für ihr Einkommen als für das Wohl ihrer Gemeinde. Ähnlich wie andere Autoren fordert Wetzlar dazu auf, in den sephardischen Gemeinden Vorbilder für die aschkenasischen zu erblicken, namentlich in bezug auf Synagogenordnung und Erziehung. Besonders kritisch schreibt er über diejenigen Gelehrten, die Tag und Nacht den Talmud studierten, deren Studium jedoch in keinerlei Beziehung stehe zu ihrem praktischen Leben und zu dem Leben in den Gemeinden. An vielen Stellen in seiner Schrift wird Wetzlars Sensibilität für die Ansichten und Standpunkte der christlichen Gesellschaft spürbar; er stand offensichtlich in engem Kontakt mit Nichtjuden. Daher auch die Ähnlichkeit gewisser Tendenzen dieses Buchs mit denen des zeitgenössischen Pietismus.

Ein anderes Buch, das eine gewisse Verwandtschaft zu pietistischen Ansichten aufweist, ist Ahron ben Samuels Andachtsbuch ‹Liebliche Tefilloh› (‹Liebliches Gebet›). Das Buch erschien 1709 in Fürth und hatte ein eigenartiges Schicksal. Der Autor wohnte an einem kleinen Ort (Hergershausen) und bezeichnete sich selbst als «einfachen ungelernten Menschen». Er betonte die religiöse Bedeutung der Andacht, insbesondere der Privatandacht, und verfaßte demgemäß eine große Anzahl von Gebeten in jiddischer Sprache für die verschiedenen Lebenslagen. Von einem gründlichen Talmudwissen hatte er offenbar keine hohe Meinung, und das bestärkt die Annahme, daß es sich hier um einen Nonkonformisten handelt. Daher ist es nicht verwunderlich, daß sämtliche Exemplare seines Buches, deren man habhaft werden konnte, von jüdischer Seite konfisziert wurden. Man fand sie 1830 in der Dachstube des Lehrhauses in Hergershausen.

Das berühmte und viel zitierte Werk der Glückel von Hameln, in dem sie ihre Lebenserinnerungen niederschrieb, gehört in mancher Hinsicht zum Genre der Moralliteratur, denn erbauliche Betrachtungen und moralisierende Bemerkungen ziehen sich durch das ganze Buch. Das tiefreligiöse Bewußtsein der Autorin, in dem Gottesglaube von Aberglaube und Gottvertrauen von Fatalismus nicht zu trennen sind, empfand keine Disharmonie zwischen dem Reichtum eines Menschen und seiner Nichtigkeit. Aus Glückels Buch spricht ihre Zeit und eine gewisse Modernität, so etwa in ihrer Lebenszugewandtheit und in ihrer Fähigkeit zu erlebnishafter Darstellung. Als Lebensschilderung gehört Glückels Buch zu der Gattung der erzählenden Literatur, die zu ihrer Zeit ziemlich vielgestaltig war.

Das klassische ‹Maasse-Buch›, die erste und wichtigste gedruckte Sammlung von Prosaerzählungen aus jüdischen Quellen in jiddischer

Sprache, erschien erstmalig 1602 in Basel und enthält 257 Erzählungen, überwiegend aus Talmud und Midrasch. Dieses und ähnliche Bücher sollten die profane, mit nichtjüdischen Motiven angefüllte Unterhaltungsliteratur, die bereits im 16. Jahrhundert erschienen war, verdrängen, doch das gelang ihnen nicht. Auch im Bereich der profanen erzählenden Literatur gab es immer wieder Neuerscheinungen. Sehr populär waren epische Dichtungen der deutschen Literatur in jiddischer Übersetzung: ‹Kaiser Oktavian›, ‹Die schöne Magelone›, ‹Eulenspiegel›, ‹Schildbürger› und viele andere. Aktuelle Ereignisse in der Judenheit sowie im Reich wurden in Liedern gefeiert, wie zum Beispiel die Rückkehr der Juden und der Sturz ihres Feindes Vincenz Fettmilch im Frankfurter ‹Vinzlied› oder auch in ‹Ein schön Lied, wie es zugegangen ist in Frankfurt mit der Wahl und Krönung Leopold I.› (1658).

Die westjiddische Literatur hat viel zur Hebung der jüdischen und allgemeinen Bildung der Juden im Alten Reich beigetragen. Sie war das Mittel, durch welches der Geist vieler Juden bereichert wurde, die die hebräische Sprache nicht mehr und die hochdeutsche Sprache noch nicht beherrschten.

4. Hebräische Druckereien

All diese kulturellen Leistungen konnten nur aufgrund eines weitverzweigten hebräischen Druckwesens erreicht werden, dessen Entwicklung in vielen deutschen Städten und in relativ kurzer Zeit mit Recht als «phänomenal» bezeichnet worden ist. Im 16. Jahrhundert hatte der hebräische Buchdruck im Reich nur in Prag, später auch in Frankfurt am Main eine dauernde Stätte, wobei es allerdings den Juden von der Stadt Frankfurt bis zur Emanzipation nie erlaubt wurde, selber eine Druckerei zu eröffnen, und daher alle Frankfurter hebräischen Drucke in christlichen Druckereien hergestellt wurden, wo freilich Juden als Drucker mitarbeiteten. Anderswo, u. a. in Augsburg, Freiburg, Heidelberg, Isny, Konstanz, Thiengen, wurde der hebräische Buchdruck nur vorübergehend betrieben, meist durch die Initiative umherziehender jüdischer Druckunternehmer, oft unterstützt von christlichen Hebraisten. In Hanau bestand eine hebräische Druckerei in den Jahren 1610 bis 1630. Erst nach dem Dreißigjährigen Krieg nahm das jüdische Druck- und Verlagswesen einen Aufschwung, der es quantitativ und qualitativ bis an die Spitze der damaligen jüdischen Bücherproduktion in Europa brachte. An dieser Entwicklung hatten die Hofjuden einen bedeutenden Anteil. Die hebräischen Druckereien im Reich belieferten den großen jüdischen Büchermarkt in Osteuropa, wo seit der Katastrophe von 1648/49 der hebräische Buchdruck fast gänzlich stillgelegt war und sich erst im Laufe des 18. Jahrhunderts erholte.

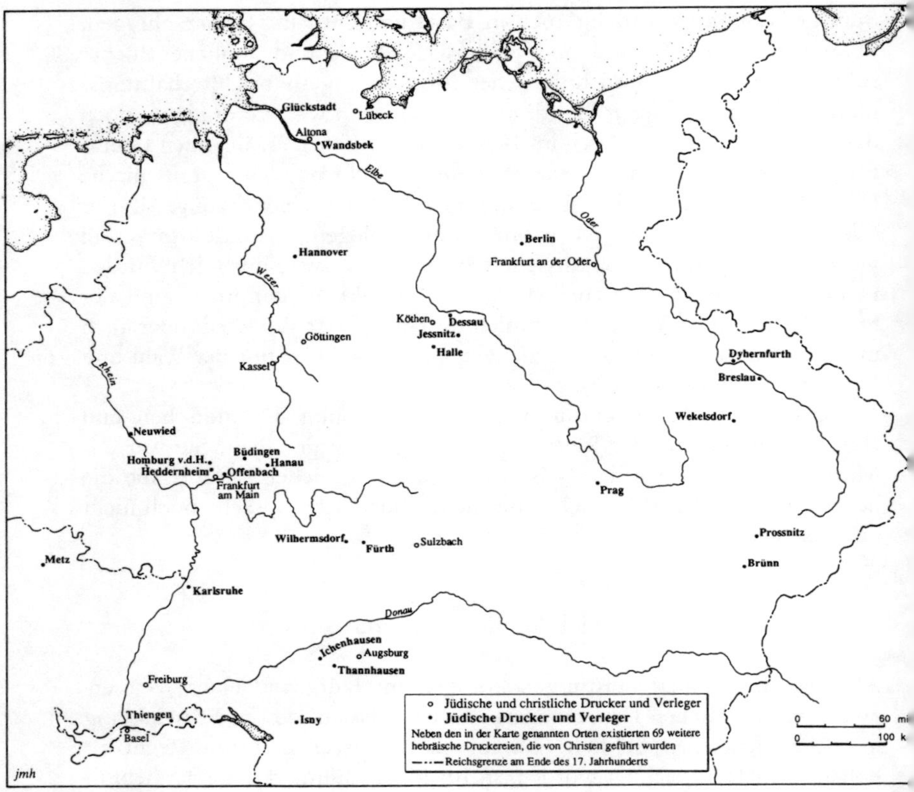

Karte 5 Stätten bedeutender hebräischer Druckereien und Verlage

Die ersten großen Druckunternehmen entstanden bezeichnenderweise auf Betreiben von Territorialherren, die aus unterschiedlichen Motiven daran interessiert waren. Der Graf von Hohenlohe gab einem jüdischen Druckermeister die Genehmigung, eine hebräische Druckerpresse in Wilhermsdorf zu eröffnen, um dadurch den Papiermühlen im Lande ein Absatzgebiet zu schaffen. Aus diesem Privileg entstand eine Druckerei, in der seit 1670 viele schön ausgestattete hebräische Bücher erschienen sind. Das Interesse des Herzogs von Sulzbach, der die Errichtung einer großen Druckerei in seiner Stadt förderte, war ganz anderer Art. Aus Neigung zu mystisch-theosophischen Studien zog er den christlichen Theologen und Dichter Knorr von Rosenroth an seinen Hof und forderte ihn auf, sein Werk ‹Kabbala Denudata› über die kabbalistischen Grundlehren des ‹Sohar›, des klassischen Buchs der jüdischen Mystik, zu veröffentlichen. Gleichzeitig erschien in Sulzbach eine hebräische Prachtausgabe des ‹Sohar› in Großformat, und seither, von 1684 bis 1851, war Sulzbach mit über 700 hebräischen und jiddischen Druckerzeugnissen ein Hauptsitz der jüdischen Bücherproduktion in der Welt und wurde, vor allem in bezug auf die für den religiösen Gebrauch bestimmten Bücher, zahlenmäßig von keiner Konkurrenz übertroffen. Eine andere wichtige Druckerei verdankte ihre Gründung 1694 dem Dessauer Hofjuden Moses Benjamin Wulff, anfangs in Dessau, später in den nahen Städten Halle (wo unter anderem eine große Ausgabe des jüdischen Gesetzeskodex ‹Schulchan aruch› auf Kosten des reichen Assur Marx besorgt wurde), Jeßnitz und Köthen. Die Druckerei in Jeßnitz zeichnete sich durch ihr Interesse an außertalmudischen wissenschaftlichen Werken aus, von denen später die Rede sein wird.

Die bedeutende Druckerei in Dyhernfurth in Niederschlesien entstand durch den Magnaten der Stadt, der dem gelehrten Bibliographen Sabbataj Bass (1641–1718) aus Prag das Buchdruckprivileg in der Hoffnung erteilte, daß die Eröffnung einer hebräischen Druckerpresse der Entwicklung dieser neugegründeten Stadt förderlich sei. Er gestattete zugleich die Ansiedlung von Juden in Verbindung mit der Druckerei. Dadurch kam es – sieht man von Glogau und Zülz ab – in Schlesien zum ersten Mal seit 100 Jahren zur Ansiedlung von Juden. Mit seiner eigenen Familie und mit denen der jüdischen Druckergesellen und Gehilfen, die er aus Prag und Krakau mitbrachte, legte Bass den Grundstein für eine neue Gemeinde. Nicht nur in Dyhernfurth trugen die Einwanderer aus Polen sehr viel zur Entwicklung des hebräischen Druckwesens in Deutschland bei; auch in den Dessauer Druckereien arbeiteten Setzer und Korrektoren aus Polen, während die meisten Druckergesellen in Sulzbach aus kleinen Orten in Bayern stammten. Die Dyhernfurther Druckerei brachte während der vielen Jahre ihres Bestehens Hunderte von hebräischen und jiddischen Büchern aller Art heraus. Erwähnenswert ist noch die von dem Hofjuden Mordechaj Model aus Ansbach in Fürth 1691 errichtete Druckerei, deren Erzeugnisse zum großen Teil rabbinische Schriften waren und der im 18. Jahrhundert eine Reihe weiterer Druckunternehmen folgten, die Fürth zu einem Zentrum des hebräischen Druckwesens im Alten Reich machten.

Das hebräische Druckwesen in Deutschland hat sich um die Hebung des jüdischen Geisteslebens im Reich und in Osteuropa große Verdienste erworben, nicht zuletzt durch wiederholte Neudrucke des babylonischen Talmuds mit seinen Dutzenden von Traktaten und mit einer Reihe von Kommentaren und Glossen. Seit dem Amsterdamer Druck von 1644–1648 war ein halbes Jahrhundert lang keine vollständige Talmudausgabe mehr erschienen. Verfolgungen und Kriege hatten viele Bände vernichtet, und überall herrschte Mangel an Talmudexemplaren. Daher veranstaltete Behrend Lehmann die bereits erwähnte Talmudausgabe von Frankfurt an der Oder, die erste vollständige Talmudausgabe, die in Deutschland erschien und der noch zwei weitere am selben Druckort folgten. In den Jahren 1721/22 wurde der Talmud in Frankfurt am Main (und zum Teil in Amsterdam) aus den Mitteln des Hofjuden Samson Wertheimer in Wien im Zusammenwirken mit seinem Frankfurter Schwiegersohn Moses Kann neu gedruckt. Diese Ausgabe wurde die Grundlage für fast alle späteren Talmuddrucke. Sie wurde aber von der Zensur beschlagnahmt und blieb über dreißig Jahre wohlversiegelt in Gewahrsam, bis sie dank dem Einflusse Rabbi Moses Kanns 1753 freigegeben wurde. Weitere vollständige Talmudausgaben erschienen in Prag, Berlin, Sulzbach (dessen Druckerei sich in einem langwierigen Urheberrechtsprozeß vor rabbinischen Gerichten gegen die Druckerei Proops in Amsterdam zu verteidigen hatte), Wien, Dyhernfurth, einzelne Traktate auch in Fürth. Der Vertrieb der Bücher im Inland sowie nach Ost und West bediente sich hauptsächlich der Messen in Leipzig und anderswo. Das hebräische Verlagswesen war ein in religiöser Sicht verdienstvolles Unternehmen und zugleich ein einträgliches Geschäft, in das große Summen investiert wurden.

Von der geistesgeschichtlichen Bedeutung dieses Buchvertriebs kann man sich einen Begriff machen, wenn man bedenkt, daß die erste Ausgabe des Talmuddrucks von Frankfurt an der Oder, im ganzen 5000 Exemplare, bald vergriffen war und daß während des 18. Jahrhunderts der Talmud zehnmal neu gedruckt wurde, in Auflagen von je einigen Tausend Exemplaren. Kenner schätzen, daß ungefähr ein Drittel aller hebräischen Bücher, die bis Ende des 18. Jahrhunderts gedruckt wurden, aus Druckereien in Deutschland kamen, wovon Gebetbücher aller Art mindestens die Hälfte ausmachten. Wie bereits im Falle der Frankfurter Talmudausgabe angedeutet, hielten die Behörden mit ihren Untersuchungskommissionen ein waches Auge über die jüdische Buchproduktion und verlangten zum Beispiel, daß alle Talmudausgaben der von «anstößigen» Stellen gereinigten Basler Ausgabe von 1571–1581 nachgedruckt würden. Andererseits bestanden die Gemeinden darauf, daß kein Buch veröffentlicht werde ohne die Approbationen (*haskamot*) namhafter Rabbiner. Damit wurde zwar die Veröffentlichung von Büchern mit offenkundig ketzerischem Inhalt verhindert, jedoch nicht von minderwertigen Büchern, deren Zahl nicht unbedeutend war. Ohne Zweifel gab das Druckwesen starke Anstöße zu den die Aufklärung des 18. Jahrhunderts vorbereitenden Bewegungen und zu dem Bruch mit Vergangenheit und Tradition.

5. Die mystische Strömung

In geistiger und religiöser Hinsicht befanden sich die gebildeten Kreise im 17. Jahrhundert in einem Zustand der Gärung. Der Humanismus und die Reformation, die diesem Jahrhundert vorangegangen waren, hatten mächtige Konventionen des Mittelalters geschwächt oder aufgehoben, doch war vorerst keine neue Kultur an ihre Stelle getreten. Eine Aussage dieser Art läßt sich zwar über die geistige Situation des Judentums nicht machen, doch gibt es auch hier Anzeichen genug, die auf eine Gärung hinweisen.

Seit jeher war die Mystik im Judentum ein Element, das, wie auch anderswo, eine Kraft zur Erschütterung, zur Aufrüttelung und zur Neugestaltung in sich trug. Im 16. Jahrhundert begann in Deutschland, wie in anderen jüdischen Siedlungszentren, ein Prozeß, in dessen Verlauf die Kabbala, die bis dahin als esoterische Lehre behandelt wurde, immer mehr in die jüdische Öffentlichkeit drang. Es mehrten sich die *ba'alej schem*, die Wundermänner, zu denen die Menschen pilgerten, um sich deren vermeintliche magische Kräfte zur Linderung ihrer Not zunutze zu machen. Große Gelehrte wurden zum Teil als Kabbalisten und Wundertäter bekannt. Unter diesen ragte Rabbi Elia Loans (1564–1636) heraus, ein Enkel des Josel von Rosheim und zu verschiedenen Zeiten Rabbiner in Fulda, Hanau, Friedberg und Worms. Er verfaßte unter anderem kabbalistische Kommentare zum Lied der Lieder und zu Ecclesiastes. In seinem weitverbreiteten Werk ‹Schenej luchot haberit› (‹Die zwei Bundestafeln›) verknüpfte Jesaja Horowitz (ca. 1565–1630) die schriftliche und mündliche Lehre mit den Lehren der Kabbala. Die Persönlichkeit und Geisteshaltung von Horowitz, der seine letzten Lebensjahre im kabbalistischen Zentrum von Safed verbrachte, hinterließen in den Gemeinden Frankfurt am Main und Prag, wo er als Rabbiner tätig gewesen war, eine nachhaltige Wirkung. Rabbi Naftali Bacharach war in Frankfurt am Main geboren und veröffentlichte in Amsterdam im Jahre 1648 sein Hauptwerk ‹Emek Ha-Melech› (‹Tal des Königs›), in welchem er die kabbalistische Lehre des Rabbi Isaak Lurja – Lurja (1534–1572) entstammte einer aschkenasischen Familie, lebte in Ägypten und zog wenige Jahre vor seinem Tod nach Safed – in allen ihren Einzelheiten vortrug und einem breiten Publikum zugänglich machte. Das Buch wurde allgemein anerkannt als maßgebende Quelle für die Kenntnis der lurianischen Kabbala, die sich damals auch in Deutschland besonderer Beliebtheit erfreute. Mit dem Strom von Emigranten aus Polen seit der Mitte des 17. Jahrhunderts kamen viele Wanderprediger, die kabbalistische Ideen verbreiteten. Das Wiener Ghetto vor der Vertreibung 1670 war ein Mittelpunkt kabbalistischer Gelehrsamkeit. Dabei ist zu bemerken, daß die Hochschätzung der lurianischen Kabbala und die Beschäftigung mit ihr keinesfalls mit einer betont rationalistischen Tendenz im Widerspruch stand, was besonders bei dem erwähnten Rabbi Jair Chajim Bacharach zum Ausdruck kam. Im 17. Jahrhundert lebten ja auch in der akademischen Welt Europas Mystik und Wissenschaft einträchtig miteinander.

Viele von der lurianischen Kabbala beeinflußten Bräuche waren magisch-religiöse Praktiken, die das Eintreten des Heilszustandes der Welt beschleunigen und den *olam hatikkun*, die Welt der wahren Ordnung, näherbringen sollten. Diese Art der Frömmigkeit enthielt ein stark messianisches Element. Da alles Tun und Lassen des Menschen auf Herbeiführung oder Verhinderung des zukünftigen Heils Einfluß hat, wird auch alles und jedes, und wäre es der bescheidenste Brauch, Gegenstand religiösen Eifers. So führte diese geistige Bewegung in Deutschland zu einer noch sorgfältigeren Ausübung auch kleinster religiöser Bräuche, während sie sich im Osten später in der chassidischen Bewegung in einer ekstatischen Religiosität auswirkte, die notwendigerweise gegenüber einzelnen Riten – keinen direkten Geboten – eine gewisse Lässigkeit an den Tag legte.

Der starke Einfluß der lurianischen Kabbala hielt bis weit in das 18. Jahrhundert an. Er zeigte sich in der synagogalen Liturgie, insbesondere in einer durch Psalmen und Lieder erweiterten Gebetsordnung am Sabbateingang, sowie in der überschwenglichen häuslichen Sabbatfeier, mit viel Gesang, mit eigens zu diesem Zweck verfaßten Tischliedern und vielfach auch mit dem kabbalistischen Brauch, am Sabbat nur hebräisch zu sprechen. Mystische und pietistische Gebräuche wurden allgemein eingeführt. Angesehene Rabbiner führten ein asketisches Leben mit vielem Fasten und häufigen Tauchbädern. Der Frankfurter Rabbiner Naftali Cohen, der in den Jahren 1704 bis 1711 amtierte, war als Mystiker bekannt, der sich auch mit der praktischen Kabbala unter Anwendung von Beschwörungen, Amuletten und magischen Heilmethoden abgab. So war das Innenleben der Gemeinden mit kabbalistischen Gedanken durchsetzt.

VIII.
Der Zeitenwende entgegen

1. Die sabbatianische Bewegung

Der starke messianische Einschlag der lurianischen Kabbala hat zu der Vermutung Anlaß gegeben, sie sei der entscheidende Antrieb zu der messianischen Bewegung gewesen, die die ganze jüdische Welt im Jahre 1665/66 in fieberhafte Erwartung der unmittelbar bevorstehenden Erlösung versetzte. Das Auftreten des vermeintlichen Messias Sabbataj Zewi (1626–1676) im Orient im Jahre 1665 entfachte ein Feuer der Erregung und Begeisterung, dessen Intensität und Ausbreitung im Jahre 1666 überall dort, wo Juden wohnten, beispiellos in der langen Geschichte des jüdischen Messianismus waren. Zweifellos haben dazu auch die epochemachenden jüdisch-geschichtlichen Ereignisse der vorhergehenden Jahrzehnte beigetragen. Sowohl die Katastrophe, die über das polnische Judentum hereingebrochen war, als auch die beinahe als Wunder empfundene Wiederaufnahme der Juden in England seit 1656 wurden zu ihrer Zeit als bedeutsame Schritte auf dem Weg zu der endlichen Erlösung gedeutet. Die Einmütigkeit der messianischen Erwartung in allen jüdischen Gemeinden in Europa, Asien und Nordafrika war an sich schon von hoher Bedeutung für die Stärkung des Glaubens der jüdischen Massen an den Messias und an die baldige Erfüllung seiner religiös-nationalen Sendung.

Die schriftlichen Botschaften, die der «Prophet» des Messias, Nathan aus Gaza, sandte und die Berichte über sein erstes Auftreten und seine frühen Erfolge in Gaza und Smyrna lösten überall Begeisterung aus. Viele folgten mit Inbrunst dem Aufruf zur Buße: Sie beteten, sie fasteten, sie geißelten sich, sie unternahmen rituelle Reinigungen und Kasteiungen, sie verkauften ihren Besitz und bereiteten sich auf ihre baldige Abreise ins Heilige Land vor. Selbst dem Ruf des Messias, die Trauertage um die Zerstörung des Tempels in Festtage zu verwandeln, folgten sie. Diesmal, so meinten sie, war es – endlich, endlich – ernst; an ihnen lag es, ob die Erlösung sich verwirklichte.

Die Gemeinden im Reich wurden wie in allen Ländern von der Bewegung mitgerissen. Eine Flut von Schriften ergoß sich über die Gemeinden, besonders im Süden. Jedoch wurde in Deutschland die halachische Tradition von der messianischen Inbrunst weniger verdrängt als in anderen Ländern, und auch das Fasten an den Trauertagen wurde eingehalten. Über die Ereignisse in Hamburg besitzen wir den Bericht einer verläßlichen Augenzeugin, Glückel von Hameln: «Was für Freude herrschte, wenn man Briefe bekam [die von Sabbataj Zewi berichteten], ist nicht zu beschreiben. Die meisten Briefe haben die Portugiesen bekommen. Sie sind immer damit in die Synagoge gegangen und haben sie dort vorgelesen ... Manche haben Haus und Hof und alles Ihrige verkauft, da sie hofften jeden Tag erlöst zu werden.»[1]

Tatsächlich war die freudige Erwartung in der Hamburger Portugiesengemeinde besonders groß. Bei Eintreffen der «guten Nachrichten» über Sabbataj Zewi hielt man Festgottesdienste in der Synagoge ab und schaltete Gebete ein, die sonst nur an den Feiertagen gesprochen werden. Die Spitzen der Gemeinde versammelten sich und beschlossen, Gesandte nach Konstantinopel zu schicken, «um unserem König Sabetay Seby, dem Gesalbten des Gottes Jaacob (dessen Herrschaft sich entfalten möge und dessen Name verewigt werde), die schuldige Huldigung darzubringen». Dieser Plan wurde zwar nicht ausgeführt, doch wurde beschlossen, «die Häuser der Gemeinde durch Anschlagezettel zum Verkauf auszubieten ... um allmählich die Lasten und Schulden der Gemeinde zu tilgen und uns zu dem Wege bereit zu machen, den wir mit der göttlichen Hülfe bald zu gehen hoffen».[2] Die «Gläubigen», d. h. diejenigen, die an die Echtheit des Messias Sabbataj Zewi glaubten, und das war in Hamburg die überwiegende Mehrheit, gründeten eine neue Jeschiwa, in der begeisternde Predigten über den Messias und die baldige Erlösung gehalten wurden.

Neben Hamburg waren auch Wien, Prag und Frankfurt am Main wichtige Zentren der messianischen Bewegung. Christliche Beobachter erzählten, daß in Frankfurt vierhundert Hausväter sich darauf vorbereiteten, die Reise ins Heilige Land anzutreten, ja daß viele von ihnen bereits abgereist seien. In Mainz kam ein Lernzirkel täglich «der guten Botschaft wegen» bei Rabbi Jair Chajim Bacharach aus Worms zusammen, der die Geschehnisse mit größtem Interesse verfolgte. Groß war die messianische Bewegung auch unter den Juden in Franken, namentlich in der Nürnberger Gegend. Der Markgraf von Ansbach verbot den Juden, ihr Vermögen außer Landes zu schicken und ohne Erlaubnis auszuwandern. Viele Christen verweigerten Schuldzahlungen an ihre jüdischen Gläubiger, da diese ja doch bald abziehen würden. Die Juden ihrerseits wollten ihre Schuldforderungen baldmöglichst liquidieren, und so kam es zu Ausschreitungen und Tätlichkeiten.

Auch anderswo reagierten Christen in ähnlicher Weise auf die messianische Bewegung der Juden. In Hamburg wandte sich die portugiesische Gemeinde, die in ihrer überwiegenden Mehrheit von der messianischen Begeisterung erfaßt worden war, wegen Ruhestörung, verursacht durch den nichtjüdischen Pöbel, an den Senat und bat ihn, den öffentlichen Vertrieb von Pamphleten über die messianische Erwartung zu unterbinden. Weil die Gemeinde Ausschreitungen befürchtete, verbot sie ihren Mitgliedern, mit Nichtjuden über die messianische Erwartung zu reden. Aus Frankfurt wurde berichtet, die Christen seien verärgert über die aufgeblasenen Juden, die behaupteten, die Zeiten würden sich bald ändern und sie hätten genug gelitten.

So mächtig war die allgemeine Erwartung und Begeisterung, daß selbst solche Rabbiner, die nicht zu den «Gläubigen» gehörten – und deren gab es eine ganze Anzahl – vor dem Überschwang der Menge kapitulierten. In Deutschland trat nur ein einziger Rabbiner öffentlich und unbeirrt gegen den Messias auf: Jakob Sasportas (ca. 1610–1698) aus Oran in Nordafrika, ein bedeutender Talmudgelehrter, der jahrelang in Europa umhergewandert war, nirgends länger als ein paar Jahre blieb und nach Hamburg gerade im November 1665 kam, wenige Wochen bevor dort die ersten Nachrichten über Sabbataj Zewi eintrafen. Sasportas weilte in Hamburg mit seiner Familie und wurde von der Gemeinde als Privatgelehrter unterstützt. Im Gegensatz zu dem Gemeinderabbiner, der sich an die Spitze der «Gläubigen» stellte, erhob Sasportas seine Stimme und gebrauchte seine Feder zum Protest gegen den messianischen «Schwindel» und zu eindringlichen Warnungen vor der schmerzlichen Enttäuschung, die der Begeisterung folgen würde. Zum Teil wohl auch von persönlichen Motiven bewegt (er war verbittert darüber, daß keine bedeutende Gemeinde ihn als ihren Rabbiner anstellen wollte), hatte er in kluger Voraussicht die Weissagungen und Anordnungen des angeblichen Messias als Gaukelwerk bloßgestellt.

Die Verhaftung des Sabbataj Zewi durch den Sultan (Februar 1666) und seine Gefangenschaft in Gallipoli unter sehr günstigen Bedingungen dienten vielen «Gläubigen» als Beweis seiner messianischen Sendung, doch sein erzwungener Übertritt zum Islam (September 1666) bereitete der Massenbewegung ein jähes Ende. Die Ernüchterung in den Gemeinden war allgemein und bitter; man hatte umsonst gehofft, gebetet und gefastet. Die Rabbiner und Vorstände gingen sofort daran, alle Spuren des sabbatianischen Wahns aus der Liturgie und aus den Gemeindebüchern zu tilgen. Er sollte wie ein böser Traum verwehen.

Weder der anfängliche Erfolg des Sabbataj Zewi noch der katastrophale Ausgang dieser Episode führten zu einem tiefen Bruch mit der Tradition, denn die jüdische Überlieferung kannte seit jeher Widersprüche in ihrer messianischen Erwartung. So konnte man auch nach dem Übertritt des vermeintlichen Messias zu den traditionellen Lebensformen zurückkehren. Im geheimen jedoch und im Untergrund der jüdischen Gesellschaft blieb ein hartnäckiger Kern von «Gläubigen». Er erblickte gerade im Abfall des Messias einen tieferen Sinn und hing über Generationen hinaus dem sabbatianischen Geist der teilweisen oder sogar gänzlichen Aufhebung des Gesetzes an und bildete damit eine explosive Oppositionsgruppe, die imstande war, den Rahmen der durch das Rabbinat im Religionsgesetz verankerten Gemeinde zu sprengen. Noch lange nach dem Tod des Sabbataj Zewi hielten diese Sabbatianer an ihrer Einstellung fest und machten sich vor allem literarisch, jedoch auch in gesellschaftlicher Beziehung bemerkbar.

Unter Anführung des Sabbatianers Juda Chassid (gest. 1700) aus Litauen bildete sich eine «heilige Bruderschaft» (*chavura kedoscha*), die nach langem Umherwandern, auch in Deutschland und Österreich, im Jahre 1700 nach Jerusalem pilgerte, doch sich bald nach dem plötzlichen Tod des Juda Chassid verlief. Ein Teil dieser Gruppe kehrte nach Deutschland zurück und hielt sich jahrelang in Mannheim auf, wo er in einer neugegründeten Klaus Obdach fand. Dadurch entstand in Mannheim eine im stillen aktive Zweigstelle der sabbatianischen Sekte, deren Einfluß sich auch auf die Gemeinde in Frankfurt am Main erstreckte. In mehr als einem Fall sahen sich dort die Rabbiner und Vorsteher veranlaßt, den Bann über geständige Sabbatianer zu verhängen.

Eine ganze Reihe von Schriften mit sabbatianischer Tendenz, die nicht immer gleich erkannt wurde, erschien in Deutschland, so in Berlin einige der Schriften des Sabbatianers Nechemja Chajon (ca. 1655–ca. 1730). Gemeinden aus nah und fern schlossen sich im Kampf gegen die Sekte zusammen, und im Jahre 1725 veröffentlichte jede der drei großen Gemeinden Amsterdam, Hamburg und Frankfurt einen besonderen Aufruf, teils in hebräischer, teils in jiddischer Sprache, mit dem sie über die Sekte den Bann verhängte. Besonders verwurzelt und verbreitet war die Bewegung in Böhmen und Mähren, wo einige der einflußreichsten Juden ihre geheimen Anhänger wurden. Dort war auch einer der Mittelpunkte der pseudo-messianischen Bewegung des Jakob Frank (1726–1791), eines aus Polen stammenden Sektierers und Abenteurers, der sich als Wiedererscheinung des Sabbataj Zewi ausgab und 1759 mit vielen seiner Getreuen zur katholischen Kirche übertrat, nachdem er vorher zum Islam konvertiert war. Das Auftreten dieser «gläubigen» Frankisten bildete die letzte Phase der sabbatianischen Bewegung. Frank weilte von 1773 bis 1786 in Brünn und zog dann mit 800 Anhängern, die zum Teil noch dem jüdischen Glauben anhingen, nach Offenbach, wo er bis zu seinem Tod Hof hielt.

Wenn man auch nach Zahl und Einfluß die Bedeutung der Sabbatianer und Frankisten innerhalb des Judentums der deutschsprachigen Länder im 18. Jahrhundert nicht überbewerten darf, so ist doch nicht zu übersehen, daß sie mitgewirkt haben an dem Umbruch, der die jüdische Gemeinschaft erfaßte. In einigen Fällen läßt sich sogar die Identität bestimmter führender Frankisten, so etwa in Prag, mit Wortführern der Aufklärungsbewegung (Maskilim) nachweisen. Doch ist nicht das der Kernpunkt. Entscheidend ist, daß diese Bewegungen durch ihre ideologisch motivierte Auflehnung gegen die Herrschaft des bestehenden Rabbinats und seiner Orthodoxie zur Erschütterung der Grundlagen der jüdischen Tradition beigetragen haben. Das Fiasko der messianischen Massenbewegung, die von vielen Rabbinern gutgeheißen worden war, hatte dem Ansehen der Rabbiner einen harten Schlag versetzt. Sie waren fast alle dem messianischen Wahn zum Opfer gefallen und hatten seinen trügerischen Charakter nicht durchschaut, hatten also als berufene Lehrer und Meister der Gemeinden versagt. (Daher der Drang mancher Rabbiner und Gelehrter, dem Auftreten des Messias nachträglich einen mystisch-theologischen Sinn zu geben, der seinem Fall Rechnung trug und gleichzeitig sie selbst rehabilitierte.)

Mit dem Scheitern der sabbatianischen Bewegung war in weiten Kreisen auch die lurianische Kabbala, ja sogar die Kabbala als Ganzes, diskreditiert. Sie war es ja gewesen, die das Sehnen nach messianischer Erlösung mächtig gesteigert und die sabbatianische Woge weitgehend ermöglicht hatte. So ist bei den Juden in Deutschland in den nachfolgenden Generationen eine Art traumatischer Angst vor einer Wiederholung des Falls Sabbataj Zewi und vor vorzeitigen Erlösungsträumen zu beobachten. Auch das, was Gershom Scholem «Kabbalaangst» genannt hat, war zum Teil eine Folge des sabbatianischen Geschehens in allen seinen Erscheinungen.

Ein jüdischer Kaufmann, der viele Jahre die Jeschiwot in Prag und Frankfurt am Main besucht hatte und eine tiefe Ehrfurcht vor der «Heiligkeit» der Kabbala bezeugte, wandte sich gegen die «neue Mode» unter den Talmudschülern, auf eigene Faust in die kabbalistische Literatur einzudringen, da sie sich dadurch leicht im sabbatianischen Netz verfangen könnten.[3] Eine gewisse Niedergeschlagenheit bemächtigte sich vieler Geister, und so mancher verspürte ein Unbehagen an dem bestehenden religiösen und geistigen Leben. Der innere Kampf mit der sabbatianischen «Ketzerei» veränderte deutlich das Gepräge der traditionellen Gesellschaft, die bisher zwar Auseinandersetzungen und innere Spannungen, aber seit Jahrhunderten keine Sekten und nichtkonvertierende Absplitterungen gekannt hatte.

Man darf durchaus die sabbatianische Bewegung des 18. Jahrhunderts als ernste Herausforderung der Grundsätze des traditionellen Rabbinismus und der Gemeindeführung im Alten Reich betrachten. Als solche war sie in der Tat – freilich nur in ihrer Negation und keinesfalls in der positiven Entfaltung ihrer Mystik – ein Vorläufer der Haskala und der späteren Reform. Zwar wandte sich die Haskalabewegung scharf gegen die Mystik des Sabbatianismus, und doch war dieser in seiner Auflehnung gegen das bestehende rabbinische System ihr Vorkämpfer.

2. Rabbinische Wissenschaftlichkeit

Auch in anderer Hinsicht war die traditionelle Gesellschaft nicht mehr ganz die alte. Die Gestalt vieler Rabbiner und Gelehrten hatte sich seit Beginn der Frühen Neuzeit geändert. Die Anfänge dieses Prozesses liegen wohl im Kreis des Maharal von Prag. Zu den Veränderungen gehörte, daß an die Stelle der spitzfindigen Auslegung der rabbinischen Quellenschriften die Bemühung trat, sie nach strengen hermeneutischen Regeln auf ihren Sinn hin zu befragen. Zur Beherrschung der rabbinischen Wissenschaft im engeren Sinn gesellte sich jetzt im 18. Jahrhundert die Tendenz, sich mit «meta-halachischen» und allgemeinwissenschaftlichen Disziplinen zu befassen. Diese Überwindung der alten Distanz zu Wissenschaft und Philosophie, durch die sich die aschkenasische Kultur so lange von der sephardischen unterschieden hatte, hängt wohl auch damit zusammen, daß sich die Wissenschaften mit dem Aufkommen des Humanismus von der christlichen Theologie emanzipiert hatten.

Einer der ersten, bei dem dieser Wandel zu beobachten ist, war der bereits erwähnte Rabbiner Jomtow Lipmann Heller. Er verfaßte nicht nur einen monumentalen Kommentar zur gesamten Mischna, sondern beschäftigte sich auch intensiv mit den philosophischen und geisteswissenschaftlichen Werken spanisch-jüdischer Autoren. Rabbi Jair Chajim Bacharach (siehe oben) hinterließ eine reichhaltige Liste der von ihm verfaßten Schriften, die zum größten Teil verlorengegangen sind. Die Wissensgebiete, auf die sich dieser Katalog erstreckt, lassen an Universalität nichts zu wünschen übrig: Homiletik, Philosophie, Kabbala, Zeitgeschichte, Ortsgeschichte, Chronologie, Genealogie, Liturgie, religiöse Poesie, naturwissenschaftliche Fragen, Brauchtum, hebräische Sprachwissenschaft und Grammatik, talmudische Lexikographie und talmudische Methodologie. Der Frankfurter Klausrabbiner Samuel Schotten besaß lateinische und auch bedeutende astronomische Kenntnisse, die er an seine Schüler weitergab. Er führte sie auch in die hebräische Grammatik sowie in die Mathematik ein. Der Prager Rabbinatsassessor Jona Landsofer (1678–1712) druckte am Ende seines Responsenwerks Auszüge aus der Geometrie des Euklid mit Illustrationen, wegen «des großen Nutzens für unsere Lehre».[4]

Nicht weniger bedeutungsvoll war, daß Männer, die als Talmudforscher nicht besonders hervortraten, Werke verfaßten, die der jüdischen Wissenschaft neuen Boden bereiteten. Zu diesen gehörte vor allem Sabbataj (Meschorer) Bass (s. oben S. 215). Er war in Polen geboren und floh 1655 nach Prag, wo er als kantorale Hilfskraft wirkte. Dort bildete er sich in allgemeinen Wissenschaften sowie in der lateinischen Sprache. Unter den vielen Büchern, die er veröffentlichte, war das Werk ‹Siftej jeschenim› (‹Die Lippen der Schlafenden›, 1680) epochemachend. Es war die erste hebräische Bibliographie, die in übersichtlicher Anordnung wissenschaftlichen Kriterien folgte.

In der ersten Hälfte des 18. Jahrhunderts erschienen mehrere Werke, die auf eine Öffnung der jüdischen Geisteswissenschaft hinweisen: hebräische Wörterbücher, Schriften über hebräische Sprachkunde und Grammatik, populärwissenschaftliche Abhandlungen in hebräischer Sprache, exegetische Arbeiten, die Naturwissenschaft und Mathematik als unerläßliche Werkzeuge für ein angemessenes Verständnis der Bibel und des Talmuds würdigten, systematische Anleitungen zum Talmudstudium und zum besseren Verständnis der mittelalterlichen Philosophie, Einleitungen in Arithmetik und Algebra. Diese Schriften erschienen in denselben Druckereien, die auch rabbinische Werke veröffentlichten, und viele hatten Approbationen berühmter Rabbiner und Vorsitzender von Rabbinatsgerichten.

Mit dem stillschweigenden Einverständnis des Dessauer Oberrabbiners David Fränkel (1707–1762), wenn nicht gar unter seinem direkten Einfluß, erschien in der hebräischen Druckerei in Jeßnitz, nicht weit von Dessau, eine Reihe von Werken, deren Erstdruck oder Neuauflage auf diese bedeutsame geistige Wandlung hinweisen. Dies trifft vor allem für den ‹More newuchim› (‹Führer der Verirrten›) von Maimonides zu, der dort mit stillschweigender Zustimmung, wenn auch ohne Approbation des Rabbi David Fränkel 1742 gedruckt wurde, das erste Mal nach 200 Jahren. Die Tatsache an sich, daß die Druckerei in Jeßnitz dieses Werk, dem man in Aschkenas nie ganz hold gewesen war, neu verlegen durfte, zeugt von einem gewissen Umschwung der geistigen Einstellung des Rabbinats in Deutschland. Der Druck einer 130 Jahre alten Handschrift des David Gans (siehe S. 79) über astronomische und kosmologische Themen – ‹Nechmad wena'im› (‹Lieblich und angenehm›, 1742) – weist in dieselbe Richtung. Im Bereich des traditionellen Studiums veranlaßte Fränkel eine prachtvolle Neuausgabe von Maimonides' Kodex ‹Mischne Tora› (‹Wiederholung der Tora›), der seit der Amsterdamer Ausgabe von 1702 nicht mehr vollständig erschienen war. Fränkels größte literarische Leistung war jedoch sein eigenes Hauptwerk: ‹Korban ha'eda› (‹Opfer der Gemeinde›, 1743–60), ein Kommentar zu großen Teilen des palästinensischen Talmuds, der bis dahin noch nie systematisch und textkritisch interpretiert worden war, da dem babylonischen Talmud für die meisten Fragen des jüdischen Rechts größere Bedeutung und Autorität beigemessen wurde. Fränkels Kommentar eröffnete dem Talmudstudium neue Wege und eine neue wissenschaftliche Dimension. Daß dieser Rabbiner der Lehrer und Meister Moses Mendelssohns war, nimmt nach all dem Gesagten nicht wunder.

Auch der für seine talmudische Gelehrsamkeit berühmte Breslauer Geschäftsmann Rabbiner Jesaja Berlin (1725–1799) verband in seinen Quellenforschungen zum Talmud rabbinische Gelehrsamkeit mit quellenkritischen Methoden. Der Berliner Oberlandesrabbiner Hirschel Lewin (1721–1800) stand einer blühenden Jeschiwa vor und war dabei in profaner Literatur belesen. Er bewunderte Moses Mendelssohn und veröffentlichte eine ausführlich begründete Approbation zu ‹Alim literufa› (‹Blätter zur Arzenei›), dem Prospekt, mit dem Mendelssohn sein Bibelwerk ankündigte. Selbst Rabbi Jonathan Eybeschütz (1690–1764), der die rationalistische Tendenz der Zeit ablehnte und dessen eigenen Werke, vor allem seine berühmt gewordenen Kommentare zum strafrechtlichen und ritualgesetzlichen Teil des ‹Schulchan aruch›, noch ganz im alten rabbinischen Stil gehalten sind, respektierte Mendelssohn. In einer seiner homiletischen

Abhandlungen stellte er mit Nachdruck und mit weitschweifiger Begründung fest, daß alle Wissenschaften, nämlich Mechanik, Optik, Astronomie, Medizin, Botanik, Chemie, Malerei, Logik, Musik, Jura, wichtig für das Torastudium seien.[5] Sein Vortrag erinnert lebhaft an gewisse Ausführungen italienischer Rabbiner, wie etwa Jehuda Moscatos, im 16. Jahrhundert.

Rabbi Jacob Emden (1697–1776), eine der größten Autoritäten des 18. Jahrhunderts, verkörperte sowohl die weitere Öffnung wie auch die noch immer klar gesteckten Grenzen der Wissenschaften. Er war der Sohn des Rabbiners Zewi Aschkenasi, des Verfassers der Responsen, die unter dem Namen ‹Chacham Zewi› berühmt wurden, und war mit seinem Vater viel in der Welt herumgekommen: Hamburg-Altona, Amsterdam, Lemberg. Aschkenasi hatte in Saloniki und Belgrad die sephardische Kulturwelt kennen- und schätzen gelernt und hatte Interesse an Sprachen, Naturwissenschaft und Philosophie. In seiner Autobiographie, an sich schon eine Seltenheit in der rabbinischen Welt, schreibt Emden, daß er nicht nur die deutsche, sondern auch die holländische Sprache beherrsche und außerdem eine gute Kenntnis des Lateinischen besitze. Sein Bildungshunger war groß; er hatte großes Interesse an Astronomie, Physik, Botanik, Medizin, Staatskunst und Geschichte. Doch war seine Einstellung zu den allgemeinen Wissenschaften differenziert, was namentlich in einem seiner Responsen bezeugt ist, in dem er die Anfrage eines Medizinstudenten über die halachische Statthaftigkeit seines Studiums positiv beantwortete.[6] So unterschied er einerseits streng zwischen den Wissensgebieten, die halachisch erlaubt waren und für die er selbst Interesse hatte, und der Philosophie andererseits, die er mit großer Schärfe aus jüdisch-religiösen Gründen ablehnte. Daher verurteilte er auch die Jeßnitzer Maimonides-Drucke, in denen er eine Gefahr für die Glaubensreinheit der Zeitgenossen sah. Dieser Trennungsstrich zwischen den Wissenschaften war bereits bei gewissen bildungsfreundlichen jüdischen Gelehrten im Mittelalter anzutreffen.

Als Motiv seiner Bildungsbeflissenheit nannte Emden die Pflicht eines jüdischen Gelehrten, in der Allgemeinbildung nicht hinter den christlichen Gelehrten seiner Zeit zurückzustehen. So weitherzig er in bezug auf die Aneignung von allgemeinem Wissen und so tolerant er auch in der Beurteilung des Christentums war, so rigoros ging er gegen alles vor, was ihm im Judentum als Ketzerei erschien, und er verfolgte es in seinen Schriften mit einer extremen Unduldsamkeit. Dabei neigte er durchaus nicht zu übertriebener Strenge bei der Ausübung religiöser Pflichten und protestierte gegen die «Erschwerungen, die täglich erfunden werden».[7] Sein kritischer Sinn machte selbst vor dem klassischen Werk der Kabbala, dem ‹Sohar›, nicht halt: Als erster rabbinischer Gelehrter untersuchte er ihn textkritisch und kam zu dem Ergebnis, daß das alte und heilige Buch Teile enthalte, die später interpoliert worden seien.

36 Jacob Emden, ‹Sefer Chinuch› (1758–62). Darstellung der drei monotheistischen Bekenntnisse

Jacob Emden übte auch scharfe Kritik an den intensiver werdenden gesellschaftlichen Kontakten zwischen Juden und Christen: «[Unsere jüdischen Zeitgenossen] denken gar nicht mehr daran, daß sie im *galut* [Exil] sind, sie mengen sich unter die Nichtjuden und nehmen deren Gewohnheiten an und machen große Schande. Der heilige Same mischt sich mit den Völkern der Erde.»[8] Emden hatte mit dieser Bemerkung wohl vor allem den zahlenmäßig begrenzten Kreis der Hofjuden im Auge. Allerdings war er selber an dieser Entwicklung nicht ganz unschuldig, indem er durch seine ungewöhnlich tolerante Behandlung des Christentums (siehe S. 156f.) eine Einstellung gegenüber Nichtjuden förderte, die weniger als früher von jüdisch-theologischen Vorbehalten beschwert war.

Emdens Wunsch, eine amtliche Rabbinerstellung zu bekleiden, ging trotz seiner anerkannten Gelehrsamkeit nur in sehr bescheidenem Maß in

Erfüllung: Er wurde 1729 zum Gemeinderabbiner in Emden ernannt, blieb dort jedoch nur vier Jahre und lebte danach als Privatgelehrter in Altona. Für ihn als einen Einzelgänger, der bei jeder Gelegenheit seine entschiedene Meinung rücksichtslos heraussagte, bestand wenig Aussicht, bei Rabbinerwahlen als Sieger hervorzugehen. Mehr als bei vielen anderen seiner prominenten Zeitgenossen waren die Motive seines Handelns und Denkens, wie aus seiner Autobiographie klar hervorgeht, ein Gemisch von Sachlichem und Persönlichem. Er war eine Janusfigur: Zutiefst in die Tradition eingebunden, war er doch in mancher Hinsicht überraschend flexibel und fortschrittlich, und gerade daran erkennt man die Macht des neuen Zeitalters.

Zusammenfassend ist zu sagen, daß sich die Juden in den deutschsprachigen Ländern nicht mehr in demselben Maße kulturell abschlossen wie in der Frühen Neuzeit. Sicherlich war der Einfluß der lurianischen Kabbala der Beschäftigung mit den allgemeinen Wissenschaften nicht förderlich, doch um so bemerkenswerter sind die verschiedenartigen Erscheinungen, die hier in dem Begriff der «rabbinischen Wissenschaftlichkeit» zusammengefaßt wurden, eine Wissenschaftlichkeit, die zwar noch unberührt ist von modernen historisch-kritischen Forschungsmethoden, die aber deutliche Spuren einer Beeinflussung durch den Zeitgeist zeigt. Bekanntschaften und Berührungen zwischen jüdischen und christlichen Gelehrten, die nur zu einem kleinen Teil dokumentiert sind, haben gewiß zu diesen Erscheinungen beigetragen. Wenn es auch verfehlt wäre, dieses neue Bildungsideal als Bruch mit der traditionellen jüdischen Gelehrsamkeit zu betrachten, so enthielt es doch – begünstigt durch die zunehmende Abkehr von der Kabbala – die Keime der «Wissenschaft des Judentums» unter den rabbinischen Gelehrten.

3. Schritte in die Außenwelt

Wie unter den Rabbinern so ist auch in weiten Kreisen der jüdischen Gemeinden eine gewisse Öffnung gegenüber der nichtjüdischen Kultur ihrer Umgebung festzustellen, jedoch hat sie keinen Bruch mit dem traditionellen Lebensstil oder einen deutlichen Bewußtseinswandel herbeigeführt.

Noch lange nach der Mitte des 18. Jahrhunderts sprachen alle Juden den westjiddischen Dialekt, der von den Nichtjuden nur schwer verstanden wurde. Das Lesen deutscher Bücher zur Unterhaltung war den Schülern der Talmudschulen verboten, und auch in manchen streng religiösen Häusern war es verpönt. Jedoch wurden deutsche Zeitungen («Gazetten») allgemein gelesen, und selbst Rabbi Jacob Emden erlaubte ihre Lektüre, außer dem Handelsteil, am Sabbat.[9] Während bei Gelehrten, Rabbinern und älteren Leuten eine herkömmliche jüdische Tracht vorherrschte und ein Jude oft durch Bartwuchs, Kopfbedeckung und dergleichen nicht zu verkennen war, kleideten sich die meisten jüdischen Stadtbewohner jetzt nach der in der Stadt üblichen Art. Viele jüdische Männer führten noch immer den eigenen Vornamen in Verbindung mit dem des Vaters, doch hatte so manche alteingesessene Familie um diese Zeit bereits einen Familiennamen angenommen. Die Fähigkeit, deutsche Briefe zu lesen und zu schreiben, war bereits im 17. Jahrhundert bei Hofjuden und anderen Juden anzutreffen, die viel mit der außerjüdischen Welt verkehrten. Im 18. Jahrhundert konnte jeder bessergestellte Kaufmann schon aus geschäftlich-juristischen Notwendigkeiten deutsch schreiben und kannte ein wenig Latein. In manchen gutbürgerlich-jüdischen Kreisen legte man Wert auf Französischkenntnisse. Als die Juden in Frankfurt 1711 nach dem Brand der Judengasse vorübergehend bei Christen untergebracht wurden (auch das ein Novum!), überraschten sie viele ihrer Gastgeber mit den Fortschritten, die sie in kultureller Beziehung zeigten.

Deutsche Universitäten begannen nach und nach, Juden zu den Vorlesungen, später auch zu den Prüfungen zuzulassen. Allerdings galt das nur für protestantische Universitäten. In den katholischen Staaten hatten die Juden beinahe während des ganzen 18. Jahrhunderts keinen Zugang zur Universität, wie es auch das Baseler Konzil von 1434 bestimmt hatte. Die kleine Universität Frankfurt an der Oder hatte als erste in Deutschland Juden immatrikuliert und promoviert, darunter viele jüdische Studenten aus Polen. Die 1694 gegründete preußische Universität Halle war eine der am meisten frequentierten Hochschulen im 18. Jahrhundert, und die Zahl jüdischer Studenten war dort verhältnismäßig groß. Halle war ein Hauptsitz des toleranteren Pietismus, und da auch die Universität eine stark pietistische Tendenz hatte, war sie jüdischen Studenten wohlgesonnen. Außerdem hatte ihre medizinische Fakultät einen internationalen Ruf, und Medizinstudenten, die die große Mehrheit der jüdischen Studenten ausmachten, zogen sie daher anderen Universitäten vor. Zwischen 1724 und 1800 studierten in Halle schätzungsweise 150 bis 180 Juden, von denen es 59 bis zum medizinischen Doktorgrad brachten. Nach Halle hatte die Berliner Fachschule für Medizin die meisten jüdischen Studenten. Auch die hannoversche Universität in Göttingen, die seit der Mitte des Jahrhunderts die führende Universität Deutschlands war, hat von ihrer Gründung 1737 an ohne Einschränkung jüdische Studenten aufgenommen, die im 18. Jahrhundert fast ausschließlich Medizin studierten.

An den Universitäten Halle und Göttingen herrschten Forschungs- und Lehrfreiheit sowie konfessionelle Toleranz, die den jüdischen Studenten das Studium erleichterten, wenn auch oft die misssionarische Absicht bei ihrer Aufnahme nicht zu verkennen war. Hinzu kam die Neigung des Pietismus zum Alten Testament und zum Hebräischen, weshalb jüdische Gelehrte, zum Teil getaufte Sabbatianer, herangezogen wurden, die Professoren und Studenten der Theologie und der semitischen Sprachen Privatunterricht im Hebräischen und den semitischen Sprachen erteilten. Jedoch änderte dies nichts an dem immer noch betont christlichen Charakter der Universitäten. Er schlug sich beispielsweise in dem Zwang für jüdische Studenten nieder, daß sie bei der Promotion eine christliche Eidesformel sprechen mußten. Auch mußten jüdische Studenten oft höhere Gebühren zahlen als die anderen und hatten Schikanen, Schmähungen und religiöse Herausforderungen zu erdulden. Juden, die an der Universität Hebräischunterricht erteilten, mußten jedem Studenten gegenüber eine unterwürfige Haltung einnehmen und waren nach Status und Gehalt auf der Stufe des niedrigsten Bediensteten. Andererseits sorgten oft die jüdischen Gemeinden in den Universitätsstädten für die Studenten auf eine Weise, die der traditionellen Fürsorge für die Talmudschüler nicht unähnlich war. Sie boten auch den Studenten die Möglichkeit, neben ihrem Studium der profanen Wissenschaften ihr jüdisches Wissen zu fördern.

Die Tatsache, daß so viele jüdische Studenten in der voremanzipatorischen Zeit das Medizinstudium wählten, hatte gute Gründe. Jüdische Ärzte hat es in Deutschland im ganzen Mittelalter gegeben, auch an fürstlichen Höfen. Der Arztberuf war zu allen Zeiten von Juden ausgeübt worden, weil der Betreuung und Heilung der Kranken ein hoher religionsgesetzlicher Stellenwert beigemessen wurde. Daher konnte sich die traditionelle jüdische Gemeinschaft mit einem Medizinstudium eher abfinden als mit allen anderen Disziplinen. Doch auch äußere Faktoren begünstigten die Wahl des Medizinstudiums. Vielerorts war ärztliches Praktizieren ohne die vorgeschriebene akademische Ausbildung nicht mehr erlaubt. Hinzu kam, daß alle anderen Studiengänge zu Berufen führten, die den Juden verschlossen waren. Bei dem Arztberuf war dies nicht der Fall, selbst wenn führende Köpfe, wie etwa der Begründer des Pietismus Philipp Jacob Spener, noch immer der Meinung waren, man sollte sich nicht an jüdische Ärzte und Hebammen wenden. Noch im 16. und 17. Jahrhundert hatten sich jüdische Studenten aus Deutschland an italienische oder holländische Universitäten begeben müssen. Aber nun, im 18. Jahrhundert, wurden die medizinischen Fakultäten, und vorerst nur diese, in zunehmendem Maße den Juden zugänglich, und auch solche Studenten, die philosophische, mathematische und naturwissenschaftliche Studien vorzogen, mußten sich in der medizinischen Fakultät immatrikulieren. Daran lag es wohl, daß viele der ersten studierten jüdischen Gelehrten Ärzte waren, obgleich manche von ihnen sich überwiegend anderen Wissenschaften widmeten.

Tobias Cohen Harofe («der Arzt», 1652–1729) aus Metz war, nach seinem eigenen Bericht, einer der beiden ersten jüdischen Studenten an einer deutschen Universität, nämlich in Frankfurt an der Oder. Er hatte sich 1678 mit einer schriftlichen Bitte um Aufnahme an der Universität an den Großen Kurfürsten gewandt, und dieser ging nicht nur auf die Bitte ein, sondern gewährte sogar ein jährliches Stipendium. Cohen verfaßte eine medizinische und naturwissenschaftliche Enzyklopädie in hebräischer Sprache, ‹Ma'asse Towja› (1707), deren zweite Auflage 1742 in Jeßnitz gedruckt wurde. Er praktizierte hauptsächlich als Hofarzt in der Türkei. Ascher (Anselm) Worms (1695–1759) war Arzt in Frankfurt am Main, verfügte über ein großes Allgemeinwissen und war auch im jüdischen Schrifttum bewandert. Er war der Verfasser eines dreiteiligen Werks über die Tradition des Bibeltextes (*massora*), ‹Sejag latora› (‹Zaun um die Tora›, 1766), galt aber nicht als ein rabbinischer Gelehrter im herkömmlichen Sinn. In seiner Jugend veröffentlichte er ein mathematisches Lehrbuch in hebräischer Sprache, ‹Mafte'ach ha'algebra hachadascha› (‹Schlüssel zur modernen Algebra›, 1721). Dort nannte er sich «Kandidat des Rabbinats, der Medizin und der Philosophie und Schüler der Frankfurter Klaus».[10] Auch Jonas Jeitteles (1735–1806), der Prager Arzt und Gelehrte, war trotz seiner Bildung kein Verächter der Tradition, so daß Rabbi Jecheskel Landau, der Prager Oberrabbiner, sich nicht scheute, sich mit ihm in Freundschaft zu verbinden. Die jüdischen Ärzte waren also in den Gemeinden Mittelpunkte der profanen Bildung, um die oft Kreise wissensdurstiger Leute entstanden. Eine streng konservative Gemeinde wie Fürth stellte daher einen neuen Gemeindearzt 1760 nur unter der Bedingung an, daß er sich ein traditionell jüdisches Äußeres gäbe, nämlich sich einen Bart wachsen lasse und Perücke und Degen ablege.

Dem Streben der jüdischen Intelligenz nach Kenntnissen außerhalb der jüdisch-religiösen Sphäre gingen vielfach auch äußerer Druck und materielle Notwendigkeit voraus, insbesondere in bezug auf das Erlernen der deutschen Sprache. Schon in der Judenordnung Georgs II. von Hessen-Darmstadt vom Jahre 1629 wurde verlangt, daß Schuldscheine über 20 Gulden und darüber hinaus nur in deutscher Sprache auszustellen seien. Verordnungen dieser Art erschienen während des 17. Jahrhunderts an vielen Orten in Deutschland. In den Jahren 1728 und 1737 wurde die Erteilung von Schutzbriefen in Hessen-Darmstadt nicht nur an den Nachweis eines Mindestvermögens von 600 Gulden gebunden, sondern auch an die Fähigkeit, Deutsch zu lesen und zu schreiben. Das Jiddische war verrufen und galt als minderwertiges Kauderwelsch und als Gaunersprache. Hofjuden, deren Angehörige und Bedienstete standen in täglichem wirtschaftlichem Kontakt mit Christen, und auch die vielen jüdischen Hausierer waren dazu genötigt. Die jüdischen Unternehmer und Fabrikanten mußten sich den staatlichen und bürgerlichen Wertbegriffen anpassen und sich die notwendigen Kenntnisse auf dem Gebiet der Wirtschaft aneignen.

Wie die Erfordernisse des Berufslebens die jüdischen Handelsleute zwangen, sich über weltliche, für ihre Berufstätigkeit unentbehrliche Dinge in Kenntnis zu setzen, veranschaulichen die Jahreskalender (*luchot*), die seit etwa Mitte des 18. Jahrhunderts regelmäßig erschienen. Diese enthielten Ortslisten der Messen und Märkte mit ihren genauen nichtjüdischen Daten, Geburtstage der Fürsten (hochwichtig für die vielen Hoffaktoren), meteorologische und astrologische Vorhersagen, medizinische Ratschläge und vieles andere mehr. All dies trat hinzu zu der elementaren Funktion des Kalenders: genaue Angaben über den religiös-rituellen Ablauf des jüdischen Jahres, Neumondstage, Fest- und Fasttage, Eingangs- und Ausgangszeiten der Sabbate – um nur das Wichtigste zu nennen. Es herrschte ein frommer Grundton in den Kalendern und keine Spur von Aufklärergeist. Sie spiegelten getreu die geistige und gesellschaftliche Situation eines Judentums wider, das bei immer noch gänzlicher Eingebundenheit in die jüdische Tradition in wachsendem Maß außerjüdische kulturelle und soziale Gegebenheiten mitlebte.

Diese Veränderungen sind in nicht geringem Maße von den portugiesischen Gemeinden ausgegangen, namentlich von der in Hamburg, aber auch von der Amsterdamer Gemeinde, in der viele Kaufleute aus Deutschland oft zu Besuch weilten. Inzwischen hatte sich auch in Wien eine sephardische Gemeinde gebildet, und zwar aufgrund des Friedensvertrags von Passarowitz (1718) zwischen Österreich und dem Osmanischen Reich, der es allen osmanischen Untertanen ohne Unterschied der Religion gestattete, sich in Österreich frei zu bewegen und Handel zu treiben. Daher konnten sich osmanische im Gegensatz zu aschkenasischen Juden, die nicht zum Kreis der Hofjuden gehörten, in Wien frei ansiedeln und sich in Handel und Wirtschaft betätigen. Es wurden bald private Betstuben geschaffen, die den Kern einer sephardischen religiösen Vereinigung bildeten (1736). Sie hat sich bis ins 20. Jahrhundert erhalten.

Die aschkenasischen Juden hatten also zur Genüge Gelegenheit, eine jüdische Tradition zu beobachten, die niemals, so wie die ihre, Wissenschaft, Philosophie und auch Kunst ausgeklammert hatte. Die Hamburger portugiesische Gemeinde war zwar der in Amsterdam nicht ebenbürtig, doch gab es auch in Hamburg Ärzte, Gelehrte, Sprachwissenschaftler, Dichter und Philosophen, und auch hier entfalteten die Portugiesen ein reges geistiges Leben. Das aus Zwang angenommene Christentum so mancher gebildeten Portugiesen hatte ihren Glaubensgrund erschüttert, sie übten einen säkularisierenden Einfluß aus, und das führte im 17. Jahrhundert zu schweren inneren und äußeren Konflikten. So zum Beispiel wurde der gegen jegliche religiöse Autorität eingestellte Amsterdamer Jude Uriel Acosta (1585–1640), der eine Zeitlang in Hamburg gelebt hatte und gegen den dort 1627 der Bann ausgesprochen wurde, ein Anlaß andauernden Zwistes.

Die Sephardim waren auf ihre Tradition und ihre Lebensart stolz und betrachteten sich als kulturell und gesellschaftlich der christlichen Umgebung ebenbürtig. Aschkenasische Juden, die mit ihren portugiesischen Glaubensgenossen in Berührung kamen, betrachteten oft deren Gemeindewesen mit Bewunderung und sahen sich zu einer Kritik ihres eigenen veranlaßt. Die Ästhetik und Gesittung in der portugiesischen Synagoge, das weltmännische Gehabe, der Hang zur Philosophie und vor allem das wohlgeordnete Schulwesen, das die Erfordernisse des Berufslebens in Betracht zog und Lehrmethoden vermied, die die Ertüchtigung fürs Leben nicht förderten – all das war für viele aschkenasische Juden sehr verführerisch. Ihre Selbstkritik war aber oft auch eine Folge ihrer Annäherung an die nichtjüdische Bildungswelt und ihrer Neigung zu einer positiveren Einschätzung der Nichtjuden. «Was werden die Gojim [Nichtjuden] dazu sagen?» fragte sich so mancher angesichts des unkultivierten Betragens, der Unruhe und der allgemeinen Formlosigkeit, die in vielen Synagogen eingerissen war. Von hier bis zu der Erkenntnis, daß die Synagoge erneuerungsbedürftig sei, war kein großer Schritt.

4. Sozialprobleme innerhalb und am Rande der Gemeinden

Im Verlauf des 18. Jahrhunderts verlor der jüdische Handel allmählich seine frühere Bedeutung für das deutsche Wirtschaftsleben. Die Wirtschaftspolitik der Länder, namentlich in Preußen, begünstigte lokale Manufakturen und beschränkte durch Ausfuhrverbote und hohe Zölle den Handel mit dem Ausland. Dies entzog einem nicht unbedeutenden Teil der aufstrebenden jüdischen Kaufmannschaft die bisherige wirtschaftliche Grundlage. Es entwickelte sich eine soziale Schichtung und eine steigende Differenzierung zwischen arm und reich. Ein ständig wachsender Teil des deutschen Judentums sank in den Bettelstand ab. Trotz des Fehlens weitgehender beruflicher Unterschiede stand dem Aufstieg eines zahlenmäßig noch geringen höheren jüdischen Mittelstands das Anwachsen einer jüdischen Unterschicht gegenüber. In vielen Städten setzte zwar eine Verbürgerlichung der ökonomisch bereits unabhängigen jüdischen Kaufmannschaft ein, doch die in den Augen des christlichen Bürgertums typische Gestalt des Juden, die für den Verlauf der Emanzipation so bedeutungsvoll werden sollte, war die des «Betteljuden».

Der überwiegende Teil der Juden gehörte zur unbemittelten Klasse, die Lebensverhältnisse etwa eines Viertels entsprachen denen des deutschen unteren Mittelstands, höchstens ein Fünftel war bemittelt, und an den Gegenpolen standen sich Elend und Überfluß gegenüber. Überfluß fand sich namentlich in der Schicht der Hofjuden, die allerdings mit ihrem Anhang auf nicht mehr als 2–3 % der Juden geschätzt werden. Die entscheidenden sozialen Unterschiede basierten jedoch oft mehr auf dem rechtlichen Status als auf dem materiellen Besitz. So gab es in Böhmen vier «Stände», deren Abstufungen an den mit Hausbesitz verbundenen Rechten abzulesen waren: 1. Hausbesitzer mit unbegrenztem Handelsrecht; 2. Pächter (Bestandjuden, Arendare) mit beschränktem Handelsrecht; 3. Untermieter (Inmann) ohne Handelsrecht; 4. Dienstboten ohne jeglichen Rechtstitel. Grundlegend für die innere soziale Schichtung war die Zweiteilung zwischen obrigkeitlich privilegierten Waren- und Geldhändlern einerseits, aus denen sich auch die geistige Führung rekrutierte, und den in ihrem Lebenserwerb und Aufenthaltsrecht von den ersteren Abhängigen: Hauslehrer, Knechte, Mägde, Gemeindebedienstete. Die Klassentrennung war oft sehr scharf und wurde in Gemeindeverordnungen sanktioniert; so erlaubte man in Frankfurt den Reichen eine größere Anzahl von Festmahlen bei einer Hochzeit als den «Mittleren».

Da völlig mittellose Juden in der Regel nicht als vollberechtigte Mitglieder in die Gemeinden aufgenommen wurden, war das Durchschnittseinkommen der Mitglieder relativ hoch, doch änderte sich das zahlenmäßige Verhältnis zwischen reichen und armen Juden von Jahr zu Jahr, so daß sich ein statistischer Überblick kaum herstellen läßt. Im allgemeinen ist ein Prozeß der Verarmung festzustellen. So waren beispielsweise im Jahre 1699 die meisten der 117 jüdischen Familien in Halberstadt Hausbesitzer, jedoch vermehrte sich die Zahl der unterstützungsbedürftigen Armen von Jahr zu Jahr, vor allem durch den Zuzug armer Juden von auswärts, so daß im Jahre 1740 ein Viertel der Halberstädter Juden nicht in der Lage war, Abgaben zu entrichten. Die Einwanderung armer Juden in die Gemeinden hielt trotz vieler drastischer Verordnungen der Behörden an, doch wurden sie auch von seiten der Juden nicht immer mit offenen Armen aufgenommen. Vorübergehend zu helfen waren die Gemeinden immer bereit, weniger jedoch, ihnen einen ständigen Aufenthalt und Erwerbsmöglichkeiten zu vermitteln. Man befürchtete Konkurrenz und den Widerstand der christlichen Bevölkerung, und zudem lastete jetzt auf der ganzen Gemeinde die kollektive Haftung in allen Bankrott- und Konkursverfahren, wodurch sie geradezu gezwungen war, den Zuzug unbemittelter Juden zu verhindern und arme Juden aus der Stadt zu weisen.

Zur Linderung der sozialen Not trugen teils private Initiative, teils die Gemeindeverwaltung bei. Die 1763 in Fürth von einem Privatmann gestiftete Waisenanstalt war die erste ihrer Art in Deutschland. Durchreisende und am Ort wohnende Arme wurden gewöhnlich von der Gemeinde in einem Armenhaus untergebracht; sie konnten auch auf der Gemeindestube sogenannte «Pletten» (Billetten) erhalten, d. h. schriftliche Quartieranweisungen, die sie zur Übernachtung und Verpflegung bei Gemeindemitgliedern berechtigten. Diese waren der Reihe nach zur kurzfristigen Aufnahme von Bedürftigen verpflichtet, einschließlich der Bewirtung von Studenten mit Mahlzeiten, falls eine Jeschiwa am Orte vorhanden war. Dieses «Pletten»-Wesen war in vielen großen und kleinen Gemeinden eine gut organisierte und wirkungsvolle Wohlfahrtseinrichtung. Beispielsweise verteilte der zuständige jüdische Gemeindebeamte («Plettengabbe») der Gemeinde in Gochsheim bei Karlsruhe, die aus nur 26 Familien bestand, in einem Jahr 1650 «Pletten», die größere Gemeinde Schnaittach nahezu 10000. An dieser Einrichtung konnten nur unbescholtene Bettler und Bedürftige teilhaben. Sie gab es immer in großer Zahl. Sie versahen sich mit Empfehlungsbriefen des Rabbiners oder Vorstehers ihres Wohnorts und machten die Runde in den Gemeinden, um ihre Familie zu ernähren oder eine Mitgift für ihre Töchter zusammenzubringen.

In den jüdischen Armenhäusern, die wohlgesinnte christliche Beobachter mitunter als eine besonders fortschrittliche Einrichtung lobten, wurden vor allem Greise, Kranke, Frauen und Kinder von der Gemeinde betreut. Auswärtige Arme wurden, nach ihrer Ankunft, erst auf ihre Vermögensverhältnisse überprüft und bei negativem Befund von Gemeindebeamten zum Weiterziehen gezwungen. Diejenigen, die bleiben durften, genossen zwar die Gastfreundschaft der Gemeinde, wurden jedoch auch weiterhin als Fremde behandelt. So wurden in Hamburg die fremden Armen und Durchfahrenden, Dienstboten und ausländischen Lehrer auf einem besonderen Friedhof begraben. Sie durften sich auch nicht in den Gemeinden verheiraten. Es bestand auch ein – freilich schwer durchzusetzendes – Verbot öffentlicher Sammlungen unter Gemeindemitgliedern zugunsten einheimischer oder fremder Armer (Hamburger Gemeindestatut von 1726). Eine breite Schicht von Minder- und Unbemittelten, zu denen Hauslehrer in großer Zahl, weibliche Dienstboten in jeder Familie und Gemeindediener gehörten, fristete ihr Leben zum Teil unter äußerst erbärmlichen Bedingungen.

Landstreicher und fahrende Leute ohne festen Wohnsitz machten während des 18. Jahrhunderts etwa 10% der jüdischen Gesamtbevölkerung Deutschlands aus, in Franken und Schwaben wohl sogar mehr als ein Viertel. Zu dieser Entwicklung trug wesentlich die bedrückende Judenpolitik mit der Einschränkung jüdischer Ansiedlung, der wachsenden Besteuerung und dem Ausschluß der Juden von Handel und Handwerk bei. Hinzu kam die Einwanderung einer ganzen Schicht heimatloser und mittelloser Juden aus Polen nach den Pogromen des Jahres 1648. Ihre Zahl wird auf etwa 10000–15000 geschätzt. Angesichts derartiger Verhältnisse ist es kaum verwunderlich, daß die Erscheinung des Betteljuden häufig wurde und zusehends häßliche Formen annahm. Zur selben Zeit, als sich das Hofjudentum entwickelte, sank also am anderen Ende der sozialen Skala ein beträchtlicher Teil der Juden in Deutschland in das «Betteljudentum» ab. Angesichts des unübersehbaren sozialen Problems der Bettelei schrieb ein Rabbiner im 18. Jahrhundert: «Die Armen sind zahllos, Hunderte, Tausende, treiben sich an allen Ecken herum.»[11]

«Betteljuden», damals ein amtlicher Ausdruck, waren also «vagabundierende, von allen Seiten beargwöhnte und reglementierte Gelegenheitsverdiener ohne Schutzbrief».[12] Seit Anfang des 18. Jahrhunderts hören wir von Edikten gegen «vagierende Betteljuden». Sie wurden in viele Länder nicht hereingelassen und aus Preußen 1750 vertrieben. Viele Betteljuden waren Landstreicher, die keine andere Beschäftigung und diese Lebensart gleichsam ererbt hatten. Da sie nicht in die Gemeinden aufgenommen wurden, hatten sie keine Möglichkeit, ihre wirtschaftliche Situation zu verbessern. Die Gemeindeverordnungen verfügten ja, sie möglichst bald weiterzuschieben, damit die Gastlichkeit der Gemeindemitglieder nicht auf Dauer in Anspruch genommen wurde. Zu diesem Zweck war eine jüdische Torwache eingerichtet. Ein weiteres Absinken aus der Schicht der Betteljuden in die sozialen Niederungen des akuten Notstands (Prostitution und uneheliche Geburten waren hier zwei herausragende Erscheinungen) und von da in die Straffälligkeit und die Unterwelt war nicht zu vermeiden.

Nicht nur die Armut und die Schutzlosigkeit konnten zum Verbrechen führen, auch der so weit verbreitete Hausierhandel begünstigte diese Entwicklung. Hausierende Juden hatten zwar eine feste Wohnung, gingen jedoch ständig über Land, verdienten kaum, was sie für die Ernährung ihrer Familie brauchten, übernachteten oft in obskuren Herbergen und gerieten leicht in schlechte Gesellschaft. Diese Erscheinung nahm im 18. Jahrhundert zu, doch reichen ihre Wurzeln bis in die Zeit der großen Verfolgungen des 14. Jahrhunderts zurück. Schon aus jener Zeit haben wir Zeugnisse von fahrenden jüdischen Bettlern und Landstreichern und über sozial herabgekommene jüdische Vaganten, die sich Diebes- und Räuberbanden anschlossen. Davon vermittelt vor allem die Forschung ein Bild, die sich mit der deutschen Gaunersprache, dem sogenannten «Rotwelsch», beschäftigt, einer Geheimsprache, in der sehr deutliche jüdische Spuren enthalten sind. Das erste im Druck erschienene Wörterbuch dieser Sprache, das ‹Liber Vagatorum› (1510), weist bereits einen kleinen Wortschatz auf, der aus dem Jiddischen und Hebräischen stammt. Das 1687 polizeilich aufgenommene Verzeichnis von Ausdrücken einer christlichen Bande enthielt zu einem Fünftel Wörter, die nur aus der jüdischen Umgangssprache stammen konnten, obzwar nur wenige oder gar keine Juden der Bande angehörten. Ein Jude konnte die jüdische Gaunersprache jedoch nur verstehen, wenn er selbst einer Bande angehörte oder angehört hatte.

Wenn anfangs jüdische Gauner nur als Mitglieder christlicher Banden vorkamen, so tauchten im 18. Jahrhundert in wachsendem Maß eigenständige jüdische Banden auf, denen nicht selten auch einzelne christliche Gauner angehörten. Die Beteiligung von Juden an deutschen Banden überraschte die Umwelt, denn sie stand so ganz im Gegensatz zu dem Bilde passiven Ertragens von Leiden, das der Jude sonst überall bot. Auch die technische Begabung und Kunstfertigkeit, die jüdische Diebe bei Einbrüchen in wohlverwahrte Häuser und Fabriken an den Tag legten, rief Verwunderung hervor, da ja Juden noch von allen Handwerken ausgeschlossen waren. Noch größeren Eindruck auf die Polizei machten die Abgeschlossenheit der jüdischen Banden (sie nahmen nur in Ausnahmefällen Christen auf), die umsichtige Planung und disziplinierte Ausführung ihrer Unternehmungen und ihre auch in der Tortur erwiesene physische Widerstandskraft. Die allgemeine Meinung war, daß die jüdischen Gauner gefährlicher, weil gewitzter und ränkevoller als die christlichen wären.

Auch standen sie miteinander in engerer Verbindung und waren mobiler als die anderen, wodurch sie noch mehr als jene der Justiz entkommen konnten, denn die territoriale Zersplitterung Deutschlands verhinderte eine wirksame Verfolgung der Banden, die sich immer über die Grenzen zu retten vermochten. Die Gegenden, in denen die jüdischen Banden arbeiteten, waren in der Hauptsache Nord- und Westdeutschland; Hamburg und Altona waren unter ihren Hauptstützpunkten. Daß in Süddeutschland die jüdischen Banden weniger auftraten, lag wohl an seiner relativen wirtschaftlichen Rückständigkeit und dem Fehlen großer Städte. Das reiche Bürgertum und die wachsende Industrie im Norden und Westen boten größere Anreize.

Wie standen nun die jüdischen Gaunerbanden zur jüdischen Gemeinschaft, und wie stand jene zu ihnen? Zunächst ist bemerkenswert, daß die jüdischen Banden bei all ihrer Verkommenheit als Juden lebten und an der jüdischen Lebensordnung, ihren Sitten und Gebräuchen, im allgemeinen festhielten. In der Regel unternahmen sie am Sabbat keine Streifzüge und beachteten die Speisegebote. Die jüdischen Gauner waren zum großen Teil verheiratet, hatten Kinder und kehrten, wenn sie Wohnrecht hatten, von ihren Beutezügen zu ihren Familien zurück wie andere Menschen von Geschäftsreisen. Ihr Familienleben unterschied sich nicht wesentlich von dem ihrer achtbaren Glaubensgenossen und stand im deutlichen Gegensatz zum Konkubinat, das bei den meisten christlichen Gaunern die Regel war. Viele jüdische Delinquenten hielten noch auf dem Richtplatz an ihrem Glauben fest, obwohl sie durch die Taufe ihr Los zumindest hätten erleichtern können. Ihre Standhaftigkeit fand auch bei seßhaften, ehrbaren Juden Anerkennung. Jedoch waren sie von der Gemeinde weitgehend abgesondert, und schon im Jahre 1675 wurde in einer Verordnung der Gemeinde in Frankfurt am Main erwähnt, daß «die Rabbiner Deutschlands die fahrenden Diebe gebannt und geächtet und von allem Heiligen in Israel ausgeschlossen haben» und daß es streng verboten sei, mit solchen Personen zu handeln oder ihnen ein Nachtquartier zu gewähren.[13] Trotzdem wurde berichtet, daß sie öfters die Synagoge besuchten. Sie heirateten fast ausschließlich untereinander, so daß ein Kenner noch im 19. Jahrhundert schreiben konnte: «Durch eine Stammtafel getraue ich mir nachzuweisen, daß wenigstens einige Hundert der jetzt lebenden berüchtigtsten jüdischen Gauner eine einzige Familie ausmachen.»[14]

Jüdische Gauner bestahlen nicht nur Christen, Juden waren sogar bevorzugte Opfer einzelner Banditen. Daher waren Juden in Gemeinden, die dem Ort des Vergehens benachbart lagen, mitunter bereitwillige Informanten. Andererseits gab es in den Gemeinden jüdische Hehler und Diebeswirte, die bereit waren, ihren Glaubensgenossen Unterschlupf zu gewähren, und die die bemerkenswerte Mobilität jüdischer Banditen erleichterten. Das Zusammenwirken jüdischer Banden mit seßhaften Drahtziehern («Baldober») ist mehrfach bezeugt. Es kam sogar vor, daß ein Hoffaktor, Mendel Garbe in Meiningen, wegen indirekter Beteiligung an der Beraubung einer Gold- und Silberfabrik durch eine jüdische Bande verhaftet und hingerichtet wurde. Einige jüdische Gauner, nicht viele, ließen sich taufen. Einer tat es insgeheim, um nicht aus Berlin verwiesen zu werden, lebte weiter als Jude und hörte nicht auf, die Synagoge zu besuchen.

So seltsam es auch anmuten mag: Gerade bei den Räuberbanden entstand eine Zusammenarbeit von Juden und Christen aufgrund vollkommener Gleichberechtigung. Darüber hinaus boten die jüdischen Bandenbrüder, bei all ihrer Verwilderung und Verkommenheit, doch das Bild eines neuen, in paradoxem Sinn selbstemanzipierten Judentyps. Hofjuden und jüdische Banditen hatten in der Tat dies gemeinsam, daß jeder auf seine Art die Stellung als Paria zu überwinden trachtete und der ihn ausstoßenden Gesellschaft Trotz bot. Sehr oft registrierten die Kriminalbeamten, daß ein jüdischer Gauner ein reines Deutsch sprach (gemeint war wohl der lokale Dialekt) oder Hochdeutsch mit einem nur geringen jüdischen Akzent. Für die Juden in Deutschland waren ihre ins Gaunertum abgesunkenen Brüder eine furchtbare Realität und eine bleibende Belastung. Das jüdische Gaunertum war in der öffentlichen Meinung mitbestimmend für das Zerrbild des Juden, der des Heimatrechts unwürdig sei.

Eine andere Randgruppe bildeten diejenigen, die sich zu einem Religionswechsel entschlossen. Zwar wäre es übertrieben, vor Ende des 18. Jahrhunderts von einer großen Taufbewegung zu sprechen; die christlichen Zeitgenossen wunderten sich manchmal über die geringe Zahl der Konversionen zum Christentum, trotz der bedrückenden Lage, in der sich die Mehrzahl der Juden befand, eine Lage, aus der sie sich auf schnellstem Weg durch die Taufe hätte befreien können. Jedoch nahm gegen Ende des 17. Jahrhunderts die Zahl der Taufen zu, und im folgenden Jahrhundert stieg sie bis in die Hunderte. Diese Konvertiten kamen nur zum kleinen Teil aus dem Kreise der Reichen und Gelehrten; die meisten waren Betteljuden. Zum Tode verurteilte Räuber konnten ihr Leben durch Konversion retten. In Böhmen und Mähren hatte die die jüdische Bevölkerung einschränkende Familiengesetzgebung einen wesentlichen Anteil an der Taufbewegung in den unteren Schichten der Juden.

Gegen Ende des 18. Jahrhunderts änderte sich das Bild: Während vordem vor allem solche Juden zur Taufe gegangen waren, die auf niedriger sozialer und kultureller Stufe standen, kamen Taufwillige jetzt zunehmend aus wohlhabenden und gebildeten Kreisen, vor allem aus Hofjudenfamilien. Aus dem Mittelstand kamen fast überhaupt keine Täuflinge. Ein Konvertit sagte von sich, daß der «beständige Umgang mit den Christen» ihn dazu gebracht habe, sich taufen zu lassen.[15] Doch auch die Konvertiten wurden von der christlichen Gesellschaft mißtrauisch betrachtet. Charakteristisch für die reservierte Haltung ihnen gegenüber ist ein Schreiben des preußischen Königs aus dem Jahre 1769, im dem es heißt: «Daß nur selten bei denen Juden die Religionsveränderung aufrichtig und aus rechtschaffenen Gründen geschiehet.»[16]

5. Allmählicher Abbau der jüdischen Gemeindeautonomie

Der Kampf um die Autonomie der jüdischen Gemeinde in Deutschland war ursprünglich eine innerjüdische Auseinandersetzung, bei der es darum ging, das Eingreifen auswärtiger jüdischen Autoritäten in die Kompetenz der Gemeinde und ihres Rabbinatsgerichts zu unterbinden. Seit der Gründung der Vierländerversammlung in Polen-Litauen im 16. Jahrhundert wurde der Kampf vielfach mit diesem Gremium ausgetragen, das sich als oberste aschkenasische Behörde betrachtete. Bei verschiedenen Gelegenheiten hatten Rabbiner und Gemeinden in Deutschland gegen Einmischung der Vierländerversammlung in ihre lokalen Angelegenheiten protestiert. In manchen Kreisen galt sie jedoch als Berufungsinstanz, und ihr Eingreifen erfolgte meistens erst, wenn sie als solche aus Deutschland angerufen wurde, wie etwa von der Hamburger aschkenasischen Gemeinde, die 1660 mit der Altonaer Gemeinde über das Recht, einen eigenen Friedhof zu besitzen, prozessierte.

In zunehmendem Maße sahen sich die Gemeinden in ihrer Autonomie jedoch von einer viel mächtigeren Seite bedroht, nämlich vom Staat. Der absolutistische Staat suchte die Selbstverwaltung der Juden aufzulösen, genau wie er es bei anderen Korporationen, wie etwa den Gilden und den Ständen, tat. Die Ideen der Staatsraison und der Souveränität des Herrschers verdrängten alle bisherigen Staatstheorien und Ideologien politischer oder religiöser Art. Die Religion wurde von einem richtunggebenden Prinzip in ein willkommenes Herrschaftsmittel verwandelt. Im Zeitalter der Aufklärung wurde dann die Einmischung des Staats in die Gemeindeautonomie zu einer ständigen Politik, basierend auf der Theorie des Naturrechts, für die die unmittelbare Beziehung zwischen Staat und Untertan ein Grundsatz war. Die Einstellung des absolutistischen Fürsten zur jüdischen Autonomie war freilich kompliziert, und das war verursacht durch widersprüchliche Interessen. Einerseits widersprach sie seiner Auffassung vom zentralistischen Staat und seiner Gegnerschaft zu den Korporationen überhaupt; andererseits wollte er nicht auf dieses probate Mittel der Besteuerung verzichten, das ihn der Notwendigkeit, die Steuern jedes einzelnen Schutzjuden individuell einzutreiben, enthob. Daher unternahm er nichts, um den organisatorischen Rahmen der Gemeindeverwaltung zu zerstören, während er die Autonomie all ihrer inneren Funktionen, die nichts mit der Steuer zu tun hatten, systematisch einschränkte.

Die absolutistische Staatsführung beschleunigte auf sehr wirksame Weise den Zerfall der jüdischen Gemeindekörperschaft als eigenständige Verwaltungsbehörde. Viele Regierungen, allen voran die brandenburgisch-preußische, schufen sich ein besonderes Aufsichtsorgan («Judenkommissionen») über die Gemeindeverwaltung und beauftragten Vertrauenspersonen, den jüdischen Gerichten und Zusammenkünften beizuwohnen und der Regierung alles, was vorging, zu vermelden. Viele Funktionen des Landesrabbinats gingen allmählich auf die zentrale Staatsverwaltung über. Wohl erkannte die Regierung die Gemeindeverwaltung als jüdische Obrigkeit an, jedoch war sie ihr in erster Linie ein Werkzeug bei der Übermittlung ihrer Befehle an die Gemeindemitglieder. Eigenmächtiges Vorgehen des Gemeindevorstands wurde nicht geduldet, selbst dann nicht, wenn es sich um Dinge handelte, mit denen die Regierung inhaltlich vollkommen einverstanden war. Als die Frankfurter Gemeinde 1715 eine Kleiderordnung beschloß, um den Aufwand zu zügeln (städtische Verordnungen ähnlichen Inhalts waren für die christlichen Bürger erlassen worden), griff die Stadt ein und belegte den Vorstand mit einer Geldstrafe, weil er sich legislative Autorität angemaßt habe.

Selbst in reine Kultfragen mischte sich die Regierung ein, besonders bei Differenzen innerhalb der Gemeinde, so etwa bei der Frage, wer zu Neujahr in der Synagoge den *schofar* blasen solle, oder ob es dem Rabbiner erlaubt sei, eine kleine Veränderung des Gottesdienstes einzuführen. Am stärksten waren die größeren Staaten im Norden und Osten Deutschlands von solchen Eingriffen betroffen; in den geistlichen Territorien im Südwesten und besonders in kleinen und ritterschaftlichen Gebieten konnten sich die jüdischen Gemeinden und Landesorganisationen einen größeren Grad an Selbstverwaltung und Autonomie erhalten.

Seit Beginn der Frühen Neuzeit mehrten sich überall die Fälle staatlicher Einmischung bei der Ernennung örtlicher Rabbiner, wobei der Umfang der einzelnen Rabbinatsbezirke immer mehr eingeengt wurde. Auch in die Vorstandswahlen griffen die Obrigkeiten ein.

Als in der Frankfurter Gemeinde in den Jahren 1615 bis 1628 heftig um die Zusammensetzung des Vorstands gestritten wurde und der Magistrat von sich aus den Vorstand neu konstituierte und dessen Mitglieder zum Teil selbst ernannte, erhob die Vierländerversammlung, nachdem sich eine der Parteien an sie gewandt hatte, einen scharfen Protest: Solch ein Eingriff in das Selbstbestimmungsrecht der Juden sei ohne Beispiel. In Königsberg ernannte König Friedrich Wilhelm I. im Jahre 1722 den Rabbiner und die vier *parnassim*. Im Jahre 1729, als eine Vakanz im Berliner Rabbinat eingetreten war, erhielten die Ältesten plötzlich ohne ersichtlichen Grund einen königlichen Befehl, einen jungen Mann aus Leipnik zum Gemeinderabbiner zu wählen. Der Protest der Ältesten war vergeblich.

Die Autonomie des rabbinischen Gerichts war im Mittelalter nur selten angetastet worden, und sie wurde auch in der Frühen Neuzeit den Juden schon deshalb gewährt, weil die Obrigkeiten von den inneren Streitigkei-

37 Johann Jacob Schudt ‹Neue Franckfurter Jüdische Kleider-Ordnung› (1716)

ten der Juden nicht behelligt werden wollten. Daß dennoch das Prozessieren der Juden gegeneinander, selbst in Fragen des Kults und Brauchtums, vor den weltlichen Gerichten überhandnahm, trug dazu bei, die rabbinische Autorität innerhalb der Gemeinden zu schwächen. Doch entscheidend für den Verfall der rabbinischen Gerichtsbarkeit und damit der Macht der Rabbiner war die vom absolutistischen Staat erzwungene Einschränkung der Kompetenzen und des Wirkungsbereichs der jüdischen Gerichte. Auch wenn die Gesetzgebung in den vielen deutschen Ländern diesbezüglich alles andere als einheitlich war, war doch die Tendenz zur Einschränkung ihnen allen, von wenigen Ausnahmen wie z. B. Fürth abgesehen, gemeinsam.

Das «Neue-Reglement» in Hamburg 1710 machte jüdische Ehescheidungen vom Urteil christlicher Instanzen abhängig, schrieb für jüdische Waisen neben den jüdischen auch christliche Vormünder vor und schränkte die jüdische Jurisdiktion hinsichtlich Ehe- und Erbschaftssachen ein. Die ehedem für alle Gemeindemitglieder verbindliche Zuständigkeit des rabbinischen Gerichts wurde in steigendem Maß in eine schiedsrichterliche Funktion verwandelt, deren Anerkennung das Einverständnis beider Parteien voraussetzte. Die Privilegien und Verordnungen der preußischen Krone waren diesbezüglich eine Zeitlang weder konsequent noch einheitlich. Bei seiner Ernennung in Berlin 1743 wurde dem Rabbiner David Fränkel die rabbinische Gerichtsbarkeit ausdrücklich bestätigt, und als Oberrabbiner der kurmärkischen Landjudenschaft erhielt er 1751 das Recht, widerspenstige Juden zu bestrafen. Dem Breslauer Oberlandesrabbiner Jonas Joseph Fränkel, dem der König wegen seiner ausgedehnten auswärtigen Handelsbeziehungen ein Generalprivilegium mit den Rechten christlicher Kaufleute verliehen hatte, wurde die Jurisdiktion bei kleinen Prozessen übertragen. Jedoch erlaubte das Generaljudenreglement von 1730 allgemein dem Rabbiner nur, auf gütlichem Wege Streitigkeiten zu schlichten. Schließlich beseitigte das Generalreglement von 1750 die Gerichtsbarkeit der Rabbiner «in bürgerlichen Rechtssachen», «weil dem Rabbi und Ältesten keine eigentliche Jurisdiction zustehet», und erkannte ihrem Richterspruch nur den Charakter eines Gutachtens zu.[17]

Der erfahrene und weltkluge Landesrabbiner von Schaumburg-Lippe war sich bereits am Anfang des 18. Jahrhunderts über den Niedergang des jüdischen Gerichts im klaren:

«Es ist weit und breit bekannt, daß wir in der Mitte der Völker leben und nicht befugt sind, nach den Gesetzen unserer Religion zu richten. Dies gilt insbesondere für die kleinen Städte und Dörfer, wo unsere Glaubensbrüder nur vereinzelt wohnen.»[18]

Selbst dort, wo die Jurisdiktionsbefugnisse rabbinischer Gerichte erhalten blieben, konnten die prozessierenden Parteien Berufung gegen ihre Urteile bei den allgemeinen Gerichten einlegen. Vielfach fehlte die Macht zur Urteilsvollstreckung, auch da, wo die rabbinische Rechtssprechung an sich fortgesetzt wurde. Um christliche Richter instandzusetzen, in Prozessen zwischen Juden entsprechend dem jüdischen Gesetz zu entscheiden, forderte die preußische Regierung 1778 den Oberrabbiner Hirschel Lewin auf, eine deutsche Zusammenfassung der jüdischen Gesetze über Erbsachen, Testamente, Vormundschaft und Ehesachen, soweit sie Besitzrechte angingen, anzufertigen. Das mit Hilfe Moses Mendelssohns verfaßte Buch trug den irreführenden Titel ‹Die Ritualgesetze der Juden›.

Daß diese Entwicklung gegen die Rabbiner gerichtet war, ist nicht zu verkennen. Sie zeichnete sich ja auch bereits in der Frühgeschichte des Hofjudentums ab. In gewisser Beziehung ersetzte der Hofjude in den Augen des Fürsten den Reichs- oder Landesrabbiner und war oft mit ihm identisch. Daß der Fürst den Hofjuden für die Stellung des Landesrabbiners oder Ober*parnass* vorzog, hatte wohl ebensoviel mit der allgemeinen Säkularisierung der Staatsleitung und der Negierung der «Rabbinerherrschaft» zu tun wie mit der besonderen Stellung des Hofjuden als prominenteste jüdische Persönlichkeit. Rabbiner verkörperten vieles, was in christlichen Augen bei den Juden verachtenswert war. Dies war wohl mit ein Grund dafür, daß nach einem preußischen Gesetz von 1712 neben Betteljuden und Schulmeistern auch jene Juden, die den Rabbinertitel führten, nicht ins Land gelassen wurden. Auch von dem alten erniedrigenden Judeneid wurden die Rabbiner nicht befreit, und der Berliner Oberrabbiner Hirschel Lewin wurde bei seinem Amtsantritt (1773) auf diese Weise vereidigt.

Seit jeher war die Banngewalt der Rabbiner mit Zustimmung der Vorsteher der Inbegriff ihrer Macht, und es war daher zu erwarten, daß der absolutistische Staat sie abschaffen würde. Die Banngewalt blieb den Rabbinern nur bei Streitigkeiten in der Synagoge, und selbst dann konnten sie sie nur zusammen mit den Ältesten und mit Genehmigung der Obrigkeit ausüben. Das preußische Judenreglement von 1730 enthält noch die Bestimmung, daß ein Jude mit Wissen der Obrigkeit ohne Einschränkung in den Bann getan werden dürfe, doch das Reglement von 1750 untersagt dann selbst den «heimlichen Bann» gegen Juden, deren Verhalten «nicht nach dem Sinne» des Rabbiners und der Ältesten ist, d. h. die Strafe gegen religiöse Vergehen.

6. Innere Lockerung der rabbinischen und gemeindlichen Autorität

Die Beschränkung und schließlich die Aufhebung der rabbinischen Gemeindeaufsicht und Gerichtsbarkeit waren ein Postulat des neuzeitlichen Staats und gingen der Abschaffung des traditionellen Gemeinderegimes durch neuzeitliche Strömungen innerhalb des Judentums weit voraus. Jedoch ist nicht zu verkennen, daß auch das interne Ansehen der Gemeindeführung hier und dort bereits im 17. und 18. Jahrhundert ins Wanken geriet. Die oligarchische Zusammensetzung der Gemeindevorstände und ihr autokratisches Regime riefen immer wieder Opposition und Unruhe unter den Gemeindemitgliedern hervor. Die Kämpfe bei Vorstandswahlen führten in manchen Fällen zu anarchischen Zuständen. Bei der immer schwerer werdenden Steuerlast brachen viele Streitigkeiten zwischen Gemeinde oder Landjudenschaft und einzelnen Mitgliedern aus. Die Verleumdung und Verfolgung des Prager Rabbiners Jomtow Lipmann Heller wurde durch Gemeindemitglieder verursacht, die sich von ihm wegen seiner Steuerverteilung geschädigt fühlten. Die Vorliebe vieler Herrscher, die Führung der Gemeinden ihren Hofjuden anzuvertrauen, die dann oft sehr eigenmächtig vorgingen, bedeutete eine weitere Schwächung der gemeindlichen Selbstbestimmung und der Autorität gewählter Gemeindeorgane. Eine Folge davon war, daß die Gemeindemitglieder ihren religiösen, gesellschaftlichen und geistigen Bedürfnissen in halbprivaten Vereinigungen nachgingen.

Die Abhängigkeit der Rabbiner vom Gemeindevorstand spielte der obrigkeitlichen antirabbinischen Tendenz in die Hände. Selbst in der Ausübung ihres religiösen Amtes waren sie nicht unabhängig, und ihre Jurisdiktionsrechte wurden auch von jüdischer Seite angefochten. Es kam vor, daß ein Rabbiner gewisse religiöse Verordnungen mit Strafandrohung im Falle der Nichtbeachtung in der Synagoge verkündete, worauf ihn der Vorstand darauf hinwies, daß er kein Recht habe, irgendwelche Anweisungen ohne dessen Zustimmung zu erlassen; ebensowenig sei es ihm erlaubt, eigenmächtig einen Schreiber für rituelle Zwecke zu ernennen oder den Vertrag mit dem Schächter zu verlängern. Rabbiner wurden schikaniert und abgesetzt, wenn es einflußreichen Parteien oder Personen in der Gemeinde so gefiel. Allerdings gab es Rabbiner in außergewöhnlicher Position, große Gelehrte und allgemein bewunderte Persönlichkeiten, doch selbst diese waren vor Herausforderungen nicht sicher. Mitunter ergaben sich Spannungen um den Rabbiner, wenn er aus Polen stammte und mit den Ortsbräuchen nicht vertraut war oder sie geringschätzte. Noch kritischer war man in manchen teilweise akkulturierten Kreisen den vielen aus Polen eingewanderten *cheder*-Lehrern (Elementarschullehrern) gegenüber, deren ostjiddische Sprache den Kindern bereits schwer verständlich war und die dazu nicht immer die frömmsten und gelehrtesten waren.

Der von merkantilistischen und physiokratischen Ideen entscheidend beeinflußte Zeitgeist, der in den Kirchenmännern und Geistlichen politisch-wirtschaftlich nutzlose Figuren erblickte, erfaßte auch jüdische Kreise und trug einiges zur Verminderung des Ansehens des Rabbinats und der Rabbiner bei. Hinzu kam, daß sich Rabbiner, selbst die angesehensten unter ihnen, Blößen gaben, die in den Augen der jüdischen Gemeindemitglieder Anstoß erregen mußten. So redete man abfällig über den Nepotismus und die Käuflichkeit, die vielfach bei der Besetzung vakanter Rabbinerstellen eingerissen waren. Man unterhielt sich stundenlang, und nicht gerade respektvoll, über die neuesten Nachrichten vom Schauplatz der bitteren Auseinandersetzungen, die von Rabbinern und um Rabbiner ausgefochten wurden.

Unter diesen Auseinandersetzungen nahm der sogenannte Amulettenstreit zwischen den Gelehrten Jacob Emden und Jonathan Eybeschütz um die Mitte des 18. Jahrhunderts eine besondere Bedeutung an. Er spielte sich weit mehr als frühere Kontroversen unter der aktiven Beteiligung der gesamten europäischen Rabbinerschaft ab und rief daher auch einen beispiellos leidenschaftlichen Widerhall in den Gemeinden hervor. Als Eybeschütz 1750 Oberrabbiner der Dreigemeinde Altona-Hamburg-Wandsbek wurde, hatten sich sowohl er als auch der in Altona wohnende Emden einen großen Ruf in der jüdischen Welt erworben. Bald nachdem Eybeschütz seine neue Stellung angetreten hatte, wurde er von Emden sabbatianischer Neigungen beschuldigt. Das Beweismaterial bestand aus Amuletten, die aus der Feder von Eybeschütz stammten. Viele Rabbiner gaben Wöchnerinnen auf deren Wunsch Amulette zum Schutz gegen das Kindbettfieber, dem damals noch viele Frauen erlagen. In der Ausstellung der Amulette war also an sich nichts Verdächtiges. Doch Eybeschütz wurde verdächtigt, daß die Amulette, die er verteilte, verdeckte Anspielungen auf Sabbataj Zewi und seine magische Heilkraft enthielten. Schon Emdens Vater, Zewi Aschkenasi («Chacham Zewi»), war ein Gegner des Sabbatianismus und seiner Anhänger gewesen, und sein Sohn setzte diesen Kampf fort. Nicht weniger als 24 Streitschriften verlegte er in seiner

38 Jonathan Eybeschütz (Eybschüzer), Rabbiner von Altona-Hamburg-Wandsbek

Druckerei gegen Eybeschütz und gegen das sabbatianische Ketzertum überhaupt.

Sowohl die Gemeindevorsteher als auch der Hamburger Senat mißbilligten Emdens eigenmächtiges Vorgehen gegen den Oberrabbiner und erblickten darin eine Einmischung in ihre Kompetenzen. Auch der König von Dänemark, unter dessen Schutz die jüdische Gerichtsbarkeit in Altona ausgeübt wurde und an den sich Eybeschütz hilfesuchend gewandt hatte, lieh ihm seine Unterstützung. Emden war gezwungen, Altona für einige Zeit zu verlassen. Rabbiner großer auswärtiger Gemeinden, darunter Lublin und Nikolsburg, belegten die Gegner von Eybeschütz mit dem Bann. Die Vierländerversammlung in Polen verhandelte über den Fall, sprach Eybeschütz nach anfänglichem Zögern im Herbst 1753 mit Stimmenmehrheit von allen Anklagen frei und ordnete an, daß alle Streitschriften, die gegen ihn erschienen waren, verbrannt werden sollten. In Frankfurt am Main goß der Streit Öl in das Feuer des Parteienkampfs, der damals die Gemeinde in zwei feindliche Lager spaltete (siehe oben, S. 180f.). Der Oberrabbiner, Jakob Josua Falk, war eine der führenden Persönlichkeiten, die von Eybeschützens Schuld überzeugt waren, und forderte ihn zur Buße auf. Dieses Vorgehen, das ohne sein Wissen an die Öffentlichkeit kam, brüskierte die vielen Anhänger von Eybeschütz in der Gemeinde, und Falk mußte die Stadt verlassen. Der Streit um die Frage, ob Eybeschütz ein Sabbatianer war oder nicht, war ein Ausdruck der tiefen Bestürzung, die durch den Verdacht verursacht war, daß sich ein allgemein verehrter Rabbiner trotz seiner Verbundenheit mit der Tora zu solch einem Irrglauben verleiten lassen konnte.

Wenn auch kaum konkrete zeitgenössische Quellen für eine Schwächung der rabbinischen Autorität durch den Amulettenstreit vorliegen, so gibt es doch keinen Zweifel daran, daß die Spaltungen innerhalb der Gemeindevorstände und im Rabbinat diesen Institutionen dauernden Schaden zufügten. Dazu trug vor allem die beispiellose Art bei, wie Emden den Hamburger Oberrabbiner persönlich verunglimpfte und in den Augen seiner vielen Leser und Bewunderer herabzusetzen suchte. Der häufige Einsatz der rabbinischen Bannkraft gegen Männer, die im Verdacht standen, mit dem Sabbatianismus zu sympathieren – nicht nur im Amulettenstreit, sondern in vielen anderen Fällen – minderte die Wirkung dieses Mittels zur Wahrung rabbinischer Autorität. Ein in sich gespaltenes und verfeindetes Rabbinat war wenig geeignet, den Herausforderungen der Aufklärung mit Macht entgegenzutreten.

Auch in dem Streit um den sogenannten «Klever *get*», der sich in den Jahren 1766–1767 zutrug, bekämpften sich Rabbiner und Rabbinatsgerichte verschiedener Gemeinden mit großer Heftigkeit. Es handelte sich um die Gültigkeit eines Scheidungsbriefs (hebr. *get*) aus der Hand eines Mannes, der angeblich zur Zeit der Scheidung unzurechnungsfähig gewesen war. Der Rabbiner in Kleve behauptete die Gültigkeit der Scheidung entgegen der mit großer Bestimmtheit vertretenen Meinung anderer, namentlich der Frankfurter Rabbiner, die obendrein noch darauf bestanden, daß ihnen die ausschließliche Kompetenz zustehe, über die Angelegenheit zu verhandeln. Beide Affären, der Hamburger Amulettenstreit und die Klever Scheidung, hatten zweifelsohne eine nachteilige Wirkung auf die Stellung des Rabbinats. Darüber hinaus verstärkte der Amulettenstreit die in der deutschen Judenheit bereits bestehende Tendenz zur Abkehr von der Mystik und steigerte ihre Fähigkeit und Bereitschaft zur Beteiligung an der Aufklärungsbewegung.

Abschließend muß betont werden, daß die zum Teil auf der Höhe der Bildung ihrer Zeit stehenden Juden während des hier behandelten Zeitraums von der Haskala (jüdische Aufklärung), in ihrem historisch-begrifflichen Sinn, noch weit entfernt waren. Die Haskala bedeutete nicht nur kulturelle Aufgeschlossenheit und wachsende gesellschaftliche Berührung mit christlichen Kreisen, sondern vorrangig einen Bewußtseinswandel hinsichtlich des bisher nicht in Frage gestellten Primats der jüdischen Tradition. Dieser Bewußtseinswandel wurde in der Zeit vor Mendelssohn noch nicht vollzogen. Während es wohl bereits Tendenzen zur Angleichung an die christliche Gesellschaft innerhalb der sozial hochgestellten Kreise der Hofjuden sowie in den Niederungen des Bettel- und Gaunerwesens gab, außerdem bittere Worte der Kritik an bestimmten Erscheinungen der jüdischen Gesellschaft den Übergang in eine neue Zeit anzukündigen schienen, wichen die meisten jüdischen Gelehrten, wie auch die außerhalb der Gelehrtenkreise stehenden Mitglieder der jüdischen Gemeinden, nicht von den altüberlieferten jüdischen Normen und Idealen ab. Ihr Selbstverständnis war weiterhin das einer religiös-nationalen Sondergruppe, die dem Religionsgesetz verpflichtet war.

Zweiter Teil

Jüdische Aufklärung

IX.
Anfänge der «Haskala»

1. Rahmenbedingungen

Erst in der zweiten Hälfte des 18. Jahrhunderts, als Europa und Deutschland bereits im Zeichen der Spätaufklärung standen, bildete sich innerhalb der jüdischen Gesellschaft ein Kern von Anhängern aufklärerischer Ideen, «Maskilim» genannt. Unter dem Einfluß der allgemeinen Aufklärung gaben sie Anstoß zu einer jüdischen Parallelbewegung: «Haskala» – zu deutsch: «Mit Hilfe des Verstandes aufklären» – ein Begriff, der die Gemeinsamkeit der beiden Strömungen verdeutlicht. Ausgangspunkt der Entwicklung war Berlin. Dort lebte und wirkte seit 1743 bis zu seinem Tode der Philosoph Moses Mendelssohn (1729–1786), der zur Leitfigur der jüdischen Aufklärung wurde. Sein Schaffen und Wirken stehen im Mittelpunkt dieser intellektuellen Bewegung.

Zwar gab es bereits vor Mendelssohn, wie im vorausgehenden Kapitel dargestellt wurde, Ansätze zu einer Haskala, aber diese bündelten sich erst um die Mitte des 18. Jahrhunderts zu einer sozio-kulturellen Strömung, die kraftvoll genug war, um eine Wende herbeizuführen. Erst der Ausbau einer gesellschaftlichen Sphäre, in der sich Juden auf einer säkularen Ebene und außerhalb der Sanktionskraft des normativen Judentums treffen, kritisch denken und schaffen konnten, führte dazu, daß es sich um mehr als nur ein vorübergehendes Aufflackern von Ideen einiger vereinzelter Individuen handelte. Die Sammlung von jüdischen Intellektuellen, die nicht identisch waren mit der rabbinischen Elite, die jüdische Religion, Gesetz und Lebenswandel im Lichte aufklärerischer Ideen kritisch prüften, löste einen notwendigen Gärungsprozeß aus. Eine Konfrontation zwischen Neuerern und ihren Gegnern bahnte sich an und setzte Kräfte frei, die kontinuierlich für eine Restrukturierung der jüdischen Gesellschaft wirkten.

Die Initiatoren der Wende waren Kinder der alten jüdischen Gemeinde. Sie hatten noch ausnahmslos eine betont traditionsgebundene Erziehung genossen. Mendelssohn, in Dessau, der Hauptstadt des kleinen Fürstentums Anhalt, geboren, wo um 1729 nur ein paar Dutzend jüdische Familien lebten, wurde von seinem Vater traditionell erzogen. Dieser gehörte zu den Unbemittelten der Gemeinde. Als Schulklopfer, der frühmorgens die Gläubigen zum Gebet herausklopfte, als Elementarlehrer und Toraschreiber verdiente er nur mit Mühe den Unterhalt für seine Familie. Trotzdem vermittelte er seinem Sohn Grundkenntnisse in der hebräischen Sprache und in der Bibel. Mit sechs Jahren schickte er ihn zum

Rabbiner David Fränkel, der ihn in den Talmud und seine Kommentare einführte. Beeindruckt vom scharfen Intellekt des Knaben, machte Fränkel ihn auch mit Texten des mittelalterlichen Philosophen Moses Maimonides bekannt. Zwischen Lehrer und Schüler entstand eine enge Bindung, und nachdem Fränkel im August 1743 seiner Berufung als Oberlandesrabbiner nach Berlin Folge geleistet hatte, verstrichen nur wenige Monate, bis Mendelssohn von seinen Eltern Abschied nahm, um die Fußreise nach der preußischen Hauptstadt anzutreten. An dem für die Juden bestimmten Rosenthaler Tor wurde er in die Stadt eingelassen. So konnte er das Talmudstudium bei Fränkel fortsetzen.

Die Ankunft des vierzehnjährigen Mendelssohn in Berlin war der Ausgangspunkt für eine Entwicklung, die Preußen zum Geburtsland der Haskala werden ließ. Dies geschah nicht in England oder in den Niederlanden, obwohl die Juden dort im Rahmen eines konstitutionellen Regimes mehr Freiheiten genossen und daher ihre Öffnung gegenüber der Umgebung und ihren modernisierenden Einflüssen stärker zu sein schien. Es hat etwas Paradoxes an sich, daß gerade unter der Regierung Friedrichs II. (1740–1786) das «Licht der Aufklärung» immer mehr in die Judengassen drang. Friedrich verstand sich zwar als «Philosophenkönig», der Aufgeschlossenheit für die Ideen eines neuen Zeitalters beweisen wollte und sich durch die Anwesenheit von Denkern wie Voltaire und Maupertuis in Berlin geehrt fühlte. In seinem Staat sollte jeder nach seiner Façon selig werden. Den religiösen Fanatismus, «der die Völker entvölkert», verurteilte er, und in seinem politischen Testament (1752) betonte er die friedliche Koexistenz von Katholiken, Lutheranern, Reformierten, Juden und anderen Sekten. Aber diesem aufgeklärten Bild von einem nicht an eine Konfession gebundenen Staat widersprach eine argwöhnische Politik der Bevormundung der Juden, wie sie das «Revidierte General-Privilegium und Reglement» (1750) bezeugt, das jedem Gedanken des Humanismus und der Toleranz widersprach. Es institutionalisierte die Hierarchisierung der jüdischen Gesellschaft gemäß einem utilitaristischen Prinzip, machte die Juden zu einem zentralistisch beherrschten Pariakollektiv, dessen Mitglieder solidarisch für das Vergehen einzelner hafteten, und verschärfte gleichzeitig die inneren Spannungen. Die straffe staatliche Kontrolle der jüdischen Gemeinschaft beschleunigte den Zerfall der Autorität von Rabbinern und Vorstehern und stürzte die Gemeinden in eine Führungskrise. Sie freilich ließ einen Freiraum für die Entwicklung einer neuen Elite entstehen. Dieser Elite kam die Tatsache zugute, daß die von Kameralisten inspirierte, merkantilistische Wirtschaftspolitik Friedrichs II. den Aufstieg einer, wenn auch schmalen, jüdischen Unternehmerschicht ermöglicht hatte. Sie zählte nicht mehr als fünfzehn Familien, bot aber den materiellen Rückhalt für eine Gruppe von jüdischen Intellektuellen, die mehrheitlich aus ärmlichen Verhältnissen stammten. Selbst für Mendelssohn war dieser Rückhalt von Bedeutung.

39 Moses Mendelssohn am Berliner Tor in Potsdam 1771 (Kupferstich von M. S. Lowe nach einer Zeichnung von Daniel Chodowiecki)

Als er in Berlin im dritten Regierungsjahr Friedrichs II. eintraf, gehörte er nach den materiellen oder beruflichen Kriterien nicht zu den im Staate geduldeten Juden. Nur dank der Intervention seines Lehrers, des Rabbiners Fränkel, der einen wohlhabenden Schutzjuden dazu bewogen hatte, den mittellosen Talmudschüler in seinem Hause aufzunehmen, wurde ihm ein Recht auf Aufenthalt gewährt. Er profitierte vom Schutzstatus des Reichen. Im Jahre 1750 lud Isaak Bernhard, ein wohlhabender Seidenfabrikant in Berlin, Mendelssohn ein, bei ihm als Hauslehrer seiner Kinder zu wirken. Später machte er ihn zum Buchhalter seines Unternehmens und schließlich zum Teilhaber seiner Seidenfabrik. Mendelssohn war dadurch wirtschaftlich abgesichert und konnte sich so seiner aufklärerischen Tätigkeit widmen. Nach ersten publizistischen Erfolgen erbat er für sich in einem Schreiben an Friedrich II. den Status des Schutzjuden:

»Ich habe von meiner Kindheit beständig in Ew. Majestät Staaten gelebt und wünsche mich auf immer in denselben niederlassen zu können. Da ich aber im Auslande geboren bin und das nach dem Reglement erforderliche Vermögen nicht besitze, so erkühne ich mich alleruntertänigst zu bitten, Ew. Majestät wolle allergnädigst geruhen, mir mit meinen Nachkommen Dero allergnädigsten Schutz nebst den Freiheiten, die Dero Untertanen zu genießen haben, angedeihen zu lassen, in Betracht, daß ich den Abgang an Vermögen durch meine Bemühungen in den Wissenschaften ersetze, die sich Ew. Majestät Protection zu erfreuen haben.»[1] Friedrich II. gewährte Mendelssohn 1763 den Status des «außerordentlichen», nicht aber des «ordentlichen» Schutzjuden, der auch seinen Nachkommen das Wohnrecht zugesichert hätte.

Israel Samoscz (1700–1772), der, wie sein Name andeutet, aus Samoscz, einer kleinen jüdischen Gemeinde in Polen stammte, traf 1742 in der preußischen Hauptstadt ein, in der auch er seine Existenzsicherung einem Privilegierten der jüdischen Oberschicht, nämlich dem Bankier Daniel Itzig (1723–1799), zu verdanken hatte. Dieser öffnete ihm sein Haus. Hier traf er mit dem jungen Mendelssohn und seinem Freund Aron Gumpertz (1723–1769) zusammen.

Die Gespräche im Hause Itzigs nützte Samoscz, um die beiden in Philosophie, Mathematik und Literatur aus den Quellen des spanischen Judentums zu unterrichten. Sie waren ein entscheidender Ansporn für Mendelssohns geistige Entwicklung in den vierziger und fünfziger Jahren, eine Erfahrung, die ihm den Weg zur Aufklärung ebnen half. Samoscz, ein hervorragender Kenner des Talmuds, zog die Wissenschaft einer rabbinischen Tätigkeit vor. In seinem Werk ‹Nezach Jisrael› (‹Der Ewige Israels›, 1741) verband er talmudisches Wissen mit Mathematik und Astronomie, und er verfaßte auch Kommentare zu Werken mittelalterlicher jüdischer Philosophie.

Die jüdische Wirtschaftselite unter Friedrich II. bot den Maskilim nicht nur eine Existenzbasis, sie schuf auch ein günstiges Klima für die Rezeption ihrer Ideen. Ihre Tätigkeit brachte sie in engen Kontakt mit dem preußischen Beamtentum, das mehr und mehr kameralistisch dachte, es als Aufgabe des Staates betrachtete, für das allgemeine Wohl der Bevölkerung zu sorgen und durch wirtschaftliche Lenkung das Glück des einzelnen mit dem der Gesamtheit in Übereinstimmung zu bringen. Die jüdischen Unternehmer machten sich diese Grundsätze sehr schnell zu eigen. Ihr Diskurs mit der Beamtenschaft, bei dem es vor allem auch um Konzessionen zu bestmöglichen Bedingungen ging, war geprägt von Begriffen des Kameralismus und von Prämissen einer wirtschaftlichen Rationalität. Sie neigten zur Öffnung nach außen, und das führte zu einem Wandel von Mentalität und Sitten. Das äußerte sich in der Sprache, der Kleidung, im Besuch des Theaters und von Kaffeehäusern wie auch in der Einstellung zu säkularer Bildung.

Die wirtschaftlichen Beziehungen zu Nichtjuden im merkantilistischen Zeitalter waren nicht mehr ausschließlich instrumental, sie waren vielmehr begleitet von einer Verinnerlichung der Werte und Normen der nichtjüdischen Gesellschaft. Jüdische und nichtjüdische Gesellschaft existierten nicht mehr als weitgehend abgeschlossene Kreise nebeneinander. Es kam zu einer Annäherung und einem Akkulturationsprozeß, der von jüdischen Kaufleuten unter Friedrich II. getragen wurde. Ein Blick in das Haus eines ihrer Vertreter, den uns Friedrich Nicolai (1733–1811) mit seiner Darstellung Berlins ermöglicht, kann dies bestätigen: «Herr Daniel Itzig, (in der Burgstraße) besitzt eine auserlesene Sammlung von Gemälden; unter denselben ... Moses schlägt den Felsen, von Beschey; ein großer Prospekt von vielen Personen von Canaletto; ... Ganymed von Rubens; Herkules und Omphale aus Rubens Schule; ... Eli und Elkana, der seinen Sohn Samuel bringt, von Gerbrand van den Ekhout; ein Familienstück von Peter Hals ...» – dazu kamen aber auch der heilige Hieronymus in der Wüste und die heilige Magdalena von einem unbekannten Maler.[2]

Die Gemäldesammlung war Zeichen eines geistigen Wandels. In früheren Zeiten wäre sie in einem jüdischen Haus schwer vorstellbar gewesen, und schon gar nicht das Nebeneinander von Gestalten aus der jüdischen und der christlichen Religionsgeschichte. Dabei wäre es ein Irrtum anzunehmen, daß Itzig sich vom traditionellen Judentum losgesagt hätte. In seinem schönen Gebäude, schreibt Nicolai, gab es neben der Gemäldesammlung auch eine «wohlgebaute Synagoge» und einen Saal, dessen Decke man aufklappen konnte, um diesen zur Laubhütte, *sukka*, umzugestalten. Pracht und Luxus zusammen mit einer «zahlreichen Sammlung guter Gemälde» kennzeichneten auch andere Häuser der jüdischen Wirtschaftselite. Sie wollten der christlichen Oberschicht, den hohen Beamten, den Kriegsräten, Legationsräten, königlichen Kammerherren und Staatsministern nicht nachstehen an äußeren Zeichen der Bildung und des Kunstgeschmacks. Der Habitus eines aufsteigenden Besitzbürgertums wird auch am Stellenwert des weltlichen Buches erkennbar. Der Kaufmann «Aron Meyer in der Spandauer Straße, besitzt eine ansehnliche Bibliothek, besonders in die neuere Geschichte und Literatur einschlagend worunter insbesondere viele französische Übersetzungen klassischer Schriftsteller, und die besten deutschen, italienischen, englischen und französischen Dichter befindlich sind», berichtet Nicolai. Die Bibliothek wurde also zu einem Parameter für die Aufwertung weltlicher Bildung in den wohlhabenden jüdischen Häusern. Zu denen gehörte auch das Haus des Aron Gumpertz. Dort standen in der Bibliothek des Vaters Bibel, Talmud und rabbinische Literatur neben Büchern in verschiedensten Sprachen und Wissensgebieten, die den Freund Mendelssohns schon im jugendlichen Alter verlockt hatten, die traditionelle jüdische durch eine weltliche Bildung zu ergänzen.

So kritisch oft die Maskilim der reichen und privilegierten Schicht der jüdischen Unternehmer gegenüberstanden, so untrennbar war der Aufschwung der Berliner Haskala mit dem Auftreten dieser neuen Schicht verknüpft. Sowohl Mendelssohn als auch seine Schüler übten Kritik an jenen, die sich im Siebenjährigen Krieg bereichert hatten und deren Hinwendung zur Aufklärung sich nur in den äußeren Lebensformen, nicht aber in der inneren Einstellung zeigte. Die «oberflächliche» Angleichung, die sich ohne eine gleichzeitige geistige Anstrengung vollzog, rief Unwillen bei den Maskilim hervor. Mendelssohn ging so weit, die unreflektierte Annäherung der Privilegierten an die nichtjüdische Umwelt als nicht tugendhaft zu bezeichnen. Er behauptete, man finde sehr oft «mehr Tugend» bei den armen, den noch nicht von der Aufklärung erfaßten und in der Tradition verhafteten Juden als in der Oberschicht. Dessen ungeachtet bleibt die Haskala Berlins in mannigfacher Weise den «Generalprivilegierten» verpflichtet, nicht zuletzt deshalb, weil sie in der jüdischen Gesellschaft ein realer Machtfaktor waren, der bei der Umsetzung aufklärerischer Theorie in die Praxis, bei der Reformierung des Erziehungssystems und bei der Drucklegung von Büchern und Zeitschriften der Berliner Haskala Hilfe leisten konnte. Sie hatten jene Öffnung nach außen eingeleitet, die sie oder zumindest ihre Kinder für die Ideen der Maskilim empfänglich machte.

Zu den Rahmenbedingungen der Haskala gehörte selbstverständlich auch der Aufstieg Berlins als Residenzstadt des preußischen Königs, als Mittelpunkt eines im Zeichen des Absolutismus sich umstrukturierenden Staates. Berlins Bevölkerung wuchs innerhalb eines halben Jahrhunderts von ca. 50000 auf 100000 Einwohner (1755). Berlin wurde zur Großstadt, die alle anderen deutschen Städte überflügelte. Die Bautätigkeit florierte, Manufaktur und Handel nahmen einen raschen Aufschwung. Die Zentralisierungsbestrebungen begünstigten die Bildung eines Beamtentums, Stütze des Kameralismus, aus dem sich Anhänger der Aufklärung rekrutierten. Als Friedrich der Große 1740 den Thron bestieg, erlebte die Wissenschaft eine Erneuerung. Aus der alten «Societät der Wissenschaften» wurde die «Königliche Akademie der Wissenschaften», und Maupertuis wurde ihr Präsident. Geistes- und Naturwissenschaften waren vertreten: Physik, Mathematik, spekulative Philosophie und Philologie. Berlin mit seiner Akademie war durch Friedrich II. zum Anziehungspunkt für die intellektuelle Elite Deutschlands und Europas geworden.

Allmählich sammelten sich hier einige der herausragenden Männer der Wissenschaften und der Künste: Philosophen, Theologen, Dichter und Naturwissenschaftler, die dann die Basis für eine neue Soziabilität – der Begriff wird hier von Agulhon übernommen – bildeten, an der auch die Maskilim teilhatten. Das Verlegertum fand in Friedrich Nicolai einen Unternehmer, der den Geist der Aufklärung mit kaufmännischer Tüchtigkeit vereinte. Um ihn formierte sich ein wissenschaftlich und literarisch interessierter Kreis – zu dem dann sowohl Gotthold Ephraim Lessing (1729–1781) als auch Mendelssohn gehörten. Nicolai förderte den Druck von Büchern und Zeitschriften, die weit über die Residenzstadt hinaus aufklärerisch wirkten. So hing die Ankunft von Lessing im Jahr 1748 in der Spreestadt mit der Arbeit an einer solchen Zeitung zusammen. Lessing hielt sich bis 1755 in Berlin auf und kehrte dorthin für die Jahre 1758 bis 1760 und 1765 bis 1767 wieder zurück.

Berlin als Stadt der Schönen Künste, der Wissenschaft und der Bildung, deren kulturelle Ausstrahlung während einiger Jahrzehnte mit europäischen Städten wie London und Paris konkurrierte, wo das Ringen um die Ideen der Aufklärung auch neue Formen der Soziabilität hervorbrachte, bot den Boden, der das Aufkeimen der Haskala in ihrer ersten Phase begünstigte. Diesen günstigen Voraussetzungen für ein freies Denken und Schaffen standen allerdings gesetzliche Hindernisse entgegen. In dem halben Jahrhundert von 1750 bis 1800 stagnierte die Gesetzgebung, die den Status der Juden in Preußen und in den übrigen deutschen Staaten betraf. Auch wenn in Österreich Joseph II. die starre Politik des Absolutismus gegenüber den Juden aufhob, konnte das Friedrich II. nicht dazu bewegen, den Juden in seinem Staat mehr Freiheiten einzuräumen. Seine Politik blieb weiterhin von seinem Vorurteil bestimmt, wonach man die Bewohner des Staates vor den «schädlichen» Einflüssen der Juden schützen mußte. Die Gelehrten, geleitet von Vernunft und Respekt für die Wissenschaft, übten Toleranz, während der preußische Herrscher diese in der Praxis mißachtete. Diese Diskrepanz zwischen seiner Haltung und der der «Republik der Gelehrten» war von ausschlaggebender Bedeutung für die Entstehungsphase der jüdischen Aufklärung. Während Mendelssohn und die Maskilim sich durch die offizielle Politik des Staates zurückgesetzt fühlten, bot ihnen die Sphäre der Gelehrten gesellschaftliche Integration, und zugleich öffneten sich vor ihnen neue geistige Horizonte. Noch bevor die politische Gleichstellung der Juden Wirklichkeit geworden war, konnten sie an einer sich entwickelnden bürgerlichen Öffentlichkeit teilhaben. Diese hatte sich zwischen die Körperschaften des ständisch strukturierten Staates geschoben und bildete den Nährboden für Hoffnungen auf eine umfassende Erneuerung der jüdischen und nichtjüdischen Gesellschaft. Es war eine räsonierende bürgerliche Öffentlichkeit, die noch nicht politische Forderungen gestellt hatte wie in England, Frankreich und den Niederlanden, an der aber im Unterschied zu jenen Ländern jüdische Intellektuelle teilhaben konnten. Im Westen, in London, Paris und Amsterdam, genossen die Juden zwar mehr bürgerliche Rechte, in Deutschland jedoch kam es auf sozialer Ebene in der zweiten Hälfte des 18. Jahrhunderts erstmals zu einer interkonfessionellen Soziabilität, d. h. zu einer gesellschaftlichen Öffnung gegenüber einzelnen Juden. Deren prägende Kraft fand ihren Niederschlag im Kreis der jüdischen Aufklärer um Mendelssohn.

2. Eine neue Soziabilität

Bereits in den ersten beiden Jahrzehnten seiner Anwesenheit in Berlin war die jüdische Gemeinde für Mendelssohn nicht mehr alleiniger Bezugsrahmen. Er nahm Anteil an ihrem Leben und sagte sich nie von ihr los, aber gleichzeitig orientierte er sich nach außen, zu einem Kreis von Gesinnungsfreunden, der nicht der Sanktionskraft der Gemeinde unterstand. Eine gesellschaftliche Sphäre, in der ein Geist der Öffnung vorherrschte, motivierte Mendelssohn in den vierziger und fünfziger Jahren, sich weltliches Wissen anzueignen. So fügte er dem Hebräischen und dem Westjiddischen (Jüdisch-Deutschen) die Kenntnis der modernen und klassischen europäischen Sprachen hinzu. Nach kurzer Zeit war er fähig, Werke der wichtigsten Philosophen in Deutsch, Französisch, Englisch sowie in Latein und Griechisch zu lesen. In den freien Stunden, in denen er nicht dem Talmudstudium oder seinen Pflichten als Hauslehrer nachging, arbeitete er sich in die Werke von Locke, Spinoza, Voltaire, Rousseau, Leibniz und Christian Wolff ein. Durch ein unablässiges autodidaktisches Studium, aber auch mit Hilfe seiner jüdischen Gesinnungsfreunde erschloß sich Mendelssohn die Ideenwelt der Aufklärung. Zu jenen Freunden gehörten neben dem bereits erwähnten Israel Samoscz auch zwei junge jüdische Mediziner, Abraham Kisch (1725–1803) aus Prag und Aron Gumpertz, Sohn einer Hoffaktorenfamilie. Über den letzteren schrieb er an Fromet Gugenheim, seine Verlobte und zukünftige Frau: «Sie haben das Glück, den Herrn Doctor noch einige Zeit im Haus zu haben, der Ihr Freund ist, und seinen Unterricht niemahls versagt, wie ich solches aus Erfahrung habe. Ihm allein habe alles zu danken, was ich in Wissenschaften profitirt habe.»[3]

Für Mendelssohn bedeutete Wissenschaft vor allem Philosophie, mit deren Hilfe er die Brücke zum aufgeklärten Denken schlug. Vielleicht strich er auch das Verdienst Gumpertz' besonders heraus, weil dieser ihn mit Lessing zusammengebracht hatte – der Legende nach anläßlich eines Schachspiels. Die Bekanntschaft mit Lessing war der Auftakt zu einer lebenslangen Freundschaft. Erst sie hat es Mendelssohn ermöglicht, Zutritt in die «Republik der Gelehrten» zu erlangen. Seine Verbindung zu ihr begleitete die Entwicklung der Haskala fortan und verlieh ihr neben der geistigen eine gesellschaftliche Dimension.

Mit Lessing führte Mendelssohn einen intensiven Dialog über Fragen der Ästhetik, der Moral und der Sprache, der sein aufklärerisches Weltbild prägte. Der enge Zusammenhang von Sprache und Denkfähigkeit, die Korrelation zwischen einer reinen, gepflegten Sprache und der Vernunft und Bildung des Menschen war Gegenstand ihrer Diskussionen. Von hierher rührte Mendelssohns Eifer für die hebräische wie auch für die deutsche Sprache, für ihre Erneuerung und Pflege. Der Gedankenaustausch

40 Porträt Mendelssohns
(Kupferstich von Johann Gotthard Müller nach Johann Christoph Frisch)

mit Lessing fand seinen Niederschlag in einer gemeinsamen Schrift mit dem Titel ‹Pope ein Metaphysiker› (1755). Sie war ein Versuch, den Leibnizianischen Optimismus gegenüber seinen Widersachern in der Akademie zu verteidigen. Der Freundschaft Lessings hatte es Mendelssohn auch zu verdanken, daß sein erstes Werk, ‹Philosophische Gespräche› (1755), sehr schnell im Druck erschien. Mendelssohns Sohn Joseph berichtet, Lessing habe seinem jüdischen Freund eine Abhandlung Shaftesburys übergeben. Kurze Zeit darauf habe Mendelssohn diese zurückgebracht und auf die Frage, wie sie ihm gefalle, geantwortet: «Nun ja! recht gut! aber so etwas kann ich auch machen.» «So?», meinte Lessing, «nun so machen Sie doch so etwas.»[4] Einige Wochen später gab ihm Mendelssohn ein Manuskript zur Lektüre. Wenige Monate danach händigte Lessing seinem Freund ein gedrucktes Exemplar der ‹Philosophischen Gespräche› aus.

Eine Freundschaft wie die zwischen dem traditionsgebundenen Juden Mendelssohn und dem Christen Lessing wäre ein oder zwei Generationen früher kaum vorstellbar gewesen, jetzt aber bildete sie den Kern einer sich allmählich erweiternden gesellschaftlichen Sphäre. Hinzu kamen zum Beispiel der Verleger Friedrich Nicolai und der Theologe und Schriftsteller Johann Georg Müchler (1724–1819). Beide sind hier nicht so sehr wegen ihrer Bedeutung als Denker der Erwähnung wert, sondern eher wegen ihres aufklärerischen Unternehmertums, das Mendelssohn neue Publikationsmöglichkeiten eröffnete. Nicolai, Herausgeber der ‹Bibliothek der schönen Wissenschaften und der freien Künste› (1757–1758), der ‹Literaturbriefe› (1759–1765) und der ‹Allgemeinen deutschen Bibliothek› (1765–1775), machte Mendelssohn zum ständigen Mitarbeiter. Er verlegte schließlich auch dessen wichtigste Werke und nicht zuletzt die Bibelübersetzung Mendelssohns. Es blieb aber nicht bei dieser geschäftlichen Beziehung. Schon im ersten Jahr ihrer Bekanntschaft (1755) wurde sie zur Freundschaft. Sie statteten sich gegenseitig Besuche ab. Mendelssohn wohnte nicht weit von Nicolai. Daß er als Jude in nächster Nähe des Christen wohnen konnte und nicht isoliert in einer «Judengasse», erleichterte die neue Soziabilität.

«Ich bin der grübelnden Metaphysik auf einige Zeit ungetreu worden», schrieb Mendelssohn an Lessing, «Ich besuche Hrn. Nikolai sehr oft in seinem Garten. (Ich liebe ihn wirklich, theurester Freund! und ich glaube, daß unsre Freundschaft noch dabey gewinnen muß, weil ich in ihm Ihren wahren Freund liebe.) Wir lesen Gedichte, Herr Nicolai liest mir seine eignen Ausarbeitungen vor, ich sitze auf meinem kritischen Richterstuhl, bewundre, lache, billige, tadle, bis der Abend hereinbricht. Dann denken wir noch einmahl an Sie, und gehen, mit unsrer heutigen Verrichtung zufrieden, von einander. Ich bekomme einen ziemlichen Ansatz zu einem Belesprit. Wer weiß, ob ich nicht gar einst Verse mache? Madame Metaphysik mag es mir verzeihen. Sie behauptet, die Freundschaft gründe sich auf eine Gleichheit der Neigungen, und ich finde, daß sich, umgekehrt, die Gleichheit der Neigungen auch auf die Freundschaft gründen könne. Ihre und Nicolai Freundschaft hat es dahin gebracht, daß ich dieser ehrwürdigen Matrone einen Theil meiner Liebe entzogen, und ihn den schönen Wissenschaften geschenkt habe.»[5]

Mendelssohns Beschäftigung mit den neuen Wissensgebieten verlief also parallel zu seinen neuen gesellschaftlichen Beziehungen, zu denen auch Müchlers Initiativen beitrugen. Müchler war Herausgeber der moralischen Wochenschrift ‹Der Chamäleon› (1756) und publizierte Beiträge Mendelssohns, aber er war auch einer der Begründer des «Gelehrten Kaffeehauses» (1755), eines der vielen Vereine, die in der zweiten Hälfte des 18. Jahrhunderts wie Pilze aus dem Boden schossen. Dieser Verein, den Mendelssohn und sein Freund Gumpertz zusammen mit Lessing, Nicolai und anderen Gleichgesinnten frequentierten, war als aufklärerische Sozietät eng mit dem Bestreben verknüpft, durch Selbstbildung, durch Pflege der Wissenschaft und eine ständeübergreifende Moral den Idealen der Aufklärung nachzuleben. Diese Sozietät war Teil eines soziokulturellen Phänomens, das sich anfänglich als «Gelehrte Gesellschaft», oft sogar formal als «Akademie» konstituierte, dann die Form von «moralisch-patriotischen» Gesellschaften, von Freimaurerlogen und Lesegesellschaften und schließlich auch von politischen Vereinigungen annahm. Ihre Mitglieder repräsentierten nach sozialer Herkunft und beruflicher Tätigkeit das aufsteigende Bürgertum. Beamte, Ärzte, Theologen, Professoren, Gymnasiallehrer und Kaufleute sowie auch einige Vertreter des Adels zählten dazu. Ihre Zielvorstellung war der der alten ständisch-hierarchisch strukturierten Gesellschaft entgegengesetzt. Ihr Hauptanliegen war die Schaffung eines freiheitlichen Raumes, innerhalb dessen Angehörige verschiedener sozialer Schichten, Konfessionen und Berufe sich als Gleichrangige und Freunde treffen konnten, um in geselligem Beisammensein und in gelehrter Auseinandersetzung den bürgerlichen Selbstfindungsprozeß voranzutreiben.

Dieses Territorium zwischen den Korporationen der alten ständischen Ordnung bot Gelegenheit zur Annäherung von Christen und Juden, wenn auch nicht widerstandslos, und zur Erweiterung zwangloser Freundschaftsbeziehungen, wie sie sich zwischen Mendelssohn und Lessing entwickelt hatten. Gemeinsamkeit der Ideen, des aufklärerischen Diskurses und der utopischen Entwürfe waren die Voraussetzung dieser neuen Soziabilität, die ganz im Widerspruch zum Paria-Status des Juden im absolutistischen Staate stand.

Mendelssohn wurde als Gleichgestellter ins «Gelehrte Kaffeehaus», dem etwa hundert Männer angehörten, aufgenommen. Er lieferte dort einen Beitrag über ‹Die Wahrscheinlichkeit›, der ihm Beifall und Anerkennung einbrachte. Dies konnte ihn in seinem aufklärerischen Bestreben nur bestärken, durch Denken und Handeln auf eine Reformierung der jüdischen wie auch der nichtjüdischen Gesellschaft hinzuarbeiten. In diesem Kontext muß man auch sein Unternehmen, das er im Jahre 1755 zusammen mit einem gewissen Tobias Bock in Angriff nahm, verstehen: die Herausgabe einer ersten hebräischen Zeitschrift – ‹Kohelet mussar› (‹Der Moralprediger›).

Hier bediente sich Mendelssohn eines literarischen Genres, das im 18. Jahrhundert starke Verbreitung fand, zuerst in England und dann auch in Deutschland: der sogenannten «Moralischen Wochenschrift». Zweifellos war die Philosophie der Aufklärung Quelle der Inspiration, aber die Absicht einer Wochenschrift war nicht die Darlegung philosophischer Ideen für einen auserwählten Kreis von Gelehrten. Vielmehr sollte sie zur Verbreitung von aufklärerischem Gedankengut im aufsteigenden Bürgertum beitragen. In einer gemeinverständlichen Sprache sollten Ideen von Philosophen und philosophisch beeinflußten Dichtern wie Locke, Shaftesbury, Pope, Leibniz und Wolff publiziert werden. Alles, was für den Menschen als rationales, selbstbewußtes Wesen wichtig werden mochte, war dazu bestimmt, in einer leichten, sprachlich eingängigen Form, nicht im moralisierenden Ton des Predigers, in der Wochenschrift seinen Platz zu finden.

Mendelssohn, der damals erst sechsundzwanzig Jahre alt war, durchbrach mit ‹Kohelet mussar› den engen Rahmen der traditionellen Denk- und Gefühlswelt. Die Zeitschrift war kein philosophisches Werk in deutscher, sondern ein publizistischer Versuch in hebräischer Sprache, der sich an ein jüdisches Leserpublikum wandte. Die Grundmotive der Zeitschrift, obwohl populär gefaßt, sind mit jenen der ‹Philosophischen Gespräche› sowie der ‹Briefe über die Empfindungen› identisch. In diesen Schriften preist Mendelssohn den Anblick des Schönen und des «wahrhaft Vollkommenen»: in der Natur, die Gott erschaffen hat, und in dem menschlichen Werk, in der Poesie, in der bildenden Kunst, in der Architektur. Der ehemalige Talmudschüler wurde zum Verkünder einer Theorie der Ästhetik in deutscher und hebräischer Sprache zugleich. Dabei ließ er sich von außen inspirieren: von Christian Wolff und seinen ‹Vernünfftigen Gedankken von Gott, der Welt und der Seele des Menschen, auch allen Dingen überhaupt› (1720) und von Shaftesburys ‹The Moralists, a Philosophical Rhapsody› (1709). Wenn Mendelssohn sowohl im ersten und vierten Beitrag für ‹Kohelet mussar› als auch in den ‹Briefen über die Empfindungen› beim Anblick der Natur und der Ordnung der Dinge freudig erregt seine Begeisterung ausdrückt («Dem Weltweisen hingegen ist die Betrachtung des Gantzen eine unversiegende Quelle des Vergnügens. Sie versüßt seine einsamen Stunden, erfüllt seine Seele mit den erhabensten Empfindungen»[6]) und wenn er angesichts der «Vollkommenheit des Weltgebäudes» von «betäubender Entzückung» schreibt, dann ist der Einfluß Shaftesburys unverkennbar.

Mendelssohns Gedanken bedeuteten keine Abkehr von der Religion und von einer frommen, gesetzestreuen Haltung, aber eine Verschiebung der Akzente vom fast abgeschlossenen, isolierten Kreis des alten normativen jüdischen Denkens in eine Sphäre, die der traditionsgebundene Jude, bewußt oder unbewußt, bisher ignoriert hatte. Mendelssohn argumentierte, auf Wolff basierend, daß man Vergnügen an der ästhetischen Vollkommenheit finden könne. Zu diesem Zweck forderte er einen Lernprozeß, der es dem Menschen ermöglichen sollte, sich mit der Ästhetik vertraut zu machen und die nötige Sensibilität für ihre Errungenschaften zu entwickeln. Erst der Kenner der Baukunst wisse ein architektonisches Werk gebührend zu würdigen, und erst derjenige, der die Systematik einer Sprache und ihren Wortschatz beherrsche, sei in der Lage, ihre Schönheit in Poesie und Prosa zu genießen. Von dieser Theorie der Ästhetik führte der Weg sowohl zur Pflege der hebräischen als auch der deutschen Sprache. Beiden widmete Mendelssohn in den fünfziger Jahren besondere Anstrengungen.

Mit der Herausgabe des ‹Moralpredigers› verweltlichte er jene Sprache, die er immer noch als «heilige» bezeichnete. Er übersetzte für ‹Kohelet mussar› Zeilen aus Edward Youngs ‹The Complaint or Night Thoughts on Life, Death and Immortality› aus dem Englischen, nur um den Beweis zu erbringen, daß schönste Poesie auch in der Sprache der Bibel aufs beste wiedergegeben werden kann. Hebräisch diente folglich im ‹Moralprediger› zum Vortrag von Gedanken, die außerhalb der alten jüdischen Gelehrsamkeit lagen, ja, in gewissem Sinn von ihr wegführten.

Der Gebrauch der hebräischen Sprache weist auf eine kulturelle Kontinuität hin, gleichzeitig aber verbirgt sich unter ihrem Gewande ein Bruch mit der jüdischen Denkweise vorhergehender Jahrhunderte. Nicht allein der aufmerksame, liebevolle Blick, den Mendelssohn auf die Schönheiten der Natur wirft, sondern auch die Behandlung von Themen wie Leben und Tod, Gut und Böse, Beziehung des Menschen zu Gott und Stellung des Menschen in der Hierarchie der Schöpfung deuten darauf hin. Ein neuer, im Grunde optimistischer Ausblick auf das Leben in dieser und auf das Überleben der Seele in der jenseitigen Welt prägt alle Beiträge des ‹Kohelet mussar›, so daß ein Vergleich mit der Moral(*mussar*)-Literatur vorangehender Generationen einen klaren Wandel erkennen läßt. Jene hatte den Tod und die Höllenqualen, die den sündhaften Menschen erwarten, in grell abschreckenden Farben ausgemalt und den Juden mit Angst erfüllt. Auf Schritt und Tritt, vom Moment seiner Geburt an und in den verschiedensten Gestalten, lauerte das Böse, so daß er ihm kaum entrinnen konnte. Es war eine düstere Welt für den einfachen Juden, und noch düsterer war das Ende, das ihn gemäß der Moralliteratur vor dem Zeitalter der Aufklärung erwartete.

Mendelssohn und Bock hingegen setzten – ganz in den Fußstapfen der moralischen Wochenschriften wandelnd, die gegen die «niederträchtigen Bilder . . . welche den Kindern vom Tode, als einem entfleischten Gerippe, das mit seiner Sense so viel Unheil anrichtet, beygebracht werden»,[7] ankämpften – alles daran, das Bild aufzuhellen. Diese Bemühung in der moralischen Wochenschrift war von der optimistischen Philosophie eines Leibniz über die «beste aller Welten», aus der das Böse verbannt wurde, inspiriert. So wies Mendelssohn das Bild des Menschen als eines bösen Wesens, das stets zur Sünde neige, zurück. Wenn, so äußerte er sich in ‹Kohelet mussar›, menschliches Verfehlen vorkomme, dann wegen mangelnder Bildung und Erkenntnis. Für ihn stand in seinen Beiträgen der Mensch als Krönung der Schöpfung über allen anderen Geschöpfen in der von Gott geschaffenen Hierarchie. Den Grund für seinen aufklärerischen Optimismus fand er im Vertrauen auf die menschliche Vernunft, in deren Macht es stehe, die Kräfte des Bösen zurückzudrängen, während die jüdische Moralliteratur, die Mendelssohns Zeit voranging, diese Macht der Vernunft nicht anerkannt hatte.

Noch ein Zeichen des Wandels ist in diesem Zusammenhang erwähnenswert. Der moralisierende *darschan* (Prediger), der sich dem einfachen Volk der Gläubigen überlegen fühlte, manchmal drohend, manchmal mit sichtbarer Verachtung seine düsteren Reden schwang, hatte seinen Platz geräumt, und an seine Stelle war der Denker getreten, der Schriftsteller, der zu den angesprochenen Menschen herabstieg und sich ihnen mit Einfühlungsvermögen, mit Sympathie und einem freundlichen Lächeln zu nähern suchte.

Jedoch nahm Mendelssohns vielversprechende Zeitschrift ‹Kohelet mussar› ein abruptes Ende. Ursache war nicht das Erlahmen der literarischen Begeisterung Mendelssohns, sondern eine willkürliche Einmischung von außen. Alle Aussagen der Zeitgenossen deuten darauf hin, daß die Vorsteher der jüdischen Gemeinde Berlins dem ungewöhnlichen Unternehmen eines ihrer nonkonformistischen Köpfe feindlich gegenüberstanden. So schrieb einer der ersten nichtjüdischen Biographen Mendelssohns über diesen Vorfall: «Allein kaum waren drei Blätter davon [von ‹Kohelet mussar›] heraus, als die Rabbiner – diese Orthodoxen der jüdischen Kirche in dem ganzen Sinne des Worts, darüber zu toben anfingen. Das Geschrei ward so laut, daß der bescheidene Weise sich zurückzog – und die Schrift hörte auf.»[8]

Woran aber stießen sich die Gegner des ‹Kohelet mussar›? Er predigte doch keineswegs mit dem Ziel eines revolutionären, gefährlichen Wandels. Er äußerte auch keine Gedanken, die Grundsätze der jüdischen Religion oder gar den verpflichtenden Charakter der Gebote in Frage stellten. Ursache des Widerstands der Gemeindeführung scheint Mendelssohns eigenständige Initiative gewesen zu sein, die er ohne vorherige Einholung des Einverständnisses wenigstens einiger rabbinischer Autoritäten unternommen hatte. War es doch immer noch eine Regel der traditionsgebundenen jüdischen Gesellschaft, eine Art Zensur über alle in hebräischer Sprache veröffentlichten Werke auszuüben. Die Mißachtung dieser Norm verschärfte die Konfrontation zwischen den Maskilim und den konservativen Rabbinern in den achtziger Jahren nach Fertigstellung des Mendelssohnschen Bibelunternehmens. ‹Kohelet mussar› hatte einen ersten Konflikt im Anfangsstadium der Haskala hervorgerufen, deren Entwicklung in der jüdischen Gemeinde zu einer immer schärferen Konfrontation führen sollte.

Die neue Soziabilität begleitete Mendelssohns aufklärerisches Schaffen auch nach den fünfziger Jahren. Als er über Sinn und Bestimmung des Menschen in dieser und der jenseitigen Welt reflektierte, während er seine Auffassung zur Unsterblichkeit der Seele konzipierte, um sie dann im ‹Phädon› (1767) niederzulegen, führte er einen intensiven Dialog mit seinem Freund Thomas Abbt (1738–1766). Ein breites Spektrum der Kultur von Theologie über Philosophie bis Geschichte und Literatur umspannend, von scharfem Intellekt und zugleich gemütvoll schwärmerisch, wurde Abbt für Mendelssohn zur wichtigsten Person, mit der er Ideen austauschen konnte, und zum Freund. Sie leisteten sich gegenseitigen Beistand (Abbt übersetzte die ‹Briefe über die Empfindungen› ins Französische), berichteten einander über Freuden und Leiden im persönlichen Leben, aber rangen in ihrem Briefwechsel auch intensiv um ihre jeweilige Auffassung von Aufklärung. Als Abbt im achtundzwanzigsten Lebensjahr starb, trauerte Mendelssohn tief um seinen verstorbenen christlichen Freund, den er als «Gefährten auf dem Wege zur Wahrheit, der mich vor Fehltritten warnte», bezeichnete.

Bis zu den achtziger Jahren betraf die neue christlich-jüdische Annäherung vor allem Mendelssohn. Man lud ihn nicht nur in die Kaffehaus-Gesellschaft, sondern auch in den geschlossenen, auf vierundzwanzig Mitglieder beschränkten gelehrten «Montagsklub» ein. Er hätte zweifellos dieser Einladung auch gerne Folge geleistet, da ihm Lessing, Nicolai, Abbt und andere Freunde und Aufklärer angehörten. Das Zusammensein, jeweils am Montagabend, war aber mit einem gemeinsamen Mahl verbunden. Mendelssohn verzichtete auf die Mitgliedschaft, getreu seinem Grundsatz, die Pflege der interkonfessionellen Soziabilität nicht auf Kosten des Judentums und seiner Speisegesetze zu betreiben. In den achtziger Jahren, als er die anderen längst davon überzeugt hatte, daß er Philosoph der Aufklärung und Verteidiger einer jüdischen Eigenständigkeit zugleich sein wollte, schlug man ihm vor, Mitglied der «Mittwochsgesellschaft» zu werden. Deren Organ, die ‹Berlinische Monatsschrift›, wollte «. . . der Hyäne des Aberglaubens und der Intoleranz die Zähne ausbrechen». Unter den Mitgliedern der Gesellschaft befanden sich Theologen wie Wilhelm Abraham Teller und Johann Joachim Spalding und höhergestellte Beamte im preußischen Staat wie Christian Wilhelm Dohm (1751–1820) sowie der Geheimrat Karl Gottlieb Svarez (1746–1798), die die Reform der Judengesetzgebung vorantreiben sollten. Svarez optierte im Rahmen der Gesellschaft für «den ungestörten Gebrauch der natürlichen Freiheit». Ein spürbarer Geist des Fortschritts herrschte dort, und wäre Mendelssohns

Gesundheitszustand nicht bedenklich gewesen, hätte er sich aktiv beteiligt, so aber begnügte er sich mit einer korrespondierenden Mitgliedschaft und lieferte Beiträge ‹Über die Frage: Was heißt Aufklären?› und ‹Über die beste Staatsverfassung›.

Die neue Soziabilität bedeutete nicht nur formale Mitgliedschaft in einer aufklärerischen Gesellschaft, sondern auch gelehrte Unterhaltung und geselliges Beisammensein im häuslichen Rahmen. Solange Mendelssohn lebte, bildete sein Haus einen Mittelpunkt der Geselligkeit und des aufklärerischen Diskurses. Ihn besuchten christliche Freunde und Bewunderer, und bei ihm versammelten sich junge Juden aus nah und fern, um über Fragen der Aufklärung zu diskutieren. In seinem Haus nahm die jüdische Variante der Aufklärung Gestalt an. Wichtige Projekte der Berliner Haskala wie das Bibelunternehmen und die Reform der jüdischen Erziehung wurden hier debattiert und ihre Realisierung in Angriff genommen. Es wurde zu einem Brennpunkt der geistigen und gesellschaftlichen Öffnung, zu einer säkularisierten Sphäre, deren Bezugsrahmen sowohl die jüdische als auch die nichtjüdische Gesellschaft waren. Mendelssohns Haus blieb bis zu seinem Tod der Ort, an dem die Grundlinien eines neuen jüdischen Weltbildes konzipiert wurden.

Dieses Haus des zu Berühmtheit gelangten jüdischen Philosophen hatte in den Jahren 1763 und 1764 auch der junge Zürcher Theologe Johann Caspar Lavater (1741–1801) aufgesucht, als er sich in Berlin im Kreis der Aufklärer aufhielt. Er erkannte in Mendelssohn einen ihrer herausragenden Köpfe, aber dessen ungeachtet war es Lavater, der im Jahre 1769 ziemlich unverblümt die öffentliche Forderung an Mendelssohn richtete, zum Christentum überzutreten. Dies war ein Angriff auf die Toleranz, der Mendelssohn traf. Christliche Freunde verurteilten zwar Lavaters Verhalten, aber sie konnten das Geschehene nicht mehr aus der Welt schaffen. Mendelssohn stellte sich der Herausforderung, so ungern er sich in eine öffentliche Kontroverse in Religionsfragen verwickelte. Er mußte reagieren und sein Judentum verteidigen. Damit begann in den siebziger Jahren der «Lavaterstreit», von dem noch die Rede sein wird. Mendelssohn mußte erkennen, daß auch innerhalb der «Republik der Gelehrten» alte Vorurteile weiterlebten. Die neue Soziabilität erlaubte ihm zwar, als Gleichrangiger mit Christen zusammenzutreffen; sie war Ausgangsbasis für einen Wandel, der freilich nur sehr langsam voranging – immer wieder verletzte die herkömmliche Denkweise die neuen Regeln der Aufklärung. Juden fanden zwar auch nach dem Tod Mendelssohns Anschluß an die bürgerliche Öffentlichkeit, deren Konturen immer ausgeprägter wurden, aber Konfrontationen blieben ihnen nicht erspart, im Gegenteil, sie verschärften sich. Je klarer und hartnäckiger die Juden ihren Anspruch auf Gleichstellung im Staat und in der Gesellschaft artikulierten, desto heftiger reagierten ihre Gegner. Gesellschaftliche Diskriminierung überdauerte die Aufklärung und ihre Gelehrtenvereine, so daß schließlich die jüdischen Aufklärer – wie wir noch genauer untersuchen werden – eine eigene säkulare Sphäre herausbildeten. Sie war nicht identisch mit der allgemeinen, bürgerlichen Soziabilität, aber auch von der alten jüdischen Gemeinde grenzte sie sich ab.

Trotzdem kam es zu keinem Bruch mit der Gemeinde. Mendelssohn und seine Anhänger blieben ihr verpflichtet. Dies schuf nicht selten Konfliktsituationen, aus denen sie sich hätten befreien können: durch Taufe einerseits oder andererseits durch reumütige Rückkehr als vollwertige Glieder des traditionellen Gemeindeverbandes. Dennoch bestanden sie auf der komplexen Beziehung zu zwei sehr verschiedenen und oft widersprüchlichen Lebenswelten. Sie richteten ihre Kritik gegen das «alte Regime» der Gemeinde, befürworteten eine Reform der Erziehung, forderten schließlich auch eine Umgestaltung des religiösen Lebens – aber sie setzten sich nicht von der jüdischen Gemeinde ab. Ihre Revolte gegen herkömmliches Denken und traditionellen Lebenswandel war durch wiederholte Versuche gekennzeichnet, auf den Gang der Dinge in der jüdischen Gesellschaft Einfluß zu nehmen. Das Innovative der Berliner Haskala besteht also unter anderem in dieser doppelseitigen gesellschaftlichen Beziehung nach innen und nach außen, die zu Spannung und Gärung Anlaß gab und die auch Krisen durchlief.

Mendelssohn selbst hat durch sein konsequentes Engagement im jüdischen Kreis, das mit einer zunehmenden gesellschaftlichen und geistigen Anteilnahme am Leben der Gelehrtenrepublik einherging, ein Zeichen gesetzt. Zeit seines Lebens hat er auf verschiedene Weise sein nach innen gerichtetes Interesse bewiesen: durch die Publikation der schon erwähnten Zeitschrift und auch ganzer Werke in hebräischer Sprache, dann aber auch durch wiederholte Bereitschaft, die Sache der jüdischen Gemeinde zu vertreten, durch Interventionen bei Beamten und Herrschern, zu denen er Zugang erlangte dank der Anerkennung, die man ihm vor allem seit der Publikation des ‹Phädon› zollte.

1769 intervenierte Mendelssohn zugunsten der Gemeinde Altona, deren Vorsteher seine Hilfe erbeten hatten, weil man sie beschuldigte, sie hätten im jüdischen Kalender feindliche Äußerungen gegen das Christentum mit Zustimmung des rabbinischen Gerichts zugelassen. 1772 verfaßte Mendelssohn ein Memorandum. Er sandte es an den Herzog von Mecklenburg, damit dieser der Gemeinde von Mecklenburg-Schwerin in der Frage der «frühen Beerdigung» beistehe. Der Herzog Friedrich hatte verlangt, die Toten der Gemeinde erst nach einer Wartezeit von drei Tagen zu beerdigen, um jeden Zweifel zu beseitigen, daß ein Mensch lebendig begraben worden sei. Obwohl Mendelssohn der Überzeugung war, daß die rasche Beerdigung ein durch Tradition sanktionierter Brauch, aber weder eine von der Halacha gebotene noch eine wohltätige Regelung sei, unterstützte er die jüdische Gemeinde in ihrem Anliegen.

Im Jahre 1775 kam er gleich zweimal jüdischen Gemeinden zu Hilfe: Er wandte sich an den Diakonus Lavater in Zürich, den er trotz der fünf Jahre zurückliegenden Auseinandersetzung als «Freund der Menschlichkeit» anschrieb, und erbat dessen Intervention, um das Schicksal der Juden in den Schweizer Gemeinden Endingen und Lengnau zu erleichtern. Außerdem ging er den Hofjuden Veitel Ephraim an, seine Beziehungen zum König von Polen spielen zu lassen, um eine Vertreibung der Juden aus Warschau zu verhindern, da gegen sie eine Blutanklage erhoben worden war. 1777 suchten die Vertreter der Juden in Königsberg und Dresden um Mendelssohns Beistand nach. Diese Gemeinden waren nicht in der Lage, weiterhin die harte Bürde außerordentlicher Steuern zu tragen, und es drohte ihren Mitgliedern daher die Vertreibung aus der Stadt. Mendelssohn wandte sich in dieser Angelegenheit an einen seiner nichtjüdischen Bewunderer, den Baron Ferber, Berater des Kurfürsten von Sachsen, was seinen Bemühungen zu einem glücklichen Ausgang verhalf.

Das Engagement des Vaters der Berliner Haskala für Juden in nahen und fernen Gemeinden, seine Bereitschaft, die Rolle des freiwilligen Fürsprechers zu erfüllen, ging einher mit einer regen Anteilnahme am Leben seiner eigenen Gemeinde. In Berlin hatte er zwar bis 1780 kein offizielles Amt inne. Trotzdem stellte er sich in den Dienst der jüdischen Gemeinschaft. Nach den Siegen Preußens bei Roßbach und bei Leuthen (1757) schrieb er für die Rabbiner David Fränkel und Aron Mosessohn die deutsche Version ihrer Predigten, und als 1763 der Siebenjährige Krieg siegreich beendet war, kam aus seiner Feder der Text der ‹Friedenspredigt› für den feierlichen Gottesdienst in der Synagoge. Hier lobte er die göttliche Vorsehung, den Frieden und den ruhmreichen preußischen Herrscher Friedrich II. in einem Atemzug. Daß er sich bei dieser patriotischen Aufgabe nicht besonders wohl fühlte, ist einem Schreiben an seinen Freund Lessing zu entnehmen –, aber wie so oft war es sein Verlangen, der Gemeinde bei einer Pflichthandlung beizustehen. Schließlich beherrschte er die deutsche Sprache wie kein Zweiter innerhalb der jüdischen Gemeinde und war ein Meister der Formulierung.

Die bereitwillige Hilfeleistung für die jüdische Gemeinde fällt doppelt ins Gewicht, wenn man berücksichtigt, daß die aufklärerische Tätigkeit Mendelssohns nicht selten Konflikte und Gegenaktionen provozierte, die bis hin zu Bannandrohungen reichten wie im Fall der Zeitschrift ‹Kohelet mussar› und später als Reaktion auf sein Bibelunternehmen. Mendelssohn zeigte sich als überlegter, vorsichtiger Erneuerer, der die Bande zu der Gemeinde nie bis zum Zerreißen spannte, genauso wie er in seinen philosophischen und politischen Schriften immer einen «goldenen Mittelweg» zu gehen versuchte. Darin liegt einer der Unterschiede zu Spinoza, der ihm schließlich auch den Bannstrahl ersparte. Die Fähigkeit Mendelssohns, sich, trotz Hindernissen, gleichzeitig in zwei Kreisen, in zwei Welten zu bewegen und intensive Beziehungen mit der jüdischen Gemeinde wie mit der aufklärerischen Gesellschaft zu pflegen, ist ein Charakteristikum, das sicher zum Erfolg der Berliner Haskala beigetragen hat.

3. Aufklärungsphilosophie und jüdische Religion

Die gesellschaftliche Annäherung an die nichtjüdische Umwelt vollzog sich gleichzeitig mit einer geistigen Öffnung gegenüber den Ideen der Aufklärung, die die Entwicklung der Berliner Haskala mitbestimmte. Mit bisher ungekanntem Eifer begannen junge Juden, sich in die Werke nichtjüdischer Philosophen zu vertiefen und auf der Grundlage ihrer Reflexionen neu über Juden und Judentum nachzudenken. Mendelssohn war auch hierin ein Vorbild. Seit seiner Ankunft in Berlin im Jahre 1743 waren kaum elf Jahre verstrichen, und er hatte sich bereits in die deutsche und europäische Philosophie eingearbeitet. Als erstes Werk – nach einem intensiven Studium des Maimonides – hatte er Lockes ‹Essay Concerning Human Understanding› in Latein gelesen. Dann entdeckte er, dank seinem Freund Aron Gumpertz, die Schrift von Leibniz ‹Essais de Théodicée› und Wolffs ‹Vernünfftige Gedancken›. Diese Werke konfrontierten ihn mit einigen Themen der Metaphysik und der Ethik, die ihn bis an sein Lebensende beschäftigen sollten: «Euch Locke und Wolf! Dir unsterblicher Leibnitz! stifte ich ein ewiges Denkmahl in meinem Herzen. Ohne euere Hülfe wäre ich auf ewig verlohren. Euch selbst habe ich nie gekannt, allein euere unvergängliche Schriften, die von der grossen Welt ungelesen bleiben, und die ich in einsamen Stunden um Hülfe angefleht, haben mich auf den sichern Weg zur wahren Weltweisheit, zur Erkenntniß meiner selbst und meines Ursprungs geleitet. Sie haben die heiligen Wahrheiten in meine Seele gegraben, auf die sich meine Glückseligkeit gründet; sie haben mich erbauet.»[9] Wie prägend der Einfluß dieser Philosophen der Aufklärung für Mendelssohns Denken war, geht nicht allein aus diesen Sätzen, sondern aus allen seinen Erstlingsschriften hervor: ‹Philosophische Gespräche› (1755), ‹Gedanken über die Wahrscheinlichkeit› (1756) und ‹Betrachtungen über die Quellen und die Verbindungen der schönen Künste und Wissenschaften› (1757).

Mendelssohn machte sich den Begriff der «prästabilierten Harmonie», die notwendiger Ausdruck einer Ordnung der Monaden in Raum und Zeit ist und die berechtigt, in der bestehenden Welt die beste aller möglichen Welten zu sehen, in der alle von Gott erschaffenen Substanzen nach Vervollkommnung streben, zu eigen, obwohl diese Leibnizsche Deutung der Welt als Theodizee bereits überholt schien und in arge Bedrängnis kam. Auch Wolffs, in manchen Augen überholtes, auf der Mathematik basierendes System der Vernunft beeinflußte Mendelssohn, als er seine ‹Abhandlung über die Evidenz in Metaphysischen Wissenschaften› (1764) verfaßte. Diese Abhandlung war seine Antwort auf die langatmige Preisfrage der Berliner Akademie: «ob die metaphysischen Wahrheiten im allgemeinen, und im besonderen die ersten Prinzipien der natürlichen Theologie und der Moral der selben Evidenz fähig sind wie die mathematischen Wahrheiten, und, falls sie deren nicht fähig sind, welches die Natur ihrer Gewißheit ist, bis zu welchem Grad sie gelangen kann, und ob dieser Grad zur Überzeugung genügt» (1761). Die Antwort Mendelssohns wurde zwar preisgekrönt, aber mit seiner Behauptung, daß die metaphysischen Wahrheiten – wenn sie auch nicht dieselbe «Faßlichkeit» besaßen – doch «derselben Gewißheit» fähig waren wie die geometrischen Wahrheiten,[10] stellte er sich unerschrocken auf die Seite der Metaphysik von Wolff und gegen keinen geringeren als Maupertuis, der bis 1756 Präsident der Akademie war, wie auch gegen die französische Aufklärung eines Condillac, Voltaire oder d'Alembert.

Im Unterschied zu den französischen Rationalisten hatten Leibniz und Wolff nicht die totale Abkehr von den herkömmlichen Anschauungen gepredigt, sondern suchten diese in ihr System zu integrieren. Hier hatten nicht nur der Glaube an das Dasein Gottes, an die Vorsehung und die Unsterblichkeit der Seele als Wahrheiten der natürlichen Religion einen zentralen Stellenwert. Sogar die Offenbarung konnte in dieser Metaphysik überleben. Das war eine große Erleichterung für Mendelssohn, der an die bindende Kraft der offenbarten Gesetze am Berge Sinai glaubte. Seinen Mut, den Vernunftwahrheiten der natürlichen Religion, die im Grunde einem Deismus gleichkam, das Wort zu reden, deuteten manche fälschlicherweise als Bereitschaft, dem Judentum den Rücken zuzukehren. Mendelssohn aber wollte die Öffnung gegenüber der Philosophie der Aufklärung nicht als Verzicht auf das Ritual oder gar auf die Glaubenswahrheiten des Judentums verstanden wissen, sondern als Bereitschaft zur Suche – mit Hilfe von außen rezipierter philosophischer Konzepte – nach einer Kompromißformel, die die Vereinbarkeit von Judentum und natürlicher Religion ausdrückte. Er stand damit in einer jüdischen Tradition, deren berühmtester Vertreter Maimonides war, der mit seinem ‹More newuchim› (‹Führer der Verirrten›) rationalistische Religionskonzepte mit Gesetzestreue in Einklang gebracht hatte. Alle größeren und kleineren philosophischen Schriften Mendelssohns in deutscher Sprache und vor allem seine Streitschriften zur Verteidigung des Judentums sind von diesem Versöhnungsbestreben bestimmt.

‹Phädon oder über die Unsterblichkeit der Seele› (1767), die Schrift, die einen durchschlagenden Erfolg hatte und Mendelssohns Ruhm und Anerkennung weit über die Grenzen Preußens begründete, schließt in Form und Titel an die Platonischen Dialoge an. Sie weckt keine spezifisch jüdischen Assoziationen. Dennoch war auch diese Schrift – aus Bewunderung für Sokrates und für die griechische Philosophie entstanden – ein Beitrag zu einem neuen jüdischen Selbstverständnis, um das Mendelssohn bemüht war. In der Absicht, Platos Texte im Original zu lesen, hatte er 1757 begonnen, Griechisch zu studieren, nachdem er bereits Latein und moderne europäische Sprachen beherrschte. ‹Phädon› ist eine Verteidigung der natürlichen Religion und einer ihrer wesentlichen Glaubenswahrheiten, der Unsterblichkeit der Seele. Sie wird Sokrates, der allein von seiner Vernunft geleitet wird, in den Mund gelegt. Mendelssohn läßt ihn als Leibnizianer im Sinne der Aufklärung argumentieren:

«Ich fühle es, daß ich der Lehre von der Unsterblichkeit, so wie von dem Gerichte Gottes nach diesem Tode, nicht widersprechen kann, ohne unendliche Schwierigkeiten sich erheben zu sehen, ohne alles, was ich je für wahr und gut gehalten, erschüttert zu sehen. Ist unsere Seele sterblich, so ist unsere Vernunft ein Traum, den uns Jupiter geschickt hat, uns Elende zu hintergehen; so fehlet der Tugend aller Glanz, der sie in unsern Augen göttlich macht; so ist das Schöne und Erhabene, das sittliche so wohl als das physische, kein Abdruck göttlicher Vollkommenheiten; (denn nichts vergängliches kann den schwächsten Stral göttlicher Vollkommenheit fassen;) ... so hat der verworfenste Sterbliche so gar die Macht sich der Herrschaft Gottes zu entziehen, und ein Dolch kann das Band auflösen, welches den Menschen mit Gott verbindet.»[11]

Sokrates führt Argumente an gegen den französischen Materialismus und gegen den Skeptizismus, der die Menschen der optimistischen Aussicht auf die Glückseligkeit beraubt: «Wie beklagenswert ist das Schicksal eines Sterblichen, der sich durch unglückliche Sophistereien um die tröstliche Erwartung einer Zukunft gebracht hat!» Wer nicht an die Unsterblichkeit der Seele glauben könne, dem entgehe «der höchste Triumph menschlicher Weisheit, die vollkommenste Harmonie zwischen dem System der Absichten und dem System der wirkenden Ursachen». Glaube an die Unsterblichkeit und Anerkennung des zärtlichen, liebenden Gottes sowie der Glaube an die Vorsehung sind eng miteinander verbunden. Demgemäß erstreckten sich Gottes Absichten sowie «seine Mitwirkung, bis auf die kleinste Veränderung und einzelne Begebenheiten, des Leblosen sowohl als des Lebendigen», die alle eine Eigenständigkeit besitzen und zugleich auch von Gott gewollt sind – eine Anschauung, die Mendelssohn von Maimonides her kannte. Unsterblichkeit ist schließlich mit der Idee des unendlichen, geistigen und moralischen Fortschritts verknüpft.

Die Lehre von der Unsterblichkeit der Seele steht für Mendelssohn vor allen Beweisen fest, weil sie Sinn und Bestimmung des Menschen in diesem Leben und im Jenseits, als Teil der nach Gottes Willen und Absicht geschaffenen Welt bedeutet. Inspiriert von der Leibnizschen Metaphysik rehabilitiert Mendelssohn im ‹Phädon› das Diesseits, befreit Erde, Leib und Sinne von einem früheren Makel, indem er jeder menschlichen Seele die ewige Glückseligkeit in Aussicht stellt. Dem nahenden Tod und dem Jenseits nimmt er das Furcht- und Schreckenerregende. Zur Entstehung des ‹Phädon› trug nicht nur ein Disput mit seinem Freund Thomas Abbt bei, in dem Mendelssohn Position für einen führenden Kopf der Berliner Aufklärungstheologie, Johann Joachim Spalding, und seine Schrift ‹Betrachtung über die Bestimmung des Menschen› (1754) bezog, sondern auch die Überzeugung, daß zwischen der natürlichen Religion der Aufklärer und der jüdischen vormodernen Metaphysik ein Einvernehmen möglich sei.

‹Jerusalem oder über religiöse Macht und Judenthum› (1783) war im Unterschied zu ‹Phädon› aus einer christlich-jüdischen Konfliktsituation heraus entstanden. Den unmittelbaren Anstoß zu dieser Schrift, die drei Jahre vor seinem Tod erschien, gab ein anonymes Pamphlet: ‹Das Forschen nach Licht und Recht in einem Schreiben an Herrn Moses Mendelssohn auf Veranlassung seiner merkwürdigen Vorrede zu Manasseh Ben Israel›. Erneut wurde hier die Aufforderung erhoben, die seinerzeit den Lavaterstreit provoziert hatte: Mendelssohn solle seine Auffassungen über Aufklärung und Religion konsequent zu Ende denken und zum Christentum übertreten. Es gehört zu den Paradoxien der Aufklärung, daß die Vernunft des gebildeten Bürgertums, das sich mit Voltaire die Parole «écrasez l'infâme» zu eigen gemacht hatte und in Philosophie, Theologie, Staatswissenschaft, Literatur und Orientalistik manches dazu beitrug, dem rationalen Denken den Weg zu ebnen, im Abbau von Vorurteilen gegenüber den Juden versagte. ‹Jerusalem› ist ein Bekenntnis zu einem Judentum der Vernunft, das auf Ablehnung jeder Zwangsgewalt beruht und dem gläubigen Juden ermöglicht, Bürger des modernen Staates zu werden. Die Schrift umfaßt zwei Abschnitte, von denen der erste der allgemeinen Problematik der Beziehung von Kirche und Staat und der zweite dem spezifisch-jüdischen Aspekt, der Vereinbarkeit von natürlicher Religion und Offenbarung, gewidmet ist. Im ersten Teil baut Mendelssohn auf dem Denken nichtjüdischer Naturrechtstheoretiker wie Grotius, Hobbes, Locke und Pufendorf auf, während er im zweiten Teil vorrangig auf die jüdischen Quellen zurückgreift. Die Behandlung der allgemeinen Problematik geht jener, die allein die Juden betrifft, voran, was einen Wandel des Selbstverständnisses verrät: Zugehörigkeit zum Judentum muß mit universal gültigen Prinzipien begründet werden. Es darf nicht einen Maßstab für die Juden und ihre Religion und einen andern für die Religion der herrschenden Mehrheit geben, denn nur die Tatsache, daß es eine universale Rationalität gibt, die den monotheistischen Religionen gemeinsam ist, bietet Gewähr für eine moralische Haltung und die Beachtung der Menschenrechte.

Mendelssohn betont hier, daß zwischen Staat und Kirche eine klare Grenzlinie gezogen werden müsse. Er stützt sich dabei auf die naturrechtliche Theorie, nach der das Zusammenleben der Menschen im Staat auf einem Gesellschaftsvertrag beruht, das Pflichten und Rechte der Bürger bestimmt und dem Staat auch das Zwangsrecht einräumt. Gerade dieses Recht aber spricht Mendelssohn der Kirche oder Religion ab, da diese auf keinem Vertrag fußt, der den kirchlichen Instanzen das Recht zugesteht, Gehorsam zu erzwingen oder Ungehorsam zu bestrafen. Zwar konstituieren sich beide Formen der Gesellschaft, damit die Menschen «durch gegenseitige Hülfe ihre Bedürfnisse zu befriedigen» und der Glückseligkeit näherzukommen vermögen, aber was dem Staat zusteht – sogar Anwendung physischer Gewalt, um gemeinnützige Handlungen zu erzwingen – bleibt der Religion versagt: «Sie ist eine moralische Person; ... sie treibet nicht mit eisernem Stabe; sondern leitet am Seile der Liebe ... Ihre Waffen sind Gründe und Überführung; ... Bann und Verweisungsrecht, das sich der Staat zuweilen erlauben darf, sind dem Geiste der Religion schnurstracks zuwider.»[12] Daraus folgt die Absage an das Bannrecht auch für die jüdische Gesellschaft, da für sie die universalen, freiheitlichen Grundsätze des Naturrechts genauso Geltung haben müssen wie für die christliche. Mendelssohn fordert mutig den Verzicht auf Kirchenzucht. Er kennt die Widerstände im eigenen Lager, die Macht der Tradition, und appelliert an die Vernunft. «Zu den erleuchtesten und frömmsten unter den Rabinen und Ältesten meiner Nation habe ich das Zutrauen, daß sie sich eines so schädlichen Vorrechts gern entäussern, auf alle Religions- und Synagogenzucht gern Verzicht thun, und ihre Mitbrüder von ihrer Seite dieselbe Liebe und Duldung genießen lassen werden, nach welcher sie selbst bisher so sehr geseufzt haben.»[13] Mendelssohn plädierte also auf der Grundlage einer aufgeklärten Philosophie für eine Abkehr von einem wichtigen Bestandteil der jüdischen Tradition. Zwar hatte die Politik des absolutistischen Herrschers der Abschaffung des Bannrechts bereits Vorschub geleistet, aber in ‹Jerusalem› lieh ihr Mendelssohn seine prinzipielle Unterstützung unter Berufung auf die universale Theorie des Naturrechts.

Auch im zweiten Teil seiner Schrift, in dem er das Wesen des Judentums philosophisch deutet, unterstreicht er die Übereinstimmung der jüdischen Religion mit den universalen Kriterien der Vernunft. Zunächst trifft er eine klare Unterscheidung zwischen den ewigen Wahrheiten von der Einheit Gottes, seiner Vorsehung und Notwendigkeit, die jedem Menschen kraft seiner Vernunft zugänglich sind, und dem am Sinai offenbarten Gesetz, das ausschließlich die jüdische Nation verpflichtet. Die ewigen Wahrheiten waren den Juden seit ihrem Stammvater Abraham bekannt und bildeten das gemeinsame Glaubensfundament mit den Monotheisten und mit der Menschheit überhaupt, die zur Glückseligkeit berufen ist. Danach betont er: «Das Judentum rühmet sich keiner *ausschließenden* Offenbarung ewiger Wahrheiten, die zur Seligkeit unentbehrlich sind... Die Stimme, die sich an jenem großen Tage, auf Sinai hören ließ, rief nicht: ‹ich bin der Ewige, dein Gott! das nothwendige, selbständige Wesen, das allmächtig ist und allwissend, das den Menschen in einem zukünftigen Leben vergilt, nach ihrem Thun›.»[14] Mendelssohn legt der Offenbarung der Gesetze durch Wort und Schrift, die keine Vorbedingung einer natürlichen Religion sein könne, eine einschränkende, partikularistische Bedeutung bei: Die im Widerspruch zur Vernunftreligion stehende Offenbarung der Gesetze verpflichte nur die Juden. Zugleich ist er sich bewußt, daß die Frage, warum die Juden sich nicht mit dem Glauben an die ewigen Wahrheiten der Vernunft, wie die übrige Menschheit, zufrieden geben können, beantwortet werden müsse. Er legt auf mehreren Seiten seine höchst originelle Lehre der Zeichen und Symbole als Hilfsmittel für vernünftige Erkenntnisse der Menschen dar. Er trifft die Unterscheidung zwischen Zeichensymbolen und symbolischen Handlungen. Während die ersteren oft nicht genügen, Menschen vor Abgötterei zu bewahren, sind die Gesetze, die den Juden durch einen übernatürlichen Akt vermittelt worden waren, dazu bestimmt, eine reine religiöse und sittliche Erkenntnis zu erhalten. Die symbolischen Handlungen, die das Zeremonialgesetz vorschreibt, sollen den Juden helfen, die Vernunftwahrheiten der natürlichen Religion zu erfassen und zugleich vereint zu bleiben, bis eben dieses Glaubensfundament zum Patrimonium der gesamten Menschheit geworden ist. Nicht weil die Juden weniger vernünftig wären oder weil sie einer Staatsreligion verpflichtet sein sollten, die Macht und Zwang in Glaubenssachen anwendet – ein Argument, das bereits Spinoza im 17. Jahrhundert vorgebracht hatte –, müssen sie nach den mosaischen Gesetzen leben, sondern weil die Vorsehung sie dazu ausersehen hat, «eine *priesterliche Nation* zu seyn, das ist, eine Nation, die durch ihre Einrichtung und Verfassung, durch die Gesetze, Handlungen, Schicksale und Veränderungen immer auf gesunde unverfälschte Begriffe von Gott und seinen Eigenschaften hinweise, solche unter den Nationen gleichsam durch ihr blosses Daseyn unaufhörlich lehre...»[15] Seit der Zerstörung des Zweiten Tempels, dem Verlust einer staatlichen Souveränität, beruhe die Beachtung des Zeremonialgesetzes nicht auf äußeren Strafen, sondern allein auf der inneren Gesinnung und Überzeugung, betont Mendelssohn.

Das Erscheinen von ‹Morgenstunden oder Vorlesungen über das Daseyn Gottes› (1785) am Vorabend seines Todes bestätigte noch einmal, daß Mendelssohn in seinen philosophischen, an ein nichtjüdisches Publikum gerichteten Schriften in deutscher Sprache nur jene Weltanschauung präsentierte, die er mit seinem Verständnis des Judentums vereinbaren konnte. Sein Credo nach außen war nicht grundsätzlich verschieden von jenem nach innen, auch wenn er sich in zwei verschiedenen Sprachen artikulierte. ‹Morgenstunden› ist ein Werk, das sich durch eine klar umrissene Thematik, eine originelle ontologische Beweisführung für die Existenz Gottes und einen hohen Grad an Systematik auszeichnet.

In sieben der achtzehn Vorlesungen des Werks behandelt Mendelssohn «Vorerkenntnisse» zur Rechtfertigung der göttlichen Existenz, bevor er zu den «wissenschaftlichen Lehrbegriffen vom Daseyn Gottes» übergeht, um schließlich in gestraffter Form die natürliche Theologie darzustellen, die für ihn mit der Leibnizschen Metaphysik identisch ist. Noch einmal schreibt er als Anhänger der Theodizee und ihrer optimistischen Einstellung, nach der Gott die Welt und den Menschen zur Glückseligkeit geschaffen hat. Die Welt sei kein Jammertal, kein Kerker, sondern ein potentielles Paradies und «Gottes Regierung und Vorsehung in den allerkleinsten Begebenheiten» erkennbar. Folglich solle man Gott «mehr in

Moses Mendelssohns

Morgenstunden

oder

Vorlesungen

über das Daseyn Gottes.

G·E·LESSING · GEB·MDCCXXIX·

Erster Theil.

Veränderte Auflage.

Berlin, 1786.

Bey Christian Friedrich Voß und Sohn.

41 *Titelseite von Mendelssohns ‹Morgenstunden› mit Porträt Lessings*

den Naturbegebenheiten, als in Wunderdingen verehren».[16] Dies komme der höchsten Veredlung menschlicher Begriffe gleich. Es sei die erhabenste Weise, über Gott, seine Regierung und Vorsehung zu denken, betont Mendelssohn in seiner fünfzehnten Vorlesung.

Für die Abfassung der ‹Morgenstunden› gab es wohl vor allem zwei Gründe. Zum einen fühlte sich Mendelssohn veranlaßt, seinen Sohn Joseph, dessen Bibelunterricht auch Anlaß zur Pentateuchübersetzung gegeben hatte, «frühzeitig zur vernünftigen Erkenntnis Gottes anzuführen». Vor seinem Sohn und zwei anderen jungen Leuten dozierte er deshalb über die Wahrheiten der natürlichen Religion, und ihnen widmete er die ‹Morgenstunden›. Eine andere Motivation, die zur Entstehung der ‹Morgenstunden› beitrug, war eine Beschuldigung gegen seinen Freund Lessing, die diesen in seinen letzten Tagen zum «entschiedenen Spinozisten» gestempelt hatte. Mendelssohn war erschüttert, da diese Beschuldigung zur Zeit einer zunehmenden Rezeption des Spinozismus und eines damit um sich greifenden Unglaubens erhoben wurde. In drei Vorlesungen der ‹Morgenstunden› setzt sich Mendelssohn deshalb mit dem Spinozismus auseinander und erklärt Lessing zu einem gemäßigten oder «geläuterten» (nicht jedoch zu einem entschiedenen) Spinozisten.

In einer letzten Schrift, ‹An die Freunde Lessings› (1786), unternimmt Mendelssohn kurz vor seinem Tode noch einmal einen verzweifelten Versuch, seinen verstorbenen Freund so gut wie möglich von dem Vorwurf des entschiedenen Spinozismus und Atheismus freizusprechen. In dieser Schrift betont er noch einmal, daß sein Judentum mit einer Religion der Vernunft, wie er selbst ihr nachlebe, koexistieren könne, denn die Offenbarung im Judentum beinhalte keine Lehrsätze und ewigen Wahrheiten, sondern Gesetze des Gottesdienstes. Es setze «natürliche und vernunftmäßige Überzeugung von Religionswahrheiten», die vor dem Urteil «eines schlichten gesunden Menschenverstandes» bestehen könnten, voraus.[17]

Wie auf den späten Lessing übte der jüdische Philosoph des 17. Jahrhunderts, Baruch Spinoza, eine besondere Faszination auf Mendelssohn aus. Seine Haltung ihm gegenüber war jedoch höchst ambivalent. Einerseits distanziert er sich von ihm und seinem «Atheismus», andererseits rezipiert er die Gedanken Spinozas, was am deutlichsten in ‹Jerusalem› erkennbar ist, wenn er im zweiten Abschnitt auf die bereits im Lavaterstreit erwähnte These zurückkommt, daß das Judentum sich keiner ausschließenden Offenbarung ewiger Wahrheiten rühme. Diese Passage und die Behauptung, daß übernatürliche, furchterregenden Erscheinungen am Sinai wie «Donnerstimme» und «Posaunenklang» keine ewigen Vernunftlehren vermitteln konnten, sondern allein eine auf Gesetze sich beschränkende Offenbarung, erinnern an einen Gedanken in Spinozas ‹Theologisch-Politischem Traktat›. Dort hatte dieser behauptet, daß die vom Berge Sinai ertönende Stimme niemanden vom Dasein Gottes überzeugen konnte. Sie konnte keine philosophische oder mathematische Gewißheit über das Dasein Gottes geben, sondern diente lediglich dem Gehorsam gegenüber seinen Gesetzen. Genau diese Deutung hat Mendelssohn in sein ‹Jerusalem› aufgenommen und bei Auseinandersetzungen mit Zeitgenossen mit den Kriterien der natürlichen Religion in Einklang zu bringen versucht.

Die Ambivalenz gegenüber Spinoza begleitete Mendelssohn, seit er sich in die Philosophie der Aufklärung vertieft hatte. Er bewunderte Spinozas überragenden Intellekt. Es konnte ihm sogar schmeicheln, als Lessing ihm prophezeite, aus ihm könne «ein zweiter Spinoza werden». Das Schicksal allerdings, das Spinoza ereilte, nur weil er sich durch «gewisse Schriften vom jüdischen Gesetz ausgeschlossen» hatte, wollte er nicht teilen. Mendelssohn bemühte sich, Spinoza zu rehabilitieren, weil er in ihm einen herausragenden jüdischen Denker sah, den er in eine lange ehrwürdige Reihe großer rationalistischer Denker einordnete. Auch erschien ihm nicht jeder Angriff auf ihn berechtigt, sondern durch christliches Vorurteil bestimmt. So beispielsweise im Falle von Bayle, der behauptet hatte, Gott verliere im System Spinozas seine Vollkommenheit und teile die Unzulänglichkeiten mit den Menschen. In den ‹Philosophischen Gesprächen› wollte Mendelssohn Spinozas rationalistische Lehrgebäude als mit Religion vereinbar verstanden wissen. Als Anhänger von Leibniz und Wolff und als ein dem normativen Judentum verpflichteter Jude aber konnte er Spinozas System nicht uneingeschränkt akzeptieren. Die These, daß Gott die einzige Substanz im Universum sei und alles andere nur Modifikationen, sowie die These der Verneinung des göttlichen Willens waren für Mendelssohn unannehmbar. Dagegen bemühte er sich zu beweisen, daß der in der ‹Ethik› formulierte Grundsatz «Die Ordnung und die Verknüpfung der Begriffe ist mit der Ordnung und der Verknüpfung der Dinge einerlei» wesentlich zur «Verbesserung der Weltweisheit» beigetragen habe, ehe der Übergang von Descartes zu Leibniz und seinem Begriff der «prästabilierten Harmonie» zustande gekommen sei. Da es Mendelssohns Anliegen war, auch Spinoza in die Reihe der jüdischen Wegbereiter der aufklärererischen Philosophie einzubeziehen, bedauerte er um so mehr, daß jener irrtümlicherweise glaubte, es wäre niemals eine Welt außer Gott wirklich geworden, daß folglich die Auffassung der Leibnizianer von der «besten unter allen möglichen Welten» ihm fremd war. So mußte denn Spinoza «in den zwischen Descartes und Leibniz liegenden, ungeheuern Abgrund stürzen». Er brachte ein notwendiges Opfer für den Fortschritt der Philosophie, und daher betont Mendelssohn: «Lassen Sie uns also immer gestehen, daß auch ein andrer als ein Deutscher, ich setze noch hinzu, daß auch ein andrer als ein Christ, daß Spinoza an der Verbesserung der Weltweisheit einen grossen Antheil hat.»[18] Deutlicher konnte er seine Haltung zu Spinoza nicht artikulieren: Er sah in ihm einen ersten bedeutenden jüdischen Philosophen der Neuzeit, der seinen Beitrag zum Denken der Aufklärung geleistet hatte.

Der zweite bedeutende nach jenem war zweifellos er selbst, den nicht allein hundert Jahre von seinem Vorgänger trennten, sondern auch das Ringen um eine Kompromißformel, die die Grundsätze der natürlichen Religion und das geoffenbarte jüdische Gesetz als vereinbar erscheinen ließ. So konnte Mendelssohn um sich die Anhängerschaft der Maskilim sammeln, die sein neues Selbstverständnis rezipierten und mit ihm am Ausbau einer säkularen Lebenssphäre innerhalb der jüdischen Gesellschaft arbeiteten.

X.
Die Haskala als sozio-kulturelles Phänomen

1. Der Kreis um Mendelssohn

Mendelssohn hatte sich als Philosoph der Aufklärung einen Namen gemacht und Zutritt zu Kreisen nichtjüdischer Gelehrter gefunden. Das war zwar eine nicht zu unterschätzende Errungenschaft für einen Juden im voremanzipatorischen Zeitalter, machte ihn aber noch nicht zum Begründer einer jüdischen Aufklärungsbewegung. Voraussetzung dafür war, daß er durch gezielte Bemühungen den neuen Ideen zu einer Rezeption innerhalb der jüdischen Gesellschaft verhalf. Er mußte einen Kreis von Gleichgesinnten und Anhängern um sich sammeln, die bereit waren, mit ihm gemeinsam dem aufklärerischen Gedankengut Geltung zu verschaffen und es zu einer prägenden Kraft von Kultur und Gesellschaft der Juden werden zu lassen. Ein Ansatz in dieser Richtung wurde in den siebziger und achtziger Jahren sichtbar, als sich in Berlin eine Gruppe junger Juden zusammenfand, für die der Verfasser des ‹Phädon› sehr bald geistige Autorität und sein Haus Mittelpunkt der Anziehung und Sammlung wurde.

Aus Kopenhagen kam der in Hamburg geborene Naftali Herz Wessely (1725–1805). Dank seiner Erziehung erfüllte er Voraussetzungen, die sich als äußerst günstig, vielleicht sogar als unerläßlich für das erste Stadium der Haskala erweisen sollten: Sein Vater nämlich, ein erfolgreicher Kaufmann und Hoflieferant des dänischen Königs, war darum bemüht gewesen, die Ausbildung seines Sohnes in den traditionellen Quellen der jüdischen Religion, vor allem im Talmud (er studierte auch in der Jeschiwa von Rabbi Jonathan Eybeschütz), mit einem ausgewogenen Maß an säkularen Kenntnissen, vorab in den europäischen Sprachen, zu verbinden. Wessely erinnerte sich später, daß sein Vater eines Tages die Landkarte ausbreitete, um ihn in der Geographie, über Städte und Länder, zu unterrichten. Diese säkulare Bildung sollte dem für den Kaufmannsberuf bestimmten Sohn bei seinen künftigen Reisen durch Europa dienlich sein. Nicht weniger zukunftsträchtig war die Wahl des Salomon Hanau (1687–1746), eines herausragenden Gelehrten der hebräischen Sprache, als Hauslehrer, der den zehnjährigen Wessely nicht allein mit der Schönheit, sondern auch mit der Systematik der biblischen Sprache vertraut machte. Im Unterricht Hanaus keimte erstmals Wesselys Liebe zur hebräischen Sprache auf, die sich während eines Aufenthalts in Amsterdam, wo er die Werke sephardischer Hebraisten kennenlernte,

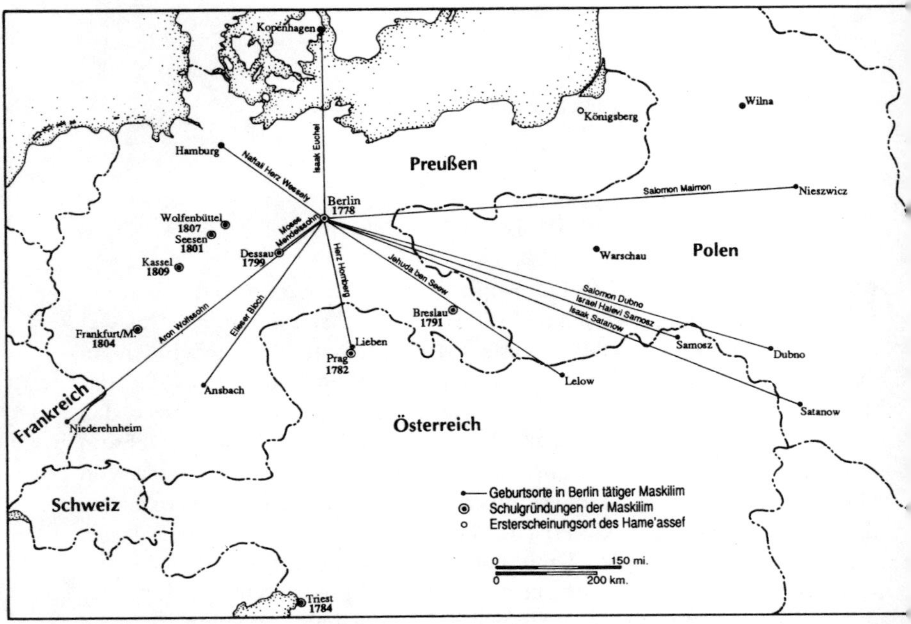

Karte 6 Die Berliner Haskala und die Gründung moderner jüdischer Schulen

vertiefen sollte. Bald verfaßte er sein erstes philologisches Werk: ‹Halewanon› (‹Der Libanon›) (1765–66), eine Auswahl von Synonyma zum sprachlichen Verständnis des Bibeltextes. Hier, wie auch in seinen späteren Werken, geht Wessely davon aus, daß rationale, wissenschaftliche Erkenntnis und jüdischer Glaube koexistieren können. Neben seiner kaufmännischen Tätigkeit, die er schließlich aufgeben mußte, hatte er sich vor allem als Autodidakt eine Bildung angeeignet, die ihn dazu prädestinierte, ein Erneuerer der hebräischen Sprache und ihrer Literatur zu werden. In Berlin wurde er zum Anhänger Mendelssohns, nicht weil er die philosophischen Ideen von Wolff und Leibniz verinnerlicht hatte, sondern weil er Kultur und Gesellschaft der Juden erneuern wollte. Die maßvolle Verbindung von Tradition und Öffnung gegenüber säkularer, wissenschaftlicher Bildung ermöglichte die Zusammenarbeit der beiden.

Salomon Dubno (1738–1813) und Herz Homberg (1749–1841) trafen ebenfalls in den siebziger Jahren in Berlin ein und wurden zu Mitarbeitern Mendelssohns und zu Lehrern in seinem Hause. Ohne Dubno wären die Mendelssohnsche Bibelübersetzung und deren Kommentierung vielleicht nie erschienen, denn er hatte Mendelssohn ermuntert, das schwierige Projekt in Angriff zu nehmen, und hatte ihm dabei als großer Kenner der massoretischen (d. h. jüdischen textuellen) Tradition zur Seite gestanden. Dubno war ganz im Geist des althergebrachten Judentums erzogen worden. Ausschlaggebend für sein weiteres Leben war jedoch die Tatsache, daß er seine talmudische Bildung bei großen Gelehrten in Osteuropa erworben hatte, die keinen Widerspruch zwischen talmudischer Gelehrsamkeit und wissenschaftlichen Kenntnissen sahen. Zu diesen Gelehrten gehörte sein Lehrer Rabbi Salomon Chelm (1717–1781), dessen rationales Verständnis des Judentums und säkulares Wissen, verbunden mit seiner Ablehnung der Mystik des Chassidismus, seinen Schüler Dubno für aufklärerisches Denken empfänglich machten.

Auch Herz Homberg, geboren in Lieben bei Prag, hatte sich eine gründliche Kenntnis des Talmud erworben. Unter anderem hatte er bei dem berühmten Talmudgelehrten Rabbi Jecheskel Landau studiert. Dies hinderte ihn aber nicht daran, sich daneben säkulares Wissen anzueignen

42 Der Maskil Herz Homberg

(die deutsche und lateinische Sprache sowie Mathematik); nach der Lektüre des ‹Emile› von Rousseau wurde er zum radikalen Befürworter einer Reform der jüdischen Schulen. Ähnlich wie Wessely und einige Dutzend anderer junger Juden, die sich von Mendelssohn und seinem Ringen um ein rationalisiertes jüdisches Selbstverständnis angezogen fühlten, trafen Dubno und Homberg, in gewissem Maße vorbereitet für ein neues, aufklärerisches Judentum, in Berlin ein.

Der ganze innere Kreis der Berliner Haskala, dem die wichtigen kulturellen Initiativen der siebziger und achtziger Jahre zuzuschreiben sind – das Bibelunternehmen, die Herausgabe einer Zeitschrift (‹Hame'assef›) und literarischer Werke sowie die Gründung von neuen Schulen –, schöpfte aus den ursprünglichen Quellen des Judentums. Erste Begriffe jüdischer Kultur wurden den Maskilim im traditionsgebundenen Elternhaus vermittelt, dann in der Talmudschule und schließlich in der Jeschiwa. Wie Mendelssohn wurden auch seine Anhänger bereits als Kinder in die Schule geschickt, in der sie talmudische Abhandlungen eingepaukt bekamen, noch bevor sie einen Satz aus der Bibel ordentlich lesen und verstehen konnten. Aber wie bei Mendelssohn war ihre religiöse Ausbildung nicht darauf beschränkt, so daß sie ihnen die Aufnahme erfrischender Einflüsse von außen nicht verwehrte, ganz im Gegenteil sogar erleichterte.

Doch waren jüdisches Wissen und die Anziehungskraft Mendelssohns und seiner Ideen noch keine ausreichende Vorbedingung für eine gemeinsame aufklärerische Tätigkeit. Eine sozio-ökonomische Basis war notwendig, damit aus dem intellektuellen Kreis eine Kultur und Gesellschaft transformierende Bewegung hervorgehen konnte. Diese Basis fand sich innerhalb der jüdischen Gemeinde, und zwar in den Häusern der wohlhabenden Kaufmannsfamilien. Bei diesen konnte der zum Maskil gewordene ehemalige Talmudjünger seinen Unterhalt als Lehrer und auch das Recht des Aufenthalts im Zentrum der Haskala finden.

Die jüdischen Hauslehrer gehörten als mittellose Bedienstete zu einer sozialen Randgruppe der Gesellschaft. Nur im Schutze eines privilegierten Juden wurde dem Hauslehrer Einlaß in die Gemeinde und Aufenthalt gewährt, und wenn er seinen Dienst beendet hatte, war er gezwungen, die Stadt zu verlassen. Dann versuchte er sein Glück in einer anderen Gemeinde. Oft wurde er einer jener jüdischen Armen, die auf der Suche nach einer Bleibe von Gemeinde zu Gemeinde zogen. Der aus Polen stammende spätere Philosoph Salomon Maimon (1754–1800) erzählt von diesem Schicksal in seiner ‹Lebensgeschichte›. Er gelangte etwa drei Jahrzehnte nach Mendelssohn an das für Juden bestimmte Rosenthaler Tor der Stadt Berlin und bat um Einlaß. Ein «Torsteher», Beauftragter der jüdischen Gemeinde, hielt den Ankommenden zurück. Bis zur Klärung seines Gesuches wurde Maimon in der «Armenherberge» einquartiert: «Da, wie bekannt, in dieser Residenzstadt kein Betteljude gelitten wird; so hat die hiesige jüdische Gemeinde zur Versorgung ihrer Armen ein Haus

43 *Die «Judenherberge» am Rosenthaler Tor in Berlin (Federzeichnung von Ludwig Müller 1807)*

am Rosenthaler Tor bauen lassen, worin die Armen aufgenommen, von den jüdischen Ältesten über ihr Gesuch in Berlin befragt, und nach Befinden entweder, wenn sie krank sind, oder einen Dienst suchen, in der Stadt aufgenommen, oder weiter verschickt werden. Auch ich wurde also in dieses Haus gebracht, das theils mit Kranken, theils aber mit liederlichem Gesindel angefüllet war!»[1]

Mendelssohn hatte seinerzeit Glück gehabt. Mit vierzehn Jahren war er als armer Talmudschüler ohne Empfehlungsbrief zu Fuß von Dessau nach Berlin gegangen. Allein die Bekanntschaft mit dem Oberlandesrabbiner David Fränkel, seinem ehemaligen Lehrer, rettete ihn vor einer Zurückweisung. Dieser besorgte ihm eine Dachkammer im Hause des Gemeindeältesten Chajim Bamberg, wo er auch an zwei Wochentagen seine Mahlzeiten als Hauslehrer einnahm. Maimon hingegen konnte sich auf keinen einzigen Bekannten berufen, und so wurde er denn erst einmal abgeschoben. Trotz seiner intellektuellen Begabung teilte er das Schicksal der Betteljuden und wanderte weiter. Doch mancherorts, so z. B. in Stettin, wußte man die talmudische Schulung des osteuropäischen Juden zu schätzen: «Ich fand hier ziemlich gute Aufnahme, wurde von dem angesehnsten und reichsten Juden dieses Orts zum Sabathessen eingeladen, und ging in die Synagoge, wo man mir die oberste Stelle anwies, und alle einem Rabbiner gewöhnlich zukommende Ehrenbezeigungen erzeigte.»[2] Maimon, einer der brillanten Köpfe der Berliner Haskala, aber auch alle anderen Maskilim führten das unstete Leben des wandernden Juden, deren Lebensbedingungen sich nur dann besserten, wenn sie bei einem privilegierten Schutzjuden als Lehrer seiner Kinder eingestellt wurden.

Um so bemerkenswerter ist es, daß die prekäre Existenz der jüdischen Hauslehrer sie nicht daran gehindert hat, die Träger der Berliner Haskala zu werden. Es war das Zeichen einer neuen Epoche, daß Bildung und Reformwillen ausschlaggebend wurden und es einer Personengruppe von minderem Status, die noch dazu völlig mittellos war, ermöglichte, den Anstoß zu einer geistigen Gärung, zu einem kulturellen Erneuerungsprozeß in der jüdischen Gesellschaft zu geben. So wurde der aus Kopenhagen gebürtige, traditionell erzogene, in Berlin zur Haskala bekehrte und in Königsberg als Hauslehrer tätige Isaak Euchel (1756–1804) zu einem Initiator der «Gesellschaft zur Förderung der hebräischen Sprache» und der noch zu besprechenden Zeitschrift ‹Hame'assef› (‹Der Sammler›), des wichtigsten Instruments zur Verbreitung des Gedankenguts der Berliner Haskala.

Säkulare Bildung war im 18. Jahrhundert auch auf christlicher Seite Vorbedingung für Zugehörigkeit zur intellektuellen Elite innerhalb des aufsteigenden Bürgertums. In ihrer niederen sozialen Herkunft unterschieden sich die Träger dieser sozio-kulturellen Entwicklung grundsätzlich nicht von den Maskilim. Sie stammten in nicht wenigen Fällen aus protestantischen Pfarrersfamilien. Diese waren am unteren Ende der Ständegesellschaft plaziert, führten ein spartanisch einfaches Leben, aber boten ihren Kindern intellektuelle Anregung und Bildung. In ähnlicher Weise hatte die traditionsgebundene Schulung von Kindern jüdischer Familien die geistige Aufnahmefähigkeit gefördert und jungen Juden den Zugang zur Haskala erleichtert.

Das Streben nach Wissen und Bildung charakterisierte also die neue Elite, ob Juden oder Christen. Aber unterschiedlich waren die Chancen zum Aufstieg in der Gesellschaft. Wenn auch manche nichtjüdischen Aufklärer, unter ihnen Herder, Lessing und Kant, zeitweilig Hauslehrer waren, so konnten sie als Universitätsprofessoren, Rechtskundige, Syndici und Stadtjuristen Karriere im Staats- und Stadtdienst machen – also Sicherheit und Status als «verstaatlichte» Intelligenz gewinnen –, sobald sie eine akademische Bildung erworben hatten. Juden dagegen, denen erst zögernd der Zutritt zur Universität erlaubt wurde, blieb die Laufbahn im öffentlichen Dienst versagt. Sie waren dazu verurteilt, wenigstens bis ins 19. Jahrhundert, ihren Verdienst innerhalb der jüdischen Gesellschaft zu suchen. Daher sind auch Maskilim, die bereits eine hohe Allgemeinbildung erreicht und auch Vorlesungen an Universitäten gehört hatten, schließlich und endlich als Lehrer bzw. Leiter an den neuen, von der Haskala geförderten Schulen zu finden. Hierzu gehörte der in Berlin geborene Lazarus Bendavid (1762–1832), ein hervorragender Kenner der Kantschen Philosophie. Er wollte nach Studien an verschiedenen Universitäten in Preußen Jurist werden, mußte aber mit einer Tätigkeit als freier Schriftsteller in deutscher Sprache vorliebnehmen, wurde dann Redakteur an der ‹Spenerschen Zeitung› und seit 1806 schließlich Direktor der «Jüdischen Freischule» in Berlin.

Isaak Euchel, der sich an der Universität in Königsberg um einen Posten beworben hatte, anscheinend sogar mit Unterstützung des großen Kant, hatte ebensowenig Erfolg wie die herausragenden Denker der Haskala, Mendelssohn und Maimon, bei seinen Bemühungen, offizielle Anerkennung zu erhalten. Mendelssohn wurde in den 1760er Jahren die Mitgliedschaft in der Königlich-Preußischen Akademie versagt, nachdem Friedrich der Große persönlich gegen einen positiven Entscheid der Akademie interveniert hatte, und Maimon, der sich Anerkennung als ein überragender Intellektueller dank einer Analyse der Kantschen ‹Kritik der reinen Vernunft› erworben hatte, führte ein unstetes Leben, ohne je zu fester Anstellung und materieller Sicherheit zu gelangen.

So blieb die jüdische Intelligenz angesichts der Unmöglichkeit einer Aufwärtsmobilität einstweilen in einer Schicksalsgemeinschaft mit der übrigen jüdischen Gesellschaft, die immer noch den alten Strukturen und Werten nachlebte. Diese «Pariastellung» der Maskilim, die im Gegensatz zur Position des nichtjüdischen Bildungsbürgertums am Ende des 18. Jahrhunderts stand, veranlaßte sie, ihre aufklärerische Energie nach innen zu wenden, zugunsten einer Umformung der jüdischen Gesellschaft. Als Hauslehrer in wohlhabenden jüdischen Familien bewirkten sie eine geistige Gärung.

Der Hauslehrer-Bedienstete war in der jüdischen Gesellschaft des deutschen Kulturbereichs noch vor der Berliner Haskala eine bekannte Erscheinung. Hunderte von polnischen Talmudschülern wanderten bereits vor der Mitte des 18. Jahrhunderts westwärts, um bei Hofjuden oder in deren Umkreis eine Anstellung zu finden. Da die Talmudakademien Polens als sehr renommiert galten, gelang es fast all den Stellung suchenden Talmudjüngern, Unterschlupf zu finden. Gegen Mitte des 18. Jahrhunderts kamen zahlreiche Talmudschüler hinzu, die sich neben der Kenntnis der jüdischen Tradition auch durch ihr säkulares Wissen auszeichneten. Diese Paarung von Talmudgelehrtheit mit *chochma* (Wissenschaft), die sie weiterzugeben suchten, machte ihre Schüler für Gedanken der Aufklärung aufnahmebereit. Die meisten der jungen, von Osten, auch von Böhmen, Mähren und Ungarn anreisenden Lehrer vertraten anfänglich eine gemäßigte Tendenz gegenüber der jüdischen Tradition – nicht zuletzt, weil sie einer Generation angehörten, die im rabbinischen Wissen verwurzelt war und als Bedienstete in traditionsgebundenen Häusern keinen radikalen Wandel von Werten und Normen predigen konnte. Es überrascht daher auch nicht, daß die hebräische Sprache in ihrem Unterricht und in ihren Schriften immer noch einen zentralen Stellenwert hatte. Doch trugen die Hauslehrer zu einem Mentalitätswandel bei, indem sie inhaltliche und methodologische Änderungen in die Erziehung einbrachten.

Mendelssohns Korrespondenz vermittelt in dieser Hinsicht einen kleinen Einblick. Ihr ist zu entnehmen, daß der Vorsatz, die Hauserziehung der eigenen Kinder und vorab seines Sohnes Joseph aufgeklärt zu gestalten, Mendelssohn dazu bewog, mit der Bibelübersetzung und einem begleitenden Kommentar, ‹Bi'ur› in Hebräisch, zu beginnen. Erst auf Drängen von Salomon Dubno jedoch, der den Sohn Joseph in hebräischer Sprache unterrichtete, nahm der Gedanke, daraus ein Unternehmen für die breite jüdische Öffentlichkeit zu machen, Gestalt an.

In mancher Beziehung war die Arbeit des Hauslehrers Versuchsterrain für die Umsetzung von aufklärerischen Ideen in die Praxis – zum Beispiel für die Einführung rationalistischer Literatur wie des ‹Führer der Verirrten› von Maimonides in das Bildungsprogramm und für einen erweiterten Gebrauch der hebräischen Sprache. Im familiären Rahmen sind die ersten Ansätze für neue Prioritäten in der Bildung zu erkennen. Die Maskilim als Erzieher räumten dem säkularen Wissen ganz bewußt Zeit und Aufmerksamkeit ein – neben den traditionellen Lernfächern, die nicht von einem auf den anderen Tag verschwanden. Die wohlhabenden Familien in Berlin, Königsberg, Breslau und anderen Zentren der Aufklärung waren die ersten, die im täglichen Bildungsprozeß ihrer Kinder Konzeptionen der Haskala in die Praxis umsetzten.

Wessely und Mendelssohn übten in diesem Stadium einen mäßigenden Einfluß auf die Maskilim aus und verhinderten eine Radikalisierung. Im Hause Mendelssohns war die Beachtung des jüdischen Gesetzes vorrangige Pflicht. Er betonte dies in einem Brief an den ehemaligen Hauslehrer seines Sohnes Joseph, Herz Homberg: «Über die Nothwendigkeit der Ritualgesetze sind wir nicht einerley Meinung. Wenn auch ihre Bedeutung als Schriftart oder Zeichensprache ihren Nutzen verloren hätte, so hört doch ihre Nothwendigkeit als Band der Vereinigung nicht auf, und diese Vereinigung selbst wird in dem Plane der Vorsehung, nach meiner Meinung, so lange erhalten werden müssen, so lange noch Polytheismus, Anthropomorphismus und religiöse Usurpation den Erdball beherrschen.»[3]

So wurde der jüdische Hauslehrer in der zweiten Hälfte des 18. Jahrhunderts zum Träger der aufklärerischen Strömung. Seine Zugehörigkeit zu einer ethnisch-religiösen Minderheit bestimmte sein Schicksal in dieser Zeit und band ihn an seine Gemeinschaft, bis der Emanzipationsprozeß und die Konsolidierung eines modernen Erziehungssystems innerhalb und außerhalb der jüdischen Gesellschaft die Institution des Hauslehrers allmählich zum Verschwinden brachten.

Neben den Hauslehrern gehörten auch die Ärzte zu der Gruppe junger Juden, die im Banne der Haskala von Berlin standen. Ihr Universitätsstudium hatte sie eher als manche andere Juden mit säkularer Bildung und Wissenschaft konfrontiert. Sie waren daher geradezu ideal vorbereitet,

Anhänger und Förderer einer aufklärerischen Strömung im Judentum zu werden. Zu den akademisch Gebildeten zählen Markus Elieser Bloch (1723–1799), der berühmte Zoologe und Hausarzt Mendelssohns, wie auch Mordechai Gumpel Schnaber (1729–1797). Letzterer hatte in Berlin noch zusammen mit Mendelssohn bei Rabbiner Fränkel Talmud gelernt, studierte dann aber Medizin in London und betätigte sich schließlich als Arzt in Hamburg, wo er auch sein aufklärerisches Werk ‹Jessod Tora› (‹Die Grundlage der Tora›), einen Kommentar zu den dreizehn Glaubensartikeln des Maimonides, in Hebräisch schrieb. Jonas Jeitteles (1735–1806) war der Arzt der jüdischen Gemeinde in Prag, und als Bewunderer der neuen Ideen aus Berlin knüpfte er das erste geistige Band mit der dortigen Haskala. Er war der «Vater» der Aufklärung in Prag. Marcus Herz (1747–1803) wurde in der Talmudakademie des Veitel Heine Ephraim traditionell erzogen, studierte in Halle Medizin und kehrte nach Berlin zurück, um als Arzt im jüdischen Hospital zu arbeiten. Neben Medizin als Beruf und Wissenschaft, der er ein enzyklopädisches Werk: ‹Grundriss aller medicinischen Wissenschaften› (1782) widmete, war ihm die Beschäftigung mit der Philosophie Kants wichtig. In seinem Hause hielt Herz Vorlesungen vor Juden und Christen. Auch der preußische Justizminister, Baron von Zedlitz (1731–1793), gehörte zu den Zuhörern. Herz las über Naturwissenschaften und über das Denkgebäude des Königsberger Philosophen, während der etwas ältere Mendelssohn sich dessen ‹Kritik der reinen Vernunft› (1781) nicht mehr gewachsen fühlte. Kant schätzte den scharfen Intellekt seines jüdischen Kommentators. Für Herz war nicht mehr die Philosophie von Wolff und Leibniz, sondern diejenige von Kant maßgebend, wie später für die Generation der Maskilim nach Mendelssohn überhaupt. Herz hat entscheidend zur Rezeption Kantscher Begrifflichkeit in der Berliner Aufklärung beigetragen und vielleicht auch die Übernahme des Begriffs einer vernunftgemäßen Religion als Alternative zum normativen Judentum erleichtert.

2. Das Bibelunternehmen Mendelssohns

Die Übersetzung des Pentateuch aus dem Hebräischen ins Deutsche sowie die gleichzeitige Anfertigung eines Kommentars, ‹Bi'ur›, in hebräischer Sprache (‹Netiwot haschalom› [‹Wege des Friedens›] wurde das Gesamtwerk genannt) war das große Unternehmen Mendelssohns, durch das er den eigenständigen Charakter der jüdischen Aufklärung unter Beweis stellte. Als er zu Beginn der siebziger Jahre den Höhepunkt seines philosophischen Schaffens überschritten hatte und an die Tiefenwirkung des aufklärerischen Gedankenguts dachte, als er seine Nation veranlassen wollte, «einen Schritt zur Kultur» zu machen, fand er keinen passenderen

Weg als die Vorstellung des altehrwürdigen biblischen Textes in einem neuen, aufklärerischen Gewande.

Mendelssohn kannte zweifellos die Luthersche Bibelübersetzung und hatte sie sorgfältig studiert. Es wäre aber falsch, sein Unternehmen nur als eine jüdische Variante des Werkes von Luther zu betrachten. Vielmehr drängt sich ein Vergleich auf, der den sozio-kulturellen Rahmenbedingungen viel näherkommt: der Vergleich mit der ‹Encyclopédie› der *philosophes* der französischen Aufklärung, die ihre rationale Begrifflichkeit in einem kollektiven, populär gehaltenen Werk in die breite Öffentlichkeit im Frankreich des 18. Jahrhunderts hineintragen wollten. Unter Berücksichtigung der jeweiligen Gattung und ihrer Eigenarten darf die Übersetzung des Pentateuch und der ‹Bi'ur› als ein ähnlicher Versuch gewertet werden, aufklärerische Weltanschauung zu popularisieren. Das Unternehmen war auch nicht die Leistung eines einzelnen, sondern einer Gruppe, eben jener Maskilim, die sich in den siebziger Jahren um Mendelssohn geschart hatten. Mendelssohn lieferte zwar die Übersetzung, der ‹Bi'ur› hingegen war ein kollektives Werk. Ohne die Hilfe einiger überzeugter Anhänger hätten auch die zehn langen Jahre (1773–1783) für den Abschluß des Projekts nicht genügt. Salomon Dubno, Naftali Herz Wessely, Aron Jaroslaw und Herz Homberg gehörten zu den Mitarbeitern, für die allerdings Mendelssohn immer richtungweisend blieb. Während Dubno den Kommentar zu Genesis (außer dem 1. Kapitel) und zu grammatikalischen Aspekten von Exodus bewerkstelligte, kommentierten Wessely Leviticus, Jaroslaw Numeri und Homberg zwei Drittel von Deuteronomium. Sie alle arbeiteten in engem Einverständnis mit Mendelssohn, der dem Ganzen einen einheitlichen Charakter gab.

Wenn auch Mendelssohn und seine Mitarbeiter neue Gedanken und Begriffe in den Text einbauten, so gingen sie doch immer mit betontem Respekt vor den Werten der jüdischen Tradition ans Werk. In nicht wenigen Fällen, in denen eine moderne, rationalistische Auslegung des Textes in offenem Widerspruch zur traditionellen stand, bevorzugte Mendelssohn die überkommene. Schon im Prospekt ‹Alim literufa› (‹Blätter zur Arzenei›, 1778), den Salomon Dubno im Einverständnis mit Mendelssohn angefertigt hatte, und noch ausführlicher in der Einleitung zur Übersetzung, ‹Or lanetiwa› (‹Licht für den Weg›, 1782), war Mendelssohn bemüht, Zweifel von potentiellen orthodoxen Gegnern zu zerstreuen. Er wollte das Projekt als in der Kontinuität der jahrhundertelangen rabbinischen Tradition stehend verstanden wissen. So betonte er die Einheit und Unantastbarkeit des Toratextes, der für ihn authentisch aus der Zeit vor der Landnahme Kanaans stammte. Für ihn bestand kein Zweifel, daß der Pentateuch vom ersten Kapitel in Genesis bis zum letzten Teil in Deuteronomium – einschließlich des Berichts vom Tode Moses' – von Gott eingegeben und von Moses selbst niedergeschrieben wurde: «Die ganze Gemeinde Israels ist daher überzeugt, daß wir heute in unseren Händen jenen Bibeltext halten, den Moses tatsächlich geschrieben ... und daß ihm nicht das Schicksal der profanen Bücher widerfahren, die von Schreibgewandten und Kopisten im Laufe der Zeiten unter Hinzufügung, Auslassung und Änderung von Passagen, wegen mangelnder Vorsicht oder absichtlich, entstellt wurden.»[4] Auch die heilige Sprache, in der der Bibeltext verfaßt wurde, sei treu überliefert worden. Es handele sich um das Hebräisch, in dem sich Gott an «Adam, Kain, Noah und an unsere heiligen Väter gewandt hat, in dem er die zehn Gebote am Berge Sinai verkündete und sie auf die Tafeln eingravierte. Es ist die Sprache, in der er Moses und die Propheten anrief und dies allein gibt ihr den Vorrang vor allen anderen Sprachen, sodaß wir sie als ‹heilige› bezeichnen dürfen.»[5] Mendelssohn erwähnt eine ganze Reihe von Namen und idiomatischen Wendungen, für die es keine Parallelen in Deutsch oder in anderen Sprachen gibt, um seine These zu untermauern.

Die Heiligkeit des Textes und der Sprache wird von Mendelssohn in keinem Moment angezweifelt. Sogar die Vokalisierung und Interpunktion der Bibel, die nach Moses Zeiten vorgenommen wurde, hat in den Augen ihres Übersetzers den Anspruch einer verpflichtenden Tradition. Mendelssohn hat gerade deshalb Salomon Dubno zu seinem ersten wichtigen Mitarbeiter auserkoren, weil dieser die *massora*, d. h. jene Zeichen hervorragend beherrschte, die eine traditionsgetreue Lektüre und Auslegung des Textes ermöglichten.

Der rationalistische Zugang Mendelssohns, sein Bedürfnis, sowohl im Übersetzungswerk als auch im Kommentar der Methode des *peschat* – der einfachen, wörtlichen Auslegung – den Vorzug zu geben, dem Sinn des Textes vor allem aufgrund wissenschaftlicher Kenntnis der hebräischen Sprache, ihrer Grammatik und ihrer Syntax näherzukommen, war für ihn keineswegs gleichbedeutend mit Bibelkritik, die er ablehnte. Was Spinoza in seinem ‹Theologisch-Politischen Traktat› in die Wege geleitet hatte und dann von protestantischen Forschern besonders im deutschen Kulturbereich intensiv gefördert wurde, lag dem Mann aus Dessau fern, auch als er bereits begeisterter Anhänger der Aufklärung und der «Gelehrtenrepublik» war. Als eines der Ziele seines Unternehmens nennt Mendelssohn: «... die Schrift wieder leserlich und verständlich zu machen, die durch Heucheley und Pfaffenlist unverständlich geworden».[6] Er wollte der christlich-rationalen Deutung der Bibel eine jüdisch-rationale entgegensetzen, die die Kontinuität der Tradition nicht in Frage stellte.

Auch wenn es scheinen mag, daß der ‹Bi'ur› in gewissem Maße den klassischen Kommentar des Raschi verdrängen sollte, darf nicht vergessen werden, daß Mendelssohn unermüdlich betonte, er fühle sich den mittelalterlichen Kommentatoren in Frankreich und Spanien, allen voran Raschi, verpflichtet, soweit sie die ehrwürdige Tradition des *peschat* aufrechterhalten hätten. Seinem Mitarbeiter Salomon Dubno schärfte er ein, die Kommentare des Raschi und einiger späterer Autoritäten gründlich zu studieren und Zutreffendes für das Bibelwerk festzuhalten, da sie alle dem Prinzip einer einfachen, rationalen Deutung des Textes treu geblieben waren.

Die ausgesprochene Neigung zum *peschat* hinderte Mendelssohn nicht daran, in allen Fällen, in denen ein Widerspruch zu bestehen schien zwischen dem einfachen, wortnahen Kommentar und dem *derasch* (homiletisch erweiterte und oft allegorische Auslegung des Bibeltextes), der «von den Weisen überliefert wurde», dem letzteren den Vorzug einzuräumen, so daß jede schroffe Verletzung der Tradition vermieden wurde, selbst um den Preis des Verzichts auf konsequente Rationalität.

Angesichts dieser Ehrerbietung Mendelssohns gegenüber der rabbinischen Gelehrsamkeit und der mündlichen wie der schriftlichen Überlieferung erscheint die vehemente Ablehnung, auf die das Bibelunternehmen auf seiten der Orthodoxie stieß, als völlig ungerechtfertigt. Es war jedoch sicher kein Zufall, daß Mendelssohn es vermied, das Einverständnis der herausragenden Vertreter der Orthodoxie einzuholen, und daß diese seinem Unternehmen den Kampf ansagten. Zu offensichtlich entsprach es dem Zeitgeist. Die Rabbiner Jecheskel Landau, Raphael Kohen, Pinchas Horovitz, Elasar Fleckeles u. a. waren nicht nur von irrationalen Ängsten und Vorurteilen der Orthodoxie gegen jede Art der Abweichung von Brauchtum und Normen der Mehrheit beeinflußt. Sie unterzogen sein Bibelunternehmen auch einer scharfen Kritik, weil sie einen Spürsinn für das Neuartige hatten und hinter den nuancierten Formulierungen das die Normen und Werte der Orthodoxie Gefährdende witterten. Wenn Mendelssohn übersetzte: «Du kannst» anstatt: «Du sollst» deinem Nächsten Verweise geben, und hinzufügte, «wenn er Dich beleidigt hat nämlich» (Leviticus, 19.17), so glaubte Rabbi Pinchas Horovitz in dieser Übersetzung eine Minderung der vom Talmud geforderten Verantwortung des Juden für das religiöse und sittliche Betragen seines Nächsten zu erkennen. Vor allem aber muß man dem Einwand des Jecheskel Landau Gehör schenken, wenn man die Frage nach dem Respekt vor der Tradition und ihrer Kontinuität in einem umfassenden Sinne stellt und nach der Bedeutung des Bibelunternehmens für einen Wandel der Kultur, der Normen und Strukturen fragt:

«Möglicherweise hatte der Verfasser [Mendelssohn] die Absicht, es zu verhindern, daß man sich auf die christliche Bibel stürze. Allerdings sehen wir bei seinem Versuch keine Besserung ... Der Übersetzer hat sich nämlich tief in die Sprache eingearbeitet und ein äußerst schweres Deutsch benützt, das genaue grammatische Kenntnis voraussetzt. Die Kinder werden es nur mit Mühe verstehen, und der Lehrer wird die meiste Zeit damit verbringen müssen, ihnen die deutsche Grammatik zu erklären ... Darüber hinaus folgt die Übersetzung dem Text nicht Wort für Wort, sondern gibt den allgemeinen Sinn wieder ... Da sie aber von Lehrern zum Unterricht von Kindern benützt wird, verleitet sie diese ihre Zeit zur

Lektüre von nichtjüdischen Büchern zu verschwenden, um ein verfeinertes Deutsch zu bewältigen und die Übersetzung zu verstehen. Unsere Tora wird dadurch herabgewürdigt zur Rolle einer Dienerin der deutschen Sprache...»[7]

Jecheskel Landau konnte zwar keinen grundsätzlich religiös fundierten Einwand gegen Mendelssohns Bibelwerk erheben, denn es gab kein Verbot im Judentum, das die Benutzung einer aus dem Hebräischen übersetzten Bibel untersagte. Seit Esras Zeiten, der erstmals die Bibel ins Aramäische übersetzt hatte – für die Juden Babyloniens, die die «heilige Sprache vergessen» hatten –, waren jeweils Übersetzungen in den Sprachen der Kulturen und Völker erschienen, auf die die Juden auf ihrem Wanderwege durch die Diaspora trafen: in Griechisch, Arabisch, Persisch, Spanisch und schließlich auch in Westjiddisch. Mendelssohn zählt sie alle in ‹Or lanetiwa› auf, um seinen Schritt zu rechtfertigen. Doch befürchtete der große Talmudgelehrte und Oberrabbiner der Prager Gemeinde, Landau, aufgrund der hohen Ansprüche, die die Mendelssohnsche Sprache an jüdische Leser stellte, daß dessen Bibelübersetzung zur Schwächung der Tradition und zur Schaffung einer säkularen Kultur im Judentum führen würde. Wäre diese erst einmal entstanden, so würde sie sich dann festigen und erweitern. In den Augen Landaus und der ihm nahestehenden Rabbiner war folglich die Bekämpfung des Werkes eine Pflicht. Wie aber das Bibelunternehmen als Beitrag zur Schaffung einer «säkularen Kultur» eingeschätzt werden konnte, wird erst durch die sprachtheoretischen Äußerungen Mendelssohns seit Beginn seiner publizistischen Tätigkeit ersichtlich. Seine Stellungnahme in Sprachfragen, sowohl zur deutschen als auch zur hebräischen Sprache, war nämlich zunächst nicht durch religiöse, traditionsgebundene Überlegungen bestimmt.

Im Jahre 1755 hatte Mendelssohn eine Übersetzung von Rousseaus Schrift ‹Discours sur l'origine de l'inégalité parmi les hommes› auf Vorschlag Lessings angefertigt. Bei dieser Gelegenheit nahm er in einem Sendschreiben an den Freund zur Frage der Entstehung der Sprache und deren Bedingtheit durch die menschliche Denkfähigkeit, die der ‹Discours› neben anderen Fragen berührt hatte, Stellung. Mit Lessing unterhielt er sich oft «über den Ursprung der Sprachen, und über die Art, wie Rousseau davon schliesset».[8]

Das Thema stand nicht etwa nebensächlich zur Debatte. In den fünfziger Jahren beschäftigte es die deutschen moralischen Wochenschriften. Auch in ‹Kohelet mussar› hinterließ es seine Spuren, und bereits dort erkennt der aufmerksame Leser einen Widerspruch zwischen dem erklärten Festhalten Mendelssohns am Begriff der «heiligen Sprache» und seiner Neigung, der hebräischen Sprache neue, weltliche Funktionen zuzuordnen, als Sprache der Lyrik und der Philosophie. 1759 stellte die preußische Akademie in Berlin eine Preisfrage: «In wie weit haben die Meinungen eines Volkes einen Einfluß auf ihre Sprache und hinwieder die Sprache auf die Meinungen.» Der Göttinger Orientalist Johann David Michaelis (1717–1791) trug den Preis davon, und Mendelssohn äußerte sich anerkennend über den Beitrag des Mannes, mit dem er angesichts dessen Vorurteil gegen Juden und Judentum in manche Kontroverse geriet. Einstweilen allerdings gab es eine Gemeinsamkeit: das brennende Interesse an der Wechselbeziehung zwischen Sprache, Vernunft und Kultur der Völker. Mitglieder der Akademie, wie Maupertuis und Sulzer, beschäftigte das Thema, und noch vor ihnen gaben Philosophen in Frankreich und Deutschland durch ihre Publikationen zu verstehen, daß es sich hier um ein zentrales Problem der Aufklärung handelte.

Als Mendelssohn durch Lessing erstmals Zutritt zum Kreis der Gelehrten gefunden hatte, erfaßte er sehr bald, wie eng sie den Zusammenhang zwischen Aufklärung, Kultur und der Moral eines Volkes und seiner sprachlichen Entwicklung verstanden: «Überhaupt ist die Sprache eines Volks die beste Anzeige seiner Bildung, der Cultur sowol als der Aufklärung ...»[9] Deshalb las er zu dieser Zeit manche Werke der Antike und der Neuzeit, die Theorien der Sprache und der Übersetzung gewidmet waren. Sein Interesse bekundete er auch durch Beiträge zur ‹Bibliothek der schönen Wissenschaften und der freien Künste›, die Friedrich Nicolai seit 1756 herausgab.

Im Bewußtsein Mendelssohns verknüpfte sich demnach die aufklärerische Einstellung eng mit dem Begriff der Sprache als Vehikel der menschlichen Vernunft, der Sittlichkeit und der Ästhetik. Die Pflege der Sprache erschien ihm als Vorbedingung für das Erreichen aufklärerischer Ziele: Verdrängung von Vorurteilen, von irrationalen, unmoralischen Auffassungen und Gewohnheiten, kurzum für die Besserung der Menschen. Wenn also Mendelssohn etwa zwanzig Jahre nach der Herausbildung seiner sprachtheoretischen Konzeptionen die Übersetzung des Pentateuch und die Herausgabe des ‹Bi'ur› in die Wege leitete, war er unzweifelhaft motiviert durch einen aufklärerischen Elan. Das schwächte er ab, indem er wiederholt seine Treue zur «heiligen Sprache» und zur religiösen Tradition des Judentums beteuerte. In seinem Brief an seinen Freund Hennings aber äußerte er sich deutlich dahingehend, daß er «die eigene Nation der Kultur näher bringen» wolle und das Bibelunternehmen als ersten Schritt in dieser Richtung werte. Es müßten weitere folgen, die der Verbreitung der Haskala dienen sollten.

Die Tatsache, daß Mendelssohn die Bibel zum Medium gewählt hatte, um aufklärerische Gedanken und Konzepte zu vermitteln, und dabei die Anlehnung an die traditionelle Auslegung des Textes unterstrich, erschwert es, das Innovative und Nichttraditionelle auf den ersten Blick zu erkennen. Es ist aber unzweifelhaft vorhanden, und die orthodoxen Rabbiner ließen sich deshalb in ihrer scharf ablehnenden Haltung nicht beirren. Eine Zusammenstellung der Äußerungen über die Zielsetzung des Bibelunternehmens und über die Vordringlichkeit einer Renaissance der hebräischen Sprache als Sprache, in der erhabenste Dichtung und höchste Moral und Vernunft artikuliert wurden, ergibt einen eindeutigen Befund: Mendelssohn wünschte auch in ein durch Tradition und Offenbarung (an die er glaubte) geheiligtes Segment der jüdischen Kultur, ins Studium der Bibel, nonkonformistische, rationalistische Maßstäbe einzubringen. Es genügt, einen von zahlreichen Ausschnitten aus seinen Schriften zu lesen, den er in der ‹Bibliothek der schönen Wissenschaften› über Robert Lowths akademische Vorlesungen von der heiligen Dichtkunst der Hebräer 1757 veröffentlicht hat:

«Man liest den Homer, Virgil und die übrigen Schriften der Alten; man zergliedert alle Schönheiten, die darin enthalten sind, mit der größten Sorgfalt, und giebt sich alle Mühe, unsern Geschmack nach ihrem Muster zu bilden; aber selten bekümmert man sich um die Regeln der Kunst, nach welchen jene göttliche Dichter unter den alten Hebräern die erhabensten Empfindungen in uns rege machen, und unmittelbar den Weg nach unserm Herzen zu treffen wissen ... Man hat daher schon längstens gewünscht, die Regeln der Schönheit in den alten hebräischen Dichtern erklärt, und das Genie ihrer Dichtkunst mit seinen besondern Charakteren bezeichnet zu sehen. Wer diesem Werke gewachsen seyn will, muß freilich etwas mehr als die hebräische Grammatik inne haben; er muß mit der Erkenntniß der Sprache einen sichern philosophischen Geschmack verbinden, und das Genie verschiedener Völker gegen einander zu halten, und zu unterscheiden wissen.»[10]

Die Freilegung von ästhetischen Werten, die in der Prosa und vor allem auch in der Poesie der Hebräer verborgen lagen, deren Höhepunkt in den Psalmen erreicht wurde (wie auch Herder bezeugte), war ein vorrangiges Anliegen. Mendelssohn hat deshalb mit ganz besonderer Begeisterung an einer Übersetzung auch der Psalmen gearbeitet, die 1783 erschien.

Neben dem neuen ästhetischen Ansatz waren Mendelssohn und seine Mitarbeiter auch bestrebt, bei jeder Gelegenheit, sowohl in der Pentateuch-Übersetzung als auch im ‹Bi'ur›, Erkenntnisse der Naturwissenschaft, Konzepte der Philosophie und abstrakte rationale Begriffe einzubringen, um Aberglauben und Vorurteile abzubauen. Mendelssohns Wahl des Wortes «der Ewige» zur Übersetzung des Gottesnamens war eine Neuerung im Judentum, die im Sinne der Metaphysik Baumgartens drei Eigenschaften des göttlichen Wesens, die in der jüdischen Hermeneutik des Mittelalters jeweils getrennt erwähnt wurden, in einem beinhaltete: seine Ewigkeit, seine Notwendigkeit und seine Vorsehung. Indem Mendelssohn (Exodus 7,3) auf die Gleichzeitigkeit und Wechselbeziehung von physiologischen und psychologischen Vorgängen zu sprechen kam, erneuerte er seine im ‹Phädon› geäußerten Meinungen über die Kompatibilität von Bewegungen in einem Körper eines bestimmten Menschen und den Vorstellungen und dem Verlangen seiner Seele. Wenn in Exodus 33,23 vom Anblick des «göttlichen Antlitzes» die Rede ist, deutet Mendelssohn dies im Sinne von Maimonides als Bestreben des Menschen, sich mittels vernünftiger Begrifflichkeit Gott zu nähern, ohne jedoch jemals die Stufe der totalen Erkenntnis erreichen zu können. Durch diesen Kommentar sollte jede anthropomorphe Assoziation vermieden werden.

Die Frage der Rezeption stellt sich: Welches Publikum begrüßte sein Bibelunternehmen, angesichts der ablehnenden Haltung rabbinischer Autoritäten, die das mehrheitlich immer noch orthodoxe Judentum jener Zeit repräsentierten? Eine Subskribentenliste der ersten Auflage enthält 515 Namen, die 750 Stück der Gesamtausgabe (1781–1783) erstanden haben. Juden aus allen Teilen Europas von Holland bis Polen-Rußland gehörten zu den Subskribenten, aber deren Konzentration in Preußen, vorab in Berlin, Königsberg und Breslau sticht ins Auge. Konzentration einer bürgerlich-aufgeklärten Elite in städtischen Gemeinden und Unterstützung des Bibelunternehmens gingen Hand in Hand.

Die Maskilim nach Mendelssohn sorgten für die Verbreitung des Gesamtwerks ‹Netiwot haschalom› als untrennbaren Teils des kulturellen Anstoßes, der von Berlin ausging. Die Pentateuch-Übersetzung und der ‹Bi'ur› erlebten zwischen 1783 und 1888 siebzehn Neuauflagen, die teilweise von Maskilim in Polen und Rußland initiiert wurden. Immer wieder erschienen Übersetzungen und Kommentare in Anlehnung an ‹Netiwot haschalom›. Hierzu gehören etwa der Kommentar Euchels zum biblischen Buch ‹Mischlej› (Sprüche Salomons) und die Übersetzungen der Bücher Könige und Hiob durch den Maskil Aron Wolfssohn. Die jüdischen Schuldirektoren David Fränkel und M. H. Bock gaben schließlich im Jahre 1815 die gesamte Mendelssohnsche Übersetzung in deutscher Schrift heraus.

In den Schulen der Haskalabewegung wurde ‹Netiwot haschalom› ins Unterrichtsprogramm integriert. So empfahl im Jahre 1813 Simcha Luzzatto, der italienische Anhänger der Haskala, Joseph Perl in Tarnopol (Galizien), sie in seiner neuen Schule zu benutzen, da es kein geeigneteres Werk für den Bibelunterricht gebe. In den Schulen Mittel- und Osteuropas, die von Maskilim gegründet und geleitet wurden, war man willens, der Empfehlung Wesselys Folge zu leisten und sich im Bibelunterricht der jüdischen Kinder vom neuen Geist der Mendelssohnschen Übersetzung leiten zu lassen. Jahrzehnte, nachdem die Berliner Haskala ihre dominante Stellung verloren hatte, lebte ihre Botschaft in den neuen Zentren fort, nicht zuletzt dank ‹Netiwot haschalom›. Dies bezeugt am besten der hebräische Schriftsteller Micha Joseph Berdiczevski anläßlich einer Neuauflage des ‹Bi'ur› im Jahre 1888 in Warschau:

«Der Name ‹Bi'ur› erweckt in jedem von uns Jugenderinnerungen an die magische Kraft desselben im Zeitalter der Haskala. Dieses Wort erregte in mir schon Gefühle aus einer anderen Welt, weit entfernt von der, in welcher ich geboren und erzogen wurde ... Das bemerkte ich, denn jedes Mal, wenn das Wort ‹Bi'ur› aus meinem Munde kam, verzerrte mein strenggläubiger Vater sein Gesicht. Und dies hatte seinen guten Grund. Tatsächlich übte ‹Netiwot haschalom› eine ungeheure Anziehungskraft auf mich aus und spornte mich zum Kampf an ... Die Mitarbeiter am Kommentar waren fast alle der Tradition treu. Ihre Sprache war traditionsgebunden und ihr Stil rabbinisch ... dadurch gerade haben sie ein Feuer entfacht im Hause Jakobs, Bannstrahle wurden geschleudert und eine gewaltige geistige Gärung bahnte sich an.»[11]

3. Säkularisierung der hebräischen Sprache

Nach dem erfolgreichen Abschluß des Bibelprojektes war die jüdische Aufklärung nicht mehr Gedankengut eines einzelnen, sondern entwickelte sich zu einem sozio-kulturellen Phänomen, um dessen Gedeihen sich die Maskilim auch nach Mendelssohns Tod bemühten. Sie ergriffen neue Initiativen, um die Botschaft der Haskala in die jüdische Gesellschaft hineinzutragen, die Schönheit und die vielseitige Anwendbarkeit der biblischen Sprache zu demonstrieren. Während in den siebziger Jahren das Bibelprojekt Vorrang hatte, war in den achtziger und neunziger Jahren eine Verbreiterung des Schaffens erkennbar. Die Maskilim verfaßten Satiren und Poesie und gaben damit den Anstoß zur Entstehung einer modernen hebräischen Literatur.

Wessely, der in der Erneuerung der hebräischen Sprache seine Lebensaufgabe sah, wurde zum bewunderten Meister der Disziplin. Er schrieb ein mehrbändiges Epos über Moses, ‹Schirej tiferet› (‹Lieder der Pracht›, 1789–1802, 1829), inspiriert von Klopstocks ‹Messias› und Herders ‹Geist der hebräischen Poesie›. Der letztere hatte gefordert, die überragende Persönlichkeit der Hebräer durch ein literarisches Werk gebührend zu ehren. Wessely benützte in seinem Epos eine Vielfalt von hebräischen Texten aus Bibel, Mischna, Talmud, aus apokrypher und mittelalterlicher Literatur, um das Schicksal Israels von der Knechtschaft in Ägypten und dem dramatischen Auszug unter der Führung von Moses bis zur Toragesetzgebung am Sinai zu besingen. Die hebräische Zeitschrift ‹Hame'assef› (‹Der Sammler›) äußerte sich enthusiastisch über das Werk und schrieb, daß seit dem Abschluß der Bibel nichts Ebenbürtiges geschaffen worden sei. Die Begeisterung der Zeitgenossen konnte aber nicht über die Mängel und die Schwierigkeiten hinwegtäuschen, die einer profanen Poesie in hebräischer Sprache im Wege standen. Zu eng lehnte sich Wessely in seinem Epos an die biblische Erzählung an, und zu wenig schöpferische Freiheit nahm er in Anspruch, so daß sein Werk eher phantasielos und langatmig wirkte. Zumindest ein Verdienst muß ihm jedoch angerechnet werden: Von ihm ging ein spürbarer Impuls auf das literarische Schaffen jüngerer Maskilim aus, die ‹Hame'assef› gründeten, um die Juden im Sinne der Haskala zu bilden.

Die Initiatoren dieser hebräischen Zeitschrift, die nicht so kurzlebig wie ‹Kohelet mussar› war (sie erschien in den Jahren 1784–1790 sowie 1794–1797 und 1809–1811) und der die aufklärerische ‹Berlinische Monatsschrift› als Vorbild diente, waren Maskilim in Königsberg, zu denen Isaak Euchel, Mendel Bresslau und zwei Söhne der Familie Friedländer gehörten. Bereits in der Voranzeige kam das Ideal der Haskala klar zutage: Die Herausgeber des ‹Hame'assef› wollten aufklären, bilden und erziehen in Hebräisch, nicht in Deutsch, und schon gar nicht in Jiddisch, da sie diese Sprache als rückständig betrachteten. In ihren Augen wie schon in jenen Mendelssohns war die Hebung von Sittlichkeit und bürgerlicher Moral der Glaubensgenossen abhängig von der Rückkehr zu einer reinen, wissenschaftlich-gepflegten Sprache. ‹Hame'assef› sollte diesem Zweck dienen. Trotz seines ‹Niedergangs› war Hebräisch eine vor allem in der talmudisch gebildeten Schicht verständlich gebliebene Sprache. In dieser Voranzeige umrissen sie den zu behandelnden Themenbereich des ‹Hame'assef›. Besondere Aufmerksamkeit galt den profanen Gebieten der Naturwissenschaft, der Philologie, der Geschichte, der Poesie und der Erziehung, aber auch auf spezifisch-jüdisches Wissen wurde nicht verzichtet. Die Texte aus der Bibel, der Mischna und dem Talmud sollten wörtlich und vernunftgemäß im Sinne des *peschat* ausgelegt werden.

In den beiden letzten Jahrzehnten des 18. Jahrhunderts wurde ‹Hame'assef› für die Schüler Mendelssohns ein Ort der Sammlung und des Zusammenhalts. Die Beiträge zu dieser Zeitschrift wurden von mehr als einem Dutzend Maskilim geliefert, die nicht allein aus Deutschland, sondern aus Polen, Böhmen, Österreich, Italien, Frankreich und Holland stammten. Sie zeugten von der Ausstrahlungskraft, die die Bewegung, deren Anfänge in Berlin lagen, bereits erlangt hatte. Die meisten dieser Maskilim hatten noch eine traditionelle jüdische Erziehung erhalten. Zu den Ideen der Aufklärung hatten sie sich als Autodidakten durchgearbeitet. Manche waren jedoch auf das rationale Denken und das neue Bildungsideal vorbereitet, weil sie wie Marcus Herz und Mordechai Gumpel Schnaber Medizin studiert hatten oder Söhne eines Arztes waren, wie Aron Wolfssohn (1754–1835) und die Brüder Baruch (1762–1813) und Juda Jeitteles (1773–1838) in Prag. Was der Generation der Maskilim nach Mendelssohn an philosophischer Überlegenheit fehlte – abgesehen von Salomon Maimon gehörte ihr kein außergewöhnlicher Denker mehr an, und im ‹Hame'assef› fehlten Beiträge von philosophischer Bedeutung –, versuchte sie durch die Intensität des Schaffens wettzumachen, um so die aufklärerische Botschaft in breitere, volkstümliche Schichten hineinzutragen.

Eine Lektüre des ‹Hame'assef› beweist, wie schwierig die Verwirklichung eines Hauptanliegens der Maskilim, die Umfunktionierung der hebräischen Sprache, war. Sie hatte während Jahrhunderten vorwiegend

המאסף

לשנת

התקמד

כולל שירים ומכתבים

אשר נאספו ונקבצו יחד על ידי אנשי

חברת דורשי לשון עבר

בקעניגסבערג .

קעניגסבערג שנת תק"מ"ד

נדפס בבית המדפיס דניאל קריסטאף קאנטער

בדפוסו ובאותיות החברה .

44 *Titelblatt des ersten Bandes des ‹Hame'assef›, der hebräischen Zeitschrift der jüdischen Aufklärung (1784)*

im Gebet und im Torastudium Anwendung gefunden, nun sollte sie weltlichen Themen gerecht werden. Der Leser sollte an hebräischer Poesie und Prosa, die seit ihrer Blüte im mittelalterlichen Spanien arg darniederlagen, ein ästhetisches Vergnügen finden. Dies war kein leichtes Unterfangen. Es fehlte an dichterischen Talenten und an einer kontinuierlichen literarischen Tradition. Der häufige Rückgriff der *me'assfim* (wie sich die Mitarbeiter nannten) auf Sprache und Erzählung der Bibel wirkte oft als wenig originelle Nachahmung. So muß denn nicht das Niveau der Zeitschrift, sondern die Tatsache selbst, daß sich durch den ‹Hame'assef› der Wille bekundet hat, Sprache und literarischen Stil zu erneuern, als Errungenschaft gewertet werden.

Als Vorbild diente nicht allein die Bibel. Die *me'assfim* versuchten auch, Stil und Formen der zeitgenössischen, nichtjüdischen Literatur nachzuahmen. Schriftsteller der Aufklärung, wie Fontenelle, Montesquieu, Voltaire, Lessing und Wieland, die in der Kritik an der Gesellschaft und ihren Mängeln eine Voraussetzung für deren Besserung sahen, hatten das literarische Genre der Satire erneuert, das bereits im griechisch-römischen Altertum verbreitet war. Witz, Spott und Ironie gehören zur Satire, die karikiert und moralisiert, um einen kritischen Denkprozeß auszulösen und den Wandel von Sitten, Bräuchen, Werten und Normen der Menschen zu ermöglichen. Auch Euchel und Wolfssohn, die beide zeitweise als Herausgeber des ‹Hame'assef› fungierten, machten sich die Form der Satire zu eigen, um alte Denk- und Verhaltensmuster zu erschüttern.

Euchel veröffentlichte daher im ‹Hame'assef› seine ‹Briefe des Meschullam ben Urija Ha'eschtemoi›. Dies waren Berichte eines jungen achtzehnjährigen Juden aus Aleppo in Syrien, den sein Vater «über das Meer in die Länder Europas gesandt hatte, damit er dort die Sitten und Gebräuche sowie den Charakter der Völker kennenlerne». Quelle der Inspiration waren die ‹Persischen Briefe› (1721) von Montesquieu, in denen zwei Perser ausziehen, um die Kultur Europas, vor allem Frankreichs, aus eigener Erfahrung zu erleben und dann als Außenstehende kritisch zu bewerten. Montesquieu diente das satirische Genre als Kunstgriff, der es ihm ermöglichte, durch den Mund der persischen Reisenden mit Ironie, mit grotesken Bildern das «Ancien Régime» zu kritisieren und am System seiner Werte und Normen zu rütteln.

Montesquieu nachahmend, sendet Euchel Meschullam aus dem Orient nach Europa, aber er stellt seinen Helden in einen jüdischen Kontext. Er findet für ihn gleich auf dem Schiff einen Marranen als Begleiter und Führer durch Spanien, wo er die marranische Lebensweise entdeckt, jener Juden, die es verstanden hatten, ihr Judentum trotz Zwangstaufe zu bewahren. Auch den christlichen Kult lernt er kennen. Trotz Einfluß Montesquieus trägt das Werk Züge, die Euchels Eigenständigkeit beweisen. Sein Held erforscht eher die lobenswerten Seiten in Ländern, die er besucht, wie Spanien und Italien. Er durchwandert sie mit den Augen des aufgeklärten Juden, denn Meschullam ist bereits von Haus aus der Haskala zugetan. Sein Vater hatte ihn in der *chochma*, d. h. in der säkularen Wissenschaft unterrichtet: in Logik, Astronomie, in der Sprache seines Volkes und der anderen Völker, aber auch in den schönen Künsten, in Poesie und Musik, kurzum, er hatte das Bildungsideal, dem die Maskilim nacheiferten, verwirklicht.

Während seiner Reise erreicht Meschullam ein Brief seines Großvaters, eigentlich ein geistiges Testament des alten, orthodoxen Judentums, das die Auseinandersetzung zwischen Gegnern und Befürwortern der Haskala als einen Konflikt der Generationen erscheinen läßt. Drei Ratschläge gibt der Großvater seinem Enkel mit auf den Weg: Sei gottesfürchtig – Verzichte nie auf das Gebet – Widme dich dem Studium der heiligen Schriften! Er ermahnt ihn, dem alten Bildungs- und Glaubensideal treu zu bleiben, und fügt Warnungen, den täglichen Lebenswandel betreffend, hinzu, die es Euchel erlauben, einen satirischen Ton anzuschlagen – beispielsweise wenn der Großvater schreibt: «Achte auf das Waschen der Hände vor dem Essen! Sei vorsichtig hierbei, denn wer Brot genießt, ohne die Pflicht des Händewaschens zu beachten, gleicht jenem, der mit einer Prostituierten schläft!»[12] Die peinlich strenge Beachtung der rituellen Vorschriften durch den orthodoxen Juden wird von Euchel mit scharfer Ironie bewertet, die den Antagonismus zwischen Maskilim und ihren Gegnern verschärft.

Im Gegensatz zu diesem Brief des Großvaters klingen die Ausführungen in einem Brief des Vaters an den Sohn ernst und überzeugend. Der Konflikt zwischen den Generationen sticht ins Auge. Auf der einen Seite wird die Abkehr von der Kultur der anderen Völker und ihrem Lebenswandel gefordert, auf der anderen Seite die Annäherung. Der Vater ermuntert seinen Sohn zu den Ideen der Aufklärung, zur Vernunft, zur Toleranz und Menschenfreundlichkeit, und Meschullam begegnet daher dem freiheitlichen, aufgeklärten Regime der jüdischen Gemeinde in Italien und dem literarischen Schaffen des dort lebenden hebräischen Schriftstellers Ephraim Luzzatto mit Bewunderung. Es besteht kein Zweifel: In Europa sucht und findet er das gesellschaftliche Vorbild, während das traditionelle Judentum im Orient das veränderungsbedürftige «Ancien Régime» verkörpert. Meschullam, der Maskil, verkündet den Wandel der Beziehungen zwischen den Geschlechtern und den Generationen als Teil einer Gesellschaftsutopie und paart sie mit einer satirischen Kritik an den Mängeln der alten Verhaltensnormen. Stilistisch ist das Werk von Montesquieu beeinflußt. Aber Euchel verfaßte seine Briefe in Hebräisch und gab ihnen einen spezifisch jüdischen Inhalt. So wurden sie Teil einer erwachenden hebräischen Literatur.

In Aron Wolfssohns Satire ‹Gespräch im Reich der Toten›, die im ‹Hame'assef› in den Jahren 1794–1797 erschien, wird die Auseinandersetzung zwischen dem alten und dem neuen, dem aufklärerischen Judentum in die Seelenwelt projiziert, wodurch frei und unbeschwert Kritik an den Mißständen der Gesellschaft geübt werden kann. Die Autorität längst verstorbener Persönlichkeiten wird dazu in Anspruch genommen. Ein polnischer Rabbi, «Ploni», ein Vertreter des blind eifernden Judentums und verschworener Gegner der Aufklärung, trifft mit Maimonides und Mendelssohn zu einem Gespräch zusammen, das ohne Schwierigkeit im Reich der Toten stattfinden kann. Wie in satirischen Schriften der französischen und deutschen Literatur des 18. Jahrhunderts wird auch hier kritisches, aufgeklärtes Denken dem Aberglauben und den Sitten einer Gesellschaft gegenübergestellt, die zum Untergang verurteilt ist.

In Wolfssohns Werk verkörpert der polnische Rabbi, der gleich zu Beginn mit Maimonides zusammentrifft, den alten Lebensstil. Er wirkt grotesk und abstoßend durch seine Äußerungen, so daß ihm Maimonides scharf ablehnend gegenübertritt: «Wohl kannte ich Menschen Deiner Abstammung und Herkunft, zu denen man keinerlei Vertrauen hegen konnte, die keine Regeln in Recht und Handeln kannten, auch keine Sprache gelernt hatten, und überhaupt unfähig waren, sich klar und korrekt zu artikulieren. Zur Genüge habe ich dies bedauern müssen, wenn ich in ihrer Gesellschaft weilte. Deshalb habe ich mir längst geschworen, mich von dieser fernzuhalten.»[13]

Maimonides distanziert sich von dem Rabbi, weil es diesem an Bildung, an Systematik des Denkens und an ästhetischem Sinn mangelt, Werte, für die Maimonides wirbt. Obwohl er Jahrhunderte vorher gelebt hatte, wird er zum Protagonisten der aufklärerischen Bewegung. Darin besteht der besondere Vorteil dieses literarischen Genres: Es ermöglicht das Zusammentreffen im Jenseits von längst verstorbenen Berühmtheiten mit Vertretern späterer Generationen, vor denen sie Ideen anpreisen, die Jahrhunderte nach ihrem Tod artikuliert wurden. Maimonides benutzt keine Terminologie der griechisch-arabischen Philosophie, sondern jene der Wolffschen Schule, wenn er die Torheit der Obskuranten verurteilt, die «das Feuer des Blitzes sehen, wie es den Heuschober und die Tenne in Brand steckt, und denken, dieses geschehe wegen einer bösen Handlung». Dem sei aber nicht so, denn hier manifestiere sich nur das «Scheinböse», das dem Wahren und Guten dienen soll, erklärt Maimonides im Sinne Wolffs bzw. Mendelssohns: «Gott läßt das Böse zu unserem Vorteil wirken.»[14]

Im satirisch ersonnenen Jenseits treffen Juden und Nichtjuden zusammen, Platon, Sokrates und Lessing mit Maimonides und Mendelssohn. Alle haben sie Anrecht auf ein Fortleben der Seele nach dem Tode, weil sie in dieser Welt nach Gotteserkenntnis und höchster Moral aufgrund philosophischer Vernunft strebten. Als der Vertreter der rabbinischen Orthodoxie Befremden über diese Gleichsetzung von Juden und Nichtjuden äußert, entgegnet ihm Maimonides: «Was soll das heißen? Glaubst Du, daß die griechischen Philosophen wie Sokrates, Platon und ihre Anhänger von dem Aufenthalt hier ausgeschlossen sind?» Er ermahnt den Rabbi: «Laß ab von den verkehrten Ansichten und lerne Gott in Wahrheit zu erkennen...»[15] Maimonides wird hier also zum Vermittler der Auffassung Mendelssohns über ein Weiterleben der Seele und über die Möglichkeit, Erkenntnis kontinuierlich zu steigern, damit kein Mensch verdammt sei, von der Glückseligkeit in diesem und in jenem Leben ausgeschlossen zu sein – weder der orthodoxe Rabbi, der immer noch obskurantistische Auffassungen vertritt, noch der christliche Dichter und Freund Mendelssohns, Lessing. Große Autoritäten wie Maimonides, die im kollektiven Bewußtsein bereits einen festen Platz einnahmen, sollten bei der Legitimierung nonkonformistischen Gedankenguts mithelfen. Im erdachten Jenseits hatte die Berliner Haskala auf diese Weise bereits Anerkennung gefunden, während sie im jüdischen Diesseits, wo die Mehrheit immer noch bestimmten veralteten Werten und Normen des Judentums nachlebte, auf sich warten ließ.

Das literarische Schaffen von Euchel und Wolfssohn beschränkte sich nicht auf Beiträge zum ‹Hame'assef›. Für sie wie für andere Maskilim war die Zeitschrift eines von mehreren Medien, um aufzuklären und zu bilden. Sie verfaßten auch Theaterstücke, eine bisher ungenutzte Form, um gegen die vorherrschende Mentalität in der jüdischen Gesellschaft anzukämpfen. Hier wurden nicht einfach allgemeine Werte wie Aufrichtigkeit, rationales, moralisches Verhalten, Wahrheitsliebe und Toleranz – also Tugenden, die in den allegorischen Theaterstücken der Aufklärungszeit propagiert wurden – hochgehalten und gegen Untugenden wie Heuchelei, Boshaftigkeit, Dummheit und leeren Wahn ausgespielt, nicht Idealbilder des Menschen im allgemeinen entworfen, sondern Juden in ihrem täglichen Leben, im familiären Rahmen des aufsteigenden Bürgertums, vorgestellt, jener gesellschaftlichen Schicht, die der Haskala als sozio-ökonomische Basis diente.

Sowohl Euchel als auch Wolfssohn dramatisierten den Konflikt – «für» und «wider» die Haskala und ihre Grundsätze – als Familienkomödie, um ihre Gesellschaftskritik eingängiger zu machen. Ideen der Aufklärung sollten unter neuen Vorzeichen vermittelt werden, nicht allein als Programm zur Veränderung in der Beziehung der Juden zum Staat und zur Gemeinde, sondern auch als Aufforderung zu einem Wandel von Gewohnheiten, Brauchtum und Normen im engen Rahmen der Familie.

Wolfssohns Komödie, die sowohl in einer hebräischen Fassung (‹R. Chanoch werabbi Josefche›) als auch in einer jüdisch-deutschen Version (‹Leichtsinn und Frömmelei›) vorliegt, ist ein Stück mit raschem Rhythmus gegen Heuchelei und falsche Aufklärung, über das sich seine Zeitgenossen lobend äußerten. Zur kleinen Zahl der Figuren gehört der Familienvater, Reb Chanoch (Chenoch im Jüdisch-Deutschen), ein wohlhabender, naiv gläubiger Jude, der an den alten Sitten nicht aufgrund eigener Überzeugung, sondern wegen der Macht der Tradition festhält. Neben seinem Streben nach Reichtum ist es sein dringendes Anliegen, die Entfremdung seiner Kinder vom Judentum zu verhindern.

Die Zeit der Aufklärung war auch eine Zeit des wirtschaftlichen Aufstiegs einer kleinen Schicht von Juden in den städtischen Zentren Preußens. Von dieser gingen erste Versuche einer Annäherung an die nichtjüdische bürgerliche Gesellschaft aus. Vor allem die junge Generation der «nouveaux riches» war erpicht, so schnell wie möglich in christlichen Kreisen Aufnahme zu finden, durch den Besuch von Kaffeehaus, Salon und Theater und durch Angleichung in Kleidung, Sitten und Umgangssprache. Nicht zuletzt bahnte sich auch ein Wandel der Normen an, der zu freieren Beziehungen zwischen den Geschlechtern und zu Heiraten mit Christen führte. Die Eltern verloren dadurch ihren Einfluß, den sie sich in der traditionellen Heiratsvermittlung durch den *schadchan* (Ehevermittler) erhalten hatte. Diesem Wandel begegneten, allerdings aus unterschiedlichen Motiven, sowohl die orthodoxen Juden als auch die Maskilim mit Besorgnis. Die letzteren verurteilten jene jungen Leute aus Kaufmannsfamilien, die oberflächliche Angleichung an den Lebenswandel der Bürger unter leichtfertigem Verzicht auf jüdische Eigenständigkeit dem Bildungsprozeß der Maskilim vorzogen. In ‹Leichtsinn und Frömmelei› wird die «falsche» Aufklärung der Tochter des Reb Chanoch verurteilt, da sie nur die Gesellschaft der preußischen Offiziere auf der Promenade sucht, wo ihr jeder neue Verrücktheiten in den Kopf setzt und sie mit Schmeicheleien überhäuft, die sie für bare Münze nimmt. Reb Chanoch reagiert auf die Gefahren, die seine Kinder bedrohen, mit dem überkommenen Mittel des wohlhabenden, gläubigen Juden: Er nimmt zwei Lehrer in sein Haus auf. Der eine ist Rabbi Josefche, ein Talmudgelehrter alten Schlags, der sich aber sehr bald als Heuchler entpuppt. Markus, der andere Lehrer, ein Maskil, erweist sich hingegen als geistig und moralisch überlegen. Im Gespräch mit dem Vater tritt Josefche als frommer, sittenstrenger Mann auf und gewinnt sein Vertrauen. Deshalb wird er auch von Reb Chanoch als Erzieher des Sohnes und als Mann für seine Tochter auserkoren, die er vom schlechten Lebenswandel, vom «Leichtsinn», abbringen soll. Im Umgang mit der Köchin, Scheindel, ist Josefche jedoch ungezähmt triebhaft, bis er ertappt wird. Da nützt ihm seine rabbinische Sophistik, sein Talent, sich dem dramatischen Wechsel der Ereignisse in Sprache und Benehmen anzupassen, nichts mehr. Als Repräsentant der altehrwürdigen jüdischen Gelehrsamkeit, als Erzieher der jungen Generation hat er versagt. Reb Chanoch gesteht schweren Herzens seinen Irrtum ein und erklärt: «Da sind mir die neumodischen [Juden] tausend Mal lieber. Sie zeigen doch wenigsten offen, was sie tun, während die [altmodischen Juden] alles im Geheimen tun wollen und Gott und die Menschen irreführen.»[16] Markus, der Vertreter einer zeitgemäßen, moralisch und geistig unverdorbenen Richtung des Judentums wird nun zum Erzieher und zum Schwiegersohn. Im raschen Ablauf der Auseinandersetzung zwischen der alten und der neuen Lebensauffassung, in drei spannend konstruierten Akten, gewinnt die Haskala die Oberhand.

Die Krise der jüdischen Gesellschaft im Zeitalter der Aufklärung wird von Wolfssohn humorvoll und wirklichkeitsnah zugleich gezeichnet. «Der Held des Stückes Rabbi Joseph ist ein jüdischer Tartüffe», lobte die zeitgenössische Kritik. «Besonders lebendig ist die Zeichnung der Mutter, die sich hoch geehrt und geschmeichelt fühlt, daß ihr liebes Töchterchen von Grafen, Barons und Officieren umgeben und umschmeichelt wird.»[17] Glänzend charakterisiert er auch Reb Chanoch, der authentisch volkstümlich wirkt durch seine Reden, in denen er unbekümmert Sätze aus Bibel, Mischna, Talmud und jiddischen Volksmund zusammenwürfelt. Der Autor hat mit seinem dramatischen Schaffen das Spektrum der hebräischen Literatur in Form und Inhalt erweitert, auch weil er im Gebrauch der Sprache erfinderisch war.

Thematisch ist das Theaterstück, das Euchel verfaßt hat: ‹Reb Henoch oder was tut men damit› kaum von jenem Wolfssohns zu unterscheiden. Wiederum wird die herkömmliche Erziehung der Juden mit dem neuen Bildungsideal der Haskala konfrontiert. Dargestellt wird das als Konflikt der Generationen, und zwar in einem Familiengemälde mit einer Vielzahl von Personen, die skizzenhaft und stereotyp wirken, und in dem die Trennungslinie zwischen den «guten» Maskilim und den «bösen» Traditionalisten willkürlich gezogen wird. Während der aufgeklärte «Doktor» hier reines Deutsch spricht, läßt Euchel den Vater des Hauses, Reb Henoch, in Jüdisch-Deutsch auftreten, um daraus humoristische Effekte zu ziehen.

Die kulturprägende Absicht von Wolfssohns und Euchels dramatischem Schaffen kann auch an der Tatsache ermessen werden, daß ihre Stücke für Aufführungen am Purimfest gedacht waren. Sie wollten die allzu naiven Purimspiele, die, wie sie glaubten, die biblische Erzählung entstellten, verdrängen und das volksaufklärende Theater der Haskala auf die Bühne bringen. Wenn Wolfssohn seinen Helden Markus nennt, ist der Name dazu angetan, an den Mordechaj des Purimfestes zu erinnern. Aufgabe des modernen Mordechaj ist es, gegen den inneren Feind zu kämpfen, gegen den «Obskurantismus» des altorthodoxen Milieus.

Zum Kreis der Maskilim, die Beiträge für den ‹Hame'assef› lieferten und durch Veröffentlichung von Büchern im Sinne der Haskala auf die jüdische Kultur einwirkten, gehörten nicht nur die bereits genannten Herausgeber, sondern auch Maskilim aus Osteuropa. Isaak Satanow (1732–1804) stammte aus einer kleinen Gemeinde in Podolien, der Wiege des Chassidismus. Er war ein begabter Talmudschüler, den sein Wissensdurst in den Kreis der Maskilim nach Berlin getrieben hatte, wo er als Hauslehrer für Hebräisch sein Leben fristete und sich gleichzeitig in die Philosophie der Aufklärung und in die Naturwissenschaften vertiefte. Satanow publizierte im ‹Hame'assef› des Jahres 1788 einen Überblick über die Entwicklung der hebräischen Sprache: ‹Midarchej halaschon wehameliza› (‹Über Sprache und schönen Sprachstil›). Dieses Werk war eine scharfsinnige Abhandlung über die Möglichkeiten, den Wortschatz zu erweitern, damit die Sprache den Anforderungen der Moderne genügen könne. In einer Reihe von Werken ahmte er den Stil verschiedenster Epochen nach, sowohl des spanischen Mittelalters als auch der biblischen Zeiten. ‹Mischlej Assaf› (1788) war beispielsweise eine Sammlung von Parabeln und Maximen, in die er die Volksweisheit aus Talmud und Midrasch einbrachte und in der er den Stil der ‹Sprüche Salomons› nachahmte. Allerdings versteckte er seine Autorschaft wie in den meisten seiner Publikationen und schrieb das Werk einem antiken Verfasser, dem Arzt Assaf ben Berachjahu, zu.

Das Schwanken zwischen der Tradition der Kindheit und der weniger traditionsverhafteten Aufklärung hinterließ seine Spuren bei den Maskilim. Ihre Identitätskonflikte drückten sich sowohl im literarischen Schaffen als auch im alltäglichen Leben aus, wie das Beispiel Isaak Satanows zeigt. Während er die neue säkulare hebräische Literatur im ‹Hame'assef› mitprägte, war er – wie die anderen *me'assfim* – nicht dazu in der Lage, einen neuen Sprachstil zu schaffen. Sein Sprachtalent befähigte ihn nur zu einer geradezu perfekten Imitation des biblischen Hebräisch. Dieses Zusammentreffen von Tradition und Erneuerung zeigte sich auch in seiner Art sich zu kleiden. Er pflegte nämlich unter dem Kaftan des polnischen Juden den Anzug des deutschen Bürgers zu verstecken.

In seinem Buch ‹Imrej bina› (‹Worte der Einsicht›, 1784) stellt Satanow die Behauptung auf, Philosophie und Kabbala seien gleich einem Zwillingspaar miteinander verbunden. Was jedoch die Philosophie in klaren Formulierungen umreiße, beschreibe die Kabbala mit Metaphern, Symbolen und geheimnisvollen Andeutungen. Sein Versuch, zwischen einer streng rationalistischen Disziplin und einer Strömung, die aus der jüdischen Mystik schöpft, zu vermitteln, verrät ein hohes Maß an originellem Denken, das erst heute von der Forschung gewürdigt wird.

Jehuda Ben-Seew (1764–1811) war nicht weniger als Satanow ein typischer Vertreter der aus Polen stammenden Maskilim. Seit seinem dreizehnten Lebensjahr war er verheiratet und lebte in Krakau bei seinem Schwiegervater, um sich ganz dem Studium des Talmud zu widmen, das ihn zu einem hervorragenden Kenner der jüdischen Quellen machte. Als dann der Talmudschüler zum wandernden Lehrer wurde, entdeckte er auch die verbotenen Bücher der Aufklärung, die ihn sehr schnell fesselten. Erfüllt vom Drang nach Wissen und Bildung entschied er sich, nach Berlin zu gehen, wo er ein Jahr nach dem Tode Mendelssohns eintraf und hebräische Gedichte und Fabeln zum ‹Hame'assef› beisteuerte. Er war davon überzeugt, daß die hebräische Sprache den engen Bereich des Religiösen sprengen müsse. Daher verfaßte er satirische Purimverse im Stil der Psalmen wie auch frivole Liebesgedichte. Die Modernisierung und Säkularisierung der hebräischen Sprache waren ihm ein dringendes Anliegen. Es fand in einer Grammatik (‹Talmud leschon iwri›, 1796) und in einem deutsch-hebräischen Wörterbuch (‹Ozar haschoraschim›, 1807–1808) seinen Niederschlag. In der Grammatik machte er sich philologische Erkenntnisse zunutze, die im Hinblick auf Bibelstudien und den Hebräischunterricht einer breiten jüdischen Öffentlichkeit entwickelt worden waren und die Renaissance der Sprache beschleunigen sollten. Das Werk hatte einen beachtlichen Erfolg und erlebte nicht weniger als zwanzig Auflagen.

Die *me'assfim* verhalfen durch ihr Schaffen in den achtziger und neunziger Jahren den Ideen, die Mendelssohn in die Welt gesetzt hatte, zu einer verstärkten Wirkung. Ihre Beiträge zum ‹Hame'assef› und ihre literarischen und wissenschaftlichen Werke, die Drucklegung einer ansehnlichen Zahl von Büchern, die der Philologie, der Grammatik, den Naturwissenschaften und dem praktischen Unterricht gewidmet waren, haben den Begriff des Judentums weit über die ausschließlich religiöse Sphäre hinaus erweitert, noch bevor im 19. Jahrhundert ein «Verein für Cultur und Wissenschaft der Juden» gegründet wurde. Die Maskilim richteten ihr Augenmerk auf eine Reform von Kultur und Gesellschaft der Juden und nicht auf deren Politisierung. Sie waren noch zu sehr den korporativen Strukturen verpflichtet, die das Recht, politisch zu denken und zu handeln, auf eine Oligarchie von Gemeindevorstehern beschränkten. Daher spiegelt sich das Zeitgeschehen, wie beispielsweise die Französische Revolution, in den Beiträgen des ‹Hame'assef› nur am Rande und nur im Zusammenhang mit der Emanzipation der Juden durch die Nationalversammlung wider. Die Zeitschrift der Berliner Haskala wurde nicht zum Kampforgan für eine bürgerliche Gleichstellung der Juden in Deutschland, sondern für eine Reform der Erziehung und eine immer energischere Zurückdrängung des alten Systems und ihrer Vertreter, der Rabbiner.

4. Die Autobiographie: Zum Selbstverständnis der Maskilim

Ein bisher zu wenig beachtetes literarisches Genre, das mit der Berliner Haskala hervortrat, ist die Autobiographie. In ihr artikuliert sich die Erinnerung des einzelnen in enger Verbindung mit einem Gesellschaftsbild, das Aufschluß über die Beziehung des Maskil zu seiner jüdischen und nichtjüdischen Umwelt liefert. Die Autobiographie verhilft – gerade wegen ihres subjektiven Blickwinkels – zu einem besseren Verständnis des Mentalitätswandels, der aufgrund einer Analyse der philosophischen und polemischen Schriften allein nicht zu erfassen ist. Insbesondere beleuchtet sie den persönlichen Hintergrund des Radikalisierungsprozesses, der in den achtziger und neunziger Jahren zur unvermeidlichen Konfrontation der Maskilim mit äußeren und inneren Gegnern führte. Eine ganze Reihe solcher Texte, teils länger, teils kürzer, ist uns bekannt.

Die retrospektive, reflektierende Art der Selbstdarstellung war keine Erfindung des 18. Jahrhunderts. Sie kennt gewisse Vorformen in der

Renaissance, ist aber zu einem verbreiteten literarischen Phänomen erst in der Zeit der Aufklärung und der bürgerlichen Gesellschaft geworden. Als sich der Differenzierungs- und Individualisierungsprozeß der Gesellschaft verstärkte und an die Stelle der alten Lebenswelt, in der das Individuum meist von der Wiege bis zum Grab einer weitgehend nach außen abgeschlossenen Sphäre angehörte, verschiedene sich abwechselnde, sehr unterschiedliche Lebenskreise traten, wurde die Reflexion über Kontinuität und Brüche im persönlichen Leben zum Bedürfnis. In der Autobiographie bemühten sich auch die Anhänger der Berliner Haskala um ein neues Selbstverständnis, da die alte Gemeinde und ihre Institutionen für sie nicht mehr alleiniger Beziehungsrahmen waren und sie sich dramatischen Umbrüchen, widersprüchlichen Einflüssen und Spannungen ausgesetzt sahen. Noch im 17. Jahrhundert hatten sich Verfasser jüdischer Autobiographien der Tradition rückhaltlos verpflichtet gefühlt und mit Stolz ihre Bindung an die Tora, deren Werte und Gesetze, an die Familie, die Synagoge, die Jeschiwa, kurzum, an die «heilige» jüdische Gemeinde verkündet. Die Erinnerungen der Glückel von Hameln (1646–1724) kreisen um die kollektiven Lebenszentren, um die alte Gemeinde und die Familie. Beide dominieren in ihrer Rückschau, weil sie unbeirrt an den überkommenen Werten und Normen des Judentums festhält. Die Absicht, ihren Kindern und Enkelkindern ein moralisches Testament zu übergeben und ihnen die Treue zu einem frommen und tugendhaften Lebenswandel einzuschärfen, motivierte sie zum Schreiben. Bei den Maskilim hingegen stand das kritisch reflektierende Individuum selbst im Zentrum, sein Ringen um Sinn und Zusammenhalt einer fragmentierten Lebenswelt. Sie beschäftigten sich in ihren autobiographischen Texten vor allem mit sich selbst, mit ihrem geistigen und seelischen konfliktreichen Entwicklungsgang. Das «Ego» liefert den Fixpunkt, von dem aus die alte Lebenswelt betrachtet wird. Im autobiographischen Text wird eine Verschiebung der Schwerpunkte und eine neue Haltung zur Familie, zur Gemeinde, zur Synagoge, zur Jeschiwa, kurzum, zur alten jüdischen Lebenswelt erkennbar.

Die Erinnerungen von Aron Gumpertz, Lazarus Bendavid und Salomon Maimon verdeutlichen diesen Wandel. Im autobiographischen Text von Aron Gumpertz: ‹Megale sod› (‹Geheimnisenthüllung›, 1765) bestätigt sich die Schwerpunktverschiebung vom kollektiven Rahmen und seinen Werten hin zum Individuum, das in der neu gewonnenen Freiheit von der Sanktionskraft der alten Gesellschaft um Identität und Selbstbewußtsein ringt. Die Einstellung der Juden zum Leben beginnt sich zu verändern, ähnlich wie sich jene der Nichtjuden verändert hat. Kindheit und Jugend werden als getrennte, vom Erwachsenenalter zu unterscheidende Lebensphasen erkannt, die nun auch mit angemessenen Maßstäben gemessen werden sollen. Gumpertz hinterfragt die Werte der Tradition, die im Elternhause gepflegt wurden, und rekonstruiert seinen Werdegang zum Maskil seit seiner Kindheit. Dabei erhält die elterliche Sorge um seine

Erziehung wie auch die umfangreiche väterliche Bibliothek mit Büchern, allgemeinen und jüdischen Inhalts, als Zeichen der kulturellen Öffnung einen besondern Stellenwert.

Gumpertz hebt die Rolle seines Hauslehrers, Israel Samoscz, hervor: Dieser habe ihn in jungen Jahren von der Möglichkeit einer Koexistenz der beiden Sphären, der der jüdischen Tradition und der der Wissenschaft im weitesten Sinne überzeugt. Gumpertz erprobte dann diese Möglichkeit, indem er neben biblischem Hebräisch klassische Sprachen, wie Griechisch und Latein, sowie moderne, europäische Sprachen mit Hilfe von Hauslehrern studierte und die talmudische Ausbildung dank Samoscz durch die Beschäftigung mit der Philosophie des Maimonides, mit Mathematik und Naturwissenschaft ergänzte. Gumpertz bewertet seinen Bildungsgang, der zur Verinnerlichung eines humanistischen Begriffs von Wissenschaft geführt und schließlich seine Entscheidung bestimmt hatte, Arzt zu werden, als gelungenen Ausdruck eines neuen jüdischen Selbstverständnisses. Seine am Ideal der Aufklärung orientierte Berufswahl führte zu einer Krise und einem Konflikt im elterlichen Hause, da er sich gegen das traditionelle jüdische Bildungsideal seiner Mutter entschieden hatte. Sie hatte ihn noch vor seiner Geburt durch ein Gelübde für das Talmudstudium und den Rabbinerberuf bestimmt, aber Gumpertz war der Anziehungskraft der Aufklärung erlegen und lehnte sich gegen die elterliche Autorität auf.

Die Autobiographien von Lazarus Bendavid und Salomon Maimon lassen die Selbstbesinnung des Maskil und die Aufwertung von Kindheit und Jugend noch stärker hervortreten. Beide widmen diesem Entwicklungsstadium des Menschen und seinen seelischen Bedürfnissen ungewohnte Aufmerksamkeit. Die Beziehung zur Familie, zu Lehrern, zu Spielgefährten und zur weiteren gesellschaftlichen Umgebung, auch zu Nichtjuden, wird in ständigem Wechsel in die Darstellung einbezogen. Die Krise im Verhältnis zur jüdischen Gesellschaft und die Kritik an ihren Werten und Normen werden bei ihnen schärfer artikuliert als bei Gumpertz.

Lazarus Bendavid stammte aus einer Berliner Unternehmerfamilie, die zur privilegierten Schicht der Juden unter Friedrich II. gehörte. Wirtschaftlicher Erfolg und Akkulturationsbestreben waren eng verbunden, wie Bendavid sich erinnert: «Meine Eltern hatten beyde eine liberale Erziehung genossen. Sie schrieben beyde sehr richtig jüdisch und deutsch, sprachen beyde gut französisch, und besonders machte mein Vater sehr schöne kaufmännische Aufsätze und besaß eine große Belesenheit in den französischen classischen Schriftstellern.»[18] Die kulturelle Öffnung der Eltern äußerte sich auch in der Haltung zur jüdischen Tradition:

«Ihre Religionsbegriffe waren nach einem ihnen eignen System geformt, und wichen ziemlich vortheilhaft von denen der mehrsten Juden damahliger Zeit ab. Tausend und aber tausend kleine Ceremonialgesetze, deren Übertretung von andern Juden für die höchste Sünde gehalten wird, waren in unserm Hause fast sogar dem Nahmen nach nicht gekannt: nie wurde in demselben über andre Religionsverwandte, und was noch mehr ist, nicht einmal über Abtrünnige vom jüdischen Glauben, das Anathema gesprochen, nie hörte ich etwas von Gespenstergeschichten, noch wurde mir eine begangene Unart mit der Drohung verbothen: Gott wird dich strafen! Ich wurde bloß zu einem sittlichen, ordentlichen Lebenswandel, in welchem mir meine Eltern selbst mit beyspielloser Gewissenhaftigkeit als Muster vorangingen, und zur Verrichtung des Morgen- und Abendgebeths, als einziger Religionsübung, angehalten.»[19]

Obwohl im Elternhaus von Bendavid die Gesetze des Judentums nicht mit aller Strenge beachtet wurden, schloß dies eine jüdische Erziehung nicht aus. Sein Vater verzichtete nicht auf den traditionellen Lehrer aus Polen. Dieser aber war kein Gegner des Rationalismus, so daß seine Schüler zwischen jüdischer Gelehrsamkeit und aufklärerischem Gedankengut keinen Widerspruch sehen mußten: «Ausser dem Thalmud und der Bibel lernten wir, was sehr ungewöhnlich in jüdischen Schulen ist, von ihm die hebräische Grammatik und die Logik des Aristoteles nach Maimonides.» Dieser Lehrer bewies auch pädagogischen Sinn im Umgang mit Kindern: «Selbst an Tagen, wo keine Schule gehalten wird, behielt er uns unter seiner Aufsicht, indem er mit uns spatzieren ging und an unsern Spielen Theil nahm.»[20] Dank dieser Erziehung verspürte Bendavid bis zum vierzehnten Lebensjahr keine Neigung, sich vom normativen Judentum abzuwenden. Dann aber konnte er sich den Einflüssen von außen nicht mehr verschließen und rang sich zum deistischen Glauben durch. Er verzichtete auf «alles Positive», behielt aber den «Glauben an Gott, an Unsterblichkeit und eine beßre Zukunft».[21] Nach und nach beachtete er kein einziges Zeremonialgesetz mehr, besuchte die Synagoge nur dann, wenn die Eltern es verlangten, und ging sogar in christliche Kirchen, weil er gern den Klängen der Orgel und den Reden der Prediger lauschte. Mit einer Offenheit, die den Einstellungswandel des Maskil verrät, gesteht er sein Abweichen von der Tradition der jüdischen Mehrheit ein.

Bendavid hat den Rückblick auf sein Leben bis zu seinem dreiundvierzigsten Lebensjahr (1805) aus der Sicht eines überzeugten jüdischen Aufklärers verfaßt. Er beschreibt die Stadien seiner Entwicklung, in der privaten wie in der gesellschaftlichen Sphäre, aus der Perspektive eines Anhängers der Berliner Haskala, der bereits radikaler denkt als Mendelssohn. Nur jene Elemente erachtet er als erinnerungswürdig, die sein Ideal der Bildung und der Gesellschaft zu bestätigen scheinen. Auf vielen Seiten beschreibt er seinen Weg zur säkularen Kultur, den er anfänglich dank seiner Eltern und der von ihnen engagierten Hauslehrer behutsam zurücklegte, auf dem er dann aber als junger Autodidakt durch einen unersättlichen Drang nach Wissen immer rascher vorangetrieben wurde: «Ich hatte, wie schon gesagt, alles bunt durch einander gelesen, was mir vorkam: den Abulfeda und den Koran, das neue Testament und Rousseau's Emil, Voltaires Pücelle und Therèse philosophe, die deutschen Dichter und

Wolfs Metaphysik, kabalistische und medezinische Bücher.»[22] Er berichtet mit Genugtuung von seinen Erfolgen beim Studium der Mathematik und der Philosophie, die er schließlich souverän beherrschte, obwohl er sich an keiner Universität formal immatrikuliert hatte. Bendavid gewann die Anerkennung aufklärerischer Kreise, auf die er, wie aus seiner Beschreibung hervorgeht, sehr stolz war. In Wien, wo er sich in den neunziger Jahren aufhielt, wurden seine Vorlesungen in häuslichem Rahmen – ähnlich wie seinem Freund Marcus Herz in Berlin war ihm eine Dozentur versagt geblieben – über Kants Philosophie, über die praktische Vernunft, über die Urteilskraft und über die Ästhetik, zu einem Ereignis, das die Bildungsaristokratie anzog. Seinen Erfolgen als Philosoph und Mathematiker und seinen Reisen, die ihn zu Fuß von Wien nach Prag, dann mit der Kutsche nach Dresden und zurück nach Berlin führten, gilt der letzte Teil des autobiographischen Berichtes. Er erlebt die Reisen als Ästhetiker, der sein Vergnügen am Schönen, an der Kunst und der Natur findet. Die dramatischen politischen Ereignisse und vor allem das Ringen seiner Glaubensbrüder um eine «bürgerliche Verbesserung» finden keinen Niederschlag in dem Text. Nur am Rande ist vom Judentum und der jüdischen Gemeinschaft die Rede, und dann geht es um die Reform von Religion und Sitten. Bendavid fühlte sich übrigens genötigt, darüber eine eigene Schrift zu verfassen. Die Ausschnitte aus dem Leben des erwachsenen Bendavid übergehen die traditionelle jüdische Bildung mit Schweigen. Auch aus der Erinnerung an gesellschaftliche Beziehungen wird die jüdische Komponente im letzten Teil verdrängt. Bendavid erwähnt nur nichtjüdische aufklärerische Gesellschaften: die «Freunde der Humanität», bei denen er Mitglied und dann Direktor wurde (1797/98), sowie die «Philomatische Gesellschaft», die ihm 1800 die Stelle des Sekretärs übertrug. Das ist erstaunlich angesichts der Tatsache, daß Bendavid auch zu der Zeit, als er seinen autobiographischen Text verfaßte, seine Beziehung zu Juden nicht abgebrochen hatte. Er hatte schließlich sogar die Leitung der «Jüdischen Freischule» in Berlin übernommen und war dadurch persönlich an den Bemühungen der Maskilim beteiligt, ihr Erziehungsprogramm in die Praxis umzusetzen. Die Struktur seiner Autobiographie aber verrät, daß seine Umorientierung auf die Kultur der Umwelt weit fortgeschritten war – weiter, als es sich angesichts seines täglichen Lebens erahnen läßt, das sich noch überwiegend im jüdischen Kreis abspielte.

Ein gutes Beispiel für eine Autobiographie, die den Mentalitätswandel des Maskil und seine Komplexität widerspiegelt, ist die ‹Lebensgeschichte› des Salomon Maimon. Sie ist auch das bekannteste Beispiel dieses literarischen Genres, das sich steigender Beliebtheit erfreute und dessen Besonderheit Maimon selbst deutlich hervorhob: «Erstlich habe ich mir vorgesetzt, in meinen Erzählungen und Beschreibungen, der Wahrheit, sie mag zum Vortheil oder Nachtheil meiner Person, Familie, Nation oder sonstigen Verhältnisse ausfallen, getreu zu bleiben.»[23] Damit verpflichtete sich

Maimon, seine Erinnerungen in einem nonkonformistischen und kritischen Stil abzufassen, was ihm zweifellos gelang. Lebendig beschreibt er das Leben der Juden in seinem Geburtsland Polen, in Wirtschaft, Gesellschaft und Religion zugleich. Über volkstümlichen Aberglauben, über Sitten und Brauchtum berichtet er mit Humor, aber nicht ohne die negativen Auswüchse scharf zu verurteilen: Methoden und Inhalt der Erziehung, Obskurantismus der rabbinischen Orthodoxie und die Sitte der frühen Heirat, die auch für Maimon selbst ein traumatisches Ereignis war und von der er sich erst durch Flucht nach Westen und dann viel später durch eine Scheidung befreite. Er läßt ein wahres Bild einer bis dahin unbekannten Kultur entstehen, eng verknüpft mit seinem persönlichen Schicksal, über das er mit einer entwaffnenden Offenheit berichtet: «So will ich auch ... nichts Menschliches, das mir, aus Unwissenheit, Erziehungsfehler u. d. g. in meinem Leben hätte begegnen können ... verschweigen ... oder übertünchen.» Er betont: «Offenherzigkeit ist ein Hauptzug meines Charakters»,[24] und erinnert damit an die ‹Confessions› Rousseaus, die eine neue Dimension aufklärerischer Denkweise darstellten. Indem er seine eigene Person in den Mittelpunkt rückt und aus einer höchst subjektiven Perspektive seine Wanderung durch die verschiedenen Gesellschaftskreise beschreibt, vermittelt er ungewöhnlich klare Blicke auf Kontinuität und Veränderung im Leben der Maskilim.

Seine Erinnerungen umfassen nacheinander seine Kindheit und Jugend in Osteuropa sowie sein Schicksal als junger Intellektueller, der in Deutschland auf Mendelssohn und die Haskala von Berlin stößt. Der Schriftsteller Karl Philipp Moritz hatte dieses «enfant terrible» der Berliner Gelehrtenkreise überreden können, seine Autobiographie zu schreiben, so daß sieben Jahre vor seinem Tode ein Text entstand, der zwar äußerst subjektiv war, aber vielleicht gerade deswegen einen ungewöhnlichen Einblick in den inneren Wandel eines jüdischen Aufklärers ermöglicht. Es ist der chronologisch geordnete Rückblick eines Talmudschülers, der zum Deisten wurde. In Deutschland, das er aus Polen kommend erreichte, blieb ihm keine Entbehrung erspart. Trotz seines überragenden Intellekts mußte er das Schicksal der unteren Schichten der jüdischen Gesellschaft teilen. Er zog von Gemeinde zu Gemeinde mit den Armen, die sich jeweils gegen Wochenende im Armenhaus am Stadttor oder beim Sabbattisch einer jüdischen Familie Verköstigung ergatterten, bis er endlich in Berlin Einlaß und bei wohlhabenden Maskilim großzügige Unterstützung fand. Alle Strapazen und Nöte hatten ihn jedoch nicht dazu bewegen können, reumütig den Weg zurück zur alten jüdischen Gesellschaft in Polen einzuschlagen: «... daß ein Mann von meiner Art, der sich schon seit einigen Jahren in Deutschland aufgehalten, sich von den Fesseln des Aberglaubens und der Religionsvorurtheile glücklich los gemacht, seine rohe Sitten und Lebensart abgelegt, und seine Kenntnisse um Vieles erweitert hatte, freiwillig wieder in den vorigen barbarischen und elenden

45 *Idealisiertes Porträt des Philosophen Salomon Maimon*

Zustand sich zurückbegeben, aller erworbnen Vortheile sich berauben, und der rabbinischen Wuth sich, bei der kleinsten Abweichung vom Zeremonialgesetz und bei Äußerung eines freien Gedankens, aussetzen sollte»,[25] war für Maimon unvorstellbar.

Zwei Faktoren haben in ihrer Wechselwirkung seine Entwicklung maßgeblich bestimmt und die Rückkehr in die alte jüdische Gemeinde unmöglich gemacht: die Philosophie der Aufklärung und die neue Gruppe der Maskilim. Maimon, der Autodidakt, erwarb sich in Kürze eine überragende Kenntnis der Schriften von Wolff, Spinoza, Locke, Hume, Leibniz und allen voran Kant. Er wurde zu einem begehrten Diskussionspartner jüdischer und nichtjüdischer Aufklärer, lieferte Aufsätze für Zeitschriften und verfaßte Bücher. Wenige Jahre, nachdem er das Studium der rationalistischen Philosophie aufgenommen hatte, entpuppte er sich als scharfsinniger Analytiker der ‹Kritik der reinen Vernunft› mit seinem ‹Versuch über die Transzendental-philosophie› (1790), dem Kant selbst seine höchste Anerkennung zollte. Der Königsberger Philosoph trug zur endgültigen Individualisierung und Rationalisierung von Maimons Glauben bei, so daß er äußerem Zwang in Religionsfragen, ging er von der Kirche oder von der Synagoge aus, eine Absage erteilte. Im Rückblick auf seinen intellektuellen Werdegang räumt Maimon allerdings einem jüdischen Philosophen des spanischen Mittelalters, nämlich Maimonides, eine Vorrangstellung ein. Seine Schriften, besonders der ‹Führer der Verirrten›, übten den entscheidenden Einfluß auf den Wandel in seiner Einstellung zur Religion aus. «Die melancholische und schwärmerische Religion, wurde nach und nach in eine Vernunftreligion verwandelt; die Stelle des sklavischen Gottesdienstes, vertrat die freie Ausbildung des Erkenntnißvermögens und die Sittlichkeit.»[26] In jungen Jahren hatte Maimon dank Maimonides eine kritische Haltung gegenüber volkstümlichem Aberglauben und Mißbrauch der Religion durch den Rabbinismus entwickelt. Maimon verspürte Zeit seines Lebens eine besondere «Hochachtung gegen diesen großen Lehrer» des Vernunftglaubens. Sie ging so weit, daß er ihn für das «Ideal eines vollkommnen Menschen» hielt und seine Auffassung des Judentums als die einzige, die der ursprünglich natürlichen, der Vernunft angemessenen Religion der Juden gerecht werde, betrachtete. Die Tatsache, daß er den Namen des mittelalterlichen Philosophen für sich selbst wählte, wie auch der lange Einschub über ‹More newuchim› in seiner Autobiographie bestätigen die herausragende Bedeutung des spanisch-jüdischen Philosophen für die geistige Öffnung junger Juden gegenüber der Aufklärung.

Maimon war bestrebt, einem stereotypen Bild des Judentums entgegenzuwirken. Obwohl er alte Konventionen und Wertschätzungen ablehnte und sehr oft mit beißender Ironie die Mißstände der jüdischen Gesellschaft kritisierte, betrieb er keine Schwarz-Weißmalerei. Er fand auch Worte der Achtung für die traditionelle jüdische Gesellschaft, von der ihn sein Weg als Anhänger der Aufklärung seit seiner Ankunft in Deutschland mehr und mehr entfernt hatte: «Ich müßte ein ganzes Buch schreiben, wenn ich alle vortreffliche Lehren der rabbinischen Moral anführen wollte. Auch der Einfluß dieser Lehren im praktischen Leben ist unverkennbar. Die polnischen Juden ... ernähren sich auf eine ehrliche Weise. Ihre Mildthätigkeit und Fürsorge für ihre Armen ... sind bekannt genug.»[27] Auch dem Talmud weiß er gute Seiten abzugewinnen, da sich in ihm moralische Appelle zur guten Handlung finden ließen und gewiß nicht jene Ungereimtheiten, die Johann Andreas Eisenmenger «entdeckte», der im 17. Jahrhundert den Talmud verunglimpfte (vgl. S. 152f.).

Das pittoreske Bild von Maimons Erlebnissen, das er ausmalt und neben einen offenherzig beschriebenen geistigen Entwicklungsgang stellt, ermöglichte es späteren Generationen, einen Einblick in die Zerrissenheit eines Maskil zu bekommen, in seiner äußerst komplexen Lage zwischen den Welten. In Elend lebend und ohne Aussicht auf vernünftige Beschäftigung, dachte Maimon an die Taufe. Einem lutherischen Pastor trug er sein Anliegen vor – mit der ihm gewohnten Offenheit. Höchst undiplomatisch verglich er Christentum und Judentum. Auch wenn er dem Christentum eine gewisse moralische Überlegenheit zugestand, setzte er es doch hinter dem Judentum zurück, das der «Vernunft näher kommt als die christliche Religion», an deren Geheimnissen er ebenfalls Kritik übte. Das Resultat seiner Darlegungen war, daß man Maimon der Aufnahme in die lutherische Kirche für unwürdig befand. Er hatte die Ideen der Aufklärung verinnerlicht und suchte, in die Kreise der Bildungsbürger aufgenommen zu werden. Er begeisterte sich für die Wissenschaft, für die Philosophie und Literatur Deutschlands und Europas, war aber schließlich unfähig zu einer sofortigen Integration und zu einem totalen Bruch mit der jüdischen Ausgangsgesellschaft. An den Rand zweier Gesellschaften gedrängt, blieb Maimon ein Einzelgänger. Das bezeugt auch sein trauriges Ende im Jahre 1800: Als man ihn in der jüdischen Gemeinde von Glogau zu Grabe trug, wurde er außerhalb des jüdischen Friedhofs beerdigt – ein ungewöhnliches Ende einer ungewöhnlichen Persönlichkeit. In diesem, vielleicht extremsten Fall vermittelt die Autobiographie einen Begriff von der Komplexität des Wandels vom althergebrachten Judentum zur jüdischen Aufklärung.

XI.
Die Konfrontation als transformierende Kraft

1. Akzeptanz und Zurückweisung

Die Berliner Haskala entwickelte sich, unter Einwirkung widersprüchlicher Kräfte, in einem Prozeß der intellektuellen und gesellschaftlichen Annäherung der Maskilim an die nichtjüdische Umwelt. Die Anziehungskraft der neuen Ideen und der möglichen Teilhabe an neuen Formen der Soziabilität ließ ihnen den Eintritt in die nichtjüdische Welt als erstrebenswert erscheinen. Andererseits aber wurden die Maskilim durch eine entgegengesetzte Kraft, die ihnen die Annäherung an die nichtjüdische Gesellschaft erschwerte, zurückgestoßen: Nicht allein die Politik Friedrichs II., die die Juden weiterhin zum Pariavolk machte, sondern auch das antijüdische Vorurteil, das sowohl beim einfachen Volk als auch bei den oberen Schichten, und sogar innerhalb des Kreises der Aufklärer, weit verbreitet war, wirkten hemmend. Ein Wandel der öffentlichen Meinung ließ auf sich warten. An einer Hand ließen sich jene Anhänger der Aufklärung abzählen, die bereit waren, auch die Juden im Lichte der Vernunft und der Menschlichkeit zu beurteilen und althergebrachte Vorurteile aufzugeben. Es meldete sich aus der gebildeten Schicht, die in gelehrten Vereinen und an den Universitäten der Vernunft und der Moral das Wort redete, kaum jemand zu Wort. Eigentlich ragen nur zwei Männer heraus: Gotthold Ephraim Lessing und Christian Wilhelm Dohm, zwei Pastorensöhne, die die Umsetzung aufklärerischer Ideen in eine andere Haltung gegenüber den Juden öffentlich forderten.

1749, noch vor Beginn seiner Freundschaft mit Mendelssohn, hatte Lessing im Alter von nur zwanzig Jahren das Lustspiel ‹Die Juden› verfaßt – einen Einakter, der erst fünf Jahre später gedruckt wurde. Das Stück gehörte zwar nicht zu Lessings großen Werken, seine Aussage war jedoch unmißverständlich: Die Idee der Aufklärung und der Toleranz verlangt einen Gesinnungswandel gegenüber den Juden. In diesem Stück spottete er nicht, wie man irrtümlich aufgrund des Titels glauben könnte, über die Juden, sondern über die mit Vorurteilen behafteten Christen. Die Hauptfigur ist ein Jude, ein «Reisender», der allen Vorurteilen zum Trotz selbstlos, unerschrocken, kurzum als Menschenfreund handelt, indem er einem Christen, einem «Baron», und seiner Tochter das Leben rettet. Der Reisende spricht die Sprache der Toleranz: «Ihnen die Wahrheit zu gestehen: ich bin kein Freund allgemeiner Urtheile über ganze Völker. – Sie werden meine Freiheit nicht übelnehmen. – Ich sollte glauben, daß es unter allen Nationen gute und böse Seelen geben könnte», während die Christen – der Baron und der Vertreter des «Pöbels» – ungehemmt ihre Vorurteile artikulieren: «Betrüger, Diebe, Strassenräuber» werden die Juden genannt. «Das Tückische, das Ungewissenhafte, das Eigennützige, Betrug und Meineid, sollte man sehr deutlich aus ihren Augen zu lesen glauben»,[1] sind die Worte, die Lessing dem Baron in den Mund legt, um ihn sogleich Lügen zu strafen: Er enthüllt ihm die jüdische Identität des edlen Reisenden, seines Retters. Der Kunstgriff des Dramatikers hat den im Vorurteil befangenen Christen bloßgestellt, der nun Zuflucht nimmt zu einem Argument, das aus dem Munde mancher Judengegner zu hören ist: «O, wie achtungswürdig wären die Juden, wenn sie alle Ihnen glichen!» Der Reisende bleibt ihm die Replik nicht schuldig: «Und wie liebenswürdig die Christen, wenn sie alle Ihre [des Baron] Eigenschaften besäßen!»[2] Schließlich löst sich das Ganze in Komik auf, und um so absurder erscheint das antijüdische Vorurteil.

Kein geringerer denn der Göttinger Theologe und Orientalist Johann David Michaelis wies in einer Rezension in den ‹Göttingischen Gelehrten Anzeigen› (1754) das Idealbild des Juden in Lessings Erstlingsstück zurück: «Der unbekannte Reisende ist in allen Stücken so vollkommen gut, so edelmüthig, so besorgt, ob er auch etwan seinem Nächsten Unrecht thun und ihn durch ungegründeten Verdacht beleidigen möchte, gebildet, daß es zwar nicht unmöglich, aber, doch allzu unwahrscheinlich ist, daß unter einem Volcke von den Grund-Sätzen, Lebens-Art, und Erziehung, das wircklich die üble Begegnung der Christen auch zu sehr mit Feindschaft oder wenigstens mit Kaltsinnigkeit gegen die Christen erfüllen muß, ein solches edles Gemüth sich gleichsahm selbst bilden könne.»[3]

Dieses Gegenargument kam von einem Mann, der sich aufklärerischen Gedanken grundsätzlich nicht verschloß. Michaelis kann mit Recht als Begründer einer bibelkritischen Tradition in Deutschland angesehen werden. Sein Werk über das ‹Mosaische Recht› machte ihn berühmt und bezeugte seine Hinwendung zum Rationalismus. Sein Interesse für die poetische Schönheit der Psalmen sowie der hohe Stellenwert, den er der Sprache als Ausdruck der Bildung, der Vernunft und der Ästhetik eines Volkes zuschrieb, eröffnete die Aussicht auf eine Annäherung zwischen ihm und Mendelssohn. Sie hatten Grund zu gegenseitiger Wertschätzung. Michaelis hatte Mendelssohns Erstlingswerk ‹Über die Empfindungen› (1755) in den ‹Göttingischen Gelehrten Anzeigen› wohlwollend rezensiert. In derselben Zeitschrift äußerte er sich später im Lavaterstreit zugunsten Mendelssohns und zollte ihm Anerkennung, als einem orthodoxen, seiner Religion treuen Juden, obwohl dieser mit der modernen Philosophie die Sache der Synagoge verteidigte. Schließlich aber hinderten ihn weder seine Gelehrsamkeit noch seine rationalistische Haltung daran, einer rechtlichen Gleichstellung der Juden eine klare Absage zu erteilen. Zu Lessings viel bekannterem Schauspiel ‹Nathan der Weise› (1779) zog er es vor zu schweigen.

Dieses spätere Stück hatte Lessing kurz vor seinem Tode geschrieben, um noch einmal seine ganze künstlerische Kraft in den Dienst an der Toleranz und der Menschenliebe zu stellen. Lessing hat Nathan, den Juden, zum Verkünder einer natürlichen, einer Menschheitsreligion der universalen Vernunft gemacht. Dagegen müssen die Vertreter des Christentums und des Islam, der «Patriarch» und «Saladin», erst einmal zur Einsicht kommen, daß keine der monotheistischen Religionen für sich das Privileg der Auserwähltheit in Anspruch nehmen kann. Die «Ringparabel» (basierend auf einer Novelle aus dem Decamerone des Giovanni Boccaccio), die Nathan vorträgt, bildet den Kern des Stückes und soll dieser Einsicht Geltung verleihen. «Mein Rath ist aber der: ihr nehmt die Sache völlig wie sie liegt. Hat von euch jeder seinen Ring von seinem Vater: So glaube jeder sicher seinen Ring den echten... Es eifre jeder seiner unbestochnen, von Vorurtheilen freien Liebe nach! Es strebe von euch jeder um die Wette, die Kraft des Steins in seinem Ring an Tag zu legen! komme dieser Kraft mit Sanftmuth, mit herzlicher Verträglichkeit, mit Wohlthun, mit innigster Ergebenheit in Gott, zu Hülf'!»[4] Allen drei monotheistischen Religionen spricht Lessing somit das Recht ab, einen ausschließlichen Anspruch auf religiöse Wahrheit zu erheben. Da er dem Deismus nahesteht, betonte er die Überlegenheit einer Religion der Vernunft. Die öffentliche Meinung fühlte sich provoziert. Man wollte nicht hinnehmen, daß hier die Botschaft der Menschlichkeit aus dem Munde eines Juden übermittelt wurde, daß Lessing den Juden Nathan zum Verkünder seiner Überzeugung machte. Die Maskilim hingegen, und allen voran Lessings Freund Mendelssohn, schöpften daraus die Hoffnung, daß eine neue Zeit für ein Miteinander von Juden und Christen angebrochen sei. Nur langsam allerdings rangen sie sich zur Erkenntnis durch, daß sie dafür kämpfen und selbst in die Auseinandersetzung eingreifen müßten.

Mendelssohn hatte es in den fünfziger Jahren vermieden, offen gegen den Göttinger Gelehrten und dessen Verurteilung von Lessings Stück ‹Die Juden› ins Feld zu ziehen. Er gab seinen Gefühlen der Enttäuschung nur in einem Brief an seinen jüdischen Freund Aron Gumpertz Ausdruck:

«Was glauben Sie wohl, daß sie [die ‹Göttingischen Gelehrten Anzeigen›] an dem Lustspiele, die Juden, aussetzen? Den Hauptcharakter, welcher wie sie sich ausdrücken, viel zu edel und viel zu großmüthig ist! Das Vergnügen, sagen sie, das wir über die Schönheit eines solchen Charakters empfinden, wird durch dessen Unwahrscheinlichkeit unterbrochen, und endlich bleibt in unserer Seele nichts, als der blosse Wunsch für sein Daseyn übrig. Diese Gedancken machten mich schamroth. Ich bin nicht im Stande alles auszudrücken, was sie mich haben empfinden lassen. Welche Erniedrung für unsere bedrengte Nation! Welche übertriebene Verachtung! Das gemeine Volck der Christen hat uns von je her als den Auswurf der Natur, als Geschwüre der menschlichen Gesellschaft angesehen. Allein von gelehrten Leuten erwartete ich jederzeit eine billigere Beurteilung ... Wie sehr habe ich mich geirrt, als ich einem jeden Christlichen Schriftsteller so viel Aufrichtigkeit zutrauete, als er von andern fordert.»[5]

Die Kritik, die Michaelis gegen die Hauptfigur des Lessingschen Lustspiels vorbrachte, traf Mendelssohn, weil er bereits die Ideen der Aufklärung aufgenommen und gebildete Christen zu seinen Freunden gewählt hatte. Wäre er der Talmudjünger geblieben, der nur auf die jüdische Gesellschaft ausgerichtet war, wie es bei der Mehrheit seiner Glaubensgenossen der Fall war, hätte er sicher nicht denselben Schmerz empfunden. Als dann Johann Caspar Lavater an Mendelssohn die Aufforderung richtete, sein Judentum öffentlich zu verteidigen, brach dieser sein Schweigen in Religionssachen und stellte sich der Konfrontation. Lavater hatte 1769 die deutsche Fassung des Buches: ‹Untersuchung der Beweise für das Christentum› des Genfer Gelehrten Charles Bonnet (1720–1793) herausgegeben und an Mendelssohn mit der Aufforderung gesandt, die Schrift zu widerlegen oder zum Christentum überzutreten. Der mystischen Grundhaltung des protestantischen Pastors, der, motiviert durch millenaristische Hoffnungen, die Ankunft Christi und des tausendjährigen Reichs durch eine Bekehrung der Juden herbeizuführen glaubte, stellte Mendelssohn die religiöse Toleranz des aufgeklärten Juden entgegen: «Ich habe das Glück, so manchen vortreflichen Mann, der nicht meines Glaubens ist, zum Freunde zu haben. Wir lieben uns aufrichtig, ob wir gleich vermuthen, und voraussetzen, daß wir in Glaubenssachen ganz verschiedener Meinungen sind ... Niemals hat mir mein Herz zugerufen: *Schade für die schöne Seele*!»[6] Diese Toleranz Mendelssohns war nicht allein durch taktische Überlegungen bedingt. Sie entsprach vielmehr seiner Auffassung des Judentums, das, bar jeden Bekehrungseifers, auch Andersgläubigen die ewige Seligkeit prophezeit, sofern sie ihren Lebenswandel nach den Gesetzen der Natur und der Vernunft einrichten, d. h. die sieben Noachidischen Hauptgebote einhalten, die sich weitgehend mit der natürlichen Religion oder dem Deismus decken. Dies war keine völlig neue Ansicht. Sie war in Anlehnung an innerjüdische Quellen, vor allem an Maimonides, formuliert, aber in der zweiten Hälfte des 18. Jahrhunderts wurde sie richtungweisend für eine neue Beziehung zwischen Christen und Juden.

Zu Beginn der achtziger Jahre wurde eine neue Einstellung der Christen gegenüber den Juden sichtbar. Zwei Ereignisse jedenfalls schienen Zeichen einer günstigen Wende zu sein: Im September 1781 erschien Christian Wilhelm Dohms Werk ‹Über die bürgerliche Verbesserung der Juden›, das ihrer Gleichstellung das Wort redete; kurz darauf proklamierte Joseph II. seine ersten Toleranzpatente: im Oktober 1781 für die Juden Böhmens, im Dezember desselben Jahres für jene Österreich-Schlesiens und im Januar 1782 für jene Wiens und Niederösterreichs. Sie brachten einige Erleichterungen in ihrer bisher bedrückten gesetzlichen Lage. Unmittelbarer Anstoß zu Dohms Schrift waren die Berichte über die gehässige Hetzkampagne gegen die Juden im Elsaß, die deren Vorsteher und *schetadlan* (Fürsprecher), Herz Cerfberr, Mendelssohn vorgelegt hatte. Dieser wiederum wandte sich an seinen christlichen Freund Dohm und bat ihn, eine Schrift zur Verteidigung der Elsässer Juden und zur Beseitigung der bedrückenden Gesetze (wie beispielsweise des Leibzolls) zu verfassen. Dohm kam der Bitte nach, und daraus wurde seine Aufforderung zur «bürgerlichen Verbesserung der Juden», die nicht ohne Replik ihrer Gegner blieb.

Dohm, ein Pfarrerssohn aus Lemgo, der in Leipzig und Göttingen Verfassungsrecht, Geschichte und Statistik studiert hatte und 1773 als Pagenhofmeister nach Berlin berufen worden war, übte seit 1779 die Doppelfunktion eines Archivars im Geheimen Staatsarchiv und eines «Kriegsrats» im Auswärtigen Amt aus. Er war also ein höhergestellter Beamter im preußischen Staatsdienst, der sich aber auch im Kreis der Berliner Aufklärer bewegte, und zudem Mitbegründer des ‹Deutschen Museums›, einer aufklärerischen Zeitschrift, die Kenntnisse über Verfassungsrecht, über Politik und Statistik vermittelte. Seine Schrift, die bei Volk und Regierung einen Meinungswandel gegenüber den Juden hervorrufen sollte, war der Reflex seiner aufklärerischen Einstellung. Vom Edikt, das Joseph II. damals vorbereitete, hatte er keine Kenntnis. Für Friedrich II. empfand er zwar Bewunderung, zugleich aber war er Aufklärer genug, um dessen Judenpolitik im Namen der natürlichen Rechte der Menschen zu kritisieren: «... glaube ich doch in der Hauptsache nicht zu irren, und den Beyfall aller vorurtheilsfreyen Leser mir gewiß darin versprechen zu können, daß die Juden von der Natur gleiche Fähigkeit erhalten haben, glücklichere, bessere Menschen, nützlichere Glieder der Gesellschaft zu werden; daß nur die unseres Zeitalters unwürdige Drükkung sie verderbt habe; und daß es der Menschlichkeit und Gerechtigkeit, so wie der aufgeklärtern Politick gemäß sey, diese Drückung zu verbannen, und den Zustand der Juden zu ihrem eignen und des Staats Wohl zu verbessern.»[7] Ohne Schutzgeld, Sondersteuern und Pflichtbeiträge sollten die Juden künftig leben und wie jeder andere Bürger gebildet und erzogen werden. Nicht eine besondere Liebe zu den Juden, sondern die erhofften Vorteile einer aufgeklärten Staatspolitik veranlaßten ihn, den Status des Bürgers und die Gleichheit der Rechte für sie zu fordern. Das Wohl des Staates und das Glück seiner Bürger hat in Dohms Argumentation den Vorrang. Auf ihr basiert sein Neun-Punkte-Programm, in dem er unter anderem eine «Produktivisierung» der Juden vorsieht: «Jede Art des Handels sollte zwar den Juden unverwehrt seyn ... Durch die Begünstigung der Handwerke und des Ackerbaues müßten die Juden vielmehr von dem Handel mehr entfernt werden.»[8] Einerseits optiert Dohm, im Gegensatz zu Mendelssohn, für eine Beibehaltung der rabbinischen Banngewalt. Andererseits fordert er eine profane Bildung der Juden und ihre Zulassung zu christlichen Schulen sowie Universitäten. So «müßte es ein besondres angelegnes Geschäft einer weisen Regierung seyn, für die sittliche Bildung und Aufklärung der Juden zu sorgen».[9] Auch der Staatsdienst und die patriotische Pflicht des Militärdienstes sollen ihnen nicht vorenthalten bleiben. Dohms utopisches Leitbild war ein Staat, in dem Adel und Bürgertum, Bauern und Gelehrte, Laien und Priester, Katholiken, Protestanten und Andersgläubige harmonisch zusammenlebten und die scharfe Klassentrennung aufgehoben wäre. Das war die Sicht eines neuen Typus von Staatsbeamten, der an die «Verbesserung» des Menschen und Bürgers glaubte, jedoch der rationalen Politik des Souveräns und den Reformen von oben eine nicht zu unterschätzende Bedeutung beimaß. Weder aufgrund von Geburt noch aufgrund ethnisch-religiöser Zugehörigkeit sollten Menschen aus der bürgerlichen Gesellschaft ausgeschlossen bleiben. Ein weiser Herrscher – und Dohm sah diesen in Friedrich II. – konnte mittels wohlüberlegter Gesetze und Handlungen seine Untertanen zu glücklichen Bürgern machen. Vor einem allumfassenden Reformplan, der die Juden miteinschließt, könnten weder ihre Religion und Gesetze noch ihr messianischer Glaube bestehen. Dohm blieb der klassische Vertreter des aufgeklärten Beamtentums Preußens in der zweiten Hälfte des 18. Jahrhunderts, das mit den Idealen der Staatsräson Ernst machen wollte. Deren universale Gültigkeit, so war seine Überzeugung, verpflichtete auch zu einer Änderung der öffentlichen Meinung und der Politik gegenüber den Juden. Mit dieser Deutung nahm Dohm ein wichtiges Element der Französischen Revolution voraus, obwohl seine politischen Ziele nicht über den aufgeklärten Absolutismus hinausgingen.

Über Dohms Buch entbrannte eine heftige Polemik, an der sich Pfarrer, Kammergerichtsräte und Professoren beteiligten. Wieder war es Johann David Michaelis, der sich trotz seiner Aufgeklärtheit und Gelehrsamkeit gegen eine bürgerliche Gleichberechtigung der Juden wandte: «Was kann ihnen mehreres, als sie jetzt haben, ohne Nachtheil des Staates, (sollte der auch noch so spät erfolgen) und ohne Nachtheil des Einheimischen, Recht an das Land habenden, und es vertheidigenden, deutschen Bürgers, dessen Vater, Vormund und höchster Bedienter der Fürst ist, eingeräumt werden?»[10] Eine aufgeklärte Politik gegenüber den Juden hielt Michaelis für unmöglich. Er war von einer unveränderlichen Mentalität der Juden überzeugt. Für diese machte er ihre Religionsgesetze verantwortlich: «Das Gesetz Mosis sieht Herr D. . . . als vortreflich an, und glaubt nicht, daß es etwas menschenfeindliches enthalte, oder den Juden Haß gegen andre Völker einprägen könne . . . allein dabei sey mir erlaubt, eine andere Frage aufzuwerfen: enthalten die Gesetze Mosis etwas, das die völlige Naturalisation und Zusammenschmelzung der Juden mit andern Völkern, unmöglich macht, oder erschweret? Dies sollte ich fast denken!», meint Michaelis und fährt fort: «Ihre Absicht ist es, sie als ein von andern Völkern abgesondertes Volk zu erhalten, und die ist so durch und durch in seine Gesetze selbst bis auf die von reinen und unreinen Speisen, eingewebt, daß sich das Volk nun, wider alles was wir bey andern Völkern sehen, in seiner Zerstreuung 1700 Jahr lang als abgesondertes Volk erhalten hat, und so lange die Juden Mosis Gesetze halten, so lange sie z. E. [zum Exempel] nicht mit uns zusammen speisen, und bey Mahlzeiten oder der Niedrige im Bierkrug vertrauliche Freundschaft machen können, werden sie (von einzelnen rede ich nicht, sondern von dem größten Theil) nie mit uns so zusammenschmelzen, wie Catholike und Lutheraner, Deutscher, Wende und Franzose, die in Einem Staat leben.»[11] Michaelis führt den «Nationalcharakter» der Juden auf ihr Religionsgesetz zurück und leitet davon die Unmöglichkeit ab, ihnen gegenüber die Grundsätze einer aufklärerischen Staatspolitik anzuwenden. Die Speisegesetze und die Heiligkeit des Sabbats hinderten sie daran, ihre patriotische Pflicht zu erfüllen und Militärdienst zu leisten, die messianische Hoffnung auf eine Rückkehr nach Palästina mache ihnen eine enge Bindung an den Staat unmöglich: «Ein Volk, das solche Hofnungen hat, wird nie völlig einheimisch.»[12]

In die lautstarke Polemik um Dohms Schrift griff Mendelssohn durch die Veröffentlichung der ‹Rettung der Juden› des Manasseh ben Israel (1782) ein. Der Amsterdamer Rabbiner hatte seine Schrift 1656 verfaßt, um den Widerruf des Vertreibungsedikts von 1290 und die Rückkehr der Juden nach England zu erwirken. Mendelssohns Freund, Marcus Herz, hatte die Übersetzung dieser «Broschüre», wie er sie nannte, bewerkstelligt, und er selber schrieb ein Vorwort, um die Gründe darzulegen, die ihn veranlaßten, eine deutsche Ausgabe zu veröffentlichen:

«Merkwürdig ist es, zu sehen, wie das Vorurtheil die Gestalten aller Jahrhunderte annimmt, uns zu unterdrücken, und unserer bürgerlichen Aufnahme Schwierigkeiten entgegen zu setzen. In jenen abergläubischen Zeiten waren es Heiligthümer, die wir aus Muthwillen schänden; Crucifixe, die wir durchstechen, und bluten machen ... Christenblut, das wir zur Osterfeyer brauchen; Brunnen, die wir vergiften ... Itzt haben die Zeiten sich geändert; diese Verläumdungen machen den erwünschten Eindruck nicht mehr. Itzt ist es Aberglaube und Dumheit, die uns vorgerückt werden; Mangel an moralischem Gefühle, Geschmack und feine Sitten; Unfähigkeit zu Künsten, Wissenschaften und nützlichem Gewerbe, hauptsächlich zu Diensten des Krieges und des Staates; unüberwindliche Neigung zu Betrug, Wucher und Gesetzlosigkeit, die an die Stelle jener gröbern Beschuldigungen getreten sind, uns von der Anzahl nützlicher Bürger auszuschließen, und aus dem mütterlichen Schoße des Staats zu verstoßen.»[13]

Mendelssohn wies also auf die Kontinuität des antijüdischen Vorurteils hin, allerdings habe sich seine äußere Form verändert. Es sei nicht mehr wie im Mittelalter religiös motiviert, sondern betone jetzt, gleichsam säkularisiert, die bürgerliche Minderwertigkeit der Juden. Das Ziel war aber stets die Ausgrenzung der Juden aus der Gesellschaft, für die auch Gelehrte wie Michaelis plädierten. Daß Mendelssohn öffentlich für die bürgerliche Verbesserung plädierte, also nicht allein zu Fragen der Religion und der Philosophie, sondern zu einer Frage der Politik grundsätzlich Stellung nahm, erklärt sich aus der Dynamik der Konfrontation.

Die Zurückweisung durch die christliche Gesellschaft war nicht der alleinige Anlaß für die politischen Schriften der Maskilim. Mitunter konnten auch Zeichen der Duldung den Anstoß dazu bilden. Das bekannteste Beispiel hierfür ist Naftali Herz Wesselys ‹Diwrej schalom we'emet› (‹Worte des Friedens und der Wahrheit an die gesamte jüdische Nation, vorzüglich an diejenigen, so unter dem Schutze des glorreichen und großmächtigen Kaisers Joseph II. wohnen›, 1782 Hebräisch, 1798 deutsche Übersetzung David Friedländers), eine Reaktion auf das Toleranzpatent von Kaiser Joseph II. Während seiner kurzen Regierungszeit (1780–1790) hatte dieser eine umfassende Reform in allen Lebensbereichen eingeleitet. Seine als «Josephinismus» bekannt gewordene Politik sollte Österreich zu höherer wirtschaftlicher und militärischer Leistungsfähigkeit verhelfen und durch eine zentrale, rational organisierte Verwaltung das Zusammenwirken von Staat und Gesellschaft steigern. Die Leibeigenschaft wurde abgeschafft, und die katholische Kirche wurde der Autorität des Staates unterstellt. Auch gegenüber den anderen christlichen Glaubensgemeinschaften und den Juden ließ sich Joseph vom Prinzip der religiösen Toleranz leiten und unterzeichnete zunächst die «Verordnung zur besseren Bildung und Aufklärung» für die Juden Böhmens (19. 10. 1781). Der Herrscher wollte das Bildungsniveau aller Volksschichten anheben. Er schrieb daher am 2. 1. 1782 in dem Patent für die Juden Wiens und Niederösterreichs: «Von Antretung Unserer Regierung an, haben Wir es einen Unserer vorzüglichsten Augenmerke seyn lassen, daß alle Unsere Unterthanen, ohne Unterscheid der Nazion und Religion, sobald sie in Unseren Staaten aufgenommen und geduldet sind, an dem öffentlichen Wohlstande, den Wir durch Unsere Sorgfalt zu vergrößeren wünschen, gemeinschaftlichen Antheil nehmen.»[14] Dieses allerdings nur für einen kleinen, aber relativ gut situierten Teil der Juden Österreichs bestimmte Patent beseitigte keineswegs alle Beschränkungen der Vergangenheit. Weder ein Zuzug der Juden noch eine Gemeindebildung mit Synagogenbau wurden gestattet. Was aber die wirtschaftliche Tätigkeit und die Erziehung anging, war der Fortschritt bedeutsam. Die in Wien ansässigen Juden erhielten Bildungsfreiheit: «Da Wir die jüdische Nazion hauptsächlich durch bessere Unterrichtung und Aufklärung ihrer Jugend, und durch Verwendung auf Wissenschaften, Künste und Handwerke dem Staate nützlicher, und brauchbarer zu machen, zum Ziele nehmen»,[15] sollten ihnen christliche Normal- und Realschulen, aber auch höhere Schulen offenstehen. Die Gewerbefreiheit öffnete ihnen den Zugang zum Handwerk und zur Landwirtschaft. Sie wurden ermuntert, in Manufakturen, in

Immobilien und Landgütern ihr Geld zu investieren. Auch eine der am meisten demütigenden Formen der Besteuerung, der «Leibzoll», sollte abgeschafft werden. Insgesamt war das ein Dokument eines aufgeklärten Monarchen, der sich zwar nie als «Philosoph auf dem Thron» verstanden hatte, der aber bereit war, seinen aufklärerisch orientierten Beamten im Staatsrat Gehör zu schenken. Daher erließ er Edikte, die es bis dahin in keinem deutschen Staat gegeben hatte und die ihren Eindruck auf die kleine Schar der Maskilim, allen voran Naftali Herz Wessely, nicht verfehlten. Dieser verstand Josephs Reformpläne als Zeichen einer Zeitenwende und als Aufforderung an die Juden, das ihre zu tun, um ihre Gesellschaft zu verändern.

In seiner Schrift ‹Worte des Friedens und der Wahrheit› widmete Wessely dem Kaiser Sätze der Anerkennung: «Der Ruf hatte ihn längst unter die grösten und tapfersten Regenten gezählt ... Mit dem lautersten Verstande begabt, mit dem edelsten Gefühle der Menschenliebe beseligt, die unaufhörlich zum Glück aller seiner Unterthanen beschäftigt sind, hat er auch unserer nicht vergessen.»[16] Das war keine unerläßliche Höflichkeitsformel. Wessely glaubte an die Aufklärung von Oben mit Hilfe des «weisen» Herrschers. Er befürchtete keine Christianisierungstendenz und war bereit zur Zusammenarbeit mit der Regierung: «Ihr werdet wohl thun, hierinn dem Winke zu folgen, den euch euer grosser Kayser giebt»,[17] schreibt Wessely an seine jüdischen Brüder.

Wessely knüpft an Mendelssohn an, indem er sich dessen Aufspaltung des Judentums in das «Universale» und das «Partikulare» zu eigen macht. Das Universale, die «Wissenschaften des Menschen», ist das Grundlegende, worauf das Partikulare, das am Sinai offenbarte Gesetz, aufbauen kann. Den Keim des menschlichen Wissens «hat der Schöpfer ursprünglich in des Menschen Seele gelegt», und es ist «das Werk der Vernunft», dieses anzuwenden. Das universale Wissen wird, wenn nicht höher, so zumindest mit dem partikularen Gesetz des Judentums gleichgestellt, und dem Talmudgelehrten redet Wessely ins Gewissen: «Die göttlichen Gesetze, so erhaben sie über alle menschliche seyn mögen, stehn dem ungeachtet mit diesen in Verbindung; man kann sogar ohne die ersten ein nützlicher Weltbürger seyn, und durch Wissenschaften und Einsichten Licht und Ordnung allgemein verbreiten ... Mensch seyn ist eine Stufe höher, als Israelite seyn.»[18] Wessely wollte neue Prioritäten für eine Bildung der Juden setzen und warnte deshalb in Anlehnung an einen Midrasch: Ein Talmudgelehrter, dem es an allgemeinem, menschlichen Wissen und Tugend mangelt, hat minderen Wert als das (verbotene) Fleisch eines toten Tieres. Dieser Satz, der einen Sturm der Entrüstung bei führenden Rabbinern hervorrief, setzte zugleich ein Zeichen für die Maskilim: Der Jude und sein Judentum sollten sich fortan aufgrund der Verbindung des Säkularen und des Sakralen, des Allgemein-Menschlichen und des Spezifisch-Jüdischen, definieren.

46 Der Dichter und Erziehungsreformer Naftali Herz Wessely

Die Toleranzpolitik von Joseph II. verfehlte also trotz ihrer Kurzfristigkeit ihre Wirkung auf die Haskala nicht. Es folgten nach dem Edikt vom 2. Januar 1782 noch weitere Toleranzpatente: für die Juden Mährens (13. 2. 1782), Ungarns (31. 3. 1783) und 1789 schließlich das Patent für die Juden Galiziens, die nach der ersten Teilung Polens im Jahre 1772 unter die Herrschaft Österreichs gekommen waren. Dieses letztere war das am weitesten reichende Dokument und weckte, mehr noch als die vorhergehenden Edikte, Zuversicht und Glauben an die von oben gelenkte Erziehung und Bildung als Mittel einer bürgerlichen Gleichstellung. Deshalb kehrte Herz Homberg, der während seines Berliner Aufenthalts zum überzeugten Maskil geworden war, nach Österreich zurück, um sich in den Dienst der Regierung in Wien zu stellen und ihr bei der Errichtung von deutsch-jüdischen Normalschulen in Görz und Triest (1784) und dann als k. u. k. Oberaufseher in Galizien im Kampf gegen die Orthodoxie und ihren «Obskurantismus» behilflich zu sein. Er brachte einen Stab von 28 jüdischen Lehrern aus Böhmen mit sich, die sich völlig mit dem Konzept einer Aufklärung von oben identifizierten. In einer Enquête (1794) für die Regierung in Wien formulierte Homberg die Ziele seiner Arbeit, indem er vorschlug, die «Juden den Christen zu nähern und ihren esprit de corps aufzuheben». Zu diesem Zweck sollte das Talmudstudium eingeschränkt und «die hebräische Sprache ausser Gebrauch gesetzt werden».

2. Wende zu radikalen Lösungen

Nicht nur Josephs Politik, auch die Ereignisse des Jahres 1789 in Frankreich müssen als Hintergrund der weiteren Entwicklung und baldigen Radikalisierung der Berliner Haskala beachtet werden. David Friedländer und Lazarus Bendavid beeilten sich, die Petitionen, die zu dem Beschluß der Nationalversammlung von 1791 über eine Gleichberechtigung der Juden geführt hatten, ins Deutsche zu übersetzen. Die hebräische Zeitschrift ‹Hame'assef› berichtete über den Verlauf der Ereignisse in Paris und den Beschluß von 1791. Bereits früher, kurz nach dem Tode Friedrich II., hatte Mendelssohns treuer, doch bald radikaler Schüler David Friedländer (1750–1824), in den Jahren 1787 bis 1792 an der Spitze der «Generaldeputierten» der jüdischen Gemeinden Preußens, den Kampf für mehr Bürgerrechte begonnen und die Abschaffung der schlimmsten gesetzlichen Verordnungen, wie Leibzoll (1787) und Solidarhaftung (1792), erlangt. Die Forderung nach bürgerlicher Gleichstellung jedoch lehnte die Regierung mit der folgenden Begründung ab: Solange die jüdische Nation «vermöge ihrer inneren Constitution u. Hierarchie gleichsam einen besonderen Staat im Staate bildet»,[19] kann eine Aufhebung der beschränkenden Gesetze nicht stattfinden. Die Enttäuschung angesichts der stockenden Reform veranlaßte Friedländer zu einem Schritt der Verzweiflung. 1799 verfaßte er ein «Sendschreiben» an den Berliner Propst Wilhelm Abraham Teller, in dem er für sich und für eine Anzahl gleichdenkender «Hausväter» die Möglichkeit des Übertritts zur protestantischen Kirche ins Auge faßte. Hinter dem Schreiben stand der Opportunismus eines erfolgreichen Kaufmanns, aber damit erschöpft sich dessen Inhalt nicht, denn Friedländer formulierte hier Übertrittsbedingungen, die sein Religionsverständnis betrafen. Dabei zeigt sich dann: Er bleibt trotzdem Maskil, der auf den Begriffen Mendelssohns aufbaut, auf den universalen Glaubenswahrheiten der Vernunft: dem Glauben an den Einen Gott, an seine Vorsehung und an

47 Mendelssohns Schüler David Friedländer

die Unsterblichkeit der Seele. Allein diese Elemente der christlichen Religion sind für Friedländer annehmbar, nicht aber das Dogma der heiligen Dreieinigkeit. Dieses ist ihm nicht leichter mit der Vernunft in Einklang zu bringen als das verpönte jüdische Zeremonialgesetz. Was übrig bleibt, ist ein Deismus, der weder von einem traditionsgebundenen Juden noch von einem Vertreter einer christlichen Kirche akzeptiert werden kann, und ein Rest von Stolz: «Wenn der beßre Jude, zur Reinigung seiner Religion, bloß die Hülle seiner Ceremonialgesetze abzustreifen braucht; so muß der bessere Christ die Grundwahrheiten der seinigen einer neuen Prüfung unterwerfen, welches bei weitem mehr Anstrengung und Denkvermögen erfordert.»[20] Das Zeremonialgesetz kann nicht mehr den Stolz der Auserwähltheit nähren, wohl aber der Hinweis auf die Stammeltern Israels und auf Moses, die als erste «von aller Un- und Abgötterei befreite Religionsbegriffe»[21] hatten.

Das Übertrittsangebot wurde sowohl durch den Propst Teller als auch durch den Theologen Schleiermacher abgelehnt: «Erinnern Sie Sich», schrieb Schleiermacher in anonym veröffentlichten Briefen, «daß überall die grösste Anhänglichkeit an das ursprüngliche Abrahamitische Judenthum, und an ein zu erneuerndes, nur noch nicht wirklich vorhandenes hindurchschimmert, und daß das Judenthum wie billig, durchaus in Opposition mit dem Christenthume gesezt wird; daß der Verfaßer die Grundwahrheiten seiner Religion aus dem Judenthume mitbringt, und eben daher auch seine Bedenklichkeiten gegen das Christenthum ... Sie werden gewiß an den aufrichtigen Haß des Verfaßers gegen das Christenthum eben so wenig zweifeln, als ich ...»[22] Recht viel eigentümlich Jüdisches, jüdische Vorurteile und Aberglauben brächten die Hausväter mit sich: «Ja! ein judaisirendes Christentum das wäre die rechte Krankheit»,[23] die diese Taufkandidaten heraufbeschwören würden, schrieb Schleiermacher.

Die Polemik um das ‹Sendschreiben› Friedländers förderte alte Vorurteile zutage, die der gesellschaftlichen Annäherung zwischen Christen und Juden entgegen standen. Teller und Schleiermacher zählten nicht zu ihren Gegnern. Schleiermacher gehörte sogar zu den Gästen im renommierten Salon der Henriette und des Marcus Herz, der sich, zusammen mit anderen jüdischen Salons, damals in Berlin einer unverkennbaren Beliebtheit erfreute und einen freiheitlichen Raum der Geselligkeit in einer immer noch ständischen Ordnung darstellte. Doch nur eine ganz beschränkte Zahl von privilegierten Juden war an dieser Geselligkeit beteiligt, von der keine besonderen Impulse für die Entwicklung der Haskala ausgingen. Es stand auch nicht in der Macht der jüdischen Salongesellschaft, eingewurzelte Vorurteile abzubauen. Die Polemik über Juden und Judentum verlor nichts von ihrer Intensität, wie die Reaktion auf das Sendschreiben Friedländers beweist.

Die Enttäuschung über die Zurücksetzung blieb der jungen, aufgeklärten Generation nicht erspart, so daß sie zur Gründung jüdischer Gesellschaften, wie der Berliner «Gesellschaft der Freunde» (1792), Zuflucht nahm, die ein früher Chronist folgendermaßen beschrieb: «... Israeliten, denen zu keiner christlichen Ressource der Zutritt vergönnt war, und die sich selbst an allen öffentlichen Vergnügungsorten, wo man sie nur zurückstoßend behandelte, nicht behaglich zu fühlen vermochten», fanden einen geselligen Kreis, «wo sie die Sorgen des Lebens vergessen konnten, wo ohne Unterschied der Person, gegenseitig nur Wohlwollen und Freundlichkeit herrschte».[24] Die mangelnde Bereitschaft, Juden in die christlichen Vereinigungen aufzunehmen, motivierte u. a. Mendelssohns

48 Ausschnitt der Titelseite von Marcus Herz' ‹Über die frühe Beerdigung der Juden› mit dem Grab Mendelssohns (links) und einem lebend Begrabenen (rechts)

Sohn Joseph sowie die Herausgeber des ‹Hame'assef›, Isaak Euchel und Aron Wolfssohn, diesen gesellschaftlichen Sammelpunkt für Anhänger eines aufgeklärten Judentums zu schaffen. Die Konfrontation nach innen mit der traditionsgebundenen Gemeinde war ein zusätzlicher Grund für ihre Initiative. Die Auseinandersetzung über die «frühe Beerdigung», die im Jahre 1772 bereits Mendelssohn beschäftigt hatte, erneuerte sich nach seinem Tode. Marcus Herz, einer Aufforderung von einigen Maskilim Folge leistend, hatte in einer Abhandlung Argumente der Vernunft und der Wissenschaft gegen die «unter uns noch immer herrschende Unsitte, die Todten so früh zu beerdigen»,[25] vorgebracht. Herz und die Maskilim überhaupt wollten damit einen überkommenen Brauch, der ihrer Meinung nach auf Unwissen und Aberglauben beruhte und nicht in einem Gesetz oder einem halachischen Gebot verankert war, abschaffen. Es prallten hier zwei verschiedene Wertsysteme aufeinander: auf der einen Seite die Werte derer, die streng an der Tradition des Judentums festhielten, und auf der anderen jene, die auf allgemeinen, rationalen Einsichten der bürgerlichen Öffentlichkeit beruhten. Ein Kompromiß war unmöglich, und so bauten die Maskilim und ihre Anhänger die freiheitlich-weltliche Sphäre durch die Gründung der «Gesellschaft der Freunde» weiter aus.

In den neunziger Jahren verstärkte sich also die Konfrontation nach innen und nach außen. Die Maskilim gründeten Vereine, die sich die Reform der Erziehung und die berufliche Umschichtung zum Ziele setzten. Sie hatten in zunehmendem Maße Anteil an der nichtjüdischen Presse wie der ‹Berlinischen Monatsschrift›, aber verzichteten nicht auf das Weitererscheinen des ‹Hame'assef›, den Aron Wolfssohn und Joel Brill Löwe in Breslau bis 1797 redigierten. Immer klarer zeichnete sich der unüberbrückbare Gegensatz zwischen den Maskilim und ihren Gegnern ab. Führende Maskilim, wie etwa Saul Ascher, Lazarus Bendavid, Salomon Maimon, David Friedländer, aber auch Aron Wolfssohn schrieben jetzt in deutscher Sprache und rückten mehr und mehr vom Konzept eines normativen Judentums ab. Da die Debatte über die Verbesserung der gesetzlichen Lage der Juden immer intensiver wurde, stellte man auch die Frage nach dem Wesen des Judentums. Im Mittelpunkt stand dabei die Frage, ob das Judentum auch nach Auflösung der jüdischen Autonomie als eine Religion unter anderen weiter existieren könne. In seiner Schrift ‹Leviathan› (1792) ging der Buchhändler Saul Ascher (1767–1822) von Mendelssohns ‹Jerusalem› aus und erörterte die Stellung der Religion im Staat als allgemeines, grundsätzliches Problem. Besonders wichtig war ihm dabei die Frage nach der bindenden Kraft des jüdischen Gesetzes, eine Frage, die sich auch aus der Sicht Kants stellte. Dessen ‹Kritik der reinen Vernunft› und dessen Begriff des autonomen, selbstdenkenden Menschen, der sich von seinem Verstande und nicht von äußeren Kräften leiten läßt, wurden für Ascher wie auch für andere Maskilim maßgebend. Aus Kants Definition, Aufklärung sei «Befreiung aus selbstverschuldeter Unmündigkeit», folgerten sie eine spezifische Relevanz für die Juden und die Verbindlichkeit ihrer Religionsgesetze.

Ascher versuchte im ‹Leviathan› ein Judentum zu skizzieren, das vor der Kritik der reinen Vernunft bestehen kann. Obwohl er neben «Prinzip und Lehre», d. h. den universal-rationalen Glaubenswahrheiten (das Wesen), auf das partikulare jüdische Gesetz (die Form) nicht verzichtete, reduzierte er dessen Gewicht. Er befürwortete die Beibehaltung von vierzehn durch ihn ausgewählte Glaubensartikel für den modernen Juden, ein «Organon», zu dem die Idee des Einen Gottes und der messianischen Erlösung, die Vorschrift der Beschneidung und das Einhalten der Sabbatruhe gehörten. Ein Überrest formaler Gesetzlichkeit sollte genügen, um die Bindung des Juden an die Glaubenswahrheiten zu symbolisieren. Es war keine völlige Verneinung des Mendelssohnschen Konzepts, aber doch in zweifacher Beziehung ein unverkennbares Abrücken. Zum einen war das Gesetz, Ascher zufolge, nicht einem Akt der Offenbarung am Sinai entsprungen. Das Gesetz war zwar in enger Anlehnung an «Prinzip und Lehre» entstanden, aber in einem ganz bestimmten historischen Kontext, im biblischen

Zeitalter, als notwendiger Bestandteil der Religion, um ihr die staats- und gesellschaftskonstituierende Funktion zu ermöglichen. Zum anderen sah Ascher, ganz im Gegensatz zu Mendelssohn, in der religiösen Gesetzgebung ein Mittel zu der von Lessing propagierten «Erziehung des Menschengeschlechts». Sie war zeitbedingt und diente den Menschen, deren Vernunft im Altertum noch nicht zur Erkenntnis der ewigen Prinzipien hinreichte, als Stütze. Nun, da das Mittelalter vorüber war und mit der Aufklärung die Vernunft an Einfluß gewonnen hatte, erübrigte sich der Großteil der Gesetze. Sie hatten keinen Offenbarungscharakter, sondern waren Menschenwerk, so daß ihre Abschaffung nicht gegen göttliche Allmacht verstieß.

Ascher kam dem Deismus Friedländers, der den verpflichtenden Charakter des offenbarten Gesetzes Israels ebenfalls als zeitlich begrenzt auffaßte, sehr nahe. Auch im ‹Sendschreiben› sind Spuren des Lessingschen Konzepts erkennbar. Moses wird hier zum Erzieher, der dank seiner Gesetzgebung in biblischen Zeiten eine eindringlichere und schnellere Ausbreitung des monotheistischen Glaubens ermöglichte, dessen Werk aber in der Moderne einer Reform unterzogen werden muß. Das zukunftsbezogene neue jüdische Denken der neunziger Jahre beinhaltet also auch den Gedanken an eine Reform der jüdischen Religion. Die Maskilim Lazarus Bendavid, Saul Berlin und Aron Wolfssohn artikulierten diese Gedanken nun in aller Schärfe.

In ‹Etwas über die Charakteristick der Juden› (1793) geht Bendavid von der Annahme aus, daß Wesen und Form der Religion den Grad von Sitte und Moral der Menschen bestimmen. Der sittliche Niedergang des jüdischen Volkes im Mittelalter halte auch in der Neuzeit an und äußere sich in der Mißachtung von menschlichen Werten, von Freiheit und Nächstenliebe. Für Bendavid sind die Ursachen hierfür im übertriebenen Festhalten an den äußeren Formen, am Ritual des Judentums, zu suchen. Die Überbetonung der Gesetze und der talmudischen Überlieferung sei einhergegangen mit mehr Aberglauben und Vorurteilen, kurzum, mit einer Verkümmerung der reinen Lehre Moses, die Kernstück der jüdischen Religion war. Die rabbinische Elite trage Schuld an den «wesentlichen Fehlern der jüdischen Nation», an der Sklavenmentalität, an dem Haß gegen andere Religionen und an dem Verlust menschlicher Würde. Man kann sich des Eindrucks nicht erwehren, daß in dieser herben Anklage das Echo nichtjüdischer Kritik, wie sie Michaelis formuliert hat, mitklingt – eine fast unvermeidliche Begleiterscheinung der Orientierung nach außen im Zeitalter der Haskala. Bendavid mißt die jüdische Gesellschaft mit neuen Maßstäben. Er sieht sie aufgeteilt in vier verschiedene Klassen, nicht so sehr gemessen an ihrem sozio-ökonomischen Niveau, sondern an ihrer relativen Befreiung aus den Fesseln des normativen Judentums: Die erste, zahlenmäßig stärkste Gruppe hält am «ganzen Wust von Traditionen auf Treu und Glauben» fest, lebt isoliert, pflegt nur das Studium des

Talmud unter Vernachlässigung der Bibel. Achtung zollt sie allein dem Rabbiner und verharrt dabei im Aberglauben. Aufklärung und Bildung liegen ihr fern. Die zweite Klasse wirft in ihrem Wunsch, sich vom Gesetz zu befreien, gleichzeitig damit die Regeln moralischen Verhaltens über Bord. Die dritte Klasse hat zwar Anstrengungen unternommen, sich von jenem formalen Judentum zu befreien, es fehlt ihr aber an Entschlossenheit und damit ein durchschlagender Erfolg. Nur die vierte Gruppe, eine Minderheit, zu der Bendavid sich selbst und die radikalen Maskilim zählt, hat den magischen Ring durchbrochen. Sie hat ihr Judentum durch einen Verzicht auf die äußere Form rationalisiert. Diese Selbstbefreiung ist gleichbedeutend mit einer «Reform», die Bendavid als unerläßliche Voraussetzung für den Eintritt der Juden als gleichwertige Glieder in die bürgerliche Öffentlichkeit betrachtet. Abschaffung der «sinnlosen und auf jetzige Zeiten gar nicht mehr passenden Ceremonialgesetze» und Rückbesinnung auf die «dem Allvater würdigere Religion, die reine Lehre Moses» sind ihm kein Selbstzweck. Sie sind Teil eines Bestrebens der Maskilim, die jüdische Lebenswelt zu erneuern.

Saul Berlin (1740–1794), zeitweilig Rabbiner zu Frankfurt an der Oder und Sohn des Oberrabbiners Hirschel Lewin in Berlin, war eine umstrittene Persönlichkeit. Nicht allein, weil er als Maskil die Funktionen eines Rabbiners ausübte, sondern weil er in satirischen Schriften ein höchst negatives Bild des rabbinischen Judentums zeichnete. Von ihrer Veröffentlichung zu Lebzeiten sah er allerdings ab. Sein ‹Ketaw joscher› (‹Schreiben der Aufrichtigkeit›, 1794) verurteilt das herkömmliche Erziehungs- und Bildungssystem durch die satirische Darstellung seiner Vertreter, des *melammed* (des Lehrers) und des talmudisch gelehrten Rabbiners. Der Autor kehrt das Absurde und Unzeitgemäße in der rabbinischen Kasuistik heraus. Mehr Freiheit für den autonomen, selbständig denkenden Menschen, ein Ziel, das Ascher mit dem Argument des Religionsphilosophen zu erreichen suchte, suchte Berlin durch die Überzeichnungen der Satire zu erreichen. ‹Ketaw joscher› enthält auch eine scharfe Verurteilung eines Brauchtums, das, seiner Meinung zufolge, von Aberglauben und Rückständigkeit zeugt, so beispielsweise der Brauch der *kapparot* (Sühnungen) am Vorabend des Versöhnungsfestes, oder die geräuschvollen Ausbrüche, wenn an Purim in der Synagoge beim Vorlesen des Buches Esther der Name «Haman» erwähnt wird. Saul Berlin war einer der ersten, der nicht nur mehr Würde und Ästhetik für den Gottesdienst forderte, sondern Zweifel an der Notwendigkeit der Zeremonialgesetze äußerte, «da sie in ihrer Unzahl eine Bürde darstellen für den Juden von seiner Geburt an. Jede Handlung ist mit religiösen Geboten und Verboten verbunden. Sogar wenn der Jude mit der Wimper zuckt, wird er dafür zur Verantwortung gezogen.»[26] Die bereits ins Wanken geratene Priorität des geschriebenen und des mündlichen Gesetzes, die Mendelssohn durch seine Formel in ‹Jerusalem› noch zu retten versucht hatte, wird hier von Berlin heftig bestritten. Auch mit seinen Angriffen gegen die Gerichtsassessoren und die Rabbiner im ‹Hame'assef› – die einen beschuldigte er der Geldgier und die andern der mangelnden Bildung in Kultur und Sprache des eigenen Volkes sowie desjenigen, unter dem sie lebten –, schürte er die Spannung zwischen den Maskilim und der konservativen Mehrheit.

Aron Wolfssohn stand Bendavid und Berlin an Radikalismus nicht nach. In seiner Schrift ‹Jeschurun, oder unparteyische Beleuchtung der dem Judenthume neuerdings gemachten Vorwürfe› (1804) übernahm er Bendavids Klassifizierung der jüdischen Gesellschaft. Auch ihm diente die Haltung zur Religion und zum Zeremonialgesetz als Maßstab, und auch er skizzierte das Idealbild eines Vernunftglaubens, der, von «allen Zeremonien und Gebräuchen gereinigt», Sinn und letzte Absicht der Religionsgeschichte sein sollte. Diese begann mit Moses, führte über die Propheten und über Maimonides bis hin zu Mendelssohn und seinen Schülern. Es war ein durch die Vernunft geläuterter Glaube, den Wolfssohn und seine radikalen Gesinnungsgenossen als höchstes Stadium einer jüdisch-historischen Kontinuität verstanden. Sie wollten dieses nicht als völligen Bruch mit der Tradition, sondern als eine der neuen jüdischen Lage entsprechende Transformation erklären.

Die Philosophie Kants übte einen entscheidenden Einfluß auf die Maskilim in diesem späteren Stadium aus, insbesondere auf ihr Bestreben, den jüdischen Glauben von den Äußerlichkeiten eines «positiven Kirchenglaubens» zu befreien. Bendavid, Maimon, Ascher und natürlich Marcus Herz, der u. a. in Königsberg studiert hatte, waren Kantianer. Sie waren bestrebt, die Religion im allgemeinen und die jüdische Religion im besonderen im Licht von Kants ‹Religion innerhalb der Grenzen der bloßen Vernunft› zu prüfen. Sie wollten einem Judentum nachleben, das den von Kant formulierten Postulaten gerecht wurde. Da Kant also Autorität für die späteren Maskilim war und sie sich an seiner Philosophie orientierten, konnte seine herbe Kritik am Judentum sie nicht gleichgültig lassen. Vor allem Saul Ascher war nicht bereit, Formulierungen Kants schweigend hinzunehmen, die eine scharfe Trennung zwischen dem Judentum und einer Religion der Vernunft vornahmen. Seine Schrift ‹Eisenmenger der Zweite› (1794) richtete sich u. a. gegen Kants Behauptung, daß das Judentum gar keine Religion sei, sondern seiner ursprünglichen Einrichtung nach ein Inbegriff bloß statuarischer Gesetze, auf welchen eine Staatsverfassung gegründet war. Daraus zog Kant die Schlußfolgerung, daß das Judentum im Unterschied zum Christentum nicht am welthistorischen Heilsprozeß der Religionen teilhaben könne. Er verneinte sogar die Rolle des Judentums als geistlicher Quelle des Christentums oder als eines der vorbereitenden Stadien auf dem Weg zur angeblich objektiven Einheit des wahren und allgemeinen Glaubens. Das Judentum blieb aus Kants Vision einer «Religion der Vernunft» ausgegrenzt, und daher war diese für einen Maskil wie Ascher, der regen Anteil an dem

Dialog der räsonierenden bürgerlichen Öffentlichkeit nahm, ein Schlag gegen sein Bedürfnis nach Ebenbürtigkeit. Als Kant gegen das Judentum schrieb, hat er seinem Beruf als Philosoph eine Absage gemacht, meint Ascher. Wie sei es möglich, daß das Christentum plötzlich ohne jede Vorbereitung aufgetreten sei? Wer historisch denke, würde «nicht plötzlich das Christenthum entstehen sehen. Im Gegentheil, er wird müssen den ganzen Geist des Christenthums in dem damaligen Judenthum auffinden.»[27] So wenig Ascher einen Bruch der Kontinuität in der Vergangenheit annehmen konnte, so unmöglich erschien ihm die These eines Bruchs in der Gegenwart, die das Judentum seiner Sendung beraubte und es aus dem Ablauf der Ereignisse ausschloß, die den Menschen die Endzeit, die Verwirklichung der messianischen Vision bringen sollten. Ascher benutzte dafür Formulierungen wie «Weltreligion der Vernunft», «geläuterter Glaube und reine Moral als Band unter den Menschen», woraus sein Bemühen ersichtlich ist, seinen Begriff der jüdischen Tradition der Kantschen Philosophie anzugleichen.

Die Dialektik der Konfrontation zog also eine Umformung jahrhundertealter Konzepte des Judentums nach sich. Als die Frage der «bürgerlichen Verbesserung» dank der Dohmschen Schrift und der Toleranzpatente von Joseph II. an Dringlichkeit gewonnen hatte und die religionsphilosophische Fragestellung nach Wesen und Bestimmung des Judentums sich immer enger mit der politischen Frage nach dem Status der jüdischen Religion und ihrer Anhänger im modernen Staat verknüpfte, konnte die funktionale Formel Mendelssohns, daß die Gesetze den forschenden Verstand auf göttliche Wahrheiten leiten, nicht mehr befriedigen. Die Maskilim nach Mendelssohn setzten neue Akzente: Die ewigen Wahrheiten, das Wesen, wurden höher, die Form, das ausschließlich die Juden verpflichtende Gesetz hingegen niedriger bewertet. Beide Teile, ähnlich wie Körper und Seele, blieben weiterhin verbunden, aber die ewigen Wahrheiten, als Kern einer Religion der Vernunft, wurden dominierend.

Die zweite Generation der Maskilim gab einer zentralen Idee des Judentums, der zukünftigen Erlösung, eine neue Deutung, so daß der jüdische Aufklärer das «Wesen» seiner Religion retten konnte und den Stolz auf seine Herkunft nicht aufzugeben brauchte. Ascher, der sich weiter als andere in die Konfrontation mit Vertretern des deutschen Bildungsbürgertums hineinziehen ließ, trieb die Rationalisierung und Universalisierung des Erlösungsgedankens am weitesten voran. So haben denn die Widerstände, denen die Maskilim auf nichtjüdischer Seite bei Intellektuellen und bei der für sie relevanten Schicht des Bürgertums begegneten, nicht zu jeder Zeit extreme Reaktionen hervorgerufen. Weder traten die Maskilim unbedingt durch Taufe die Flucht nach vorne an, noch kehrten sie reumütig zur alten Tradition zurück, vielmehr versuchten sie trotz Schwierigkeiten, auf dem Wege der Annäherung an der Ausbildung einer neukonzipierten jüdischen Sphäre weiterzuarbeiten.

XII.
Jüdische Aufklärung und Erziehung

1. Pädagogisches Denken

Die Schulgründungen der Maskilim berührten einen der empfindlichsten Bereiche des traditionstreuen Judentums, dessen Bildungsideal über Jahrhunderte hinweg nicht wenig zur inneren Stärke und Kontinuität des jüdischen Gemeindelebens beigetragen hatte. Daher fehlte es nicht an Widerstand von seiten der rabbinischen Elite, als die Maskilim, die nicht zu ihr gehörten und zahlenmäßig auch in der Minderheit waren, unbeirrt an die praktische Verwirklichung einer Erziehungsreform herangingen. Drei Faktoren waren für die Maskilim ausschlaggebend: Erstens waren sie gewiß, daß eine solche Initiative bei aufgeklärten Herrschern, wie Joseph II., und Beamten, wie Dohm, volle Unterstützung finden würde. Zweitens neigte die kleine Schicht der privilegierten Schutzjuden ähnlich wie die Maskilim zu der Ansicht, daß eine Reform der Erziehung mit der Aussicht auf bürgerliche Verbesserung verknüpft sei; sie erwarteten und erhielten also Unterstützung von wohlhabenden Unternehmern, beispielsweise in Berlin von Isaak Daniel Itzig und David Friedländer. Und drittens orientierten sich die Maskilim in ihrer grundsätzlichen Haltung und in ihren Vorstellungen, auch im Hinblick auf die Erziehung, maßgeblich an der europäischen und deutschen Aufklärung. Sucht man nach dem humanistischen Kern der Aufklärung, der ihren Optimismus begründete, so ist dieser zweifellos in der Idee der Erziehung zu finden. Sie beschäftigte fast alle aufgeklärten Denker – Philosophen, Literaten oder Staatstheoretiker – und beeinflußte auch die neuen jüdischen Pädagogen.

John Locke (1632–1704) hatte neben seinen philosophischen, staats- und religionstheoretischen Schriften auch eine Abhandlung mit dem Titel ‹Thoughts Concerning Education› (1693) verfaßt. Sein Ideal der Vernunft und der Tugend sowie sein Glaube an den Menschen als lernfähiges Wesen führten ihn in dieser Schrift unwillkürlich zu der Frage der Erziehung des Menschen, vom Tage seiner Geburt an bis zum Stadium des Erwachsenen. Er entdeckte das Kind als eigenständiges Geschöpf, dessen Eigenschaften und natürliche Neigungen im Lern- und Erziehungsprozeß respektiert werden müßten. Seine Denkanstöße ließen das Jahrhundert der Aufklärung auch zu einem der Pädagogik werden. Auch Jean-Jacques Rousseau (1712–1778) mit seinem ‹Emile› (1762), der zur «Bibel» mancher Pädagogen wurde, war eine Quelle der Inspiration für die Maskilim. Manches von seiner Kritik an der Gesellschaft, die «im Kind immer den erwachsenen Menschen sucht, ohne sich zu fragen, wie und was es ist vor dem

Stadium des Erwachsenen», übertrugen die Maskilim in den jüdischen Kontext. Seine Forderung, man solle im Kindesalter mehr Freiheit gewähren und weniger autoritär erziehen, um die Rückkehr ins verlorene Paradies des tugendhaften Menschen zu ermöglichen, war eine Botschaft, deren utopischer Charakter ihren Eindruck auf die Maskilim nicht verfehlte. Locke und Rousseau hatten die Entdeckung des Kindes und die Anerkennung der Kindheit als einer besonderen Lebensphase ermöglicht.

Im deutschen Kulturbereich hatte Johann Bernhard Basedow (1724–1790) ihre Ideen rezipiert und mit seiner Schrift ‹Vorstellung an Menschenfreunde und vermögende Männer über Schulen, Studien und ihren Einfluß auf die öffentliche Wohlfahrt› (1768) sowie mit der Gründung einer Musterschule in Dessau (1774), «Philanthropin», bahnbrechend für eine Erneuerung der Erziehung gewirkt. Anstelle der unverstandenen Autorität sollten Spiel, Wettbewerb, Selbsttätigkeit und Naturnähe das Kind zum Lernen motivieren. Der gemäß dem Wachstum der seelischen und geistigen Kräfte eingeteilte Unterrichtsstoff sollte die freie Entfaltung fördern. Der «Philanthropinismus» – insbesondere vertreten durch Basedows Nachfolger, Joachim Campe (1746–1818), der mit Mendelssohn in Kontakt stand – propagierte unter anderem die Förderung von Industrieschulen, in denen zusätzlich zu den Elementarfächern, wie Lesen, Schreiben, Mathematik und Sprache, auch eine berufliche Ausbildung für das Handwerk und den Ackerbau möglich sein sollte. Dieses Konzept einer Ausbildung zur produktiven Arbeit entsprach den utilitaristischen Zielvorstellungen des Kameralismus und fand auch bei den Maskilim Nachahmung, wie überhaupt Basedow und sein Philanthropin reges Interesse bei ihnen weckten. So ging denn von Philosophen und Pädagogen der deutschen und europäischen Aufklärung ein entscheidender Impuls für eine Erziehungsreform und ihre Umsetzung in die Praxis aus.

Wenn Mendelssohn auch keine Schrift speziell der Thematik der jüdischen Erziehung widmete, so lagen pädagogische Motive doch vielen seiner Werke, wie der bereits erwähnten hebräischen Monatsschrift ‹Kohelet mussar› und seiner Bibelübersetzung, zugrunde. Das Verlangen, den Gedanken der Aufklärung durch Erziehung tiefe und breite Wirkung zu sichern, war bei Mendelssohn stets präsent. So berichtet David Friedländer, daß bei den Treffen der Maskilim im Haus Mendelssohns Fragen der Erziehungsreform einen vorrangigen Platz einnahmen. Mendelssohn hatte auch Anteil an praktischen Schritten wie der Vorbereitung eines Lehrplanes für die erste «Jüdische Freischule» (1778) und der Herstellung eines ersten ‹Lesebuchs für jüdische Kinder› (1779).

Von besonderem Interesse sind die Briefe aus Mendelssohns umfangreicher Korrespondenz, in denen er Aspekte der jüdischen Erziehung berührt. In einem Brief an seinen christlichen Freund Friedrich Nicolai (1779) beispielsweise betonte er, wie sehr ihm eine Ausbildung jüdischer Kinder zum Handwerk am Herzen liege. Der wichtigste Beleg aber für Mendels-

Lesebuch

für

Jüdische Kinder.

Zum Besten der jüdischen Freyschule.

Berlin

in Commißion bey Christian Friedrich Voß und Sohn

1779.

49 *Titelseite des Lesebuchs der Jüdischen Freischule Berlin*

sohns aufklärerische Haltung in Fragen der Erziehung sind die Briefe an Herz Homberg, in denen er über Hoffnungen und Enttäuschungen bei der Erziehung seines Sohnes Joseph berichtet, gleichzeitig aber auch sein Bildungsideal und ein gutes Maß an pädagogischer Toleranz artikuliert:

»Mein Sohn Joseph hört Physik bei Dr. Marcus Herz, der sie öffentlich liest, und auch Chymie bei Hern. Klaproth, ohne daß ich ihn noch zur Gelehrsamkeit bestimmt hätte. Fähigkeit hat er in Sachen des Verstandes, aber mit Sprachen will es nicht recht werden. Er ist selbst in der lateinischen Sprache noch sehr zurück, und hat im Hebräischen fast alles vergessen, was Sie ihm beigebracht haben. Ich lasse ihn seinen eigenen Weg gehen. Ich bin, wie Sie wissen, kein Freund vom Zwange; und bei diesem eisernen Charakter, der sich eher brechen als biegen lässt, wäre ohnehin durch Zwang nichts auszurichten. Sein gesunder Menschenverstand wird ihn schon zu irgend einem Ziele leiten.«[1]

Mendelssohn praktizierte in seinem Familienkreis bereits zwei Grundgedanken der modernen jüdischen Pädagogik, die Naftali Herz Wessely später zu einem systematischen Reformprogramm erhob: zum einen die Verknüpfung jüdisch-traditioneller mit säkularer Bildung, zum anderen die Anpassung des Bildungsprogramms an die seelische und geistige Entwicklung des Kindes. Das Innovative bei Wessely beruht also nicht auf den Ideen, sondern auf der Form, in der er das Programm und den Aufruf zu einer Umgestaltung jüdischer Bildung und Erziehung vorträgt.

Wessely gehörte zur Minderheit der Talmudgebildeten, die zeit ihres Lebens die grundlegenden Werte der jüdischen Tradition nicht verneinten, einen frommen, den Geboten treuen Lebenswandel führten und trotzdem im entscheidenden Augenblick die Initiative ergriffen, um sich für den neuen Geist stark zu machen. Ausschlaggebend dafür waren die überragende Autorität Mendelssohns sowie die politischen und kulturellen Rahmenbedingungen der siebziger und achtziger Jahre, die auch in Wesselys Aufruf an «die gesamte jüdische Nation» (‹Worte des Friedens und der Wahrheit›), der wie alle seine Schriften in Hebräisch verfaßt war, ihren Niederschlag fanden.

Alle Denkansätze der Aufklärung – philosophischer, kameralistischer und pädagogischer Art –, die von außen auf die Haskala Berlins gewirkt haben, finden sich in den ‹Worten des Friedens und der Wahrheit› wieder. Wir erkennen in diesem Text Gedanken, die von Locke, Rousseau wie auch von Dohm und den Philanthropinisten artikuliert wurden. Schon die einleitenden Sätze in Wesselys Schrift zeugen von einem bis dahin ziemlich ungewohnten Eingehen auf das Kind, seine Individualität und Eigenschaften und legen dar, daß zwischen dem pädagogischen Gedankengut der von außen eindringenden Aufklärung und den altehrwürdigen Texten der Bibel kein Widerspruch besteht:

«Die Lehre des weisesten unserer Könige: (Sprüche Salomons, 22:6) Gieb dem Knaben Unterricht nach seiner Weise, dann wird er auch in seinem Alter nicht davon abweichen, muß von einer zwiefachen Seite betrachtet werden. Gieb dem Knaben Unterricht: gieb ihm Unterricht nach seiner Weise. Fange den Unterricht im Knabenalter an. Zu einer Zeit, wo Kopf und Herz rein von verderblichen Grundsätzen, und von Leidenschaften unbestürmet sind, sind sie der Eindrücke der Wahrheit und Tugend am allerfähigsten. Fasse sie aber auch nach des Knaben eigenthümlichen Weise ab, seinen Seelen- und Körperlichen Fähigkeiten gemäß. Diese sind bekanntlich von einer ausserordentlichen Verschiedenheit unter den Menschen. Einer faßt leicht, der andre schwer, einer behält das Gefaßte ohne Mühe, ein anderer ohne die größte Anstrengung nicht, u. s. w. Auf diese Eigenheiten muß Rücksicht genommen werden, wenn der Unterricht frommen soll.»[2]

Neben dieser Aufforderung, der Psyche des Kindes Rechnung zu tragen, plädiert Wessely für die Unterscheidung zwischen dem allgemein-menschlichen und dem spezifisch-jüdischen Wissen. Der säkulare wie auch der religiöse Teil sind Inhalte des Bildungsprozesses, *conditio sine qua non* für die «Glückseligkeit» des Menschen und seine Integration in den Staat des aufgeklärten Herrschers, den in den Augen Wesselys Joseph II. verkörpert.

Diese Unterscheidung, die Mendelssohn erstmals im Lavaterstreit formulierte und dann in ‹Jerusalem› im Kontext «Staat und Religion» erweitert wiederholte, beruht auf einem religionsphilosophischen Konzept, das Wessely dann im Hinblick auf sein Prinzip einer Synthese von religiösen und profanen Elementen im Bildungsprozeß deutete. Das «Heilige» und spezifisch Jüdische sollte mit dem «Profanen» und allgemein Menschlichen koexistieren, so wie Juden und Christen im modernen Staat in friedlicher Koexistenz nebeneinander leben sollten. Vom Lehrplan der aufklärerischen Schule sollten Sittenlehre und Völkerrecht, Mathematik, Geschichte und Naturkunde nicht mehr wegzudenken sein. So fand der Traum von einer bürgerlichen Gleichberechtigung und von einer Integration in den modernen Staat seinen Niederschlag in dem Plan der Bildungsreform. Mit der Vorrangstellung, die Wessely dem weltlichen Wissen einräumte, vollzog er eine Wende zugunsten einer von den Fesseln der rabbinischen Autorität befreiten Sphäre. Das war mutig, angesichts einer jüdischen Gesellschaft, die immer noch stark der rabbinischen Orthodoxie verhaftet war. Die ablehnende, geradezu vernichtende Reaktion orthodoxer Rabbiner auf die ‹Worte des Friedens und der Wahrheit› ließ auch nicht auf sich warten.

Auch das Erscheinen von Mendelssohns Übersetzung des Pentateuch löste, wie erwähnt, eine heftige Polemik aus, und kurz nachdem Wessely in seiner Schrift neue Prioritäten für die jüdische Erziehung gesetzt hatte, nutzte kein geringerer als Jecheskel Landau, der Oberrabbiner von Prag, der seinerzeit Wesselys Kommentar zu den Sprüchen der Väter ‹Jejn lewanon› (‹Wein des Libanon›, 1775) wohlwollend approbiert hatte, die Gelegenheit, um in seiner Predigt am Sabbat vor dem Pessachfest 1782 Wessely zu verurteilen:

«Jetzt ist also ein frommer und barmherziger König [Joseph II.] an die Herrschaft gekommen, und obwohl wir Knechte sind, hat er uns die Schande der Knechtschaft weggenommen ... Und jetzt ist aus unserem Volk ein böser Mann aufgestanden, der gewagt hat zu sagen, daß die Tora überhaupt nicht wichtig sei, daß ein Aas besser sei als die Toragelehrten, und daß die Umgangsformen [*nimussim*] wichtiger seien als die Tora ... Auch ich begrüße sehr die Kenntnis der Umgangsformen und der Grammatik der Sprachen der Völker ... Seht Euch jedoch sehr gut vor, daß Ihr Gott fürchtet. Denn indem Ihr Euch die Landessprache aneignet, werdet Ihr auch Bücher lesen wollen, die nicht dem Erwerb der Sprachkenntnis dienen, sondern sich mit Nachforschungen über Glaubensangelegenheiten befassen. Und dadurch wird – Gott behüte – in Eurem Herzen eine Abneigung gegen den Glauben ... den wir von unseren heiligen Vätern überliefert bekommen haben, erweckt.»[3]

In Landaus Reaktion wird erkennbar unterschieden zwischen dem Vorschlag, weltliche Fächer in den Unterricht jüdischer Kinder einzuführen, und der religionsphilosophischen Argumentation, auf der der von Berlin ausgehende Erneuerungsgedanke beruht. Aus utilitaristischen Überlegungen heraus bejahte Landau das Erlernen von weltlichem Grundschulwissen, genauso wie er das Toleranzpatent grundsätzlich begrüßte und sogar die Gründung einer Normalschule in Prag unterstützte. Der Ideologie der Maskilim, die der Philosophie der Aufklärung verpflichtet war und das traditionelle Wertesystem erschütterte, erteilte Landau jedoch eine scharfe Absage. Die Reaktion anderer Rabbiner, wie z. B. von David Tewele in Lissa, war nicht milder. Aus ihr sprach die Empörung über die Initiative eines Mannes, der nicht zur rabbinischen Elite gehörte: «... dieser Bösewicht, dem jede Kenntnis in der tiefen Weisheit des Talmud fehlt ... Wie erdreistet sich dieser Mann, der jeder Gelehrsamkeit bar ist, einem Volk Gottes seinen Lehrplan vorzuschreiben und die Wege Gottes zu weisen?»[4] Dem Maskil wird das Recht abgesprochen, Reformen in die Wege zu leiten, mit dem Argument, daß er gar nicht die Bedingungen eines geistigen Führers in der traditionellen Gemeinde erfülle. Es zeichnete sich also ein Konflikt ab, bei dem es nicht allein um abstrakte Ideen und Wertungen ging, sondern um Status und formale Autorität in der Gesellschaft.

Die neue Tendenz, von der Orthodoxie als revolutionär und als Gefahr für die alte, der Tradition verpflichteten Ordnung eingestuft, wurde dann von den Maskilim gegen Ende des Jahrhunderts intensiv ausgebaut. Die hebräische Zeitschrift ‹Hame'assef› und die später in deutscher Sprache verfaßte Zeitschrift ‹Sulamith› trugen entscheidend dazu bei, die Erziehung und ihre Reform zu einem integralen Bestandteil der aufklärerischen Bewegung, die von Berlin ausging, zu machen.

Vom ersten bis zum letzten Jahr seines Erscheinens und in zunehmend schärferer Form verurteilten die Mitarbeiter des ‹Hame'assef› die alten,

50 *Der Prager Oberrabbiner Jecheskel Landau*

erstarrten Methoden der Erziehung und Bildung in der jüdischen Gesellschaft, oft mit beißender Ironie. Die Kritik an den alten Lebensformen, an der religiösen Führungselite und an den sozialen Mißständen leitete unwillkürlich zur Kritik an dem Bildungsideal der traditionellen jüdischen Gesellschaft über: Das war der Talmudgelehrte und der an den Normen und Werten einer sich isolierenden Gesellschaft orientierte Jude.

In seinem ‹Sendschreiben an die deutsche [!] Juden› (‹Hame'assef› 1788, in deutscher Sprache und in hebräischen Buchstaben), trug David Friedländer alle Argumente gegen die alte Ordnung und ihre geistige Elite vor. Die Rabbiner beschuldigte er, sie seien mit ihren Vorstellungen im

12. Jahrhundert steckengeblieben und stünden dem Wandel der Zeiten und der Umwelt völlig fremd gegenüber. Sie seien das große Hindernis für eine Erneuerung der jüdischen Gesellschaft und vor allem einer Reform der Bildung und Erziehung. Mit aller Schärfe zog Friedländer gegen den Talmudunterricht und den kulturellen Niedergang ins Feld, der durch ihn in den Sitten und vor allem in der Sprache der Juden befördert wurde. Der Ausweg aus der Krise liege in der Erziehung, die sich nun zuerst an universalen Werten der Umwelt und nicht mehr ausschließlich an immanent jüdischen Kriterien orientiere. Die Ausrichtung nach außen zog eine Aufwertung der deutschen Sprache und eine Zurücksetzung der hebräischen im Unterricht nach sich.

Die Kritik an der alten Ordnung und ihrem Erziehungssystem sollte die bürgerliche Gleichstellung der Juden beschleunigen. Wenn die Maskilim mit Nachdruck die Erziehung der jungen Juden zu handwerklichen Berufen befürworteten, so erklärt sich dies natürlich aus den kameralistischen, sozialutilitaristischen Gründen, die auch die Philanthropinisten vorbrachten und durch die Gründung von Industrieschulen in die Praxis umzusetzen suchten. Als Vertreter einer ethnisch-religiösen Minderheit aber hatten sie noch einen ganz besonderen Beweggrund für ihre Forderung nach einer «Produktivierung»: Sie wollten Vorurteile ausräumen helfen, die einer Abschaffung von diskriminierenden Verordnungen und einer Gleichstellung der Juden im Staate im Wege standen. Die handwerkliche Schulung jüdischer Kinder und die Säkularisierung des Unterrichts propagierten die Maskilim unter dem Einfluß von außen. Die praktischen Wege aber, die sie wählten, und das Tempo, in dem sie voranschritten, wurden ihnen durch die spezifische Situation der Juden als ethnisch-religiöse Minderheit diktiert.

Die Anstrengungen, die auf eine erzieherische Renaissance innerhalb der jüdischen Gesellschaft abzielten, sind unvorstellbar ohne die Anerkennung der Kindheit und die Betonung ihrer Eigenständigkeit. Auf Männer wie Locke, Rousseau, Basedow und Campe und später auch Pestalozzi berief man sich daher in der Publizistik immer wieder bei der Forderung, man solle auch in der sich erneuernden jüdischen Erziehung nicht allein die Prioritäten des Wissens neu setzen und das Profane gegenüber dem Sakralen bevorzugen, sondern den seelischen, geistigen und physischen Bedürfnissen und Eigenheiten des Schülers Rechnung tragen. Nur wenn die pädagogischen und didaktischen Postulate der Aufklärung beachtet würden, behaupteten die Maskilim in ihren Publikationen, könne auch das sozio-politische Ziel der Erziehung erreicht werden: den jungen Juden zu einem nützlichen Glied der Gesellschaft heranzubilden. Bereits der erste Band des ‹Hame'assef› (1784) enthält einen Beitrag mit dem Titel ‹Brief über die Notwendigkeit den Kindern eine gute Erziehung angedeihen zu lassen›. Darin wird die Zielvorstellung des künftigen tugendhaften und nützlichen jüdischen Staatsbürgers mit der Forderung verbunden, verständnisvolle Einfühlung gegenüber dem Kind, das dieser Zielvorstellung gerecht werden soll, zu beweisen.

Im ‹Hame'assef› des Jahres 1786 meldete sich dann ein Anhänger Wesselys und der Berliner Haskala aus Italien zu Wort. Elia Morpurgo (1740–1830) nahm eine führende Stellung in seiner Gemeinde Gradisca ein. Er war ein Geschäftsmann, der sich auch in die jüdischen Quellen vertiefte. Seine Sprachkenntnisse in Hebräisch sowie in Italienisch, Französisch und Deutsch, die Verbindung von jüdischer mit allgemeiner Bildung stellten ihn in eine lange Tradition des italienischen Judentums, die bis in die spanisch-jüdische Glanzzeit zurückreichte. In ihm fand die Aufklärung Berlins einen verläßlichen Mitstreiter. Morpurgo stand in brieflichem Kontakt mit Mendelssohn und Wessely, übersetzte dessen programmatische Schrift ins Italienische und focht im ‹Hame'assef› für eine Reform der Erziehung. In diesem Organ der Maskilim formulierte er, dem Aufruf des Vorstands der «Jüdischen Freischule» in Berlin Folge leistend, ein pädagogisches Konzept, wonach den Kindern elementare Fähigkeiten des Lesens und Schreibens, nicht allein in Hebräisch, sondern in der Landessprache beigebracht werden sollten. Vom dritten bis zum sechsten Lebensjahr sollte der Unterricht im Lesen zunächst durch weibliche Lehrkräfte besorgt werden, «gemäß der Sitte unserer Brüder in Spanien und Italien – die Frauen haben ein weiches Herz und verstehen es, das Kind geduldig und seinem Wesen entsprechend zu unterrichten». Kinder von sechs bis neun Jahren sollten dann Sprach- und Grammatikunterricht – neben dem Bibelstudium und dem Erlernen der Moral und der Gesetze des Judentums – in zwei Unterrichtsstunden am Vormittag und zwei Stunden am Nachmittag erhalten. Im Alter von neun Jahren sollte der ‹Bi'ur› Mendelssohns als Kommentar dienen. Die Gebote, die die Beachtung der Sabbat- und Festtagsruhe betreffen, sollten nach der Kodifikation des Maimonides gelehrt werden. Zwischen dem neunten und dreizehnten Lebensjahr sollten alle Bücher der Bibel durchgearbeitet werden sowie die in dem jüdischen Gesetzeskodex ‹Schulchan aruch› enthaltenen Prinzipien des normativen Judentums. Dieses Lehrprogramm räumte dem Bibelstudium einen klaren Vorrang vor dem Talmudstudium ein. Der Talmud sollte, wenn überhaupt, erst nach Vollendung der Grundschule, nach dem dreizehnten Lebensjahr, und dann fakultativ, von den begabtesten, aus bemittelten Familien stammenden Schülern studiert werden. Aber auch in diesem Stadium stand der Talmudunterricht nicht allein. Mischna und Bibel mit dem rationalistischen Kommentar des spanisch-jüdischen Gelehrten Abraham Ibn Esra, philosophische und auch poetische Werke sollten nicht vernachlässigt werden. Die sinnvolle Verknüpfung von allgemeinem und spezifisch-jüdischem Wissen bedingte die Abfassung eines speziellen Textbuches. Dieses sollte auch die «Pflichten des Einzelnen gegenüber dem König, des Bürgers gegenüber seiner Stadt, des Menschen gegenüber dem Nächsten und des Juden gegenüber seinem

51 Der Prager Maskil und Arzt Jonas Jeitteles

Glaubensgenossen» lehren und damit den Ausbruch aus dem traditionellen Erziehungssystem begünstigen.

Aus Morpurgos Beitrag wird der prägende, von außen kommende Einfluß der Aufklärung ersichtlich, der für Form und Inhalt der Vorschläge maßgebend war, wie sie die Maskilim vorbrachten. Sowohl Grundsatzgedanken als auch praktische Anleitungen zu einer Erziehungsreform bestätigen dies. Kleinste methodische Details wurden berücksichtigt. Hierzu gehörten Motivierung der Schüler durch Wettbewerb und Auflistung der Prüfungsergebnisse einerseits und durch Spiel und anschauliches Lernen in der Natur andererseits: Jeden Tag nach dem Nachmittagsgebet sollten Lehrer und Schüler zur Stärkung von Körper und Seele gemeinsam außerhalb der Stadt spazierengehen. Im Alter zwischen neun und dreizehn Jahren waren täglich zwei Stunden einer praktischen Schulung für Handwerk bzw. Handel vorbehalten. Das äußere Erscheinungsbild der Schüler sollte durch reine, einheitliche Kleidung soziale Unterschiede abmildern. Gleichzeitig stellte Morpurgo grundsätzliche Überlegungen an, die der Wahrung der Würde und der Individualität des jüdischen Kindes galten und den Verzicht auf körperliche Strafen zur Folge hatten.

Morpurgos Stimme, die er im entscheidenden Augenblick der Auseinandersetzung über Wesselys Reformplan erhob, war nicht ohne Bedeutung. Sie demonstrierte die Gemeinsamkeit zwischen der Berliner Haskala und der Führungsschicht der norditalienischen Gemeinden, allen voran Triest, Görz, Venedig, Ferrara, Ancona und Reggio. Deren Rabbiner begrüßten Wesselys Initiative durch Veröffentlichung besonderer Gutachten, die nicht zuletzt als Gegengewicht zu den scharfen Verurteilungen durch Rabbiner aschkenasischer Gemeinden gedacht waren. So schrieb der Rabbiner Isaac Ben Moses Formiggini, Vorsitzender des rabbinischen Gerichts der Triester Gemeinde, in seinem Gutachten, daß Mendelssohns und Wesselys Schriften lobenswert seien, obwohl Vorsteher der Jeschiwot in Deutschland und Polen sie als häretisch verurteilt hätten.

Auch in Prag machte sich bereits in den achtziger Jahren die Ausstrahlung des Kreises um Mendelssohn bemerkbar. Im Mittelpunkt der Aufklärungsbewegung standen hier der schon erwähnte Jonas Jeitteles, seine beiden Söhne Baruch und Juda sowie sein Enkelsohn Ignaz (1783–1843). Jonas hatte in Halle Medizin studiert (1755) und war dort für die Ideen der Aufklärung empfänglich geworden. Er und seine Söhne pflegten Kontakte mit Mendelssohn und seinem Kreis und wurden dann zu den Initiatoren und Trägern der Prager Normalschule, die 1782 eröffnet wurde. Sie war eine der ersten Schulen im deutschen Kulturbereich, die jüdischen Kindern ein elementares, weltliches Wissen vermittelte. Erstaunlich ist, daß das in dieser religiös-konservativen Gemeinde möglich war und noch dazu mit dem Einverständnis der Gemeindevorsteher und des Oberrabbiners Jecheskel Landau, der, wie wir sahen, einer der Hauptwidersacher der Berliner aufklärerischen Initiativen war. Dieser frühzeitige Erfolg war sicherlich durch das Toleranzpatent Josephs II. für die Juden Böhmens, das die Eröffnung von Normalschulen für jüdische Kinder forderte, ermöglicht worden. Landau begegnete den fortschrittlichen Forderungen pragmatisch mit dem Argument, jüdische Kinder sollten jenes grundlegende, allgemeine Wissen erwerben, das sie auf die moderne berufliche Tätigkeit vorbereitete. Gleichzeitig aber forderte er die absolute Abtrennung des Unterrichts in den Fächern des «heiligen» jüdischen Wissens, der außerhalb der Normalschule und ihres modernisierenden Einflusses bleiben sollte, wobei ihm Jeitteles und sein Kreis zustimmten. Insgesamt gingen die Maskilim von Prag einen Weg der weisen Mäßigung, der sich klar von der Radikalisierungstendenz der neunziger Jahre in Berlin absetzte und ihnen einstweilen eine Konfrontation mit der Orthodoxie ersparte.

2. Die neuen Schulen

Auch andernorts beschränkte man sich nicht auf Artikel in Zeitschriften oder auf programmatische Publikationen, die für eine Reform der Erziehung in der jüdischen Gesellschaft plädierten, sondern schritt zu konkreten pädagogischen Initiativen. Zwischen 1778 und 1816 wurden nicht weniger als zehn moderne jüdische Schulen im deutschen Kulturbereich gegründet, zu denen die «Jüdische Freischule» in Berlin (1778), die «Königliche Wilhelmsschule» in Breslau (1791), die «Jüdische Haupt- und Freischule» auf den Namen des Herzogs Franz in Dessau (1799), die «Religions- und Industrieschule» oder «Jacobson-Schule» in Seesen (1801), die «Samson'sche Freischule» in Wolfenbüttel (1807) – unter der Leitung von Samuel Meyer Ehrenberg aus einer Talmudschule des alten Stils in eine aufklärerische Schule umgewandelt –, das «Jüdische Philanthropin» in Frankfurt am Main (1804), die «Konsistorialschule» in Kassel (1809) wie auch Schulen in Prag, Wien und Triest zu zählen sind.

Es war ein Paradox der Berliner Haskala, daß die Schulen, deren Gründung sie veranlaßte, überwiegend zur Erziehung und Bildung von Kindern aus unbemittelten jüdischen Familien dienten, während die Kinder der wohlhabenden Bürgerfamilien, die eigentlich in erster Linie Kandidaten für die neuen Schulen gewesen wären, entweder weiterhin die bevorzugte Ausbildung durch Hauslehrer genossen oder den Weg in die nichtjüdischen Schulen, vor allem ins Gymnasium, fanden. Die sogenannte «Freischule» galt nämlich als Armenschule, die von den Philanthropinisten propagiert wurde, um armen Kindern eine berufliche Tätigkeit zu ermöglichen. Daß sie nach der Schulzeit durch Fleiß und Arbeit ihren Unterhalt verdienen konnten, anstatt von Almosen leben zu müssen und so dem Müßiggang anheimzufallen, entsprach dem bürgerlichen Ethos, dem auch die Initiatoren der jüdischen Freischulen beipflichteten.

52 Das erste eigene Schulgebäude des Philanthropins in Frankfurt (1813–1845)

Ein Schreiben, das die Vorsteher der «Gesellschaft für eine jüdische Freischule» in Dessau an den Fürsten Leopold Friedrich Franz von Anhalt-Dessau kurz nach ihrer Gründung richteten, sagt etwas über dieses Ethos aus: «Es hat immer noch der hiesigen jüdischen Gemeinde an Gelegenheit gefehlt, ihren Kindern einen zweckmäßigen Schulunterricht zu verschaffen. Ignoranz, Roheit und Unsittlichkeit waren die leidigen Folgen hievon. Dieses hat einige junge Menschenfreunde, denen das Wohl ihrer Mitbürger sehr am Herzen liegt, bewogen, eine Gesellschaft zu errichten, durch deren gemeinschaftliche Beiträge ein Institut unterhalten wird, wo besonders Kinder armer Eltern in den nöthigsten und unentbehrlichsten Wissenschaften unentgeltlich unterrichtet werden.»[5] Da die Gründer im Einvernehmen mit den Gemeindevorstehern handelten (was in Breslau oder in Frankfurt nicht der Fall war) und als «Endzweck» die Ausbildung «guter und moralischer Bürger und treuer Unterthanen» ankündigten, wurde das herzogliche Privilegium auch prompt erteilt. Aus der Bittschrift geht hervor, daß die Initiatoren eine reformorientierte Gruppe waren, die sich erstmals als gesonderter Verein konstituiert hatte, geleitet von einem Streben nach Übereinstimmung mit Staatsgewalt und Gemeinde, nicht nach Radikalisierung und Opposition.

Dieses Bestreben wird auch in den Statuten der «Religions- und Industrieschule», die von dem Finanzier und Hofjuden Israel Jacobson in Seesen gegründet wurde, sichtbar. Im Jahre 1801 ließ er den Herzog von Braunschweig wissen, daß es seine Absicht sei, eine jüdische Armenschule zu eröffnen. Er sicherte die finanzielle Basis durch einen Fonds von 100 000 Reichstalern und erwarb ein Grundstück zum Bau der Schule, um, wie er schrieb: «... durch Erziehung und Unterricht in ihren Pfleglingen einen solchen Grund zu legen, daß sie als sittlich gute Menschen und praktisch tüchtige Bürger dereinst in ihren verschiedenen Berufsarten würdig dastehen».[6] Neben einer Allgemeinbildung und der Erziehung zu Sittlichkeit und Ordnung nach dem bürgerlichen Moralkodex hatte die berufliche, allem voran handwerkliche und landwirtschaftliche Ausbildung Priorität. In paternalistischer Weise war Israel Jacobson darauf bedacht, das Leistungsprinzip, das von der Berliner Haskala als «Produktivierung» der Juden propagiert wurde, erst einmal bei Kindern aus den unteren Schichten in die Praxis umzusetzen.

Nicht nur die Tatsache, daß die aufklärerischen Schulen auf die Kinder der Armen ausgerichtet waren, ließ sie zu marginalen Institutionen werden, auch der Widerstand von seiten der Orthodoxie verhinderte einen durchschlagenden Erfolg. In Breslau beispielsweise, einer Gemeinde, die im Grenzbereich des noch ganz traditionalistisch eingestellten polnischen Judentums lag, bremste die Abneigung der orthodoxen Kreise, die darauf bestanden, den Talmudunterricht als vorrangig beizubehalten, lange Jahre den Aufschwung der Wilhelmsschule.

Zudem setzten die Finanzierungsprobleme der Erweiterung dieser Schulen Grenzen. Die Zahl der Schüler, die in der Berliner jüdischen Freischule lernten, belief sich im ersten Jahrzehnt ihres Bestehens auf jährlich durchschnittlich fünfundfünfzig, und bis 1825, als die Schule mangels finanzieller Mittel geschlossen werden mußte, blieb diese jährliche Durchschnittszahl konstant. Die Wilhelmsschule in Breslau existierte etwas länger als fünfzig Jahre, mußte aber schließlich nach der Revolution von 1848 aus finanziellen Gründen schließen, weil die Gemeinde keine Bereitschaft gezeigt hatte, dieser Finanznot abzuhelfen. Die Jacobson Schule hatte mehr Glück, vor allem, weil es ihr gelang, die Unterstützung der Regierung zu erlangen und zu einer offiziell anerkannten Mittelschule zu werden, in der Juden und Nichtjuden nebeneinander lernten. Dieser interkonfessionelle Charakter der Schule entsprach dem aufklärerischen, philanthropinistischen Konzept, das sich ihr Gründer zu eigen gemacht hatte. So überdauerte sie die Stürme der Zeiten bis ins 20. Jahrhundert, und ähnlich war die Entwicklung des Philanthropins in Frankfurt.

Am Beispiel der Gemeinde Dessau, der sowohl Mendelssohn als auch sein Lehrer, der spätere Rabbiner Berlins, David Fränkel, entstammten, lassen sich Voraussetzungen und Schwierigkeiten einer Erziehungsreform demonstrieren. Dessau war eine Kleingemeinde, deren Wachstum durch ein Zusammenspiel verschiedener Faktoren bestimmt wurde: durch die Interessen der herzoglichen Regierung und der Hofjudenfamilie Wulff sowie durch die günstige Lage unweit der Messestadt Leipzig. Aus einigen Dutzend Juden im Jahre 1685 waren um 1800 ca. tausend Gemeindemitglieder geworden. Diese waren in ihrer überwiegenden Mehrheit immer noch ungebrochen dem normativen Judentum verpflichtet: Rabbiner und Vorsteher konnten sich nicht für die neuen Ideen erwärmen. Der Rabbiner Michael Speyer organisierte zwar keinen Boykott gegen die kleine Gruppe der Haskalabegeisterten, aber er verurteilte laut und deutlich Mendelssohns Bibelübersetzung und Wesselys Erziehungskonzept. Den einfachen jüdischen Einwohnern fehlte jede Vorbereitung auf die neuen Gedanken aus Berlin. Sie lasen die Schriften der Neuerer nicht. In ihrer Bibliothek standen Gebetbücher, die Bibel und volkstümliche Moralliteratur. Ihnen vermittelte die alte, bekannte Ordnung der Dinge ein Gefühl der Sicherheit, und dem entsprach ihre pietätvolle Haltung gegenüber früheren Generationen. Die Dessauer Talmudschule, deren Gründung und Unterhalt der Hoffaktor Moses Benjamin Wulff ermöglicht hatte, war immer noch Mittelpunkt der Gemeinde und entsprach dem vorherrschenden Bildungsideal. Eltern, auch die weniger bemittelten, wünschten, daß wenigstens der begabteste ihrer Söhne zum Rabbiner und Talmudgelehrten ausgebildet würde.

Dies war auch der Wunsch von Philipp Moses und seiner Frau Rebekka Löb, den Eltern von Moses Philippson (1775–1814), obwohl Philipp Moses nur mühsam seinen Unterhalt im Kleinhandel verdiente. Sechs Tage in der Woche wanderte er durch die Städtchen und Dörfer des Herzogtums Anhalt, und am siebten Tage, am Sabbat, weilte er im Kreise seiner Familie. Was er an diesem Tage seinem Sohne an Gelehrsamkeit nicht vermitteln konnte, suchte er durch einen Privatlehrer aus Polen zu ergänzen. Moses Philippson war noch nicht einmal zwölf Jahre alt, als er Schüler in einer Jeschiwa wurde. Sein Vater schickte ihn nach Halberstadt, wo er ausschließlich Talmud und rabbinische Schriften studierte. Zwei Jahre später führte ihn sein Weg dann weiter zu der Jeschiwa in Braunschweig, die vom Kammeragenten des Herzogs, Jacob Samson, unterhalten wurde, und schließlich gelangte er im Jahre 1789 nach Frankfurt an der Oder in die dortige Jeschiwa.

In der strengen Tradition des normativen Judentums erzogen, wurde Moses Philippson dennoch ein Anhänger der Haskala und zählte zu den Mitbegründern der Freischule in Dessau und zu ihren Lehrern. Der geistige Wandel bahnte sich in seinem siebzehnten Lebensjahr an, als er Hauslehrer in einer wohlhabenden jüdischen Kaufmannsfamilie in Bayreuth war und Mendelssohns Schrift: ‹Morgenstunden oder Vorlesungen über das Daseyn Gottes› entdeckte, die ihn auf die Metaphysik und deren innerjüdische Wurzeln, auf philosophische Werke des Mittelalters wie Maimonides' ‹Führer der Verirrten› und Bachja ibn Pakudas ‹Die Herzenspflichten› lenkte. Philippson war als Autodidakt zum Maskil geworden. Durch Lektüre mathematischer, philosophischer und literarischer Werke hatte er sich ein Allgemeinwissen angeeignet, das es ihm ermöglichte, in der «Franzschule» zu unterrichten, ohne vorher den Weg über Gymnasium und Universität gegangen zu sein, wie dies später seine Söhne Phöbus und Ludwig nach Abschluß der jüdischen Freischule in Dessau tun sollten.

Moses Philippsons Weg war ein langsamer Prozeß der Annäherung an aufklärerisches Denken, der keineswegs durch einen radikalen Bruch mit der Tradition gekennzeichnet war. Er war auch charakteristisch für drei weitere Maskilim, die zusammen mit Philippson an der Planung, Errichtung und Entwicklung der neuen Schule in Dessau teilhatten: David Fränkel (1779–1865), Sohn des Dessauer Rabbiners Moses Fränkel (1739–1812) und langjähriger Direktor der Franzschule, Joseph Wolf (1762–1826) und Gotthold Salomon (1784–1862), später Prediger am Hamburger «Reformtempel». Sie hatten in ihrer Kindheit und Jugend eine streng traditionalistische Erziehung in Familie und Gemeinde genossen, sich dann aber im persönlichen Kontakt mit dem Berliner Kreis und durch autodidaktische Bildung zu den Ideen der Haskala durchgerungen, die sie motivierten, in ihrer Gemeinde für eine Erziehungsreform zu einzutreten.

Die kleine Gruppe der Maskilim trug zur Errichtung der Dessauer Freischule durch Gründung eines Vereins bei, der, abzielend auf eine Sammlung der Kräfte (1801 gehörten ihm 183 Mitglieder an), nach dem Vorbild der Maskilim in Berlin und Breslau handelte, aber die Modernisierung im Einvernehmen mit dem konservativen Teil der Gemeinde anstrebte. Im Unterrichtsplan für vier Klassen war die Hälfte der Stunden (zwanzig) für jüdische Fächer reserviert: Bibel, biblische Geschichte, Hebräisch, Religion, Talmud, Jüdisch-deutsch standen auf dem Programm, neben Deutsch, Französisch, Rechnen, Schönschreiben, Geschichte, Geographie und Naturkunde. Ziel war, alle Kinder der Gemeinde in das neue Erziehungssystem einzubinden und die alte Institution des *cheders* zu verdrängen, wenn nötig auch mit Hilfe herzoglicher Rükkendeckung.

Moses Philippsons Sohn Ludwig (1811–1889), der spätere Gründer und langjährige Herausgeber der ‹Allgemeinen Zeitung des Judenthums›, erinnerte sich zwei Jahre vor seinem Tod an seine Geburtsgemeinde Dessau und an die «Knabenzeit», als er vom vierten bis zum dreizehnten Lebensjahr (1814–1824) die «Herzogliche Franzschule» besuchte. Seine Erinnerung an die Schule ist «eine durchweg ungetrübte, ja fröhliche, denn sie hat nicht wenig zur Lust und Freude der Knabenwelt beigetragen».[7] Welcher Absolvent eines *cheder*, also einer Schule alten Stils, hätte so schreiben können? Und wer hätte früher von einer jüdischen Schule behauptet, sie habe ihm auch allgemeine Kenntnisse, Grundlagen für seinen Eintritt ins Gymnasium vermittelt?

Im Jahre 1809 hatte der Fürst von Anhalt-Dessau einer Bitte David Fränkels entsprochen und angeordnet, daß alle Kinder der Gemeinde für wenigstens vier Jahre an der Franzschule lernen müßten. 1816 wurde diese Anordnung erneuert, die Bindung der Schule an die staatliche Obrigkeit formalisiert und durch eine jährliche Subvention abgesichert. Ein Höhepunkt im Annäherungsprozeß zwischen Staat und Reformschule wurde im Jahre 1825 erreicht, als die herzogliche Regierung David Fränkels Forderung nachgab und gegen den Willen der Gemeindevorsteher die Vereinigung des «Beit Hamidrasch» von Dessau mit der «Franzschule» anordnete. Bis zum Jahre 1848 war die Strategie der Zusammenarbeit zwischen Staat und Maskilim in Dessau von Erfolg gekrönt, aber 1869 erfolgte die Schließung der Schule, die deutlich machte, daß die von den Vertretern der Berliner Haskala ins Leben gerufenen Erziehungsinstitute nur einen vorübergehenden Erfolg zeitigen konnten. Sie waren begrenzt auf die erste Hälfte des 19. Jahrhunderts, die Zeit unerhörter Diskrepanz zwischen den Integrationsbestrebungen und den begrenzten Möglichkeiten, diese Integration angesichts gesetzlicher Schranken zu realisieren.

Während dieses Zeitraums jedoch entfalteten David Fränkel und sein Kreis eine rege kulturelle Tätigkeit, die über die Grenzen ihrer Schule hinausreichte. Sie sorgten für die Fortsetzung des Mendelssohnschen Bibelunternehmens und veröffentlichten eine kommentierte Übersetzung der ‹Kleinen Propheten›. Sie schufen die Lehrmittel für den Unterricht der neuen Fächer an der «Franzschule», wo Moses Philippson ein ‹Lesebuch für die Jugend jüdischer Nation und für jeden Liebhaber der hebräischen Sprache› herausgab, Joseph Wolf ‹Reschit limmudim› (‹Erster Unterricht›), ein Buch für Naturkunde, schrieb und Gotthold Salomon die moralphilosophischen Abschnitte des Maimonides (‹Schemona perakim›) übersetzte und sie mit seinen Anmerkungen begleitete. Auch ein ‹Katechismus›, d. h. eine Systematik der Grundlehren der jüdischen Religion, wurde in der eigens für die Herausgabe von aufklärerischer Literatur gegründeten Druckerei des Moses Philippson gedruckt.

Es darf auch nicht übersehen werden, daß die Schulen im Übergangsstadium von der traditionsgebundenen zur modernen und postemanzipatorischen jüdischen Gesellschaft einen Mittelpunkt bildeten, um den sich die Aufklärung im Judentum, die meistens über keine finanziellen Mittel verfügte, kristallisieren und finden konnte. Manche Anhänger der Berliner Haskala, die weder als Staatsbeamte noch als Lehrer im Gymnasium oder in der Universität ihren Unterhalt erwerben konnten, fanden in den Schulen ihren Wirkungsrahmen. Dies ermöglichte ihnen nicht nur, als Pädagogen aktiv zu sein, sondern auch intensiv an der Veröffentlichung aufklärerischer Literatur zu arbeiten. Lesebücher für Kinder, wissenschaftliche Arbeiten und Zeitschriften trugen dazu bei, daß eine geistig-kulturelle Strömung, die in der Mitte des 18. Jahrhunderts in Berlin um Mendelssohn ihren Anfang genommen hatte, zu einer soziokulturellen Erscheinung wurde, deren Einfluß weit über die letzten Jahrzehnte jenes Jahrhunderts und über die Grenzen des deutschen Kulturbereichs in der jüdischen Welt klar erkennbar blieb. Der Erziehungsbereich wurde zum bevorzugten Feld der Maskilim bei ihrem Versuch, die Renaissance der jüdischen Gesellschaft herbeizuführen.

Dazu gehörte auch die Herausgabe einer Zeitschrift in deutscher Sprache, ‹Sulamith› (1806–1848), durch David Fränkel und seinen Kreis. Viel wurde über Fragen der Pädagogik reflektiert. Im Namen von Rousseau, Basedow, Pestalozzi und Jean Paul, aber auch aufgrund jüdischer Quellen, aufgrund von Bibel und Midraschtexten, wurde harte Kritik am traditionellen Erziehungssystem geübt, am fehlenden Verständnis für die kindliche Seele und an den körperlichen Strafen. Dagegen priesen die Maskilim, zu denen auch noch ehemalige Mitarbeiter des ‹Hame'assef› zählten, Vorteile und Erfolge der neuen Schulen in Dessau und in anderen Gemeinden des deutschen Kulturbereichs. Die Zeitschrift ‹Sulamith› enthielt jährliche Rechenschaftsberichte über das Geschehen in den Freischulen von Seesen, Berlin, Breslau, Frankfurt, Wolfenbüttel, Dessau und sogar Prag und war eifrig bemüht, den Wandlungsprozeß innerhalb der jüdischen Kultur aufzuzeigen. Wie der Untertitel besagt, verstand sie sich als ‹Zeitschrift zur Beförderung der Kultur und Humanität unter der jüdischen Nation›, die stetig das Spektrum der Themen erweiterte: Jüdische Geschichte, Philosophie, Philologie und Buchbesprechungen sprengten den engen Rahmen der rein religiösen Thematik. Darin war sie die Fortsetzung ihres hebräischen Vorgängers, des ‹Hame'assef›. So konnten sich die Leser der ‹Sulamith›, die zu den Vertretern eines aufsteigenden jüdischen Besitz- und Bildungsbürgertums gehörten, davon überzeugen, daß die Erziehungsreform, die neben dem Kampf um die bürgerliche Gleichberechtigung und für eine Reform des Kultes vorrangig war, Teil einer umfassenden Transformation der jüdischen Gesellschaft war. Sie wurde im Mikrokosmos der kleinen Gemeinde Dessau nicht weniger intensiv durchlebt als in den großen Zentren Berlin, Hamburg oder Frankfurt, nämlich als Evolution, ohne die äußere Form der Gemeinden radikal zu verändern.

Fragt man schließlich nach der historischen Bedeutung der Schulen, die von den Maskilim mit Hilfe einer kleinen Zahl von Vertretern der jüdischen Wirtschaftselite und in einigen Fällen mit Unterstützung der Regierung geplant und gegründet wurden, so muß man diese in zweierlei Hinsicht sehen: Zum einen bildeten sie das Terrain, auf dem Konzepte einer jüdischen Aufklärung in die Praxis umgesetzt werden konnten. Aufgrund eines Unterrichtsplanes, der jüdische und allgemeine Fächer integrierte, wurde erstmals in der modernen Geschichte durch jüdische Institutionen eine säkulare Bildung gefördert. Zum andern erlaubten diese Schulen einigen Vertretern einer aufklärerisch erzogenen Generation im 19. Jahrhundert, aktiv in die Transformation der jüdischen Gesellschaft im deutschen Kulturbereich einzugreifen. Zwar waren die Schulen und Zeitschriften der Aufklärer nur eine vorübergehende Erscheinung, doch von ihren Schülern und Lesern gingen zwei Entwicklungen aus, die für das kommende Zeitalter im deutschen Judentum ausschlaggebend werden sollten: die praktische religiöse Reform im Judentum und die ersten Ansätze einer «Wissenschaft des Judentums».

Schluß

Zu Beginn des 19. Jahrhunderts war die erste Etappe der jüdischen Aufklärung abgeschlossen. Mehr als ein Jahrzehnt war seit dem Tode von Mendelssohn, dem Vater der Berliner Haskala, verflossen. An seine Stelle waren seine Schüler getreten, die sich bemühten, das aufklärerische Gedankengut durch konkrete Schritte zu verbreiten. Sie gaben Bücher und Zeitschriften heraus und gründeten Freischulen, um dem Ideal der Haskala eine möglichst breite Resonanz zu verschaffen – dem Ideal der Bildung und der Erziehung, das sie mit der europäischen Aufklärung teilten. Mit ihren Bemühungen hatten sie jedoch nur teilweise Erfolg. Die Gedanken der jüdischen Aufklärung wurden einstweilen lediglich von einem kleinen Kreis innerhalb der jüdischen Gesellschaft rezipiert. Das Denken und Handeln der Mehrheit konnten sie nicht spürbar verändern.

Im 18. Jahrhundert waren ja auch die geographischen Grenzen der jüdischen Aufklärung eng gezogen und umspannten nur einige wenige städtische Gemeinden des deutschen Kulturbereichs, während weite Teile, vor allem die Landgemeinden, ausgegrenzt blieben. Die Aufklärung brachte keine revolutionäre Wende, sie bewirkte zwar eine Gärung im geistig-kulturellen Bereich, aber ihr Einfluß läßt sich nicht an unmittelbaren Erfolgen messen. Will man das Phänomen gebührend würdigen, muß man versuchen, seine Breiten- und Tiefenwirkung im Transformationsprozeß des modernen Judentums einzuschätzen. Es sollte daher aus der mittel- und langfristigen historischen Perspektive des 19. Jahrhunderts, in dem die fortschreitende Emanzipation der Juden eine neue Dynamik in ihr Leben gebracht hat und in dem der Impuls der Erneuerung, der von der Haskala ausging, sich voll entfalten konnte, betrachtet werden.

Wie entscheidend die jüdische Aufklärung die Entwicklung des Judentums im 19. Jahrhundert prägte, läßt sich an vier Aspekten aufzeigen. Erstens betraten ihre Anhänger eine säkulare Sphäre, in der sie dem religiösen Gesetz und der rabbinischen Autorität nicht mehr automatisch unterworfen waren und in der sie sich dem Studium der europäischen und deutschen Philosophie der Vernunft widmen konnten. Mit ihrer Hilfe konnten sie Kritik üben, Aberglauben, Vorurteile, kurzum, was ihnen als Mangel an Bildung erschien, bekämpfen, um ihrer Vorstellung von Wahrheit, reiner Moral und geläutertem Glauben zum Durchbruch zu verhelfen. Diese Sphäre einer kritischen bürgerlichen Öffentlichkeit, in der sich Juden frei von der Sanktionskraft der alten Gemeinde bewegten, erfuhr im 19. Jahrhundert eine stetige Erweiterung und existierte neben der religiösen Sphäre, die sich immer mehr auf die Synagoge beschränkte.

Zum zweiten trat mit der Berliner Haskala eine neue intellektuelle Elite in Erscheinung, die nicht mit der alten religiösen Führungsschicht der Rabbiner und Talmudgelehrten identisch war. Sie zeichnete sich weder durch eine formale Position in der Gemeindehierarchie noch durch materiellen Reichtum aus. Es war eine Intelligenz, die ihren Führungsanspruch gleichermaßen auf ihre profane, philosophisch-wissenschaftliche Gelehrsamkeit wie auf ihr jüdisches Wissen stützte. Die Maskilim des 18. Jahrhunderts waren meist Autodidakten, während ihre Nachfolger im 19. Jahrhundert, zu denen beispielsweise die Begründer der Wissenschaft des Judentums gehörten, in der Mehrzahl bereits ein Universitätsstudium absolviert hatten. Sowohl sie als auch ihre Nachfolger waren von einem Sendungsgedanken erfüllt, der sie motivierte, für die Verbreitung von Philosophie und Wissenschaft, d. h. für die Vorherrschaft des rationalen Denkens unter den Juden zu wirken.

Drittens waren die Maskilim Träger einer neuen Auffassung des Judentums, die von den jüdischen Intellektuellen des 19. Jahrhunderts weiterentwickelt wurde. Kernpunkt dieser Auffassung war, wie oben erwähnt, das Konzept einer «Religion in den Grenzen der blossen Vernunft», in der das am Sinai offenbarte Gesetz nicht mehr das Wesentliche darstellte, sondern lediglich eine äußere Form, der im besten Fall eine symbolische Funktion zukam. Die Neigung, die sich vor allem unter den Schülern Mendelssohns in den neunziger Jahren bemerkbar machte, den religiösen Gehalt des Judentums auf die universalen Wahrheiten der Vernunft zu reduzieren, war noch nicht mit Forderungen nach einer Reform des Gottesdienstes verbunden, aber sie schuf die Basis für eine Reform im Judentum. Die Haskala von Berlin vererbte ihren Nachkommen das Prinzip der Trennung von Staat und Religion, der Unterscheidung zwischen politisch-nationalen und spirituellen Komponenten im Judentum. Damit wurde das Bestreben des Staates unterstützt, die Gemeindeautonomie und das Bannrecht abzuschaffen.

Schließlich wandelte sich, gleichzeitig mit einer Einschränkung des Religionsbegriffes, der Begriff der jüdischen Kultur von einem monistischen zu einem pluralistischen. Dabei ist die Umfunktionierung der hebräischen Sprache besonders wichtig. Sie wurde von einer Sprache, die allein «heiligen» Zwecken diente, zu einem Idiom, das auch den profanen Bereichen zugeordnet war. Von einer Sprache des Gebets und der heiligen Schriften wurde sie nun auch zu einer Sprache des säkularen Wissens und Schaffens umfunktioniert. Die Anfänge einer modernen hebräischen Literatur mit ihren verschiedenen Gattungen: der Poesie, der Satire, dem Drama und der Erzählung sind in diesem ersten Stadium der Aufklärung zu finden. Mit der Einbeziehung profaner Wissens- und Schaffensgebiete wurde auch zunehmend von der deutschen Sprache Gebrauch gemacht.

53 Zwei Uhren am jüdischen Rathaus in Prag symbolisieren die Zeitveränderung in der zweiten Hälfte des 18. Jahrhunderts

Unter all diesen Aspekten bedeutete die Haskala eine radikale Wende, aber sie blieb ein geistig-kulturelles Phänomen und hatte daher keine unmittelbare, tiefgreifende Wirkung auf die Lebenspraxis der Juden. Die jüdische Gemeinde war auch in diesem Zeitraum von zentralem Stellenwert für die überwiegende Mehrheit ihrer Mitglieder, die, einstweilen kaum berührt von den Ideen der Maskilim, der Tradition des normativen Judentums die Treue hielten.

Trotzdem war das jüdische Gemeindeleben nicht statisch. Es war seit der frühen Neuzeit, seit der Rückwanderungsbewegung in die deutschen Lande und dem Abflauen der Vertreibungen einem kontinuierlichen Wandel unterworfen. Nicht erst das Erscheinen von Mendelssohn und den Maskilim um die Mitte des 18. Jahrhunderts führte zu einem raschen Abbau der Gemeindeautonomie und zum Autoritätsverlust von Rabbinern und Vorstehern. Dies war ein Prozeß, der Jahrzehnte früher eingesetzt hatte und sich durch das ganze 18. Jahrhundert hindurch fortsetzte. Druck von außen, vom absolutistischen Regime, das mehr und mehr bei der Wahl von Vorstehern und der Ernennung von Rabbinern intervenierte, und innere Spannungen, verursacht durch Machtmißbrauch von Hofjudenfamilien, durch oligarchische Zusammensetzung der Gemeindevorstände und Nepotismus schwächten die alten Strukturen. Interne Kämpfe zwischen Rabbinern, die in den Gemeinden mit größter Leidenschaft geführt wurden, waren nicht dazu angetan, das alte Gemeindesystem zu festigen. Es durchlebte einen schleichenden Auflösungsprozeß, der nicht zuletzt darin zum Ausdruck kam, daß immer mehr prozessierende Juden bei allgemeinen Gerichten gegen Urteile Berufung einlegten und zum Niedergang der rabbinischen Gerichtsbarkeit beitrugen. Vor diesem krisenhaften Hintergrund wirkte die Kritik der Maskilim an der Gemeinde und ihrer traditionellen Führung beschleunigend auf den Zersetzungsprozeß des alten Systems.

Auch erste Anzeichen einer Akkulturation wurden nicht erst zur Zeit der Aufklärung sichtbar. Schon vorher war die kulturelle Abgrenzung nicht mehr hermetisch. Es regte sich bereits das Bedürfnis nach einer gewissen Angleichung an die Sitten, an die Kleidung und an die Sprache der Umwelt, obwohl dies auf die Kritik von Rabbinern stieß. Diese Tendenz machte sich im engen Kreis der Hofjudenfamilien wegen deren Einbindung in das merkantilistische Wirtschaftssystem früher bemerkbar als in anderen Teilen der alten Gemeinde. Aber sogar Rabbiner bewiesen eine größere Öffnung zur Umwelt hin. Darauf läßt eine Veränderung ihres Bildungsbegriffs schließen. Manche beschäftigten sich nicht mehr allein mit Halacha und Kabbala, sondern studierten Naturwissenschaft und Philosophie. So konnte nun ein großer Talmudgelehrter auch ein Kenner der Mathematik, der Astronomie, der Physik, der Werke des Aristoteles und der spanisch-jüdischen Philosophie werden, ohne dabei einer Ideologie der Aufklärung das Wort zu reden. Besonders auffallend ist, daß Vertreter der gesetzestreuen Gemeinde nun auch den Weg an die Universität fanden, wenn auch einstweilen nur, um Medizin zu studieren.

Im 18. Jahrhundert setzte in der jüdischen Gesellschaft eine Transformation auf zwei verschiedenen Ebenen und in unterschiedlichem Rhythmus ein. Auf der einen Ebene, am Rande der jüdischen Gesellschaft, sammelte sich eine Minderheit von Vertretern der Aufklärung, die die Legitimation ihres Denkens und Handelns in weltlicher Philosophie und säkularen Wissenschaften suchten; auf der andern Ebene, im Zentrum, befand sich die jüdische Mehrheit, in deren Augen das normative Judentum und dessen Institutionen immer noch eine entscheidende Autorität besaßen. Während die einen eine radikale Wende bis hin zu einem Bruch mit der Halacha anstrebten, vollzog sich der Wandel der alten Gemeinde in kleinen Schritten. Diese bewegte sich in der Routine des Alltagslebens, durch Anpassung ohne aufklärerisches Programm, fort von der alten Tradition. In der Zeit der Berliner Haskala bewahrte die alte Gemeinde die vitale Kraft des Talmudstudiums. In den großen jüdischen Gemeinden waren die Jeschiwot immer noch die Stätten talmudischer Gelehrsamkeit. Rabbiner wie Jecheskel Landau, Jacob Emden und Jonathan Eybeschütz hinterließen Talmudkommentare und Responsenwerke, die zur Klassik rabbinischen Schaffens gehören. An der Schwelle zum 19. Jahrhundert präsentiert sich deshalb das Judentum im deutschen Kulturbereich gespalten in einen überwiegend konservativen Teil und in einen progressiven, auf eine Öffnung nach außen orientierten kleineren Teil. Die Schärfe der Spaltung mag täuschen, denn beide Teile näherten sich der Gesellschaft und der Kultur der Umwelt. Das Tempo der Annäherung allerdings war ungleich. Der Fortschritt der gesetzlichen Gleichstellung im 19. Jahrhundert, die Beschleunigung der demographischen, wirtschaftlichen Mobilität und die Umgestaltung von Staat und Gesellschaft zwangen die konservative Mehrheit, aus ihrer Reserve herauszutreten und sich wichtige Elemente des Programms einer Erneuerung, das in der zweiten Hälfte des 18. Jahrhunderts nur von einer Minderheit der Juden im deutschen Kulturbereich bejaht worden war, zu eigen zu machen.

Anhang

Verzeichnis der Abkürzungen

In den Anmerkungen und Literaturhinweisen

Aronius	Julius Aronius, Regesten zur Geschichte der Juden im Fränkischen und Deutschen Reiche bis zum Jahre 1273, Berlin 1902
Assaf	Simcha Assaf, Mekorot letoldot hachinuch bejissra'el (Quellen zur Geschichte der jüdischen Erziehung), Bd. 4, Tel Aviv 1947[2]
AZJ	Allgemeine Zeitung des Judentums
Bacharach	Rabbi Jair Chajim Bacharach, Chawat Jair, Lemberg 1896 (Neudruck, Jerusalem 1968)
Baer	Fritz [Yitzhak] Baer, Das Protokollbuch der Landjudenschaft des Herzogtums Kleve, Berlin 1936
BLBI	Bulletin des Leo Baeck Instituts
Cooperman	B. D. Cooperman (Hrsg.), Jewish Thought in the Sixteenth Century, Cambridge, MA 1983
Denkwürdigkeiten	Alfred Feilchenfeld (Hrsg.), Denkwürdigkeiten der Glückel von Hameln, Berlin 1913
Freund	Ismar Freund, Die Emanzipation der Juden in Preußen, Bd. 2, Berlin 1912
Grab	Walter Grab (Hrsg.), Deutsche Aufklärung und Judenemanzipation, Tel Aviv 1980
Grözinger	Karl E. Grözinger (Hrsg.), Judentum im deutschen Sprachraum, Frankfurt a. M. 1991
Gründer	Karlfried Gründer und Nathan Rotenstreich (Hrsg.), Aufklärung und Haskala in jüdischer und nichtjüdischer Sicht, Heidelberg 1990
GSJ	Moses Mendelssohn, Gesammelte Schriften. Jubiläumsausgabe, Berlin, Breslau 1929–1938; Neudruck und Fortsetzung: Stuttgart-Bad Cannstatt 1971 ff
Hahn	Rabbi Josef Juspa Hahn, Josef omez, Frankfurt a. M. 1928
Haverkamp	Alfred Haverkamp (Hrsg.), Zur Geschichte der Juden im Deutschland des späten Mittelalters und der frühen Neuzeit, Stuttgart 1981
HUCA	Hebrew Union College Annual
HZ	Historische Zeitschrift
JJGL	Jahrbuch für jüdische Geschichte und Literatur
JJLG	Jahrbuch der jüdisch-literarischen Gesellschaft
Kestenberg	Ruth Kestenberg-Gladstein, Neuere Geschichte der Juden in den böhmischen Ländern, Erster Teil, Tübingen 1969
Kossmann	Rabbi Josef Juspa Kossmann, Noheg kazon Josef, Tel Aviv 1969
LBIYB	Leo Baeck Institute Year Book
MGWJ	Monatsschrift für Geschichte und Wissenschaft des Judentums
PAAJR	Proceedings of the American Academy for Jewish Research
Schudt	Johann Jacob Schudt, Jüdische Merckwürdigkeiten, Frankfurt und Leipzig 1714
Shohet	Azriel Shohet, Im chillufej tekufot (An der Epochenwende), Jerusalem 1960

Stein	Siegfried Stein und Raphael Loewe (Hrsg.), Studies in Jewish Religious and Intellectual History, presented to Alexander Altmann, University, AL 1979
Treml	Manfred Treml u. a. (Hrsg.), Geschichte und Kultur der Juden in Bayern. Aufsätze, München 1988
Wessely	[N. H. Wessely], Worte des Friedens an die gesammte jüdische Nation, übers. von David Friedländer, Breslau 1798
ZGJD	Zeitschrift für die Geschichte der Juden in Deutschland

Anmerkungen

Einführung

[1] Siehe Heinrich Graetz, Geschichte der Juden, Bd. 5, Leipzig 1909[4], S. XVII; vgl. ders., Die Construction der jüdischen Geschichte. Eine Skizze, in: Zeitschrift für die religiösen Interessen des Judenthums 3 (1846), S. 361. Siehe dazu: Haim Hillel Ben-Sasson, Was ist jüdisches Mittelalter? (hebr.), in: Rezef utemura, Tel Aviv 1984, S. 359–378; Jacob Katz, Das Mittelalter in der jüdischen Geschichte (hebr.), in: M. Bar-Asher (Hrsg.), Mechkarim bemadda'ej hajahadut, Jerusalem 1986, S. 209–225; H. Z. Dimitrovsky, Gibt es ein jüdisches Mittelalter? (hebr.), ebenda, S. 257–265. Siehe auch A. Sharf, Jews in Byzantium, in: C. Roth (Hrsg.), The Dark Ages, 711–1096, New Brunswick, NJ 1966, S. 49; Michael A. Meyer, Where Does the Modern Period of Jewish History Begin? in: Judaism, Sommer 1975, S. 329–338; Jacob Katz, The Turning Point of Modern Jewish History: The Eighteenth Century, in: Ruth Kozodoy u. a. (Hrsg.), Vision Confronts Reality, Rutherford, NJ 1989, S. 40–55.

[2] Yitzhak Baer, Bemerkungen zu S. W. Barons A Social and Religious History of the Jews (hebr.), in: Zion 3 (1938), S. 277–299, insbes. S. 291 f.; S. W. Baron, The Jewish Factor in Medieval Civilization, in: PAAJR 12 (1942), S. 1–48, insbes. S. 35.

[3] Yosef Hayim Yerushalmi, Zakhor: Erinnere Dich! Jüdische Geschichte und jüdisches Gedächtnis, Berlin 1988, S. 43–64.

Prolog

[1] Talmud Bab. *Pesachim* 87b.

[2] Tosefta *Sanhedrin* Kap. 13. Obwohl der Satz an der Parallelstelle des babylonischen Talmuds nicht erwähnt wird, betont Raschi ihn in seiner Erklärung zu Bab. *Sanhedrin* 110b s. v. *awal ketannej wenej rishej umot ha'olam*. Maimonides hat den Satz kodifiziert, siehe Mischne tora, *Hilchot teschuwa,* 3:5.

[3] Aronius, S. 70 (Nr. 168).

[4] Gekürzte Übersetzung, siehe A. Neubauer und M. Stern (Hrsg.), Hebräische Berichte über die Judenverfolgungen während der Kreuzzüge, Berlin 1892, S. 82.

[5] Ebenda, S. 170.

[6] Irving A. Agus (Hrsg.), Responsa of the Tosaphists, New York 1954, S. 238.

[7] Aronius, S. 324 (Nr. 770).

[8] Ebenda, S. 220 (Nr. 509).

[9] Ignaz von Döllinger, Die Juden in Europa (1881), Berlin 1924, S. 13.

[10] Zitiert bei Ludwig Rosenthal, Süsskind von Trimberg. Der jüdische Spruchdichter aus der Gruppe der deutschen Minnesänger des Mittelalters (13. Jahrhundert), in Hanauer Geschichtsblätter 24 (1969), S. 6.

[11] Elasar aus Worms, Sefer haroke'ach, *Hilchot azeret.*

[12] J. Freimann (Hrsg.), Josef ben Mosche, Leket joscher, Berlin 1903, I. Teil, S. 118 f.

[13] Daniel Goldschmidt (Hrsg.), Machsor lajamim hanora'im, Bd. 2, Jerusalem 1970, S. 654.

[14] Jehuda Wistinetzki (Hrsg.), Sefer chassidim, Berlin 1891, S. 80, Nr. 234.

[15] Rabbi Meir von Rothenburg, Responsen, Ed. Prag, Nr. 251; ders., Responsen, Ed. Lemberg, Nr. 381.

[16] Benzion Dinur, Jissra'el bagola, II. Teil, Bd. 2, Jerusalem 1966, S. 606, Nr. 37.
[17] Jakob v. Königshoven, Elsässische u. Straßburgische Chronik, S. 296, zitiert nach Ernst Ludwig Ehrlich, Geschichte der Juden in Deutschland (Geschichtliche Quellenschriften, Heft 6), Düsseldorf 1957, S. 30.
[18] Zitiert bei S. W. Baron, A Social and Religious History of the Jews, Bd. 9, New York und London 1965, S. 166.
[19] Maharil, Minhagim, *Hilchot Schabbat.*
[20] Terumat hadeschen. *Pesakim uchetawim,* Nr. 142.
[21] Ebenda, Nr. 255.
[22] Rabbi Moses Minz, Responsa, Nr. 98.
[23] Rabbi Israel Bruna, Responsa, Nr. 71; Terumat hadeschen, Nr. 61.
[24] Guido Kisch, Erasmus' Stellung zu den Juden und Judentum, Tübingen 1969, S. 7.
[25] Ludwig Geiger (Hrsg.), Johann Reuchlins Briefwechsel, Tübingen 1875, S. 123, Nr. 115.
[26] Zitiert bei Heiko A. Oberman, Three Sixteenth-Century Attitudes to Judaism: Reuchlin, Erasmus and Luther, in: Cooperman, S. 347.
[27] Siehe Rabbi Moses Isserles, Responsa, Nr. 95.
[28] Josels Worte, zitiert bei Haim Hillel Ben-Sasson, The Reformation in Contemporary Jewish Eyes, in: Proceedings of the Israel Academy of Sciences and Humanities 4 (1971), S. 288, n. 145.
[29] Siehe Talmud Bab. *Chagiga* 13a.
[30] Die Worte Chajim ben Bezalels, zitiert bei Ben-Sasson (oben, Anm. 28), S. 296 (hebr. Ausgabe, S. 97 f.); Mordechai Breuer (Hrsg.), David Gans, Zemach David, Jerusalem 1983, S. 165.
[31] Siehe Eric Zimmer, Rabbi Chajim ben Bezalel mi-Friedberg, Jerusalem 1987, S. 5 f.
[32] Maharal, Derusch al hatora, Piotrkow 1906, S. 53–55.
[33] Zimmer, Rabbi Chajim ben Bezalel, S. 102.

I. Anbruch der Frühen Neuzeit

[1] Zitiert bei Israel Rabin, Die Juden in Zülz, Zülz 1926, S. 7.
[2] Hahn, S. 292.
[3] Zitiert bei Moritz Stern, Salomon Kajjem Kaddisch, der erste kurbrandenburgische Landrabbiner, Berlin 1919, S. 3.
[4] Stefi Jersch-Wenzel, Juden und «Franzosen» in der Wirtschaft des Raumes Berlin/Brandenburg zur Zeit des Merkantilismus, Berlin 1978.

II. Die Hofjuden

[1] Denkwürdigkeiten, S. 122.
[2] Baer, S. 74 Anm. 66 (im Original westjiddisch).
[3] Ebenda, S. 22.
[4] So schreibt Glückel von Hameln, Denkwürdigkeiten, S. 59.
[5] Louis and Henry Fraenkel, Forgotten Fragments of the History of an old Jewish Family, Kopenhagen 1975, S. 62.
[6] Rabbi Jacob Emden, Ez awot, im Kommentar Lechem schamajim zu den Sprüchen der Väter, Amsterdam [Altona!] 1751, f. 73c. Die Identität «jenes Mannes» ist unbekannt.
[7] Hahn, S. 74–77, Nr. 355, 357, 361, 368.

III. Die Juden im Zeitalter des Merkantilismus und frühen Absolutismus

[1] Denkwürdigkeiten, S. 19.
[2] Kestenberg, S. 14.
[3] Denkwürdigkeiten, S. 253.
[4] Kossmann, Nr. 93.
[5] K. H. Rengstorf und S. v. Kortzfleisch (Hrsg.), Kirche und Synagoge, Stuttgart 1968, Bd. 1, S. 461.
[6] Schudt, I, S. 391.
[7] Zitiert bei Walter Röll, Zu den Judeneiden an der Schwelle zur Neuzeit, in: Haverkamp, S. 200 f.
[8] Zitiert bei Markus Horovitz, Frankfurter Rabbinen (mit Ergänzungen von Joseph Unna), Jerusalem 1969, S. 183.
[9] Zitiert bei Baer, S. 31.
[10] Denkwürdigkeiten, S. 210 f., 214, 225.
[11] Zitiert bei Max Köhler, Beiträge zur neueren jüdischen Wirtschaftsgeschichte. Die Juden in Halberstadt und Umgebung bis zur Emanzipation, Berlin 1927, S. 11 f.
[12] Zitiert bei Baer, S. 30.
[13] Die beiden letzten Zitate siehe bei Hans-Ulrich Wehler, Deutsche Gesellschaftsgeschichte, Bd. 1, München 1987, S. 159 f.
[14] C. F. Koch, Die Juden im preußischen Staate, Marienwerder 1833, S. 20, zitiert bei F. Blankenfeld, Jüdisches Gemeinderecht in Altpreußen, Diss. Greifswald 1918, S. 9.

IV. Die jüdische Minorität im Staat des aufgeklärten Absolutismus

[1] Bacharach, Nr. 136.
[2] Ebenda, Nr. 1.
[3] Zitiert bei Shohet, S. 66.
[4] Adolf Berliner (Hrsg.), Religionsgespräch gehalten am kurfürstlichen Hofe zu Hannover 1704, Berlin 1914.
[5] Rabbi Moses Chagis, Einleitung zu Mischnat chachamim, Wandsbek 1633, Blatt 4a.
[6] Denkwürdigkeiten, S. 132.
[7] Rabbi Menachem Mendel Krochmal, Resp. Zemach zedek, Nr. 111.

V. Gemeinde, Gesellschaft und häusliches Leben

[1] Isidor Kracauer, Geschichte der Juden in Frankfurt a. M., Bd. 1, Frankfurt a. M. 1925, S. 405; Kossmann, S. 127 § 3.
[2] Pinkas Friedberg, in: PAAJR 17 (1947/48), S. 39, 50.
[3] Rabbi Jacob Emden, Resp. Sche'ilat Jawez, I, Nr. 9.
[4] Rabbi Zewi Hirsch Kojdanower, Kaw hajaschar, Frankfurt a. M. 1705, Kap. 82.
[5] Denkwürdigkeiten, S. 292; Kossmann, Nr. 3.
[6] Bacharach, Nr. 70.
[7] Schudt, 6. Buch, Kap. 35, S. 316.
[8] Kossmann, S. 156; Schudt, 6. Buch, Kap. 34, S. 284 f.
[9] Goethe, Aus meinem Leben. Dichtung und Wahrheit, in: Goethes Werke. Hamburger Ausgabe, Bd. 9, München 1989, S. 149.
[10] Sefer minhagim dikehillatenu [Buch der Bräuche unserer Gemeinde], Fürth 1767, Nr. 11.

[11] Rabbi Schabbetai Scheftel Horowitz, Wawej ha'amudim, *amud hatora* (Kap. 5), in: Rabbi Jesaja Horowitz, Schenej luchot haberit, Amsterdam 1653, am Ende des 2. Bandes.

[12] Zitiert bei Shohet, S. 131 f.

VI. Die Landjudenschaften

[1] Josels Tagebuch wurde veröffentlicht von Isidor Kracauer, in: Revue des études juives 16 (1888). Seine Wahl zum Vorsteher: S. 88, Abschnitt 5.

[2] Daniel J. Cohen, Die Landjudenschaften in Hessen-Darmstadt bis zur Emanzipation als Organe der Selbstverwaltung, in: Neunhundert Jahre Geschichte der Juden in Hessen, Wiesbaden 1983, S. 162.

[3] Zitiert bei Kestenberg, S. 24 f.

[4] Quellen in Daniel J. Cohens noch ungedruckter hebräischer Dissertation, zitiert bei Robert R. Luft, Landjudenschaft und Judenlandtage in Kurmainz, in: Heinz Duchhardt (Hrsg.), Beiträge zur Geschichte der Mainzer Juden in der Frühneuzeit, Mainz 1981, S. 13 Anm. 50.

[5] Assaf, S. 79 f.

[6] Daniel J. Cohen, Die Landjudenschaften der brandenburgisch-preußischen Staaten im 17. und 18. Jahrhundert – Ihre Beziehungen untereinander aufgrund neuerschlossener jüdischer Quellen, in: Peter Baumgart (Hrsg.), Ständetum und Staatsbildung in Brandenburg-Preußen, Berlin-New York 1983, S. 215 f., 220.

VII. Geistiges und religiöses Leben

[1] Heinrich Graetz, Geschichte der Juden, Bd. 10, Leipzig 1897[3], S. 75.

[2] Der hebräische Brief der Gemeinde ist abgedruckt in Zefunot, Tischri 5751 [1991], S. 96 f.

[3] Die Quelle hierfür bei Simon Schwarzfuchs, Die Anstellungsbedingungen des Verfassers des ‹Scha'agat arje› in der Gemeinde Metz (hebr.), Moriah, Ab 5746 [1986], S. 87.

[4] Die Quelle bei Assaf, S. 108 f.

[5] Moses aus Rohatyn, Sugjot hatalmud, Hanau 1714 (mit lateinischer Übersetzung unter dem Titel Clavis Talmudica).

[6] Bacharach, Nr. 123, 124, 152.

[7] Zitiert bei B. H. Auerbach, Geschichte der israelitischen Gemeinde Halberstadt, Halberstadt 1866, S. 66.

[8] Rabbi Jacob Emden, Megillat sefer, Warschau 1896, S. 125 f.

[9] Rabbi Pinchas Katzenellenbogen, Jesch manchilin, Jerusalem, 1986, S. 180.

[10] Minhagim dek"k wormayssa. (Die Handschrift wurde erst in den letzten Jahren gedruckt: 2 Bde., Jerusalem 1988–92.)

[11] Erst in neuester Zeit sind seine Rechtsgutachten erschienen: Nischal David, Jerusalem 1972–75; Rabbi Samuel ben David Halewi, Nachalat Schiwa, Fürth 1692–98, Einleitung.

[12] Kossmann, S. 41, 215.

VIII. Der Zeitenwende entgegen

[1] Denkwürdigkeiten, S. 61 f.

[2] Die zitierten Stellen befinden sich in deutscher Übersetzung in JJGL 11 (1916), S. 5–7.

[3] Morris M. Faierstein, The Liebes Brief: A Critique of Jewish Society in Germany (1749), in: LBIYB 27 (1982), S. 233 f.
[4] Rabbi Jona Landsofer, Me'il zedaka, Prag 1757, S. 81a.
[5] Rabbi Jonathan Eybeschütz, Ja'arot dewasch, Bd. 2, Kap. 7 (Ed. Machon Jeruschalajim, 1983, S. 122 f.).
[6] Rabbi Jacob Emden (Jawez), Sche'ilat Jawez, Erster Teil, § 41.
[7] Ebenda, Zweiter Teil, § 65.
[8] Derselbe, Siddur ammudej schamajim, Bd. I, Altona 1745, S. 31a.
[9] She'ilat Jawez, Erster Teil, § 162.
[10] Zitiert bei Markus Horovitz, Frankfurter Rabbinen, mit Ergänzungen von Josef Unna, Jerusalem 1969, S. 317.
[11] Zitiert bei Menachem Friedman, in: Michael 2 (1973), hebr. Teil, S. 34.
[12] Wilhelm Treue, Die Juden in der Wirtschaftsgeschichte des rheinischen Raumes 1648 bis 1945, in: Monumenta Judaica, Köln 1963, S. 425.
[13] Zitiert bei Shohet, S. 153 f.
[14] A. F. Thiele, Die jüdischen Gauner in Deutschland, Bd. 1, Berlin 1841, S. 17.
[15] Zitiert bei B. Z. Kedar, Kontinuität und Wechsel bei jüdischem Übertritt zum Christentum (Hebr.), in: Perakim betoldot hachewra hajehudit bime habejnajim uwa'et hachadascha (Studien zur Geschichte der jüdischen Gesellschaft im Mittelalter und in der Moderne), Jerusalem 1980, S. 164.
[16] Zitiert bei Ludwig Geiger, Vor hundert Jahren, in: ZGJD 3 (1889), S. 229.
[17] Die Zitate aus dem Generalreglement von 1750 sind nach Freund, S. 53.
[18] Rabbi Josef Statthagen, Diwrej sikkaron, Amsterdam 1705, zitiert bei Shohet, S. 76.

IX. Anfänge der «Haskala»

[1] Zitiert bei Meyer Kayserling, Moses Mendelssohn. Sein Leben und Wirken, Leipzig 1888, S. 116.
[2] Friedrich Nicolai, Beschreibung der Königlichen Residenzstädte Berlin und Potsdam, Bd. 2, Berlin 1786, S. 839 f.
[3] GSJ, Bd. 11, S. 220.
[4] Zitiert in der biographischen Einleitung Joseph Mendelssohns, in: Moses Mendelssohn's Gesammelte Schriften, Bd. 1, Leipzig 1843, S. 13.
[5] GSJ, Bd. 11, S. 55.
[6] Ebenda, Bd. 1, S. 51 f.
[7] Die Matrone, Hamburg 1728, zitiert bei Meir Gilon, Kohelet mussar leMendelssohn al reka tekufato (Mendelssohns Kohelet mussar auf dem Hintergrund seines Zeitalters), Jerusalem 1979, S. 120.
[8] J. G. Müchler (Hrsg.), Moses Mendelssohns kleine philosophische Schriften. Mit einer Skizze seines Lebens und Charakters von D. Jenisch, Berlin 1789, S. 25.
[9] GSJ, Bd. 1, S. 64 f.
[10] Ebenda, Bd. 2, S. 272.
[11] Ebenda, Bd. 3/1, S. 79.
[12] Ebenda, Bd. 8, S. 140.
[13] Schon in Mendelssohns Vorrede zu Manasseh Ben Israel, Rettung der Juden, ebenda, S. 24.
[14] Ebenda, S. 164.
[15] Ebenda, S. 183.
[16] Ebenda, Bd. 3/2, S. 129.
[17] Ebenda, S. 197.
[18] Ebenda, Bd. 1, S. 14.

X. Die Haskala als sozio-kulturelles Phänomen

[1] Salomon Maimon's Lebensgeschichte, Bd. 1, Berlin 1792, S. 268 f.
[2] Ebenda, S. 266 f.
[3] Brief von 22. 9. 1783, in: GSJ, Bd. 13, S. 134.
[4] Ebenda (hebr.), Bd. 14, S. 213.
[5] Ebenda, S. 214.
[6] Ebenda, Bd. 13, S. 134.
[7] Hame'assef 3 (1786), S. 143.
[8] GSJ, Bd. 2, S. 104.
[9] Ebenda, Bd. 6/1, S. 116.
[10] Ebenda, Bd. 4, S. 20 f.
[11] Zitiert bei Perez Sandler, Habi'ur latora schel Mendelssohn wesijato (Der Torakommentar von Mendelssohn und seinem Kreis), Jerusalem 1984², S. 226.
[12] Hame'assef 6/1 (1790), S. 46.
[13] Ebenda 7 (1794–1797), S. 55.
[14] Ebenda, S. 122.
[15] Ebenda, S. 151.
[16] Dan Miron (Hrsg.), Aron Wolfssohn, Kalut da'at uzewi'ut (Leichtsinn und Frömmelei), Tel Aviv 1977, S. 68.
[17] Schlesische Provinzialblätter (1796), zitiert bei Miron in seiner Einleitung, ebenda, S. 29.
[18] Lazarus Bendavid, [Selbstbiographie], in: M. S. Lowe (Hrsg.), Bildnisse jetztlebender Berliner Gelehrten mit ihren Selbstbiographien, Berlin 1806, S. 6.
[19] Ebenda, S. 6 f.
[20] Ebenda, S. 15.
[21] Ebenda, S. 34.
[22] Ebenda, S. 21 f.
[23] Salomon Maimon's Lebensgeschichte, Bd. 2, Berlin 1793, Vorrede.
[24] Ebenda.
[25] Ebenda, S. 246 f.
[26] Ebenda, S. 2 f.
[27] Ebenda, Bd. 1, S. 177 f.

XI. Die Konfrontation als transformierende Kraft

[1] Richard Gosche (Hrsg.), Lessing's sämmtliche Werke, Berlin 1900, Bd. 1, 6. Auftritt, S. 474.
[2] Ebenda, 22. Auftritt, S. 499.
[3] Göttingische Anzeigen von gelehrten Sachen, 13. Junius 1754, S. 621.
[4] Lessing's sämmtliche Werke, Bd. 2, 3. Aufzug, 7. Auftritt, S. 321.
[5] Brief von Ende Juni 1754, in: GSJ, Bd. 11, S. 10.
[6] Ebenda, Bd. 7, S. 13.
[7] Christian Wilhelm Dohm, Über die bürgerliche Verbesserung der Juden, Berlin 1781/1783, Bd. 1, S. 130.
[8] Ebenda, S. 116.
[9] Ebenda, S. 120.
[10] Hr. Ritter Michaelis Beurtheilung Über die bürgerliche Verbesserung der Juden von Christian Wilhelm Dohm, ebenda, Bd. 2, S. 71.
[11] Ebenda, S. 40 f.
[12] Ebenda, S. 43.
[13] GSJ, Bd. 8, S. 6.

14 Abgedruckt bei Joseph Karniel, Die Toleranzpolitik Kaiser Josephs II., Gerlingen 1986, S. 564.
15 Ebenda, S. 567.
16 Wessely, S. 16.
17 Ebenda, S. 21.
18 Ebenda, S. 4–7.
19 Abgedruckt bei Freund, S. 126.
20 [D. Friedländer], Sendschreiben an Seine Hochwürden, Herrn Oberconsistorialrath und Probst Teller zu Berlin von einigen Hausvätern jüdischer Religion, Berlin 1799, S. 39.
21 Ebenda, S. 21.
22 [Friedrich Schleiermacher], Briefe bei Gelegenheit der politisch theologischen Aufgabe und des Sendschreibens jüdischer Hausväter, Berlin 1799, S. 24 f.
23 Ebenda, S. 36.
24 Ludwig Lesser, Chronik der Gesellschaft der Freunde in Berlin, Berlin 1842, S. 29.
25 Marcus Herz an die Herausgeber des hebräischen Sammlers über die frühe Beerdigung der Juden, Berlin 1787, S. 3.
26 Ketaw joscher, abgedruckt in: Yehuda Friedlander, Perakim basatira ha'iwrit (Studien zur hebräischen Satire), Tel Aviv 1979, S. 94.
27 Saul Ascher, Eisenmenger der Zweite, Berlin 1794, S. 68.

XII. Jüdische Aufklärung und Erziehung

1 Brief von 20.11.84, in: GSJ, Bd. 14, S. 233.
2 Wessely, S. 3.
3 Jecheskel Landau, Deruschej hazlach, Warschau 1899, Blatt 53.
4 Abgedruckt bei Louis Lewin, Aus dem jüdischen Kulturkampfe, in: JJLG 12 (1918), S. 182 f.
5 Abgedruckt bei Ludwig Horwitz, Ein Bildungsverein am Ausgang des vorigen Jahrhunderts, in: AZJ 61 (1897), S. 440.
6 Statuten der Jacobsons-Schule zu Seesen, Braunschweig 1838, S. 3.
7 Ludwig Philippson, Aus meiner Knabenzeit, in: AZJ 51 (1887), S. 766.

Literaturhinweise

Prolog: Das jüdische Mittelalter

Neuere Gesamtdarstellungen: Haim Hillel Ben-Sasson, *Geschichte des Jüdischen Volkes*, Bd. 2: *Das Mittelalter* (1979); Friedrich Battenberg, *Das Europäische Zeitalter der Juden*, Bd. 1: *Von den Anfängen bis 1650* (1990). Siehe auch: Salo W. Baron, *A Social and Religious History of the Jews*, besonders Bde. 4–14 (1957–1969). Eine genaue Übersicht über die örtliche Gemeindeentwicklung geben die drei Bände der *Germania Judaica* (1917–1994). Eine wertvolle Zusammenfassung ist: Alfred Haverkamp, «Lebensbedingungen der Juden im spätmittelalterlichen Deutschland», in: D. Blasius und D. Diner (Hrsg.), *Zerbrochene Geschichte. Leben und Selbstverständnis der Juden in Deutschland* (1991), S. 11–31.

Die Frage: woher und wann kamen die jüdischen Siedler am Rhein und an der Donau zur Zeit der Karolinger und Ottonen, wurde und wird noch lebhaft diskutiert; siehe hierzu: Avraham Grossman, «Die jüdische Einwanderung nach Deutschland im 9.–11. Jahrhundert» (hebr.), in: A. Shinan (Hrsg.), *Hagira wehitjaschwut bejissra'el uwa'amim (Migration und Siedlung bei Juden und Nichtjuden,* 1982), S. 109–128; dagegen Simon Schwarzfuchs, «L'opposition Tsarfat-Provence: la formation du judaïsme du nord de la France», in: G. Nahon und C. Touati (Hrsg.), *Hommage à Georges Vajda* (1980), S. 135–150. Zur Rechtsgeschichte vor allem Guido Kisch, *The Jews in Medieval Germany. A Study of their Legal and Social Status* (1970²); Lea Dasberg, *Untersuchungen über die Entwertung des Judenstatus im 11. Jahrhundert* (1965); Gerhard Dilcher, «Die Stellung der Juden in Recht und Verfassung der mittelalterlichen Stadt», in: *Grözinger*, S. 17–35; Friedrich Battenberg, «Des Kaisers Kammerknechte. Gedanken zur rechtlich-sozialen Situation der Juden in Spätmittelalter und früher Neuzeit», *HZ* 245 (1987), S. 545–599.

Über die Beziehung des aschkenasischen Ritus zum palästinensischen siehe Avraham Grossman, «Kontakte zwischen den aschkenasischen Juden und den Juden im Land Israel im 11. Jahrhundert» (hebr.), in: *Shalem* 3 (1981), S. 57–92; ders., *Chachmej aschkenas harischonim (Die frühen Gelehrten von Aschkenas,* 1981), S. 424–435. Zur Frühgeschichte der Gemeindeverwaltung siehe auch ders., «Die Einstellung der frühen Gelehrten in Aschkenas zur Autorität der Gemeindeverwaltung» (hebr.), in: *Schenaton hamischpat ha'iwri (Jahrbuch des Forschungsinstituts für jüdisches Recht)* 2 (1975), S. 175–199. Zur späteren Gemeindeorganisation sehr aufschlußreich: Simon Goldmann, «Die jüdische Gerichtsverfassung innerhalb der jüdischen Gemeindeorganisation. Ein Beitrag zur Geschichte des Judenbischofs im Mittelalter in seiner Entwicklung von den ältesten Zeiten bis zum 15. Jahrhundert», *Udim* 2 (1971), S. 21–67. Zu den Verordnungen (*takkanot*) im allgemeinen und denen von Rabbenu Gerschom insbesondere siehe Avraham Grossman, «The Historical Background to the Ordinances on Family Affairs attributed to Rabbenu Gershom Me'or ha-Golah», in: *Jewish History: Essays in Honour of Chimen Abramsky* (1988), S. 3–23. Über Rechtsbrüche in den Gemeinden: ders., «Rechtsbrecher und Gewalttäter in der jüdischen Gesellschaft im frühen Aschkenas und ihr Einfluß auf Rechtsverfahren» (hebr.), in: *Schenaton hamischpat ha'iwri* 8 (1981), S. 135–152. Deutsche Ausgaben mittelalterlicher Responsen sind: Hans-Georg von Mutius, *Rechtsentscheide rheinischer Rabbinen vor dem ersten Kreuzzug* (2 Bde., 1984–85); ders., *Rechtsentscheide Raschis aus Troyes (1040–1105)* (2 Bde., 1986–87).

Neuere Studien zu den Verfolgungen zur Zeit der Kreuzzüge: Diethard Aschoff, «Zum Judenbild der Deutschen vor den Kreuzzügen», in: *Theokratia* 2 (1970–72), S. 232–252; Robert Chazan, *European Jewry and the First Crusade* (1987). Zur jüdisch-christlichen Auseinandersetzung: Peter Herde, «Die Kirche und die Juden im Mittelalter», in: *Treml*, S. 71–84; Marianne Awerbuch, *Christlich-jüdische Begegnung im Zeitalter der Frühscholastik* (1980); Jeremy Cohen, *The Friars and the Jews: The Evolution of Medieval Anti-Judaism* (1982). Zu den Vorwürfen von Ritualmord und Hostienschändung siehe R. Po-Chia Hsia, *The Myth of Ritual Murder: Jews and Magic in Reformation Germany* (1988); Friedrich Lotter, «Hostienfrevelvorwurf und Blutwunderfälschung bei den Judenverfolgungen von 1298 (‹Rintfleisch›) und 1336–1338 (‹Armleder›)», in: *Monumenta Germaniae Historica. Schriften*, Bd. 33 (1988), S. 533–583. Zu den bildlichen Darstellungen antijüdischer Stereotype: Stefan Rohrbacher und Michael Schmidt, *Judenbilder. Kulturgeschichte antijüdischer Mythen und antisemitischer Vorurteile* (1991).

Zur wirtschaftlichen Situation: Joseph Shatzmiller, *Shylock Reconsidered: Jews, Moneylending, and Medieval Society* (1990); Michael Toch, «Die deutsche Wirtschaft im 13. und 14. Jahrhundert. Der Rahmen für die wirtschaftlichen Aktivitäten der Juden» (hebr.), in: N. Gross (Hrsg.), *Jehudim bakalkala (Juden im Wirtschaftsleben,* 1985), S. 87–95; Haym Soloveitchik, *Halacha, kalkala wedimuj-azmi. Hamaschkona'ut bimej habejnajim (Jüdisches Recht, Wirtschaft und Selbstimage. Die Pfandleihe im Mittelalter,* 1985).

Zum aschkenasischen Geistesleben im Hochmittelalter: Joseph Dan, «Das Entstehen der jüdischen Mystik im mittelalterlichen Deutschland», in: *Grözinger*, S. 127–172; Mordechai Breuer, «Ausdrucksweisen aschkenasischer Frömmigkeit in Synagoge und Lehrhaus», in: *Grözinger,* S. 103–116; Ivan G. Marcus, *Piety and Society: The Jewish Pietists of Medieval Germany* (1981).

Zu den Verfolgungen während der Pestzeit siehe die umfassende Studie von Frantisek Graus, *Pest – Geissler – Judenmorde. Das 14. Jahrhundert als Krisenzeit* (1987); und die grundlegende Arbeit von Alfred Haverkamp, «Die Judenverfolgungen zur Zeit des Schwarzen Todes im Gesellschaftsgefüge deutscher Städte», in: *Haverkamp*, S. 27–93; dazu auch Dietricht Andernacht, «Die Verpfändung der Frankfurter Juden 1349», in: *Udim* 3 (1972), S. 9–25; Mordechai Breuer, «The ‹Black Death› and Antisemitism», in: Sh. Almog (Hrsg.), *Antisemitism Through the Ages* (1988), S. 139–151.

Jüngere Studien zur Lage der Juden im 15. Jahrhundert: Karl Schumm, «Konrad von Weinsberg und die Judensteuer unter Kaiser Sigismund», in: *Württembergisch Franken* 54, N. F. 44 (1970), S. 2–58; Markus J. Wenninger, *Man bedarf keiner Juden mehr. Ursachen und Hintergründe ihrer Vertreibung aus den deutschen Reichsstädten im 15. Jahrhundert* (1981); Michael Toch, «Die soziale und demographische Struktur der jüdischen Gemeinde Nürnbergs im Jahre 1489», in: *Beiträge zur Wirtschaftsgeschichte,* Bd. 8: *Wirtschaftskräfte und Wirtschaftswege* (1981), S. 79–91; ders., «Siedlungsstruktur der Juden Mitteleuropas im Wandel vom Mittelalter zur Neuzeit», in: A. Haverkamp und F-J. Ziwes (Hrsg.), *Juden in der christlichen Umwelt während des späten Mittelalters* (1992), S. 29–39.

Zur Entwicklung des Rabbinats: Eric Zimmer, *Harmony and Discord: An Analysis of the Decline of Jewish Self-Government in 15th-Century Central Europe* (1970); Mordechai Breuer, «Die Stellung des Rabbinats in den rheinischen Judengemeinden des Mittelalters», in: J. Bohnke-Kollwitz u. a. (Hrsg.), *Köln und das rheinische Judentum. Festschrift Germania Judaica 1959–1984* (1984), S. 35–46; Yedidya Alter Dinari, *Chachmej aschkenas beschilhej jemej habejnajim (Die Gelehrten von Aschkenas am Ausgang des Mittelalters,* 1984); Israel Yuval, *Chachamim bedoram. Hamanhigut haruchanit schel jehudej germanja beschilhej jemej habejnajim (Gelehrte in ihrer Zeit. Die geistige Führung der deutschen Judenheit am Ausgang des Mittelalters,* 1988).

Einen Überblick über den christlichen Hebraismus im 15. und 16. Jahrhundert gibt Jerome Friedman, *The Most Ancient Testimony: Sixteenth-Century Christian Hebraica in the Age of Renaissance Nostalgia* (1983). Zu Reuchlin: James H. Overfield, «A New Look at the Reuchlin Affair», *Studies in Medieval and Renaissance History* 8 (1971), S. 165–207; A. Herzig und J. H. Schoeps (Hrsg.), *Reuchlin und die Juden* (1993). Zum Thema Humanismus, Luther, die Reformation und die Juden: Heiko A. Oberman, *Wurzeln des Antisemitismus. Christenangst und Judenplage im Zeitalter von Humanismus und Reformation* (1981);

Klaus Deppermann, «Judenhaß und Judenfreundschaft im frühen Protestantismus», in: B. Martin und E. Schulin (Hrsg.), *Die Juden als Minderheit in der Geschichte* (1981), S. 110–130; Haim Hillel Ben-Sasson, «The Reformation in Contemporary Jewish Eyes», in: *Proceedings of the Israel Academy of Sciences and Humanities* 4 (1971), S. 239–326; Stefan Schreiner, «Jüdische Reaktionen auf die Reformation», in: *Judaica* 39 (1983), S. 150–165.

Über Konvertiten: Hava Fraenkel-Goldschmidt, «Am Rande der jüdischen Gesellschaft. Jüdische Konvertiten zum Christentum in Deutschland während der Reformation» (hebr.), in: R. Bonfil u. a. (Hrsg.), *Tarbut wechewra betoldot jissra'el bimej habejnajim (Kultur und Gesellschaft im mittelalterlichen Judentum,* 1989), S. 623–654 (mit reichhaltiger Bibliographie); Hans-Martin Kirn, *Das Bild vom Juden im Deutschland des frühen 16. Jahrhunderts. Dargestellt an den Schriften Johannes Pfefferkorns* (1989).

Zur politischen Geschichte der Juden im 16. Jahrhundert: Wilhelm Güde, *Die rechtliche Stellung der Juden in den Schriften deutscher Juristen des 16. und 17. Jahrhunderts* (1981); Arye Maimon, «Der Judenvertreibungsversuch Albrechts II. von Mainz und sein Mißerfolg (1515/1516)«, in: *Jahrbuch für westdeutsche Landesgeschichte* 4 (1978), S. 191–220.

Zur Gemeinde- und Geistesgeschichte des 16. Jahrhunderts: Eric Zimmer, *Jewish Synods in Germany During the Late Middle Ages* (1978); Selma Stern, *Josel von Rosheim. Befehlshaber der Judenschaft im Heiligen Römischen Reich Deutscher Nation* (1959); Arye Maimon, «Tagungen von Judenschaften in Westdeutschland im frühen 16. Jahrhundert», in: *Jahrbuch für westdeutsche Landesgeschichte* 5 (1979), S 71–82; Byron L. Sherwin, *Mystical Theology and Social Dissent. The Life and Works of Judah Loeb of Prague* (1982); Mordechai Breuer, «Modernism and Traditionalism in Sixteenth-Century Jewish Historiography: A Study of David Gans' *Tzemah David*«, in: *Cooperman*, S. 49–88.

Erster Teil: Frühe Neuzeit und Beginn der Moderne

Eine allgemeine Übersicht über die frühneuzeitliche deutsche Geschichte, namentlich über Themen, die für die jüdische Geschichte relevant sind, bieten: Hans-Ulrich Wehler, *Deutsche Gesellschaftsgeschichte*, Bd. 1 (1987); Volker Press, *Kriege und Krisen. Deutschland 1600–1715* (1991). Zur Schilderung der wirtschaftspolitischen Anschauungen der frühen Neuzeit in Deutschland siehe auch Rudolf Vierhaus, *Deutschland im Zeitalter des Absolutismus* (1648–1763) (1978). Zur Geschichte der Juden während der frühen Neuzeit ist maßgeblich das in neuer Ausgabe vorliegende klassische Werk von Jacob Katz, *Tradition and Crisis: Jewish Society at the End of the Middle Ages* (1993²) sowie Selma Stern, *Der preußische Staat und die Juden,* I.–III. Teil (1962–1971). Wichtig noch immer die bahnbrechende Arbeit von Felix Priebatsch, «Die Judenpolitik des fürstlichen Absolutismus im 17. und 18. Jahrhundert», in: *Forschungen und Versuche zur Geschichte des Mittelalters und der Neuzeit. Festschrift Dietrich Schäfer* (1915). An bedeutenden Neuerscheinungen seien erwähnt: Jonathan I. Israel, *European Jewry in the Age of Mercantilism 1550–1750* (1985); R. Po-Chia-Hsia, «Die Juden im Alten Reich», in: G. Schmidt (Hrsg.), *Stände und Gesellschaft im Alten Reich* (1989), S. 211–221. Eine wertvolle Literaturübersicht bietet: Joseph M. Davis, «The Cultural and Intellectual History of Ashkenazic Jews, 1500–1750. A Selective Bibliography and Essay», in: *LBIYB* 38 (1993), S. 343–386.

Zu den Ereignissen in Frankfurt am Main im ersten Viertel des 17. Jahrhunderts liefern die folgenden Arbeiten wichtige Beiträge: Volker Press, «Kaiser Rudolf II. und der Zusammenschluß der deutschen Judenheit. Die sogenannte Frankfurter Rabbinerverschwörung von 1603 und ihre Folgen», in: *Haverkamp*, S. 243–293; C. R. Friedrichs, «Politics or Pogrom? The Fettmilch Uprising in German and Jewish History,» in: *Central European History* 19 (1986), S. 186–228. Zur Aufnahme der Juden in Brandenburg – Preußen: Stefi Jersch-Wenzel, *Juden und «Franzosen» in der Wirtschaft des Raumes Berlin/Brandenburg zur Zeit des Merkantilismus* (1978).

Für die Geschichte des Hofjudentums ist die Benutzung des sechsbändigen Werks von Heinrich Schnee, *Die Hoffinanz und der moderne Staat (1953–67)*, unumgänglich. Bekanntlich ist diese Arbeit jedoch nicht frei von Bemerkungen, Verallgemeinerungen und stilistischen Wendungen, die den Stempel des Antisemitismus tragen. Eine allgemeine Übersicht zum Thema Hofjuden bietet Selma Stern, *The Court Jew: A Contribution to the History of the Period of Absolutism in Europe* (1950). Zu den Vorläufern des Hofjudentums in Deutschland siehe Franz Irsigler, «Juden und Lombarden am Niederrhein im 14. Jahrhundert», in: *Haverkamp*, S. 122–162. Über die diplomatische Wirksamkeit der Hofjuden siehe auch: Barouh Mevorah, «The Imperial Court-Jew Wolf Wertheimer as Diplomatic Mediator (during the War of the Austrian Succession)«, in: *Scripta Hierosolymitana* 23 (1972), S. 184–213. Eine ausgezeichnete kritische Studie zum Hofjudentum lieferte Bernd Schedlitz, *Leffmann Behrens. Untersuchungen zum Hofjudentum im Zeitalter des Absolutismus* (1984). Unter der Vielzahl der Arbeiten über «Jud Süß» ragen heraus: Peter Baumgart, «Joseph Süß Oppenheimer», in: K. Müller, K. Wittstadt (Hrsg.), *Geschichte und Kultur des Judentums* (1988), S. 91–110; Barbara Gerber, *Jud Süß. Aufstieg und Fall im frühen 18. Jahrhundert. Ein Beitrag zur historischen Antisemitismus- und Rezeptionsforschung* (1990). Die zuletzt erwähnte Schrift enthält auch umfangreiches Material über das Hofjudentum im allgemeinen und über die öffentliche Meinung in Deutschland in bezug auf den verhaßten Hofjuden Süß Oppenheimer. Hannah Arendt, «Privileged Jews», in: *Jewish Social Studies* 8 (1946), S. 3–30, ist ein bemerkenswerter Versuch, den Hofjuden einen Platz in der Vorgeschichte des modernen Judentums zuzuweisen, der ihnen nicht zukommt.

Zur Rechtsstellung und politischen Lage der Juden ist als Pionierarbeit immer noch wertvoll: Max Köhler, *Beiträge zur neueren jüdischen Wirtschaftsgeschichte. Die Juden in Halberstadt und Umgebung bis zur Emanzipation* (1927). Unter anderen neueren lokalhistorischen Studien seien hervorgehoben: Guido Kisch, *Rechts- und Sozialgeschichte der Juden in Halle 1686–1730* (1970); Fritz Reuter, *Warmaisa. 1000 Jahre Juden in Worms* (1984); Gerhard Renda, «Fürth, das ‹bayerische Jerusalem›», in: *Treml*, S. 225–236; die Aufsätze von Günter Böhm und Günter Marwedel in Arno Herzig (Hrsg.), *Die Juden in Hamburg 1590 bis 1990* (1991); Hermann Kellenbenz, *Sephardim an der unteren Elbe. Ihre wirtschaftliche und politische Bedeutung vom Ende des 16. bis 18. Jahrhunderts* (1958). Die Juden im habsburgischen Kaiserreich behandeln: Nikolaus Vielmetti, «Vom Beginn der Neuzeit bis zur Toleranz», in: *Das österreichische Judentum* (1974), S. 59–82; William O. McCagg Jr., *A History of Habsburg Jews, 1670–1918* (1989); Peter Baumgart, «Die Stellung der jüdischen Minorität im Staat des aufgeklärten Absolutismus. Das friederizianische Preußen und das josephinische Österreich im Vergleich», in: *Kairos* 22 (1980), S. 226–245; Ruth Kestenberg-Gladstein, *Neuere Geschichte der Juden in den böhmischen Ländern*, Erster Teil: *Das Zeitalter der Aufklärung 1780–1830* (1969); Ferdinand Seibt (Hrsg.), *Die Juden in den böhmischen Ländern* (1983); Barouh Mevorach, «Die Interventionsbestrebungen in Europa zur Verhinderung der Vertreibung der Juden aus Böhmen und Mähren», in: *Jahrbuch des Instituts für deutsche Geschichte* (Universität Tel-Aviv) 9 (1980), S. 15–81.

Zu den jüdisch-christlichen Beziehungen: Karl Heinrich Rengstorf und Siegfried Kortzfleisch (Hrsg.), *Kirche und Synagoge. Handbuch zur Geschichte von Christen und Juden* (1968); Koppel S. Pinson, «German Pietism and the Jews», in: S. W. Baron u. a. (Hrsg.), *Freedom and Reason. Studies in Philosophy and Jewish Culture, in Memory of Morris Raphael Cohen* (1951), S. 397–412; Blu Greenberg, «Rabbi Jacob Emden: The View of an Enlightened Traditionalist on Christianity», in: *Judaism* 27 (1978), S. 351–363; Benjamin Z. Kedar, «Kontinuität und Wandel in jüdischen Konversionen zum Christentum im Deutschland des 18. Jahrhunderts» (hebr.), in: I. Etkes und J. Salmon (Hrsg.), *Perakim betoldot hachewra hajehudit bimej habejnajim uwa'et hachadascha (Studien zur Geschichte der jüdischen Gesellschaft im Mittelalter und der Neuzeit zu Ehren von Professor Jacob Katz*, 1980), S. 154–170.

Zur Erziehung: Salomon Adler, «Die Entwicklung des Schulwesens der Juden zu Frankfurt am Main bis zur Emanzipation», in: *JJLG* 18 (1927), S. 143–173; 19 (1928), S. 237–278. Die geistige Führung einer Großgemeinde behandelt Markus Horovitz, *Frankfurter Rabbinen. Ein Beitrag zur Geschichte der israelitischen Gemeinde in Frankfurt am Main. Mit Ergänzungen von Josef Unna* (1972^2). Zu Vereinsleben und Wohltätigkeit: Avigdor Unna, *Register of Statutes and Protocols of the «Hevra Kadisha» of Worms, 1716–1837* (1980). Ein Sammelbuch zum jüdischen Leben in Gemeinde und Haus ist Herman Pollack, *Jewish Folkways in Germanic Lands (1648–1806)* (1971); siehe auch Jacob R. Marcus, *Communal Sick-Care in the German Ghetto* (1947).

Zu den Landjudenschaften ist ein Studium der Pionierarbeit von Fritz [Jizchak] Baer, *Das Protokollbuch der Landjudenschaft des Herzogtums Kleve* (1936), immer noch lohnend. Grundlegend sind die Arbeiten von Daniel J. Cohen, darunter vor allem: «Die Entwicklung der Landrabbinate in den deutschen Territorien bis zur Emanzipation», in: *Haverkamp*, S. 221–242; ders., «Die Landjudenschaften in Hessen-Darmstadt bis zur Emanzipation als Organe der jüdischen Selbstverwaltung», in: *Neunhundert Jahre Geschichte der Juden in Hessen* (1983), S. 151–214; ders., «Die Landjudenschaften der brandenburgisch-preußischen Staaten im 17. und 18. Jahrhundert. Ihre Beziehungen untereinander aufgrund neuerschlossener jüdischer Quellen», in: P. Baumgart (Hrsg.), *Ständetum und Staatsbildung in Brandenburg-Preußen* (1983), S. 208–229. Sehr instruktiv auch: Robert R. Luft, «Landjudenschaft und Judenlandtage in Kurmainz», in: H. Duchhardt (Hrsg.), *Beiträge zur Geschichte der Mainzer Juden in der Frühneuzeit* (1981), S. 7–32.

Zur Geschichte des hebräischen Druckwesens: Raphael Posner und Israel Ta-Shema (Hrsg..), *The Hebrew Book* (1975); Menahem Schmelzer, «Hebrew Printing and Publishing in Germany, 1650–1750», in: *LBIYB* 33 (1988), S. 369–383, und dort auch Bibliographie über die einzelnen Druckereien.

Zur Geistesgeschichte sehr aufschlußreich: Siegfried Stein, «Liebliche Tefilloh. A Judaeo-German Prayerbook Printed in 1709», in: *LBIYB* 15 (1970), S. 41–72; Chawa Turniansky, «Die ‹Bentscherl› und die jiddischen Tischgesänge» (hebr.), in: *Alej Sefer* 10 (1982), S. 51–92; Karl Erich Grözinger, «Jüdische Wundermänner in Deutschland», in: *Grözinger*, S. 190–221.

Über die sabbatianische Bewegung in Deutschland sind Gershom Scholems Schriften grundlegend, insbesondere *Die jüdische Mystik in ihren Hauptströmungen* (1957), 8. Kapitel, und ders., *Sabbatai Zwi. Der mystische Messias* (1992). Auf den seiner Meinung nach erwiesenen Zusammenhang zwischen Sabbatianismus und Haskala, später auch Reform, machte Scholem erstmalig in seinem hebräischen Aufsatz «Mizwa haba'a baawera«, in: *Kenesset* 2 (1937), S. 347–392 aufmerksam (Englisch: «Redemption through Sin», in: *The Messianic Idea in Judaism* [1971], S. 78–141). Siehe jedoch demgegenüber, wenn auch nur teilweise abschwächend: Jacob Katz, «The Possible Connection of Sabbataeanism, *Haskalah* and Reform Judaism», in: *Stein*, Hebr. Abteilung, S. 83–100.

Die Sozialprobleme der Voremanzipationszeit behandelt Rudolf Glanz, *Geschichte des niederen jüdischen Volkes in Deutschland* (1968); sodann auch: Ruth Kestenberg-Gladstein, «Das Haus als die Stütze des feudal-ständischen Charakters der voremanzipierten Judenheit» (hebr.), in: *Tarbiz* 29 (1960), S. 176–190, 282–294; Menachem Friedmann, «Empfehlungsschreiben für jüdische Bettler – ein Kommentar zum Problem des jüdischen Vagantentums im Deutschland des 18. Jahrhundert» (hebr.), in: *Michael* 2 (1973), S. 34–51; Carsten Küther, *Räuber und Gauner in Deutschland* (1976). Zu den Beziehungen zwischen den Gemeinden in Deutschland und der Vierländerversammlung in Polen-Litauen siehe Murray J. Rosman, «Die Autorität der Vierländerversammlung außerhalb von Polen» (hebr.), in: *Bar-Ilan University Annual* 24–25 (1989), S. 11–30.

Zu den sich mehrenden Anzeichen einer bevorstehenden Zeitenwende im 18. Jahrhundert siehe insbesondere: Azriel Shohet, *Im chillufej tekufot. Reschit hahaskala bejahadut germanja (An der Epochenwende. Anfänge der Haskala im deutschen Judentum,* 1960), (vgl. jedoch die Besprechung von Barouh Mevorah in: *Kiryat Sefer* 37 [1961–62], S. 150–155);

Monika Richarz, *Der Eintritt der Juden in die akademischen Berufe* (1974); Chimen Abramsky, «The Crisis of Authority within European Jewry in the Eighteenth Century», in: *Stein*, S. 13–28; Morris M. Faierstein, «The Liebes Brief. A Critique of Jewish Society in Germany (1749),» in: *LBIYB* 27 (1982), S. 219–241; eine Zusammenfassung des Amulettenstreits lieferte Bernhard Brilling, «Der Hamburger Rabbinerstreit im 18. Jahrhundert», in: *Zeitschrift des Vereins für Hamburgische Geschichte* 55 (1969), S. 219–244. Ausführlicher zu Eybeschütz: Elisheva Carlebach, *The Pursuit of Heresy: Rabbi Moses Hagiz and the Sabbatian Controversies* (1990).

Zweiter Teil: Jüdische Aufklärung

Einen Überblick über verschiedene Aspekte der jüdischen Aufklärungsbewegung und ihre Rahmenbedingungen geben folgende Werke: Jacob Katz, *Aus dem Ghetto in die bürgerliche Gesellschaft* (1986); Michael A. Meyer, *Von Moses Mendelssohn bis Leopold Zunz. Jüdische Identität in Deutschland 1749–1824* (1994); David Sorkin, *The Transformation of German Jewry, 1780–1840* (1987); Heinz M. Graupe, *Die Entstehung des modernen Judentums – Geistesgeschichte der deutschen Juden 1650–1942* (1969); Amos Funkenstein, *Perceptions of Jewish History* (1993), Kapitel 7; sowie die Sammelschriften: Walter Grab (Hrsg.), *Deutsche Aufklärung und Judenemanzipation. Beiheft 3 des Jahrbuch für deutsche Geschichte* (1980); Karlfried Gründer und Nathan Rotensteich (Hrsg.), *Aufklärung und Haskala in jüdischer und nichtjüdischer Sicht* (1990).

Zur jüdischen Geschichte in den preußischen Zentren der Haskala siehe Albert A. Bruer, *Geschichte der Juden in Preußen 1750–1820* (1991). Für den geschichtlichen Hintergrund in Berlin noch immer unerläßlich ist Ludwig Geiger, *Geschichte der Juden in Berlin*, 2 Bde. (1871). Neuere Erkenntnisse hierzu liefern Marianne Awerbuch und Stefi Jersch-Wenzel (Hrsg.), *Bild und Selbstbild der Juden Berlins zwischen Aufklärung und Romantik* (1992); und Steven M. Lowenstein, *The Berlin Jewish Community: Enlightenment, Family and Crisis, 1770–1830* (1994). Einblick in Struktur, Funktion und Krisen der Gemeinde ermöglicht Josef Meisl (Hrsg.), *Pinkas Kehillat Berlin 5483–5614 (Protokollbuch der jüdischen Gemeinde Berlins 1723–1854)* (1962). Wichtige Untersuchungen zu den Wurzeln der Haskala bieten Josef Eschelbacher, «Die Anfänge allgemeiner Bildung unter den deutschen Juden vor Mendelssohn», in: *Beiträge zur Geschichte der deutschen Juden. Festschrift zum siebzigsten Geburtstage Martin Philippsons* (1916), S. 168–177; und das schon oben erwähnte Werk von Azriel Shohet, *Im chillufej tekufot. Reschit hahaskala bejahadut germanja (An der Epochenwende. Anfänge der Haskala im deutschen Judentum*, 1960).

Zur bürgerlichen Soziabilität in Deutschland siehe insbesondere Jürgen Habermas, *Strukturwandel der Öffentlichkeit* (1965); Richard van Dülmen, *Die Gesellschaft der Aufklärer. Zur bürgerlichen Emanzipation und aufklärerischen Kultur in Deutschland* (1986); Thomas Nipperdey, «Verein als soziale Struktur in Deutschland», in: ders., *Gesellschaft, Kultur, Theorie. Gesammelte Aufsätze zur neueren Geschichte* (1976), S. 174–205; Hans Hümpel, *Die Entstehung des Vereinswesens in Berlin im 18. Jahrhundert. Bürgertum und Organisation* (1973). Äußerst aufschlußreich für das Verständnis des sich wandelnden Begriffes «Bildung» ist Rudolf Vierhaus, «Bildung», in: O. Brunner u. a. (Hrsg.), *Geschichtliche Grundbegriffe. Historisches Lexikon zur politisch-sozialen Sprache in Deutschland*, Bd. 1 (1972).

Die Wandlung des Judenbildes im Vorfeld der Aufklärung untersucht Shmuel Ettinger, «The Beginnings of the Change in Attitude of European Society towards the Jews», in: *Scripta Hierosolymitana* 7 (1961), S. 193–219. Die Bedeutung des von Lessing geprägten Erziehungsbegriffes behandelt Michael Graetz, «‹Die Erziehung des Menschengeschlechts› und jüdisches Selbstbewußtsein im 19. Jahrhundert», in: *Wolfenbütteler Studien zur Aufklärung* 4 (1977), S. 273–295. Barouh Mevorah, «Johann Caspar Lavaters Auseinandersetzungen mit Moses Mendelssohn über die Zukunft des Judentums», in: *Zwingliana* 14 (1977), S. 431–450, analysiert Lavaters millenaristische Motive.

Die erste Mendelssohn-Biographie – Isaak Euchel, *Toldot rabbenu hechacham Mosche Ben Menachem* (1788) – wurde in Hebräisch verfaßt. Neben kürzeren Abhandlungen über Mendelssohns Leben ist in deutscher Sprache noch das Werk von Meyer Kayserling zu nennen: *Moses Mendelssohn. Sein Leben und Wirken.* (1888^2). Die Studie von Alexander Altmann, *Moses Mendelssohn: A Biographical Study* (1973) gilt heute als Standardbiographie und bindet die Lebensgeschichte des Begründers der Berliner Haskala in den geistesgeschichtlichen Kontext seiner Zeit ein. Eine Bibliographie der Werke Mendelssohns bietet Hermann M. Z. Meyer, *Moses Mendelssohn Bibliographie* (1965), einen Forschungsbericht Michael Albrecht, «Moses Mendelssohn. Ein Forschungsbericht 1965–1980», in: *Deutsche Vierteljahrsschrift für Literaturwissenschaft und Geistesgeschichte* 57 (1983), S. 64–166. Nützlich zum Verständnis von Mendelssohns Denken sind Mosche Pelli, *Mosche Mendelssohn bechawlej massoret (Mendelssohn im Banne der Tradition*, 1972); Norbert Hinske (Hrsg.), *Ich handle mit Vernunft: M. Mendelssohn und die europäische Aufklärung* (1981); Allan Arkush, *Moses Mendelssohn and the Enlightenment* (1994). Der von Michael Albrecht, Eva J. Engel und Norbert Hinske herausgegebene Sammelband *Moses Mendelssohn und die Kreise seiner Wirksamkeit* (1994) faßt neuere Forschungsergebnisse zu Leben und Nachleben Mendelssohns zusammen. Eine minutiöse Arbeit zur moralischen Wochenschrift Mendelssohns ist Meir Gilon, *Kohelet mussar schel Mendelssohn* (1979). Für die Entstehung des Bibelunternehmens grundlegend ist Peretz Sandler, *Habi'ur schel Mosche Mendelssohn wesi'ato (Mendelssohns Kommentar zum Pentateuch*, 1940). Ein wichtiger Forschungsbeitrag zur Rezeptionsgeschichte ist Steven M. Lowenstein, «The Readership of Mendelssohn's Bible Translation», in: *HUCA* 53 (1982), S. 179–213.

Israel Zinberg, *A History of Jewish Literature*, Bd. 8 (1976) ist bis heute die umfangreichste und gründlichste literaturgeschichtliche Darstellung der Haskala. Bedeutsam für die religiösen Bezüge der Haskala ist Isaac Eisenstein-Barsilay, «The Treatment of the Jewish Religion in the Literature of the Berlin Haskalah», in: *PAAJR* 24 (1955), S. 39–68. Shmuel Werses, «Über Isaak Satanow und sein Werk ‹Die Sprüche des Assaf›» (hebr.), in: *Tarbiz* 33 (1963), S. 370–392; Moshe Pelli, *The Age of Haskalah. Studies in Hebrew Literature of the Enlightenment in Germany* (1979); Jehuda Friedländer, «Die Anfänge der Satire. Die ‹Briefe des Meschullam ben Urija Ha'eschtemoi› von Isaak Euchel» (hebr.), in: *Mosnajim* 44 (1977), S. 107–118, liefern wichtige Erkenntnisse zu Beiträgen einzelner Maskilim zur Renaissance der hebräischen Sprache und Literatur. Zu Euchel auch: Shmuel Feiner, «Isaak Euchel – ‹Entrepreneur› der Haskala in Deutschland» (hebr.), in: *Zion* 52 (1987), S. 427–469. Eine umfassende Studie des Hame'assef existiert mit dem Werk von Tsemah Tsamriyon, *Hame'assef. Ketaw ha'et hamoderni harischon be'iwrit (Hame'assef. Die erste moderne Zeitschrift in Hebräisch*, 1988). Siegfried Stein, «Die Zeitschrift ‹Sulamith›», in: *ZGJD* 7 (1937), S. 193–226 bietet das Profil der ersten aufklärerischen jüdischen Zeitschrift in deutscher Sprache. Material zu den Autobiographien jüdischer Aufklärer findet sich in Zwi Batscha, «Die Aufklärungsproblematik in Salomon Maimons Lebensgeschichte», in: *Grab*, S. 91–115; Jacob Guttmann, «Lazarus Bendavid: Seine Stellung zum Judentum und seine literarische Wirksamkeit», in: *MGWJ* 61 (1917), S. 26–50, 176–211.

Über Dohm und das sich verändernde Verhältnis zwischen Staat und Judentum siehe Horst Möller, «Aufklärung, Judenemanzipation und Staat. Ursprung und Wirkung von Dohms Schrift ‹Über die bürgerliche Verbesserung der Juden›», in: *Grab*, S. 119–149. Die wirtschaftlichen Auswirkungen von Dohms Forderungen innerhalb der jüdischen Gemeinde behandelt Miriam Bodian, «Die jüdischen Unternehmer in Berlin und die ‹Bürgerliche Verbesserung der Juden› in den 80er und 90er Jahren des achtzehnten Jahrhunderts» (hebr.), in: *Zion* 49 (1984), S. 159–184. Joseph Karniel, *Die Toleranzpolitik Josephs II.* (1986) und das schon oben erwähnte Werk von Ruth Kestenberg-Gladstein, *Neuere Geschichte der Juden in den böhmischen Ländern* (1969) beschreiben die Wirkung der Toleranzpolitik in Österreich und Böhmen.

Ludwig Lesser, *Chronik der Gesellschaft der Freunde in Berlin* (1842) beschäftigt sich mit der Soziabilität der Maskilim in der post-Mendelssohnschen Ära; und Deborah Hertz, *Die jüdischen Salons im alten Berlin* (1991) mit der der jüdischen Frauen. Zum Konflikt zwischen der Haskala und dem traditionellen Judentum aufschlußreich sind Mordechai Breuer, «Das Bild der Aufklärung bei der deutsch-jüdischen Orthodoxie», in: *Gründer*, S. 123–130; Mosche Samet, «M. Mendelssohn, N. H. Wessely und die Rabbiner ihrer Zeit» (hebr.), in: *Mechkarim betoldot am jissra'el we'eretz jissra'el* 2 (1970); Jacob Katz, «R. Raphael Kohen, der Gegenspieler von Moses Mendelssohn» (hebr.), in: *Tarbiz* 56 (1987), S. 243–264.

Der Wandel auf dem Gebiet der jüdischen Erziehung wurde erstmals systematisch behandelt bei Mordechai Eliav, *Hachinuch hajehudi begermanja bimej hahaskala weha'emanzipazja (Die jüdische Erziehung in Deutschland im Zeitalter der Haskala und der Emanzipation*, 1960). Ernst Simon, «Pädagogischer Philantropinismus und jüdische Erziehung» (hebr.), in: *Mordecai Kaplan Jubilee Volume* (hebr. Teil, 1953), S. 149–187, ist ein wertvoller Beitrag über den nichtjüdischen Einfluß auf das pädagogische Denken der Maskilim. Simcha Assaf (Hrsg.), *Mekorot letoldot hachinuch be'jissra'el (Quellen zur Geschichte der jüdischen Erziehung*, Bd. 2, 1930) bietet eine reiche Dokumentation in einer umfassenden historischen Perspektive. Lois C. Dubin, «Trieste and Berlin: The Italian Role in the Cultural Politics of the Haskalah», in: Jacob Katz (Hrsg.), *Toward Modernity. The European Jewish Model* (1987), S. 189–224, behandelt den Spezialfall der norditalienischen Gemeinden und ihre Unterstützung für Wessely. Ludwig Horwitz, *Geschichte der herzoglichen Franzschule in Dessau 1799–1849* (1894); Phoebus Philippson, *Biographische Skizzen,* 3. Bde. (1864–66); Inge Schlotzhauer, *Das Philanthropin, 1804–1942. Die Schule der Israelitischen Gemeinde in Frankfurt am Main* (1990) sind den Schulen und Lehrern gewidmet, die das Erziehungsprogramm der Maskilim in die Praxis umzusetzen suchten.

Zeittafel

321	Früheste Erwähnung jüdischer Ansiedlung in Deutschland im Edikt Kaiser Konstantins an den Kölner Magistrat
ca. 900	Übersiedlung der Kalonymus-Familie von Lucca nach Mainz signalisiert Zuwanderung von Juden nach Deutschland
1012	Kurzfristige Vertreibung der Juden aus Mainz durch Kaiser Heinrich II.
1028	Tod Rabbenu Gerschoms, der größten rabbinischen Autorität im frühmittelalterlichen Deutschland
1084	Bischof Rüdiger gewährt den Juden in Speyer ein besonders günstiges Privileg
1096	Erster Kreuzzug vernichtet blühende jüdische Gemeinden
1217	Tod von Juda dem Frommen, dem berühmtesten jüdischen Mystiker im mittelalterlichen Deutschland
1220	*Takkanot SCHUM,* Verordnungen der Gemeinden Speyer, Worms und Mainz
1235	Ritualmordbeschuldigung in Fulda
1236	Kaiser Friedrich II. nennt in seiner Bestätigung des Wormser Privilegs die Juden zum ersten Mal «Knechte unserer Kammer»
1286	Der Talmudgelehrte Meir von Rothenburg wird auf Befehl des Kaisers verhaftet und verbleibt bis zu seinem Tod 1293 im Gefängnis
1298	Zerstörung zahlreicher jüdischer Gemeinden in Süddeutschland durch die Rintfleisch-Banden
1338	Erneute Verwüstungen jüdischer Gemeinden unter Bandenführer Armleder
1348/50	Höhepunkt der antijüdischen Ausschreitungen in der Pestzeit
1385/90	Schuldentilgungen König Wenzels von Böhmen
1420/21	Ermordung und Vertreibung der Juden aus Wien
1445	Israel Isserlein zum Rabbiner von Wiener Neustadt berufen
1462	Frankfurter Ghetto errichtet
1510	Beginn der Reuchlin-Pfefferkorn-Debatte
1510	Verbrennung von Juden in Berlin und vorläufige Vertreibung aus Brandenburg nach der Anklage der Hostienschändung
1512	Hebräische Druckerei in Prag
1523	Martin Luthers frühe Schrift ‹Das Jhesus Christus geborner Jude sey› fordert freundliche Behandlung der Juden
1530	Josel von Rosheim, «Befehlshaber der Judenschaft», tritt auf dem Reichstag zu Augsburg antijüdischen Beschuldigungen entgegen
1543	Luthers Pamphlet ‹Von den Juden und iren Lügen› fordert zu antijüdischen Maßnahmen auf
1592	‹Zemach David› von David Gans, die erste aschkenasische Weltchronik
1592	Der Prager Rabbiner Juda ben Bezalel (Maharal) wird von Kaiser Rudolf II. zu einem Gespräch empfangen
1602	‹Ma'asse-Buch› enthält Erzählungen aus Talmud und Midrasch in westjiddischer Sprache
1603	Frankfurter Landesversammlung von Gemeindevertretern, die letzte ihrer Art in Deutschland
1614	Fettmilch-Aufstand und zeitweilige Vertreibung der Juden aus Frankfurt am Main

1619	Dreißig portugiesische Juden unter den Gründern der «Bank von Hamburg»
1629	Rabbiner Jomtow Lipmann Heller in Wien in Haft genommen
1648	Chmielnicki-Pogrome in der Ukraine führen zu verstärkter jüdischer Einwanderung nach Deutschland
1666	Höhepunkt der sabbatianischen Bewegung, die großen Widerhall in Deutschland findet
1670	Vertreibung der Juden aus Wien
1671	Friedrich Wilhelm I. von Preußen gestattet 50 jüdischen Familien die Ansiedlung in der Mark Brandenburg
1678	Erste jiddische Bibelübersetzung durch Jekutiel Blitz
1690	Glückel von Hameln beginnt mit Niederschrift ihrer Memoiren
1697	Behrend Lehmann, Hofjude Augusts des Starken von Sachsen, wird zum polnischen Residenten in Brandenburg ernannt
1699	Jair Chajim Bacharach veröffentlicht die bedeutende Responsensammlung ‹Chawat Jair›
1700	Eisenmengers antisemitische Schrift ‹Entdecktes Judentum› gedruckt
1711	Brand zerstört Großteil der Frankfurter Judengasse
1714	Erste Gemeindesynagoge in Berlin eingeweiht
1714	J. J. Schudt veröffentlicht seine ‹Jüdischen Merckwürdigkeiten›
1738	Hinrichtung von Joseph Süß Oppenheimer
1744/45	Vorübergehende Ausweisung der Juden aus Böhmen und Mähren
1749	Lessings Lustspiel ‹Die Juden› zeigt einen edlen Juden
1750	Revidiertes Generalprivilegium Friedrichs II. von Preußen verschärft die preußischen Judengesetze durch Gliederung der Juden in sechs Klassen
1751	Streit zwischen den Rabbinern Jonathan Eybeschütz und Jacob Emden
1754	Jecheskel Landau zum Rabbiner von Prag und Böhmen ernannt
1755	Mendelssohns kurzlebige hebräische Zeitschrift ‹Kohelet mussar›
1767	Mendelssohns berühmtestes philosophisches Werk ‹Phaedon›
1778	Jüdische Freischule in Berlin gegründet
1779	Lessings ‹Nathan der Weise›
1780	Mendelssohn veröffentlicht den ersten Teil seiner Toraübersetzung
1781	Dohms ‹Über die bürgerliche Verbesserung der Juden›
1781	Hofdekret für die Juden Böhmens bildet das erste der Toleranzpatente Kaiser Josephs II.
1782	Naftali Herz Wesselys ‹Diwrej schalom we'emet›
1783	Mendelssohns ‹Jerusalem›, eine Streitschrift zur Verteidigung des Judentums
1784	Schüler Mendelssohns gründen die hebräische Zeitschrift ‹Hame'assef›
1787	Abschaffung des Leibzolls in Preußen
1792	Salomon Maimons ‹Lebensgeschichte›
1792	Saul Aschers ‹Leviathan›
1799	David Friedländers ‹Sendschreiben an ... Probst Teller›

Bildquellenverzeichnis

Bamberg, Diözesanmuseum (Foto – Ingeborg Zimmer) 3
Bamberg, Historischer Verein 35
Berlin, Bildarchiv Preußischer Kulturbesitz 22, 26, 29, 30, 39, 40
Brüssel, Bibliothèque Royale Albert 1er 12
Cincinnati, Hebrew Union College (Fotos – Druce Reilly) 6, 17, 18, 19, 20, 31, 33, 36, 41, 42, 44, 48, 49, 51
Darmstadt, Hessische Landes- und Hochschulbibliothek 21
Donaueschingen, Fürstlich Fürstenbergisches Archiv 28
Duisburg, Gidal-Bildarchiv im Steinheim-Institut 43
Frankfurt am Main, Historisches Museum 25
Frankfurt am Main, Jüdisches Museum 24, 37
Hamburg, Staats- und Universitätsbibliothek 15
Hanau, Verlag Werner Dausien, 53
Heidelberg, Hochschule für jüdische Studien 34
Heidelberg, Universitätsbibliothek 7
Jerusalem, Jewish National and University Library 46
Jerusalem, Privatbesitz Paul Mendes-Flohr 47, 50
Koblenz, Landeshauptarchiv 11
Leipzig, Universitätsbibliothek 8
London, British Library 9, 16
Mainz, Stadtarchiv 2
München, Staatliche Graphische Sammlung 4
New York, Leo Baeck Institute (Fotos – Jim Strong) 38, 45, 52
Nürnberg, Germanisches Nationalmuseum 32
Oxford, Bodleian Library (Ms. Opp. 154 folio 12 verso) 14
Tel Aviv, Beth Hatefutsoth 23
Vatikan, Biblioteca Apostolica 1
Wien, Historisches Museum der Stadt 27
Wittenberg, Foto-Studio Wilfried Kirsch 13
Wolfenbüttel, Herzog August Bibliothek 5
Worms, Stadtarchiv 10
Alle Karten John Hollingsworth, Indiana University

Register

Deutsche Geschichte

Thomas Nipperdey
Deutsche Geschichte 1800–1866
Bürgerwelt und starker Staat
51. Tausend. 1994. 838 Seiten mit 36 Tabellen
Leinen

Thomas Nipperdey
Deutsche Geschichte 1866–1918

Band I: Arbeitswelt und Bürgergeist
36. Tausend. 1994. 885 Seiten
Leinen

Band II: Machtstaat vor der Demokratie
3., durchgesehene Auflage. 1995. 948 Seiten
Leinen

Hans-Ulrich Wehler
Deutsche Gesellschaftsgeschichte

Band 1: 1700–1815
Vom Feudalismus des Alten Reiches bis zur defensiven Modernisierung der Reformära
2. Auflage. 1989. XII, 676 Seiten
Leinen

Band 2: 1815–1845/49
Von der Reformära bis zur industriellen und politischen «Deutschen Doppelrevolution»
2. Auflage. 1989. XII, 914 Seiten
Leinen

Band 3: Von der «Deutschen Doppelrevolution» bis zum Beginn des 1. Weltkrieges
1995. XVIII, 1515 Seiten
Leinen

Heinrich August Winkler
Weimar 1918–1933
Die Geschichte der ersten deutschen Demokratie
2., durchgesehene Auflage. 1994. 709 Seiten
Leinen

Verlag C. H. Beck München